高等教育轨道交通"十三五"规划教材

铁路信号抗干扰技术

（修订本）

杨世武　主编

北京交通大学出版社
·北京·

内 容 简 介

全书共分 8 章，主要内容有电磁兼容基本概念和理论概述、铁路信号系统环境特点及主要电磁干扰源、国内外铁路信号设备电磁兼容标准和抗扰度试验及干扰抑制对策、音频轨道电路对传导性干扰的防护技术、25 Hz 相敏轨道电路对牵引不平衡电流脉冲干扰的防护技术、室内和车载信号系统电磁兼容设计技术、信号设备雷电防护和综合接地技术、铁路信号设备电磁干扰典型案例分析。

本书为自动化专业类教材，适用于自动化（铁道信号）专业的高年级学生，同时也可作为从事铁路信号及轨道交通控制专业研发、管理、维护人员的参考书。

版权所有，侵权必究

图书在版编目（CIP）数据

铁路信号抗干扰技术/杨世武主编 . —北京：北京交通大学出版社，2012.10（2020.1 重印）
（高等教育轨道交通"十三五"规划教材）
ISBN 978-7-5121-1196-7

Ⅰ. ①铁⋯　Ⅱ. ①杨⋯　Ⅲ. ①铁路信号 - 抗干扰措施 - 高等学校 - 教材　Ⅳ. ①U284

中国版本图书馆 CIP 数据核字（2012）第 215335 号

责任编辑：吴嫦娥　　特邀编辑：李晓敏
出版发行：北京交通大学出版社　　邮编：100044　　电话：010 - 51686414
印 刷 者：北京时代华都印刷有限公司
经　　销：全国新华书店
开　　本：185 × 260　　印张：15.5　　字数：387 千字
版　　次：2020 年 1 月第 1 版第 1 次修订　　2020 年 1 月第 3 次印刷
书　　号：ISBN 978-7-5121-1196-7/U·115
印　　数：5 001 ~ 6 500 册　　定价：45.00 元

本书如有质量问题，请向北京交通大学出版社质监组反映。对您的意见和批评，我们表示欢迎和感谢。
投诉电话：010 - 51686043，51686008；传真：010 - 62225406；E-mail：press@ bjtu. edu. cn。

总 序

我国是一个内陆深广、人口众多的国家。随着改革开放的进一步深化和经济产业结构的调整，大规模的人口流动和货物流通使交通行业承载着越来越大的压力，同时也给交通运输带来了巨大的发展机遇。作为运输行业历史最悠久、规模最大的龙头企业，铁路已成为国民经济的大动脉。铁路运输有成本低、运能高、节省能源、安全性好等优势，是最快捷、最可靠的运输方式，是发展国民经济不可或缺的运输工具。改革开放以来，中国铁路积极适应社会的改革和发展，狠抓制度改革，着力技术创新，抓住了历史发展机遇，铁路改革和发展取得了跨越式的发展。

国家对铁路的发展始终予以高度重视，根据国家《中长期铁路网规划》（2005—2020年）：到2020年，中国铁路网规模达到12万千米以上。其中，时速200千米及以上的客运专线将达到1.8万千米。加上既有线提速，中国铁路快速客运网将达到5万千米以上，运输能力满足国民经济和社会发展需要，主要技术装备达到或接近国际先进水平。铁路是个远程重轨运输工具，但随着城市建设和经济的繁荣，城市人口大幅增加，近年来城市轨道交通也正处于高速发展时期。

城市的繁荣相应带来了交通拥挤、事故频发、大气污染等一系列问题。在一些大城市和一些经济发达的中等城市，仅仅靠路面车辆运输远远不能满足客运交通的需要。城市轨道交通节约空间、耗能低、污染小、便捷可靠，是解决城市交通的最好方式。未来我国城市将形成地铁、轻轨、市域铁路构成的城市轨道交通网络，轨道交通将在我国城市建设中起着举足轻重的作用。

但是，在我国轨道交通进入快速发展的同时，解决各种管理和技术人才匮乏的问题已迫在眉睫。随着高速铁路和城市轨道新线路的不断增加以及新技术的开发与引进，管理和技术人员的队伍需要不断壮大。企业不仅要对新的员工进行培训，对原有的职工也要进行知识更新。企业急需培养出一支能符合企业要求、业务精通、综合素质高的队伍。

北京交通大学是一所以运输管理为特色的学校，拥有该学科一流的师资和科研队伍，为我国的铁路运输和高速铁路的建设作出了重大贡献。近年来，学校非常重视轨道交通的研究和发展，建有"轨道交通控制与安全"国家级重点实验室、"城市交通复杂系统理论与技术"教育部重点实验室，"基于通信的列车运行控制系统（CBTC）"取得了关键技术研究的突破，并用于亦庄城轨线。为解决轨道交通发展中人才需求问题，北京交通大学组织了学校有关院系的专家和教授编写了这套"高等教育轨道交通'十二五'规划教材"，以供高等学校学生教学和企业技术与管理人员培训使用。

本套教材分为交通运输、机车车辆、电气牵引和土木工程四个系列,涵盖了交通规划、运营管理、信号与控制、机车与车辆制造、土木工程等领域,每本教材都是由该领域的专家执笔,教材覆盖面广,内容丰富实用。在教材的组织过程中,我们进行了充分调研,精心策划和大量论证,并听取了教学一线的教师和学科专家们的意见,经过作者们的辛勤耕耘以及编辑人员的辛勤努力,这套丛书得以成功出版。在此,我们向他们表示衷心的谢意。

希望这套系列教材的出版能为我国轨道交通人才的培养贡献绵薄之力。由于轨道交通是一个快速发展的领域,知识和技术更新很快,教材中难免会有诸多的不足和欠缺,在此诚请各位同仁、专家予以不吝批评指正,同时也方便以后教材的修订工作。

编委会
2012 年 8 月

前　言

众所周知，高速、重载和电气化是当代铁路的趋势，中国铁路的发展取得了举世瞩目的成就。根据铁路网中长期发展规划，到 2020 年，全国铁路营业里程将达到 12 万公里以上，电气化率达到 60% 以上，客运专线长度可达 1.6 万公里。另外，我国城市轨道交通正进入高速发展时期，到 2020 年，规划线路长度约 3 000 公里。

在这一背景下，作为保障运输安全和效率的基础设施，传统的铁路信号（轨道交通运行控制）技术已难以适应需求，必须构建以微电子、计算机和通信技术为核心的列车运行控制系统，向集调度指挥、运行控制及自动驾驶为一体的综合自动化系统方向演化。有两方面需要重点关注：一方面，高速和重载必然引起牵引功率和牵引电流增大，使得信号系统的外部电磁环境更加复杂；另一方面，无线通信设施会直接导致射频辐射骚扰，高速微电子器件和宽带数据传输使电磁能量更容易发射，高集成度电路和小型化设备带来器件、电路、连接线及电缆之间串扰和电磁耦合更加严重，而低功耗和高灵敏度意味着信号电平降低和工作电流减小，对干扰更加敏感。此外，设备工作环境还可能包含雷电电磁脉冲、静电等自然干扰源。显然，采用新技术的信号设备面临更复杂和严重的电磁干扰（EMI），在设备使用过程中，EMI 可能降低设备性能和安全程度，影响运输效率，甚至带来安全风险。毋庸置疑，高速和重载条件下信号系统的电磁兼容性（EMC）更加凸显出其重要性。

狭义上讲，电磁兼容性是电子和电气设备在使用中表现出来的与外部环境及其他设备之间和谐共存的一种特性，包含电磁骚扰源、传输途径和敏感设备 3 个要素。特别值得关注的是，铁路信号系统主要由弱电设备构成，必须考虑对电气化铁道和雷电等外界电磁干扰的防护，明确设备所处环境中干扰源的特点和耦合机理，从而采用适当的骚扰抑制技术即抗干扰技术。对信号设备 EMC 研究的目的除了保证功能正常和安全之外，还有助于有关人员建立电磁兼容理念并将其渗透到信号设备生命周期的各个环节。

尽管国内外在电磁兼容领域的专著和教材不乏精品之作，但是在轨道交通信号控制专业，目前还很难找到专门的适用教材。本书作为研究型教学的专科及本科专业教材，期望借鉴这一领域国际同行的先进理念，系统总结中国铁路信号电磁兼容技术领域的研究成果，体现当前新技术背景的变化，紧密结合现场实际。

本书在"铁路信号电磁兼容技术"基础上改编和补充而成，特色主要表现在以下 3 个方面。

（1）电磁兼容学科的理论性很强，而本专业强调工程应用。本书面向"卓越工程师培养计划"的要求，侧重挖掘相关学科之间的关联性，引导学生利用基本原理，掌握科学研究的方法。

（2）充分考虑学生的国际化培养，参照本领域研究现状，引用丰富的国际标准和术语，注重内容的开放性,并在各个环节中体现。

(3)紧密结合本行业重载、高速等背景下的电磁环境,有机融入实用方法、典型实例,将新技术和新成果转化为教材中的教学资源。

本书于 2011 年 6 月由北京交通大学正式立项,是北京交通大学 2011 年重点教学改革与建设项目网络课程立项教材,由北京交通大学杨世武任主编。全书共分 8 章:第 1 章由黄赞武、陈嵩编写;第 2 章由杨世武、毕红军编写;第 3 章由杨世武、王国栋编写;第 4 章由杨世武编写;第 5 章由杨世武、费锡康编写;第 6 章由杨世武、王国栋、王海峰编写;第 7 章由杨世武、陈嵩、陈建译编写;第 8 章由黄赞武、毕红军、李绍斌编写,全书由杨世武统稿。

在编写过程中,得到了北京交通大学远程学院、电子信息工程学院、教务处及多位同行的大力支持,抗电磁干扰研究中心的研究生参与并完成了大量仿真验证工作,信号抗干扰研究的前辈、北京交通大学吴运熙教授提出了宝贵的建议,在此表示诚挚的谢意。

本书面向铁道信号及轨道交通相关专业的专科及本科生,建议教学参考学时 24～32。由于各章内容相对独立,可根据需要适当取舍。本书也可供相关科研、维护等技术人员参考。在阅读过程中,读者可从参考文献中获取更详细的信息。

由于编者水平有限,加之编写时间仓促,书中必然有错漏之处,敬请同行和读者不吝指正,或提出修改建议。编者联系方式:ysw@bjtu.edu.cn　010－51688696

编　者

2012 年 8 月

于北京交通大学

目 录

第1章 电磁兼容基础 …………… 1
1.1 电磁兼容导论………………… 1
1.2 电磁骚扰源…………………… 5
1.3 电磁骚扰的传播机理 ………… 11
1.4 电磁骚扰抑制技术 …………… 21
复习参考题 ……………………… 42

第2章 铁路信号系统干扰源 ……… 44
2.1 信号系统及其电磁环境 ……… 44
2.2 电气化铁道干扰源 …………… 47
2.3 信号系统的电磁兼容设计 …… 73
复习参考题 ……………………… 75

第3章 铁路信号设备抗扰度试验 … 76
3.1 铁路信号设备电磁兼容标准概述 ……………………… 76
3.2 铁路信号设备抗扰度要求 …… 80
3.3 抗扰度试验及分析 …………… 84
复习参考题 ……………………… 100

第4章 音频轨道电路对传导性干扰的防护 ……………………… 101
4.1 主要轨道电路制式及FSK信号特点 ………………… 101
4.2 传导性干扰对轨道电路的影响 ……………………… 110
4.3 UM系列轨道电路抗干扰技术 ……………………… 114
4.4 移频轨道电路和机车信号抗干扰技术 ……………… 121
复习参考题 ……………………… 127

第5章 25 Hz 相敏轨道电路对脉冲干扰的防护 ………………… 128
5.1 25 Hz 相敏轨道电路简介 …… 128
5.2 脉冲干扰对相敏轨道电路的影响 ……………………… 130
5.3 抗脉冲干扰理论分析及方案设计 ……………………… 135
5.4 关键参数计算及抗干扰效果分析 ……………………… 139
5.5 阻抗匹配技术的应用………… 144
复习参考题 ……………………… 146

第6章 室内和车载信号设备电磁兼容技术 ……………………… 147
6.1 室内信号系统及环境………… 147
6.2 室内信号设备电磁兼容设计 ……………………… 150
6.3 机车和车辆电磁环境………… 166
6.4 车载信号设备及电磁兼容技术 ……………………… 171
复习参考题 ……………………… 175

第7章 雷电防护和综合接地技术 …… 176
7.1 雷电对信号设备的影响……… 176
7.2 信号设备雷电防护技术……… 180

7.3 综合接地技术……………… 194
7.4 信号防雷及电磁兼容综合设计…………………… 198
复习参考题 …………………… 210

第8章 铁路信号设备电磁干扰典型案例分析 …………………… 211

8.1 雷电干扰典型案例分析……… 211
8.2 电磁干扰典型案例分析……… 221
8.3 电气化铁路传导性干扰典型案例分析…………………… 229
复习参考题 …………………… 233

附录A 模拟试题 …………………… 234

A1 模拟试题一 ………………… 234
A2 模拟试题二 ………………… 235

参考文献 …………………… 238

第 1 章 电磁兼容基础

【本章内容概要】

主要介绍电磁兼容的基本概念，同时对电磁骚扰源、电磁骚扰的传播机理和电磁骚扰的抑制技术进行详细介绍。

【本章学习重点与难点】

学习重点：电磁骚扰的耦合途径分析以及电磁骚扰的滤波、屏蔽和接地技术。

学习难点：结合电磁骚扰源和耦合途径对电磁骚扰的机理进行分析计算，另外一个难点就是如何根据电场、磁场、电磁场等不同的辐射场选用合适的屏蔽技术。

1.1 电磁兼容导论

1.1.1 电磁兼容的定义

电磁兼容（Electromagnetic Compatibility，EMC）的定义有好几种，从不同的角度有不同的定义，国家标准 GB/T 4365—2003《电工术语 电磁兼容》将电磁兼容定义为："设备或系统在其电磁环境中能正常工作且不对该环境中任何事物构成不能承受的电磁骚扰的能力"。国家军用标准 GJB 72—1985《电磁干扰和电磁兼容性名词术语》第 5.10 条将其定义为："设备（分系统、系统）在共同的电磁环境中能一起执行各自功能的共存状态，即该设备不会由于受到处于同一电磁环境中其他设备的电磁发射导致或遭受不允许的降级；它也不会使同一电磁环境中其他设备（分系统、系统）因受其电磁发射而导致或遭受不允许的降级"。

由此可见，电磁兼容学科主要研究的是如何使在同一电磁环境下工作的各种电气电子系统、分系统、设备和元器件都能正常工作，互不干扰，达到兼容状态。在某种程度上也可以说是研究干扰和抗干扰的问题。

1.1.2 电磁干扰的危害

电磁干扰有可能使设备或系统的工作性能偏离预期指标，使其工作性能发生"降级"，甚至使系统效能发生永久性下降，严重时，还能将设备或系统摧毁。

电磁干扰对设备的危害是全方位的，各个行业都会存在这个问题，铁路信号设备受到的外部电磁干扰主要来自电气化牵引电流及雷电，由于电磁干扰可能引起信号设备错误动作。下面主要从铁路信号系统入手说明电磁干扰的危害。

1. 铁路信号电源系统的电磁干扰

电源系统为整个信号设备提供电源，所以电源系统上的电磁干扰将最终影响到所有的信号设备，而且电源系统是最容易接收电磁干扰的部分。一方面，电源系统要从室外电网引入电能并经过变压器进入室内电源屏，外电网和变压器由于位于室外，很容易遭受雷电和其他骚扰的影响，并将干扰传导进入室内设备上；另一方面，随着电源技术的发展，智能电源屏日益得到普及，而智能电源屏中大量使用的电子设备将很容易受到电磁的干扰。

2. 铁路信号电子设备的电磁干扰

传统的信号设备主要是以变压器、继电器等机电设备为基础构成的控制系统，对电磁干扰防护有天然的优势。20世纪90年代以后，铁道信号开始大量应用微电子、现代通信、自动控制和计算机等技术，系统主要由信息和通信设备构成，其特点是小型化、数字化和低功耗化。一方面，电子设备组成更加复杂，微电子器件工作频率、通信速率越来越高，而功耗、工作电压和电流逐渐降低，即信号更加敏感；另一方面，列车高速度、高密度和重载的发展又会带来牵引功率和电流的增加，可能导致电磁环境更加恶劣。

3. 电气化铁路轨旁设备的电磁干扰

电气化铁道产生的射频辐射干扰原因主要包括：牵引接触网的火花放电；接触网和受电弓滑板间离线引起电弧；电力牵引机车的换流过程；电气化铁道开关设备、电力机车内电机、调压器、开关设备在操作中的瞬态过程。

对轨道电路和机车信号等信号设备影响程度最严重的是传导性干扰即不平衡牵引电流，不平衡电流的大小由钢轨中牵引电流和轨道（包括扼流变压器等器材）的不平衡程度决定。多数轨道区段不平衡系数小于10%，不平衡电流有稳态和瞬态脉冲两种形式，较大不平衡电流以及脉冲电流中的直流分量易造成扼流变压器等铁芯器件的磁饱和，削弱信号传输。牵引电流存在脉冲电流形式，峰值可能超过1000 A，时间小于2 s。1975年4月，某车站由于机车升弓产生牵引电流冲击干扰，造成75 Hz交流计数轨道电路中轨道继电器错误励磁吸起，酿成重大事故。另外，导致25 Hz相敏轨道电路继电器瞬间误动作（闪红）的原因主要也是不平衡脉冲电流造成扼流变压器饱和以及接收器的过渡过程。

同时，电气化铁路对其周边其他的无线通信也会造成干扰，胶济线电气化对青岛流亭机场的导航就造成了一定的影响。

4. 铁路信号车载设备的电磁干扰

各种车载设备主要由电子设备构成，电磁干扰对车载设备影响非常明显。车载设备所受电磁干扰主要来源于两方面：一是电气化铁路电网的电磁干扰，二是不平衡牵引电流的电磁干扰。

对动车组设备间电磁环境的测量数据分析得到：空间磁场强度的最大值超过了70 dB μA/m。这些电磁骚扰主要是列车的牵引电流引起的。随着列车运行速度的提高，牵引电流也随之加大，伴随着不平衡电流的加剧。不平衡电流是影响轨道电路正常工作的一个主要原因。

1.1.3　电磁兼容的主要研究内容

电磁兼容学科研究的主要内容是围绕构成干扰的三要素进行的，即电磁骚扰源、传输途径和敏感设备。具体内容如下。

1. 电磁骚扰源

在了解电磁干扰的构成要素之前，需要对几个平常容易混淆的概念加以澄清。通常，人们对于"干扰"、"骚扰"、"噪声"等这几种电磁现象不加以区分，而在电磁兼容学科中它们分别有着不同的明确的定义。

电磁骚扰（Electromagnetic Disturbance）的定义为："任何可能引起装置、设备或系统性能降低或对有生命或无生命物质产生损害作用的电磁现象。"电磁骚扰可能是电磁噪声、无用信号或传播媒介自身的变化。

电磁噪声（Electromagnetic Noise）是指"一种明显不传送信息的时变电磁现象，它可能与有用信号叠加或组合"。例如，电气设备运行中经常产生的放电噪声、浪涌噪声、振荡噪声等，不带任何有用信息。

无用信号是指一些功能性的信号，如广播、电视、雷达等，本身是有用信号，但如果干扰其他设备的正常工作，则对被干扰的设备而言，它们是"无用信号"，所以电磁骚扰的含义比电磁噪声更广泛一些。

电磁干扰（Electromagnetic Interference）的定义是"由电磁骚扰引起的设备、传输通道或系统性能的下降"。

由此可见，有时人们常把骚扰、噪声和干扰混同起来是一种不确切的表述。实际上，噪声是骚扰中的一类；骚扰是一种客观存在；只有在骚扰影响敏感设备正常工作时才构成了干扰。

电磁骚扰源可分为自然骚扰源和人为骚扰源。骚扰源的研究包括其发生的机理、时域和频域的定量描述，以便从源端来抑制骚扰的发射。

2. 传输途径

骚扰的传输途径有两条，通过空间辐射和通过导线传导，即辐射发射和传导发射。辐射发射主要研究在远场条件下骚扰以电磁波的形式发射的规律以及在近场条件下的电磁耦合。共模电流辐射也是重要研究内容之一。传导发射讨论传输线的分布参数和电流的传输方式对骚扰传输的影响，如共阻抗耦合、共模—差模电流转换等。

3. 敏感设备

这部分主要研究电磁骚扰如何导致设备性能降低或产生不希望有的响应，如何提高设备的抗干扰能力，即降低对骚扰的敏感度，提高抗扰度。

4. 电磁兼容控制技术

电磁兼容控制技术最常用的是屏蔽、滤波、接地。屏蔽用于切断空间的辐射发射途径；滤波用于切断通过导线的传导发射途径。接地的好坏则直接影响到设备内部和外部的电磁兼容性。此外，平衡技术、隔离技术等也是电磁兼容的重要控制技术。随着新工艺、新材料、新产品的出现，电磁兼容控制技术也得到不断的发展。

5. 电磁兼容测量

电磁兼容测量贯穿于电磁兼容分析、建模、产品开发、检验诊断等各个阶段。由于测量对象是电磁骚扰，不同于一般有用信号，因此骚扰的拾取、度量和不确定度分析等都有自己的特点，有关测量方法、仪器设备、测量场地的研究是电磁兼容学科的重要组成部分。

6. 电磁兼容标准

目前国际上权威性的电磁兼容标准有 CISPR 标准、IEC 标准、欧盟的 EN 标准、德国的 VDE 标准、美国的 FCC 标准和军用标准 MIL – STD。我国目前现行的有 100 多种电磁兼容标准。这些标准规定了各个频段各种类型电气电子设备的骚扰发射限值和抗扰度限值，并规定了相应的试验方法、仪器设备和试验场地。标准是大量理论研究和科学实践的结晶，同时也渗透着巨大的商业利益，所以对标准的研究和制订是历次国际会议的重要议题。由于我国的电磁兼容标准大多是等同采用国际先进标准，因此对标准的来龙去脉、理论依据、实施方法的研究也是我国电磁兼容界必须进行的课题。

7. 电磁兼容分析预测和设计

分析、预测和设计是电磁兼容学科发展的高级阶段，在产品使用后出现电磁兼容问题再去着手解决将浪费大量的时间和经费，因此应该在产品开发的最初阶段就进行电磁兼容的分析和预测，取得必要的数据，然后进行电磁兼容设计。分析和预测的关键在于数学模型的建立和计算机分析程序的编制。数学模型包括根据实际电路、布线和参数建立起来的全部骚扰源、传输途径和敏感设备的模型。分析程序应能计算所有骚扰源通过各种可能途径对每个敏感设备的影响，并判断这些综合影响的危害是否超出相应标准的限值和设计要求，然后进行修整补充和再计算。系统越复杂，分析和预测的难度就越大。

电磁兼容学科的研究内容十分广泛，本书主要讨论铁路信号系统中的电磁兼容性问题。

1.1.4 电磁兼容的发展

EMC 的发展经历了从"路"到"场"，从低频到高频，从狭义的电磁干扰到广义的电磁兼容的过程。早在 1934 年就由国际电工委员会（IEC）发起并联合一些国际组织成立了国际无线电干扰特别委员会（CISPR），保护音频广播免遭干扰。在 IEC 组织内，还有一个与 CISPR 并列的设计电磁兼容的组织，即 IEC 第 77 技术委员会（IEC/TC77）。国际上涉及电磁兼容的标准化组织主要就是上述这两个组织及 IEC 的大约 50 多个关心特定产品的电磁兼容方面问题的产品技术委员会和分委员会。1945 年美国军方制订了世界上最早的军用电磁干扰标准 JAN – I – 225，用于控制机载电气设备的电磁干扰。进入 20 世纪 60 年代以后，世界上一些技术先进的国家全面深入地开展了电磁兼容的研究工作，包括对电磁兼容测量技术的研究和相应测量仪器的开发。CISPR 制订了一系列的民用推荐标准，美国军方制订了全面的军用标准 MIL – STD – 461/462。这些标准随着新产品、新系统和新技术的不断出现也随之进行不断地补充、修改和扩展。

我国从 1957 年成为 IEC 的成员，从 1976 年开始组织对应于 CISPR 各分委员会的工作组，正式参加 CISPR 的活动。为了对应 CISPR 的工作，于 1986 年成立了"全国无线电干扰标准化技术委员会（CTCSRI）"。为了进一步规划和推进全国电磁兼容标准制、修订工作，加强与 IEC/TC77 的联系，国家质量技术监督局标准化司于 1997 年成立"全国电磁兼容标准化联合工作组"。此后于 2000 年撤销原"全国电磁兼容标准化联合工作组"，批准成立"全国电磁兼容标准化技术委员会"，以对应 TC77 的工作。2000 年成立"电磁兼容标准协调小组"，以协调上述两个标准化技术委员会的工作，并对应国际电工委员会电磁兼容顾问委员会开展有关标准化工作。

我国的第一个民用电磁兼容标准是 1966 年发布的机械工业部部标,是有关船用电工产品的无线电干扰。此后因国内的形势而停顿。我国的第一个电磁兼容国家标准是 1983 年发布的 GB 3907—1983《工业无线电干扰测量方法》。时至今日,我国已陆续制定了一百多部关于电磁兼容的国家标准和数十部国家军用标准,各有关行业如邮电、铁路等部门也纷纷制定相应的行业标准和规范。目前国家正在加快建立和完善电磁兼容认证体系,以保证中国的电磁兼容事业能正常地健康地发展。2003 年 8 月 1 日,我国正式开始实施"中国强制认证"制度,即通常所说的"3C"(China Compulsory Certification,CCC)认证制度。该认证制度中即包含产品的电磁兼容认证内容。

图 1-1 我国的强制产品认证标志

1.2 电磁骚扰源

1.2.1 电磁骚扰源分类

电磁骚扰源分散性很大,分类方法很多,可以从骚扰的来源划分,可以从发生机理划分,还可以从传输方式、频率范围、时域特性等方面来分类。这里主要从来源和发生机理来分类。

1. 按来源分类

电磁骚扰源有自然骚扰源和人为骚扰源,如图 1-2 所示。

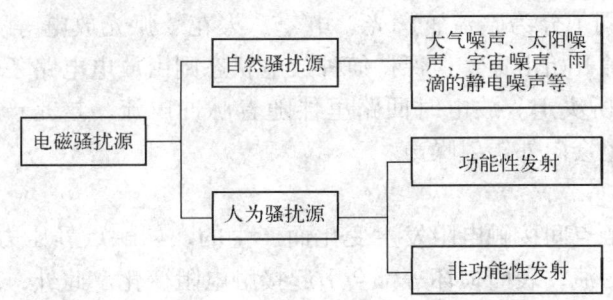

图 1-2 电磁骚扰源分类

自然骚扰源是指由自然界的电磁现象产生的电磁噪声,比较典型的有:
- 大气噪声,如雷电;
- 太阳噪声,如太阳黑子活动时产生的磁暴;

- 宇宙噪声,来自银河系及其他星系;
- 雨滴的静电噪声。

人为骚扰源,是指由电气电子设备和其他人工装置产生的电磁骚扰。这些骚扰包括功能性的无用信号和非功能性的电磁噪声。人为电磁骚扰源的分类见表1-1。

表1-1 人为电磁骚扰源的分类

分 类	名 称	典型的骚扰源
功能性发射	电磁能利用	通信系统、电视广播系统、雷达、导航设备、高频辐射加热等
	武器装备	核致电磁脉冲、电子对抗机、电磁脉冲炮弹
非功能性发射	高压电网及设备	开关操作、电力故障、整流器、电机等
	工业及医疗设备	电弧炉、荧光灯、工业电炉、空调、计算机、高频或超高频理疗装置、高频手术刀、电测仪、X光机等
	机器及工具	电锯、吸尘器、电熨斗、轧钢机、射频电弧焊机、射频感应加热器等
	运输工具	点火装置、电力机车及接触网
	消费电子设备	电冰箱、电熨斗、电动剃须刀、个人计算机等
	静电放电	衣服之间摩擦、在地毯上行走等

2. 按发生机理分类

1) 放电噪声

放电是一种很常见的电磁现象。例如,雷电是由于雷云之间或雷云和大地之间产生火花放电而产生的;静电放电是由于人身所带的静电在接触到金属物体后火花放电造成的;整流子电机转动时,电刷与整流片之间产生火花放电;电气化铁道受电弓在高压接触网下滑动时伴随一系列火花;带电感负载的开关断开时触点间有火花跳过;高压输电线常出现淡蓝色的电晕放电并嗞嗞作响;荧光灯、霓虹灯利用辉光放电发光等。

由于放电而产生噪声是最常见的现象,这时往往伴随着急剧的电流电压的瞬时变化,即 di/dt 或 du/dt 很大。

放电的类型有好几种。随着带电体之间的电压等级和放电条件(带电体的距离、气体类型、气压等)的不同,分为暗流、辉光、电晕、火花、弧光放电等。当带电体间电压超过放电起始电压后气隙开始击穿,但保持何种放电状态则由放电电路条件决定,这是由放电回路电阻 R 和场强 E 所决定。放电时回路里伴随着脉冲电流,这是产生电磁噪声的根源,同时火花和电晕本身也会向外辐射噪声。

2) 接触噪声

接触噪声是由于触点间接触电阻发生变化而产生的,如触点静压力变化、振动、冲击、滑动、虚接、氧化、污渍、表面损坏等都会引起接触电阻变化。此外,触点上的金属氧化物整流检波效应;不同金属材料接触时的温差热电动势;医疗电子设备电极处的涂料极化引起的电压波动等都可能产生电磁噪声。

3) 过渡现象

过渡现象即电气电子电路中电流电压的瞬态变化 di/dt、du/dt。这是产生噪声的根本原因,也是普遍发生的现象。例如,高速数字脉冲的上升沿、下降沿;电力电子器件工作时的瞬态电压电流变化；电源接通时白炽灯和电动机的冲击电流；电力设备开闭或故障时的异常电压变化；导线上感应到雷电后产生的尖峰衰减振荡等。

4) 反射现象

反射现象是指空间电磁波传播时遇到障碍物被反射并与原信号叠加，如电视重影、传输线与负载和源内阻抗不匹配引起反射等。

5) 非功能性噪声

电子电路工作时存在着一些与完成特定功能无关的信号，如由于分布电感、分布电容产生的振荡，波形失真引起的高次谐波、电源噪声等。

6) 无用信号

这里的无用信号是指功能性信号，是完成特定功能时使用的信号，如广播、电视、移动通信、雷达、导航等信号，但如果对其他设备产生干扰则对敏感设备而言是无用的。

1.2.2 瞬态骚扰

瞬态骚扰指时间很短，幅值较大的电磁干扰。常见的瞬态骚扰有静电放电（ESD）、雷击浪涌、电快速脉冲群（EFT），这些是设备需要通过试验验证其抗扰度的基本瞬态骚扰。

1. 静电放电

静电放电骚扰（ESD）是由两个具有不同静电电位的物体直接接触或静电感应引起的，通常发生在对地短接的物体暴露在静电场时。ESD通常会产生强大的尖峰脉冲电流，包含丰富的高频成分，其上限频率取决于放电空间的相对湿度、物体靠近速度、放电物体形状等，可以超过1GHz。在高频时，设备的电缆甚至电路板上的印制走线都会变成非常有效的接收天线。因而，对于典型的模拟或数字设备，ESD一般会产生高电平的噪声，导致电子设备严重损害。静电放电脉冲的上升时间很短，因此寄生电容对它来说是直接导通的，而对电感则变为大阻抗，即使接地线仅有几纳亨的电感，对ESD来说也具有较高阻抗，所以有无安全地线（具有较高感抗）对系统的静电放电影响不大。

静电放电对电路的干扰机理有两种：一是静电放电电流直接流过电路，对电路造成损坏；二是静电放电电流产生的电磁场通过电容耦合、电感耦合或空间辐射耦合等途径对电路造成干扰。

静电放电脉冲电流产生的电磁场可以直接穿透设备，或通过孔洞、缝隙、通风孔、输入/输出电缆等耦合到敏感电路。其辐射波长从几厘米到数百米，这些辐射能量产生的电磁噪声将损坏电子设备。其造成损坏的主要原因是由ESD电流产生热量导致设备的热失效，或由ESD感应产生的高电压导致元器件的绝缘击穿，当然，绝缘击穿也可能激发大的电流，从而导致设备热失效。

2. 雷击浪涌

雷击浪涌骚扰是指由雷电在电缆上电击或感应产生的瞬变电压脉冲，它通常经电源线或信号线等途径窜入并损害电气、电子设备。雷击实际上也是一种静电放电现象。

关于雷击详细的论述请参见本书的后续章节。

3. 电快速脉冲群（EFT）

电快速脉冲群（EFT）往往从系统内部产生，在电气设备中普遍存在，通常由继电器、电动机、变压器等电感元件产生。

电快速脉冲群由电路中的感性负载断开时产生。其机理是：在电感负载的电路中，当开关断开时，由于电感上的电流不能突变，为了维持这个电流，电感上会产生很高的反电动势，当此电动势达到一定的大小时会将开关触点击穿，发生辉光放电（气体电离）和弧光放电（金属气化），形成导电回路，继而在电源回路中产生很大的脉冲电流，负载电感的寄生电容开始放电，电压下降，下降到一定程度时通路断开，断开后电感又产生反电动势，重复以上过程，形成了电快速脉冲群。

EFT 由一连串的脉冲群组成，对电路的影响较大，因为这一连串的脉冲群可以在电路的输入端产生累积效应，使骚扰电平的幅度最终超过电路的噪声门限。脉冲串的周期越短，对电路的影响越大。这是因为当脉冲串的周期很短时，电路的输入电容没有足够的时间放电，就又开始新的充电周期，容易达到较高的电平。

抑制电快速脉冲群的骚扰并不是一件容易的事情，仅用滤波器来抑制难以达到目的，往往需要用几种方法配合起来使用方能取得较好的效果。大量实验数据表明，EFT 骚扰的能量不像雷击浪涌那么大，一般不会损害元器件，一般只会使设备出现"软故障"，如程序乱序、数据丢失等。

4. 三种瞬态骚扰的特性比较

以上三种瞬态骚扰是常见的瞬态骚扰源，其各有特点，抑制方法也各不相同，其特性比较见表 1-2。

表 1-2 三种瞬态骚扰特性比较

骚扰类型	上升时间	能量	电压（高负载阻抗）/kV	电流（低负载阻抗）
ESD	<1 ns	低	>15	人体放电：几十安 装置放电：几百安
雷击浪涌	μs 级	高	<10	几千安
EFT	5 ns	中（单脉冲）	<10	几十安

抑制瞬态骚扰常用的器件称为瞬态骚扰吸收器，主要有气体放电管（避雷管）、压敏电阻、硅瞬态电压吸收器等。

1.2.3 铁路信号系统中常见的电磁骚扰源

1. 电力电子器件的噪声

电力机车或电动车组是典型的机电一体化系统。随着交流电气化铁道的发展，电力机车及电动车组成为目前我国铁路的主力运营车种。在电拖动机车（包括电力机车、电动车组以及电力传动内燃机车）上，都有整流及变流装置。从早期的水银式和引燃管式变流器，到 20 世纪 60 年代后就被大功率半导体器件构成的变流器所替代。起初仅用大功率二极管进行交一直流间的整流。晶闸管和电子控制器件出现后，牵引整流器便具有交一直流间的可控整流和有源逆变、直一直流间的变换的功能，并且试制出直一交流间的变换器。变流器技术进入电力电子器件时代。当前，机车变流器上普遍采用 GTO（可关断晶闸管）、GTR（大功率晶体管）及 IGBT（GTR 和 MOSFET 的合成器件）等电力电子器件。

电力电子器件是一种可控开关元件，可以用小信号输入控制大功率的输出，功率放大倍数在 10^4 以上，因此可以作为强电与弱电之间的接口基础。用电力电子器件构成的变流装置主要有可控整流器（AC—DC 变换）、逆变器（DC—AC 变换）、斩波器（DC—DC 变换）、交流调压器（AC—AC 变换）、变频器（AC—AC 变换）等，这些变流器广泛应用于各种交直流电动机的拖动和变速系统、中频电源、不间断电源（UPS）、无触点电子开关等场合。

实践证明，电力电子器件构成的变流装置是十分强烈的电磁噪声源。现以晶闸管为例说明，晶闸管变流装置产生的噪声主要表现在以下几个方面：

- 使电网中的谐波含量大大增加；
- 使电网电压供给严重不足，即瞬时电压跌落（有时甚至超过 20%）；
- 使电网电压产生波动；
- 产生高频噪声。

2. 电感负载切断时产生的瞬变噪声

这里先研究直流回路中电感负载切断时产生的瞬变噪声。设电感线圈的电感量为 L，电阻为 r_L，分布电容为 C_d，S 为开关，如图 1-3 所示。开关 S 闭合时电感中电流为 I。当开关 S 突然开启时，由于电感元件中的电流不能突变，故在电感两端将会产生很高的反向电动势。在开关的两触点间将产生放电现象。放电发生的机理有两种：金属的弧光放电和气体的火花放电。触点间的起始放电电压和停止放电电压与触点间的距离有关。金属的弧光放电是由于高温使触点金属气化，形成放电通路，没有气体分子也仍然可以产生弧光放电。放电所需起始电压随触点距离增加而升高，触点距离小于 1 μm 时十几伏特的电压就可以产生电弧。气体的火花放电是由于触点间气体分子发生电离而产生的放电现象，起始放电电压与气体种类、气压和触点距离有关。1 个标准大气压时如触点间隔 10 μm 时起始放电电压为 320 V，距离增加或减小时起始放电电压都要增加。气体放电在触点间电压低于 300 V 时不再持续放电。

以下分析开关断开时产生放电现象和瞬变尖峰脉冲噪声的机理，其过程如图 1-4 所示。图中横轴是时间对数，也可看成是触点间的距离，因为触点随时间而拉开；纵轴是触点间的电压对数。其中曲线 I 对应于金属弧光放电的起始放电电压曲线，曲线 II 对应于空气火花放电的起始放电电压曲线。U_A 是弧光放电维持电压，U_G 是火花放电维持电压。当开关 S 的触点放松即将离开但仍有接触时，触点间的接触面积大大减小，接触电阻增加，电流流过时产生的耗散功率产生高温使触点金属气化，触点周围被金属气体包围。当触点刚一离开、电流

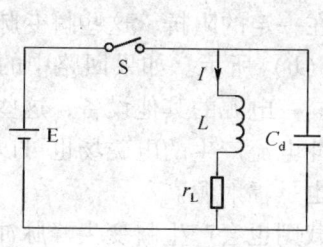

图 1-3 切断直流回路中的电感负载图

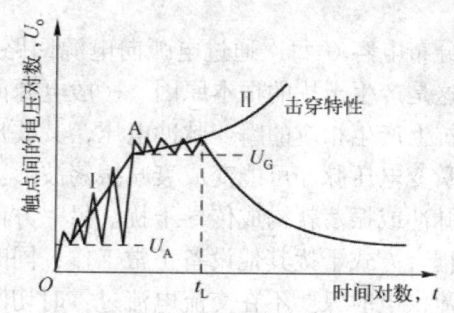

图 1-4 切断感性负载产生放电现象的机理

为零的瞬间，电感产生反电动势，其值为 $-L\dfrac{\mathrm{d}i}{\mathrm{d}t}$。由于在瞬间电流发生很大变化，所以反电动势很大，并经由电阻 r_L 向分布电容 C_d 反向充电。电容上的电压和电源电压相加，共同加在触点的间隙上。当触点间的电压随 C_d 的充电电压升高而升高并超过弧光放电起始电压值时，触点间出现弧光放电。这时的放电是由于触点间距小、电场强度相对较大、金属气体被电离而发生的。弧光放电时电容 C_d 通过电弧向电源回路放电，同时触点间电压下降，当降至弧光维持电压 U_A 后即停止放电，电源回路又断开，电感 L 又向分布电容 C_d 充电，直至触点间电压达到新的起始放电电压，开始下一轮弧光放电。需要注意的是，由于触点的继续分开，间距增加，这时的起始放电电压要比上一轮的起始放电电压高，C_d 充电的时间也需更长一些。上述过程反复进行，直至触点间隙已增加到可用气体放电来替代金属弧光放电。气体放电的过程大致与上述情况相同，放电→停止→放电，这种重复过程将进行至电感中积蓄的能量消耗到不能再维持放电为止。在整个开关断开过程中电感线圈两端的电压波形如图 1-5（a）所示，这也是分布电容 C_d 两端的电压波形。由图可知起始时由于触点距离较近，所需起始放电电压较低，所以电容上的电压峰值较低，但频率较高。随着触点间距离增加，C_d 上只有充电到足够高的电压后才能产生放电，所以 C_d 上的电压峰值较高，但频率减小，最后一次 C_d 反向放电时电压甚至可达几千伏，在开关 S 彻底断弧后，L、r_L、C_d 形成串联衰减振荡回路，振荡频率约为：

$$f=\dfrac{1}{2\pi\sqrt{LC_\mathrm{d}}} \tag{1-1}$$

振荡一直维持到电感中的能量消耗殆尽为止。

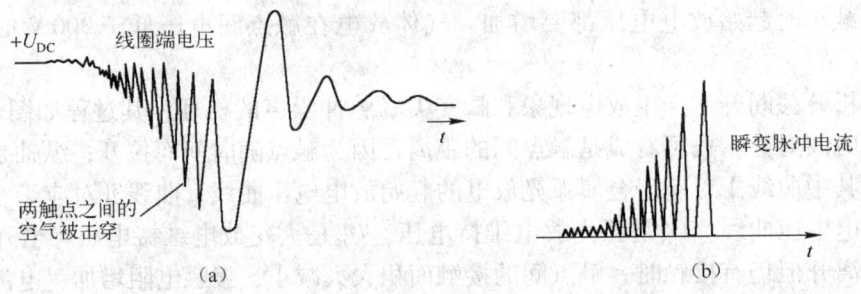

图 1-5 电源回路中电感负载上的瞬变脉冲

在分布电容 C_d 每次通过电弧向电源回路反向放电时，电源回路上出现很大的瞬变脉冲电流，这是产生干扰的根本原因。一般电源回路总是存在一定的阻抗，这些瞬变脉冲电流在回路阻抗上产生相应的瞬变脉冲电压，其波形如图 1-5（b）所示。如果回路中的分布电感较大则瞬变电压脉冲可能变成衰减振荡波形。对于使用同一电源的其他设备，这些叠加在电源上的脉冲或振荡就构成传导干扰。另一方面，瞬变脉冲电流产生的电磁场也可以通过空间辐射或耦合方式干扰其他设备正常工作，同时电弧本身也是辐射源。

交流供电时只要不在交流电流过零时切断大电感负载则也会产生瞬变尖峰脉冲，其机理与直流供电时基本相同。由于尖峰脉冲往往成组出现，所以也称为电快速脉冲群（EFT）。

电快速脉冲群的群持续时间群中包括脉冲的个数，每个脉冲的幅度、波形、上升时间和持续时间等参数与感性负载的电感、电阻和分布电容有关；与电路的工作状态即电压、电流有关；与供电回路的分布参数有关；与开关本身的各种特性也有关。

电气化铁道供电电压为25 kV，通过受电弓送到电力机车内主变压器初级绕组，运行时电流可达几百甚至上千安培。当受电弓在供电接触网的馈电线上滑行时遇到硬点而离线或通过接触网的分相绝缘点时将产生强烈的火花放电，其原理也与上述分析相似，所产生的尖峰瞬变噪声将沿车体和接触网传播，并向周围空间辐射。

轨道交通系统中常见的感性负载包括各种电动机、电磁阀、继电器、电抗器、扼流圈、变压器、电铃、蜂鸣器等，切断这些负载时都有可能产生火花放电。

3. 接通负载时的冲击电流及开关触点抖动

电容性负载在接通电源时，由于电容上的电压不会发生突变，所以将产生相当大的冲击电流，其值由电源内阻和电源电压决定。如在电力电路中接入补偿功率因数的电容器就会产生这种冲击电流。感性负载如大功率的电动机的启动电流、大型变压器的励磁冲击电流等可达正常状态下的5～10倍。即使是电阻负载如白炽灯、电炉等，由于常温时的电阻远小于发光发热时的电阻，所以合闸时的冲击电流也可比额定电流大10～15倍。

冲击电流将在供电回路中产生瞬变电压，如回路中有分布电感和分布电容存在，则瞬变电压可能变成衰减振荡波形。当冲击电流很大时，还可能引起电网电压的瞬时跌落，产生严重后果，如继电器突然释放、自保持电路突然断开、电机转速减慢、控制设备中的逻辑电路发生混乱、内存储数据丢失等。

当用机械式开关、继电器、接触器等接通负载时，还应注意触点的振颤或跳动。触点第一次闭合后又跳开、再接触，有些触点甚至会跳动多次，从而使电路断续接通。当开关接通的是大电流负载时，触点间有可能引发火花放电，从而产生尖峰脉冲噪声。如果开关用在逻辑系统中，产生输入信号时，本来开关的一次接通产生一个输入信号，由于触点的跳动使输入脉冲变成多个，从而导致逻辑电路误动作，如图1-6所示。

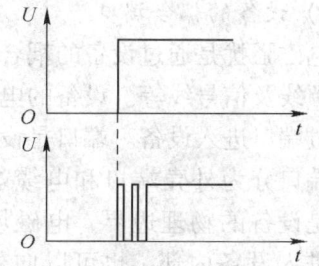

图1-6　开关抖动产生的多余输入脉冲

1.3　电磁骚扰的传播机理

1.3.1　电磁骚扰耦合途径

1. 电磁骚扰的耦合途径分类

电磁骚扰源和敏感设备布置在一起时，就存在从一方到另一方的潜在干扰路径。骚扰源通过各种途径耦合到敏感设备上，从设备接受干扰的角度来看，电磁骚扰的传播途径可以分为传导耦合、辐射耦合。

传导耦合是指骚扰源的电磁能量以电压或电流的形式通过金属导线、电阻、电容及电感而耦合至敏感设备。传导耦合对敏感设备的影响机理视骚扰电流流过的阻抗特性而分为电导性耦合、电容性耦合、电感性耦合。电导性耦合为骚扰的直接传导，容性耦合和感性耦合主要指近场耦合，容性耦合由电场耦合产生，感性耦合由磁场耦合产生。辐射耦合主要指位于骚扰源的远场电路，骚扰源的发射可以看成是电磁波传播。

因而，骚扰耦合进入设备，或从设备传导出去，可以进一步产生电导性耦合、电容性耦合、电感性耦合、辐射耦合。实际中，以上的耦合模式都不是单独出现的，但是一般来说，至少在低频和中频区域内，其中的某一种模式起着支配作用。

电磁骚扰耦合途径分类如图1-7所示。

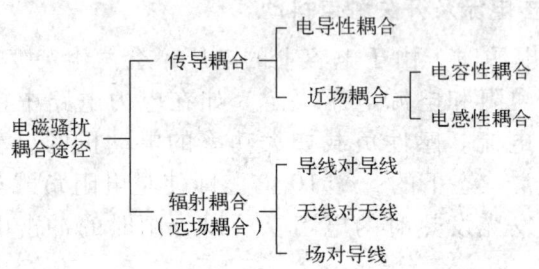

图1-7 电磁骚扰耦合途径分类

2. 电磁骚扰的耦合途径分析

1) 设备的耦合端口

电磁骚扰是通过设备的耦合端口进入设备内部的，这种端口即设备的壳体、与设备相连的电源线及信号线等。设备的电磁兼容抗扰度与其端口有直接联系，不管什么耦合方式，都要通过端口进入设备。端口是设备与外部电磁环境的特定界面接口。

端口分为外壳端口和电缆端口两类，外壳端口是设备的物理边界，电磁场通过这个边界可以进入设备内部，也可以向外界发射。电缆端口是电缆与设备相连接的端口，包括电源端口、信号端口、控制端口和接地端口。电源端口又可分为交流电源端口和直流电源端口。设备的电磁耦合端口如图1-8所示。

图1-8 设备的电磁骚扰端口

2) 设备间的电磁骚扰耦合途径

在现实情况中，敏感设备接受电磁骚扰的途径一般不是单一的，而是几种骚扰传输模式的混合，用一根电缆连接起来的两台设备的电磁骚扰耦合途径情况如图1-9所示。

图1-9中，机箱壳体对电源线、源机箱壳体对受害设备机箱壳体、电缆到电缆都存在着辐射耦合电磁骚扰。外部电源线对受害设备、源设备和受害设备由于共用接地线导致的公共地阻抗都存在传导性的电磁骚扰。这些骚扰混合在一起公共影响受害设备的工作。

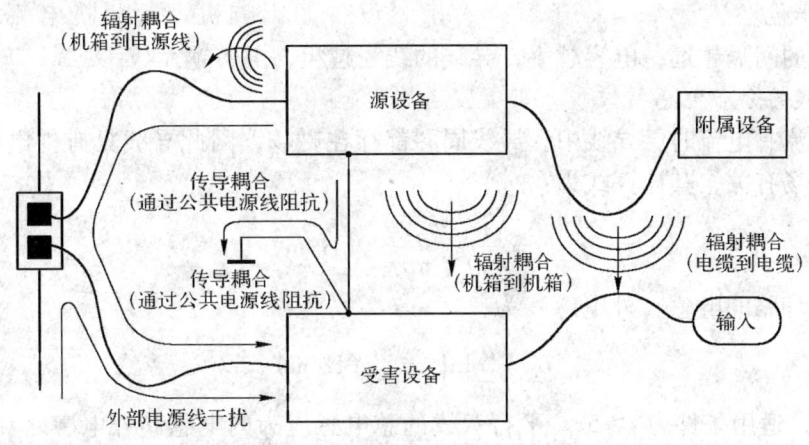

图 1-9 设备间的电磁骚扰耦合途径

1.3.2 电导性耦合

1. 传输线的分布参数特性

在电路原理图中,传输线仅仅是一对理想的连接导线,但在实际使用中传输线具有分布电阻、电容和电感,尤其在频率比较高时这些分布参数对信号的传输有着十分重要的影响。

1) 传输线的分布电阻

任何导体都存在一定的电阻,在导线中流过直流或低频电流时电荷在导线横截面上是均匀分布的,而当导线中流过高频电流时由于高频集肤效应,导线中的电流主要集中在导体的表面,而导线中心几乎没有电流,因此导线的交流电阻将大于直流电阻,可表示为:

$$R_{AC} = \frac{1}{\sigma 2\pi r \delta} \quad (\Omega/m) \tag{1-2}$$

式中,σ 为金属的电导率;

r 为导线的半径;

δ 为金属的集肤深度,$\delta = \frac{1}{\sqrt{\pi f \mu \sigma}}$;

μ 为磁导率;

f 为频率。

式 (1-2) 适用于频率较高 ($\delta \ll r/2$) 的场合。

导线的交流电阻可用改变截面积形状的方法来减小,如同样截面积的矩形导线比圆形导线具有更大的表面,所以交流电阻比圆导线小。接地导线常采用扁平矩形导线来代替圆导线,以减小高频电阻。

2) 传输线的分布电容

任何两块金属之间都存在电容,平行导线对之间的电容为:

$$C = \frac{\pi \varepsilon}{\ln\left(\frac{s}{r}\right)} \quad (F/m) \tag{1-3}$$

式中,ε 为导线间介质的介电常数;

s 为平行双线的间隔;

r 为导线半径。

可见导线的间隔越远,电容越小;导线的线径越粗,电容越大。

3) 传输线的分布电感

当导线中流有电流时,导线中和导线周围都存在磁场,因此导线具有内电感和外电感。内电感与内磁场有关,其计算式为:

$$L_i = \frac{1}{4\pi r}\sqrt{\frac{\mu}{\pi \sigma f}} \quad (\text{H/m}) \quad (1-4)$$

平行双线组成环路的电感(外电感)为:

$$L_e = \frac{\mu}{\pi}\ln\left(\frac{s}{r}\right) \quad (\text{H/m}) \quad (1-5)$$

式(1-5)适用条件为 $s \geq 5r$。平行双线的总电感应为内电感和外电感之和。但内电感远小于外电感,而且频率升高时内电感进一步下降,所以内电感常常可以忽略,一般称导线的电感时均指导线的外电感。由式(1-5)可知导线线径越粗,电感越小,但由于电感和线径是对数关系,所以线径扩大到一定程度后再增加线径也不会使电感有太多的减小;导线间的间隔越大,电感越大,同样,间隔增加到一定程度后电感不会有明显的增加,这时导线中电流产生的磁力线几乎都包含在平行线组成的环内。应该指出的是,导线电感(外电感)总是伴随着环路的存在而存在的,没有环路也无所谓电感。

4) 传输线的特性阻抗

由式(1-3)、式(1-5)可以得到公式:

$$LC = \mu\varepsilon \quad (1-6)$$

如果导线周围的介质是均匀的,即 μ 和 ε 不变,则 LC 为常数。这意味着传输线的分布电感增加则分布电容必定会减小,反之亦然。这便于比较传输线的好坏。

对于均匀一致的传输线,传输线的电阻、电容和电感均匀地分布在传输线的各个部分,如图 1-10 所示,称为分布参数。

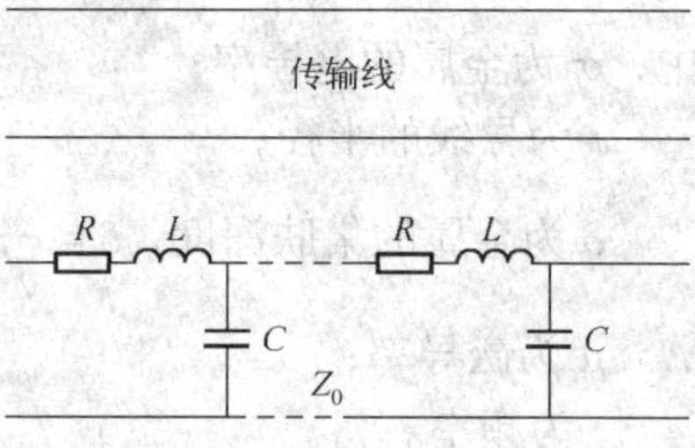

为了更好地描述传输线的分布参数特性,这里引入特性阻抗 Z_0 的概念,其定义为:

$$Z_0 = \sqrt{\frac{L}{C}} \quad (\Omega) \quad (1-7)$$

图 1-10 传输线上的分布参数

特性阻抗是表征传输线本身特性的一个物理量,与传输线内的电流、电压无关,只与传输线的结构(线径、线间距)和传输线周围的介质(μ、ε)有关。

例如,同轴电缆传输线的特性阻抗通常为 50Ω 或 75Ω;双绞传输线的特性阻抗约 100~200Ω,与绞距有关,每英寸 30 绞的双绞线约为 110Ω;印刷电路板上的轨线特性阻抗与介质参数、厚度及轨线宽度和间距有关,一般是 50~200Ω。应该注意的是,特性阻抗并不是传输线真正的阻抗,它与传输线长度无关,10m 长的传输线与 1m 长的特性阻抗是一样的,特性阻抗描述的是传输线的分布参数特性。

2. 共模电流和差模电流

骚扰电流在导线上传输时有两种方式:共模方式和差模方式。一对导线上如流过差模电流则两条线上的电流大小相等，方向相反。一般有用信号都是差模电流。一对导线上如流过共模电流则两条线上的电流方向相同，骚扰在传输线上既可以差模方式出现，也可以共模方式出现。

传输线上的共模电流骚扰只有变成差模骚扰后才可能对设备产生干扰，因为有用信号都是差模形式的。这种"共模—差模"转换是由电路的阻抗是否平衡来决定的，现以工业上常用的串行接口 RS-232 和 RS-422 为例来分析。

如图 1-11 所示，两设备用 RS-232 接口电缆连接，图中仅画出设备 I（发送部分）、设备 II（接收部分）的示意图。这是不平衡电路，在传输线中有差模信号电流 I_{DM}，途径是：

$+U_{DM} \longrightarrow$ 信号线阻抗 $Z_t \longrightarrow$ 回流线阻抗 $Z_t \longrightarrow -U_{DM}$

$+U_{DM} \longrightarrow$ 源 $Z_s \longrightarrow$ 信号线阻抗 $Z_t \longrightarrow$ 负载 $Z_l \longrightarrow$ 回流线阻抗 $Z_t \longrightarrow -U_{CM}$

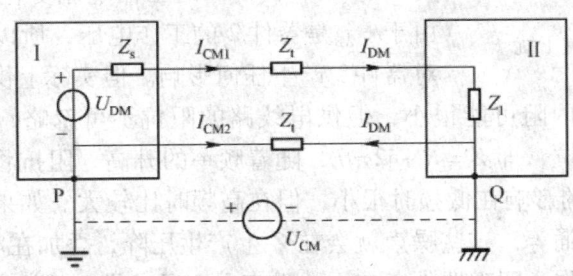

图 1-11 不平衡电路传输（如 RS-232）

如果两个设备的接地点 P 和 Q 之间存在电位差 U_{CM}，则由 U_{CM} 产生的噪声电流将同时通过信号线和回流线，方向是相同的，因此是共模电流，途径为：

$+U_{CM} \longrightarrow$ P 点 $\begin{matrix} \longrightarrow Z_s \longrightarrow \text{信号线阻抗 } Z_t \longrightarrow Z_l \longrightarrow \\ \longrightarrow \text{回流线阻抗 } Z_t \longrightarrow \end{matrix}$ Q 点 $\longrightarrow -U_{CM}$

由于两条路径的阻抗不一样，共模电流大小也不一样，显然 $I_{CM1} < I_{CM2}$，因此在 Z_l 两端由共模电流产生差模电压降，从而对设备 II 的正常工作产生干扰。

如图 1-12 所示，如果用其平衡电路（RS-422 接口）来代替图 1-11 的不平衡电路（RS-232），则情况可大大改善。

图 1-12 中，信号线和回流线对地阻抗是平衡的，由 U_{CM} 驱动的共模电流在两条线中是相等的，因而在 Z_l 两端没有差模噪声压降，所以用平衡电路可以避免从共模到差模的转换。

使用图 1-11 中的不平衡的信号驱动及传输模式，通常称为"单端驱动/传输"模式；而使

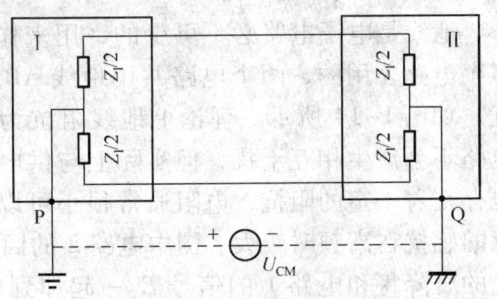

图 1-12 平衡电路传输（如 RS-422）

用图 1-12 中的平衡的信号驱动及传输模式，通常称为"差分驱动/传输"模式。显而易见，采用差分信号模式比单端模式能够提供更高的"共模抑制比"，可以提高传输线的抗干扰能力。

3. 共阻抗耦合

当设备或元器件共用电源线和地线时，设备或元器件之间就会通过公共阻抗产生相互干扰，如共用电源则称共电源阻抗干扰，如共用地线称共地线阻抗干扰。

1) 共电源阻抗干扰

设器件 1 和器件 2 共用一个电源供电，如图 1-13 所示。电源电压为 E_s，供电系统阻抗为 Z_s，Z_s 包括电源本身的内阻和供电线路的阻抗。设器件 1 的工作电流为 I_1，则器件 1 两端的实际电压（这里暂不考虑器件 2 的电流）为：

$$U_{AB} = E_s - I_1 Z_s \tag{1-8}$$

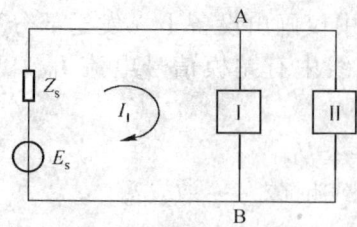

图 1-13 共电源阻抗干扰

很显然，U_{AB} 由 Z_s 决定，如供电系统的阻抗 Z_s 为零，则 $U_{AB} = E$，器件 1 的工作电流变化对 U_{AB} 不起任何作用，由于 U_{AB} 是器件 2 的工作电压，所以器件 1 的工作也不会对器件 2 产生任何影响。但实际上供电系统的阻抗 Z_s 不可能为零，一般电源本身内阻可能很小，但供电线路的阻抗不可忽略，这个阻抗不仅包含电阻，而且包含电感的感抗，即 $Z = R + j2\pi fL$，随着频率的升高，阻抗将越来越大。因此器件 1 工作时对器件 2 产生的影响在低频时很小，但在高频时比较大。如果器件 1 工作时产生高频噪声、脉冲噪声或浪涌等，这些噪声就会在 Z_s 上产生压降，叠加在电源上送到器件 2，从而干扰器件 2 的正常工作。同理器件 2 产生的噪声也会通过供电系统的阻抗干扰器件 1 的正常工作。

共电源阻抗可以发生在交流供电网上，如把电动剃须刀和电视机插在同一个交流电源插座上，开动剃须刀就可能影响电视机画面质量。前面章节所述的断开大电感负载、使用晶闸管等对电网的污染，实质上就是共电源阻抗干扰的典型例子。在设备内部印制板的直流供电轨线上也同样会产生共电源阻抗干扰，如模拟电路和数字电路用同一对轨线供电时就可能造成数字电路对模拟电路的干扰。

避免共电源阻抗干扰的方法是在设备和器件的供电点处加接滤波器或加去耦电容器，给设备和器件提供一个高频噪声通道，不让它传导到电源中。

2) 共地线阻抗干扰

地线是电子电路必不可少的，用来作为基准零电位和电路的回流通路。通常地线是多个电路公用的，两个电路共用地线 AB 的共地线阻抗干扰，如图 1-14 所示。理论上地线阻抗为零，所以这两个电路不会产生相互干扰，但实际上与供电线路一样地线上也存在着一定的阻抗，电阻通常很小可以忽略，主要是电感的感抗在高频时较大。图中电路 2 的回流在地线阻抗 Z_g 上的压降将和电路 1 的信号 E_1 一起加到电路 1 的负载 Z_1 上，从而影响电路 1 的正常工作。反之电路 1 也将影响电路 2 的工作。所以回流在地线阻抗上的压降是产生共地阻抗干扰的根本原因。

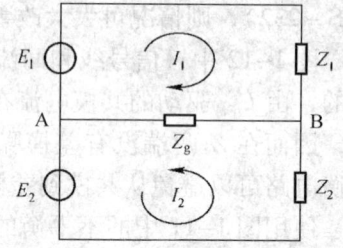

图 1-14 共地线阻抗干扰

【例 1-1】 如图 1-15 所示，一个二级模拟放大器的两个放大器分别接公共地于 A、B

两点，公共地线是印制板轨线，轨线宽 $W = 3\,\text{mm}$，厚 $d = 0.03\,\text{mm}$，A、B 两点间距离为 $l = 10\,\text{cm}$。已知公共地线上还流过开关电源的 20 kHz 纹波电流 $I_g = 100\,\text{mA}$。试分析电路存在的干扰。

解：印制板轨线的电阻虽然很小，但具有一定电感，根据相应的参数，可以计算出 20 kHz 时 A、B 两点间轨线阻抗 $Z_{AB} = 22.4\,\text{m}\Omega$（计算过程略），由于地线上存在纹波电流 $I_g = 100\,\text{mA}$，所以纹波电压在 A、B 两点间压降 $U_{AB} = Z_{AB} I_g = 2.24\,\text{mV}$，这个骚扰电压将和模拟放大器 1 的输出信号一起加在模拟放大器 2 的输入端，则会对电路 2 产生干扰。

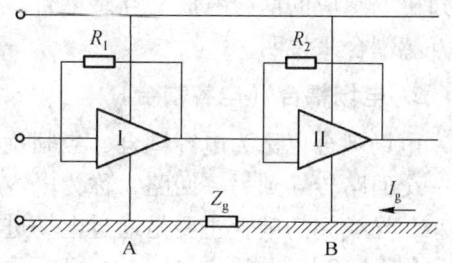

图 1-15 共地线阻抗干扰举例

1.3.3 近场耦合

1. 远场和近场的区别

骚扰通过空间传输实质上是骚扰源的电磁能量以场的形式向四周空间传播。场可分为近场和远场。近场又称感应场，近场的性质与场源的性质密切相关。

如果场源是高电压小电流的源则近场主要是电场。如短偶极子天线，天线两极间有一定电压但电流较小，主要是空间的位移电流。在偶极子天线附近电场大于磁场。常用波阻抗来描述电场和磁场的关系，波阻抗定义为：

$$Z_0 = \frac{E}{H} \tag{1-9}$$

这里由于电场远大于磁场，所以波阻抗较高，因此电场源又称高阻抗场源。随着离天线的距离增加电场和磁场都将减小，但是 $E \propto 1/r^3$，而 $H \propto 1/r^2$，因此波阻抗随距离增加而减小。

如果场源是低电压大电流的源，则近场主要是磁场，如小环形天线，天线中电流较大，天线周围的磁场大于电场，波阻抗低，所以磁场源又称低阻抗场源。随着离天线距离增加，电场和磁场减小，但是 $E \propto 1/r^2$，而 $H \propto 1/r^3$，因此波阻抗随距离增加而增加。

无论场源是电场源或磁场源，当离场源距离大于一定距离（对于点源而言为 $\lambda/2\pi$）以后的场都变成远场，又称辐射场。这时电场和磁场方向垂直并且都和传播方向垂直。点源的辐射场是以球面波的形式向空间扩散传播的，如果观测点和场源的距离远远大于接收天线的尺寸时，可以将此球面波当作平面波看待。电场和磁场的比值为固定值，即波阻抗 $Z_0 = 120\pi = 377\,\Omega$，电场和磁场都以 $1/r$ 速率随距离减小，所以远场也称为电磁场。

远场是平面波，比较容易分析和测量，只需测量电场就能算出磁场，反之亦然。近场比较复杂，电场和磁场不易互相转换，需要分别测量。同时由于近场场强和 $1/r^3$ 或 $1/r^2$ 有关，所以位置的微小变化都会引起较大的测量误差。对于距离较远的系统间的电磁兼容问题一般都用远场来分析。对于系统内，特别是同一设备内的问题基本上是近场耦合问题。

同一设备内各部分电路之间的相互干扰常用近场耦合的方式处理。近场条件是离骚扰源的距离 $r < \lambda/2\pi$，如果频率是 300 MHz，则波长 λ 为 1 m，电路之间的距离小于十几厘米就可视为近场。

近场有电场和磁场，为了分析方便，常把骚扰源通过电场感应的耦合看成是电容耦合，通过磁场感应的耦合看成是互感耦合。下面以两条平行导线组成的两个电路之间的电容耦合和互感耦合来说明。

2. 电场耦合（电容耦合）

电场耦合也称为电容耦合，当骚扰源频率较高时，骚扰信号可以通过导线间的分布电容从一个回路传导到另一回路，称为电容耦合，电容耦合的条件是源回路导线中的电压高、电流小，导线间的耦合主要是通过电场进行。下面通过例子进行分析说明。

【例 1-2】 如图 1-16（a）所示，两条平行线间的耦合电容用 C_m 表示，设源电路的骚扰电压源 U_s，R_{s1} 是源阻抗，R_{L1} 是源电路的负载，C_1 是导线对地电容。接收电路的近端负载（即离骚扰源较近的接收回路负载）为 R_{s2}、远端负载为 R_{L2}，导线对地电容为 C_2。试求源骚扰通过电容耦合到接收电路上的电压。

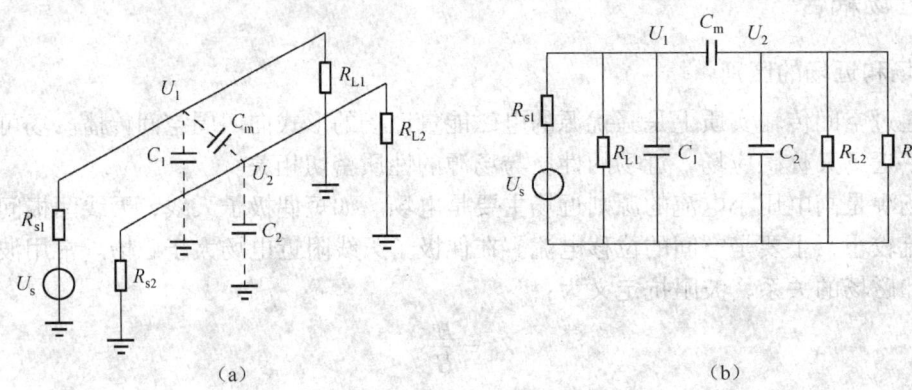

图 1-16 电场耦合

解：电容耦合的等效电路如图 1-16（b）所示，则：

$$U_2 = \frac{Z_2}{X_{Cm} + Z_2} U_1$$

式中，$X_{Cm} = \frac{1}{j\omega C_m}$，$Z_2 = \frac{X_{C2} R_2}{X_{C2} + R_2}$，$X_{C2} = \frac{1}{j\omega C_2}$，$R_2 = \frac{R_{s2} R_{L2}}{R_{s2} + R_{L2}}$

当频率较低时，$|X_{C2}| \gg R_2$，则 $Z_2 \approx R_2$，并且 $|X_{Cm}| \gg R_2$，于是上式可写成：

$$U_2 \approx j\omega C_m R_2 U_1$$

当频率较高时，$|X_{C2}| \ll R_2$，则 $Z_2 \approx X_{C2}$，于是上式可写成：

$$U_2 \approx \frac{X_{C2}}{X_{Cm} + X_{C2}} \dot{U}_1 = \frac{C_m}{C_2 + C_m} U_1$$

通过计算得到，由电容耦合在接收电路导线上产生的电压 U_2 与源电路导线上的电压 U_1 的关系，即电场耦合与频率的关系如图 1-17 所示。

3. 磁场耦合（互感耦合）

磁场耦合也称为互感耦合，骚扰信号通过导线间的分布电感或线圈和变压器的漏磁，从一个回路传到

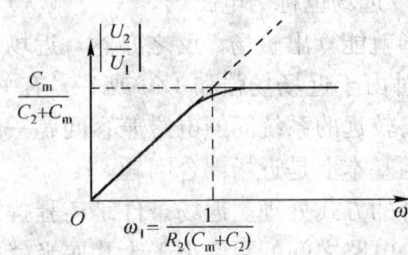

图 1-17 电场耦合与频率的关系

另一个回路，称为互感耦合。当源电路的导线中流过的电流大，但电压较低时，源电路对接收电路的骚扰耦合主要通过磁场进行，可以用两个电路之间的互感来分析。

【例1-3】 如图1-18（a）所示。源电路电感为L_1，接收电路电感为L_2，两电路之间的互感为M，等效电路如图1-18（b）所示。试求接收回路中的互感电流。

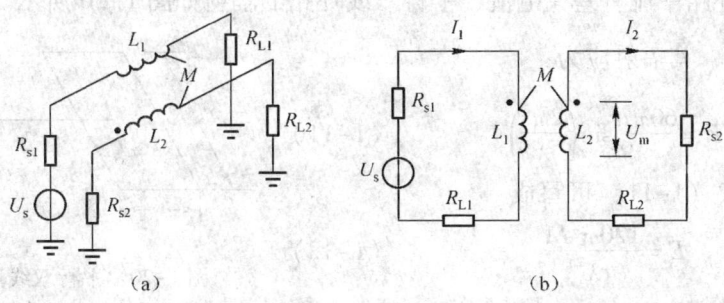

图1-18 磁场耦合

解：源电路在接收电路中产生的电动势应为：

$$U_M = j\omega M I_1$$

由电动势U_M在接收电路中产生的电流为：

$$I_2 = \frac{j\omega M I_1}{R_{s2} + R_{L2} + j\omega L_2}$$

当频率较低时，$R_{s2} + R_{L2} \gg \omega L_2$，上式可表示为：

$$I_2 = \frac{j\omega M I_1}{R_{s2} + R_{L2}}$$

当频率较高时，$R_{s2} + R_{L2} \ll \omega L_2$，可写成：

$$I_2 = \frac{M}{L_2} I_1$$

通过计算得到，接收电路中产生的电流I_2和为源电路中的电流I_1的关系，即磁场耦合与频率的关系，如图1-19所示。由图可知磁场耦合量随频率升高而增加，高频时耦合量基本不变。

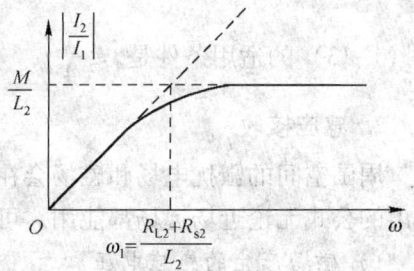

图1-19 磁场耦合与频率的关系

1.3.4 辐射耦合

辐射耦合主要指远场耦合，骚扰源以电磁波的形式发射。

1. 辐射发射

骚扰源向周围空间的辐射发射可以根据天线与电波传播理论来计算，下面主要讨论常见的几种辐射方式。

1）单点辐射

单点辐射主要模拟各向同性的较小的骚扰源，已知其功率即可求得场强为：

$$E = \frac{\sqrt{30P}}{r} \tag{1-10}$$

式中，E 为电场强度，V/m；
  P 为发射功率，W；
  r 为距离发射源的距离，m。

2）平行双线环路的辐射

设平行双线环路中流有差模电流，平行双线环路的辐射如图1-20所示。

设线路长度 $l \leqslant \dfrac{\lambda}{4}$，其辐射应为：

$$E = \frac{60\pi I l}{r\lambda}\sin\left(\frac{2\pi s}{\lambda}\right) \qquad (1-11)$$

通常 $s \leqslant \lambda/2\pi$，式（1-11）可写成：

$$E = \frac{120\pi^2 IA}{r\lambda^2} \qquad (1-12)$$

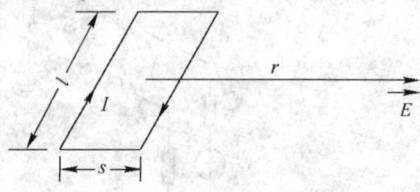

图1-20 平行双线环路的辐射

式中，E 为电场强度，V/m；
  I 为电流，A；
  A 为环路面积，m^2；
  λ 为波长，m。

3）单导线辐射

单导线辐射公式可以用来估算共模电流产生的辐射，可以用电流钳卡在设备电源线束或信号线束上，测出线束上的电流，取平均值代入以下公式：

$$E = \frac{60\pi I l}{r\lambda} \qquad (1-13)$$

式（1-13）的适用条件是 $l \leqslant \dfrac{\lambda}{4}$。

2. 感应接收

周围空间的骚扰电场和磁场会在闭合环路中产生感应电压，从而对环路产生干扰。下面给出的公式无论近场远场都能用，可以证明在远场条件下两公式得出的结果是一致的。

1）磁场产生的感应电压

磁场在闭合环路中产生的感应电压为：

$$U = -\frac{d}{dt}\int_A \boldsymbol{BA} \qquad (1-14)$$

如果 B 在 A 面上不变，且是随时间正弦变化的，则式（1-14）可写为：

$$U = 2\pi f BA\cos\theta \qquad (1-15)$$

式中，U 为感应电压，V；
  f 为频率，Hz；
  B 为磁通密度，T；
  A 为环路面积，m^2；
  θ 为磁通密度矢量与环路平面法向的夹角。

2）电场产生的感应电压

电场在平行双线构成的闭合环路中产生的感应电压可由下式计算：

$$U = 2l\cos\alpha\sin\left(\frac{\pi s}{\lambda}\cos\theta\right)E \tag{1-16}$$

式中，U 为感应电压，V；

l 为导线长度，m；

α 为电场矢量方向与导线的夹角；

θ 为电波传播方向与环平面法向的夹角；

λ 为波长，m；

E 为电场强度，V/m。

磁场、电场在闭合环路中产生感应电压如图1-21、图1-22所示。

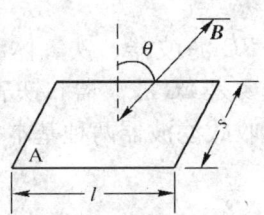 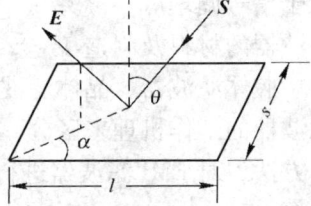

图1-21　磁场在闭合环路中产生感应电压　　图1-22　电场在闭合环路中产生感应电压

由式（1-16）可知，闭合环路在外界场的作用下会产生感应电压，环面积越大感应电压越大，所以要避免外界骚扰场的干扰应尽量减小环路面积，同时还可看到频率越高产生的感应电压也越大，即高频骚扰容易对环路产生干扰。

1.4　电磁骚扰抑制技术

抑制电磁骚扰，最常见的手段是滤波、屏蔽和接地，以及采取隔离、平衡传输等手段。本节将就这几类技术的基本原理和方法加以介绍。

1.4.1　滤波技术

滤波器是由电感、电容、电阻或铁氧体器件构成的频率选择性二端口网络，可以插入传输线中，抑制不需要的频率信号传播。能够无衰减地通过滤波器的频率段称为滤波器的通带，通过时受到很大衰减的频率段称为滤波器的阻带。

由于各种频率成分通过滤波器时的衰减不同，所以滤波器的插入损耗是滤波器最重要的特性参数。插入损耗定义为：

$$\text{Loss}_{ins}(\text{dB}) = 20\lg(U_1/U_2) \tag{1-17}$$

式中，U_1 为信号源不接滤波器直接加在负载上的电压；U_2 为信号源通过滤波器后加在负载上的电压。插入损耗曲线随频率而变化，所以也称之为滤波器的频率特性。

根据插入损耗随频率不同的变化特性，滤波器一般可分为低通滤波器（LPF）、高通滤波器（HPF）、带通滤波器（BPF）和带阻滤波器（BSF，也称陷波器）。LPF和HPF是最基本的滤波器形式，其他都是这两种基本形式的组合。EMI滤波器多为低通滤波器。这几种常见滤波器的插入损耗特性曲线如图1-23所示。

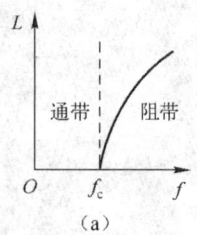 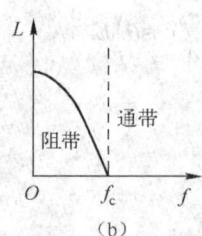 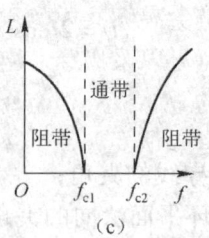 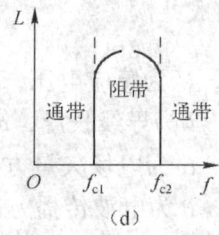

图 1-23 滤波器的插入损耗特性曲线

根据滤波器通带（或阻带）的大小，可以将滤波器分为宽带滤波器和窄带滤波器，以及一些特殊用途的滤波器如梳状滤波器。EMI 滤波器多为宽带滤波器。窄带滤波器及梳状滤波器一般用于信号调理。

根据滤波器的材料及制造工艺，可分为 LC 滤波器、RC 滤波器、铁氧体滤波器、声表面波滤波器、腔体滤波器、晶体滤波器等。EMI 滤波器主要是 LC 滤波器和铁氧体滤波器。

根据滤波器的工作机理来区分，有反射式滤波器和吸收式滤波器两种基本类型。下面将按这种分类方法，对 EMI 滤波器进行介绍。

1. 反射式滤波器

反射式滤波器是由电感、电容等器件组成，在滤波器阻带内提供了高的串联阻抗和低的并联阻抗，使它与噪声源的阻抗和负载阻抗严重不匹配，从而把不希望的频率反射回噪声源，所以称之为反射式滤波器。

低通滤波器是电磁兼容抑制技术中用得最普遍的一种滤波器，低频信号可以以很小的衰减通过，而高频信号则被滤除。低通滤波器用在交直流电源系统中可以抑制电源中的高频噪声，用在放大器或发射机输出电路中可以滤除有用信号的高次谐波和其他杂散干扰。

低通滤波器的结构形式和滤波器两端的阻抗有密切关系。

1）电容滤波器

电容滤波器的结构如图 1-24 所示，Z_1 为滤波器向负载端视入的阻抗，Z_s 为滤波器向源端视入的阻抗，将这两个阻抗考虑在内，其实质上是构成了一个 RC 滤波器。滤波电容本身的阻抗为 $Z_C = 1/j\omega C$，频率越高电容的阻抗越小，即高频时电容器为线路提供了一个并联的低阻抗。如果源电流中同时存在高频成分和低频成分，则高频电流将主要流过电容，而低频电流则流向负载，即电容起到滤除高频成分的作用。电容器的选择应在要滤除的频率范围内满足：$Z_s > Z_C$，$Z_1 > Z_C$。

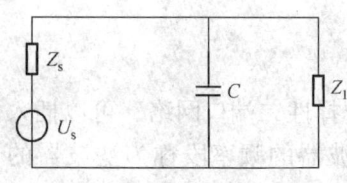

图 1-24 电容滤波器的结构

电容滤波器适用于高频时负载阻抗和源阻抗较大的情况。如设 $Z_s = Z_1 = R$，电容滤波器的插入损耗为：

$$\text{Loss}_C(\text{dB}) = 10\lg\left[1 + \left(\frac{\omega RC}{2}\right)^2\right] \quad (1-18)$$

电容器可以用来滤除差模噪声，也可以用来滤除共模噪声，只是接法不同而已。电容器如并联接在设备的交流电源进线间，则可以滤除电源线上的差模高频噪声；如并联接在印刷电路板上数字集成片的正负电源引脚间，则起到去耦作用，给高速开关电路提供一个高频通道，以免把高频噪声传导到电源，这也是抑制差模噪声。如把电容器并联接在导线和地之间就构成共模滤波器,从而避免高频共模噪声流入负载中经共模—差模转换而影响设备正常工作。在处理机箱进线端子时可以采用穿芯电容来构成共模电容滤波器,使用时穿芯电容用螺栓或焊接方法固定在机箱的金属板上,有用信号可以通过其芯线穿过机箱,而高频噪声则通过芯线与金属板之间的电容入地,如图 1-25 所示。

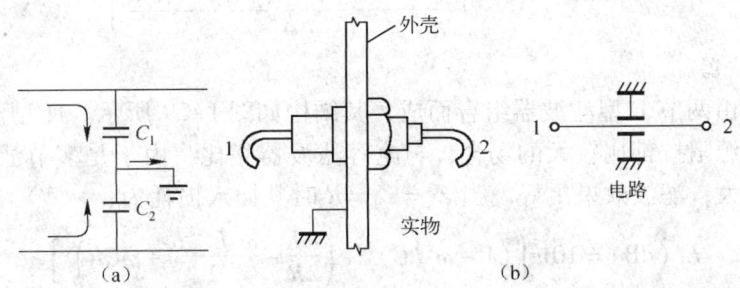

图 1-25 穿芯电容构成的共模滤波器

2) 电感滤波器

电感滤波器的结构如图 1-26 所示,滤波器电感的阻抗为 $Z_L = j\omega L$,频率越高,电感的阻抗越大,即高频时为线路提供一个串联的高阻抗,高频成分主要降在电感上,而低频成分能衰减很小地通过电感到达负载。电感器的选择应在需要滤除的频率范围内满足 $Z_s > Z_L$,$Z_l > Z_L$。所以电感滤波器适用于高频时负载阻抗和源阻抗较小的场合,如设 $Z_s = Z_l = R$,电感滤波器的插入损耗为:

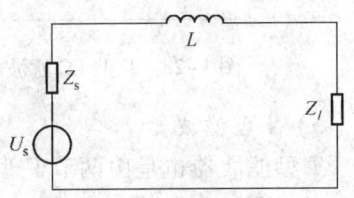

图 1-26 电感滤波器的结构

$$\text{Loss}_L(\text{dB}) = 10\lg\left[1 + \left(\frac{\omega L}{2R}\right)^2\right] \quad (1-19)$$

滤波器使用的电感线圈有两种:一种是差模扼流圈,用于抑制差模高频噪声;另一种是共模扼流圈,用于抑制共模高频噪声。差模扼流圈一般是单线扼流圈,串联在单根传输线上。单线扼流圈通常是把导线缠绕在磁损较大的铁粉芯上,电感值可达几十毫亨。共模扼流圈可插入传输导线对中,同时抑制每根导线对地的共模高频噪声,而对于传输线中传输的差模电流则没有影响,其结构如图 1-27 所示。通常把两个相同的线圈绕在同一个铁氧体环上,铁氧体磁损较小,绕制的方法使得两线圈在流过共模电流时磁环中的磁通相互叠加,从而具有相当大的电感量,对共模电流起到抑制作用;而当两线圈流过差模电流时,磁环中的磁通相互抵消,几乎没有电感量,所以差模电流可以无衰减地通过。共摸扼流圈的优点就在于即使有较大差模电流通过也不会使磁环饱和,而对于共模电流则有较大的电感(约几毫亨),所以可以用于大电流的电源滤波器。

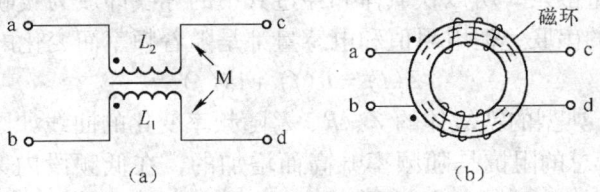

图 1-27 共模扼流圈的结构

3) Γ型LC滤波器

Γ型LC滤波器的结构如图1-28所示。该滤波器适用于高频时负载阻抗较大，而源阻抗较小的场合。Γ型滤波器的插入损耗为：

$$L_{\Gamma}(\mathrm{dB}) = 10\lg\left[\frac{(2-\omega^2 LC)^2 + \left(\omega CR + \dfrac{\omega L}{R}\right)^2}{4}\right] \quad (1-20)$$

4) Π型滤波器

Π型滤波器由两节Γ型滤波器组合而成，其结构如图1-29所示。Π型滤波器适用于高频时负载阻抗和源阻抗都比较大的场合，与电容滤波器相比，由于是多节滤波器串接而成，所以插入损耗更大，滤波效果更好。当$Z_s = Z_1 = R$时其插入损耗为：

$$L_{\Pi}(\mathrm{dB}) = 10\lg\left[(1-\omega^2 LC)^2 + \left(\frac{\omega L}{2R} - \frac{\omega^2 LC^2 R}{2} + \omega CR\right)^2\right] \quad (1-21)$$

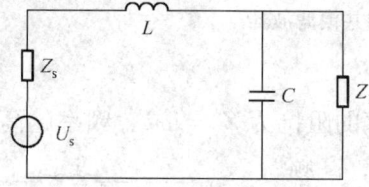

图1-28 Γ型LC滤波器的结构

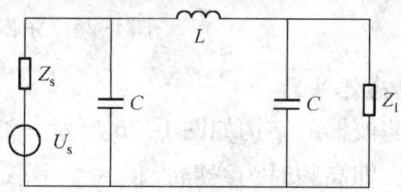

图1-29 Π型LC滤波器的结构

5) T型滤波器

T型滤波器也是由两节Γ型滤波器以不同的方式组合而成，适用于高频时负载阻抗和源阻抗都比较小的场合，它比电感滤波器的插入损耗大，其结构如图1-30所示。

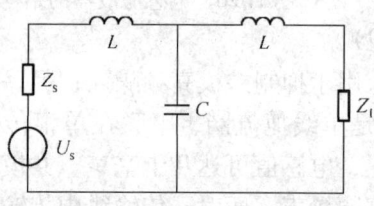

图1-30 T型滤波器的结构

当$Z_s = Z_1 = R$时，T型滤波器的插入损耗为：

$$L_{T}(\mathrm{dB}) = 10\lg\left[(1-\omega^2 LC)^2 + \left(\frac{\omega L}{R} - \frac{\omega^2 L^2 C}{2R} + \frac{\omega CR}{2}\right)^2\right]$$

$$(1-22)$$

2. 吸收式滤波器

吸收式滤波器是由有耗器件构成的，在阻带内吸收骚扰的能量转化为热损耗，从而起到滤波作用。铁氧体吸收型滤波器是目前应用发展很快的一种低通滤波器，已广泛应用于各种电路。用于电磁噪声抑制的铁氧体是一种磁性材料，由铁、镍、锌氧化物混合而成，具有很高的电阻率，较高的磁导率（相对磁导率约为100～1 500）。铁氧体一般做成中空型，导线穿过其中。当导线中的电流穿过铁氧体时低频电流可以几乎无衰减地通过，但高频电流却会受到很大的损耗，转变成热量散发，所以铁氧体和穿过其中的导线即成为吸收式低通滤波器。它可以等效为电阻和电感的串联，但电阻值和电感量都是随着频率而变化的，总的阻抗为：

$$Z(f) = R(f) + jX(f) \quad (1-23)$$

其中，$X(f) = \omega L(f)$，典型的铁氧体的Z、R、X随频率变化的曲线如图1-31所示。

由图1-31可知，总的阻抗是随频率升高而增加的，在低频段内$X > R$，这时电感起主导作用，而在高频段内$X < R$，这时电阻起主导作用，并且电阻随频率升高而增加而电感却下降。对于直流和低频信号，滤波器的阻抗很低，直流电阻只有零点几欧姆，所以几乎没有

衰减，可以顺利通过。但对于几十赫兹到几百兆赫兹的高频信号，滤波器的阻抗则成百倍的增加，因此对高频信号起到较大的衰减作用。铁氧体吸收式滤波器与常规的电感滤波器相比具有更好的高频滤波特性，因为电感器在高频时的分布电容会使电感器的实际阻抗下降，从而降低滤波性能，而铁氧体滤波器在高频时电阻值大于感抗，主要呈现电阻性，相当于一个品质因数很低的电感器，所以能在相当宽的频率范围内保持较高的阻抗，从而提高高频滤波性能。

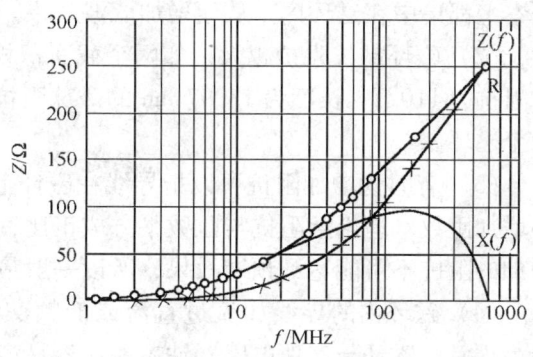

图 1-31　典型的铁氧体的 Z、R、X 随频率变化的曲线

根据不同的使用场合可将铁氧体滤波器做成多种形式，常用的 10 种形式如图 1-32 所示。图 1-32（a）、(b)、(c) 常做成元件型，可以直接焊接在印刷电路板上。多线磁珠可串接在低速信号轨线对中，如键盘线对、RS-232 接口线对等。图 1-32（d）、(e)、(f) 是磁环，导线应从中间穿过。圆磁环可套在元件引脚或导线上；柱形磁环用于圆形电缆；矩形磁环用于扁平电缆；图 1-32（g）是多孔磁板，专用于 DIP 型连接器的插座，使用时应把插座上的每个引脚都插入磁板上相应的孔中。为了使用方便，磁环还有做成分裂式的，两个半环套在电缆上，然后用夹子夹紧。图 1-32（h）型可用于圆电缆；图 1-32（i）型可用于扁平电缆。

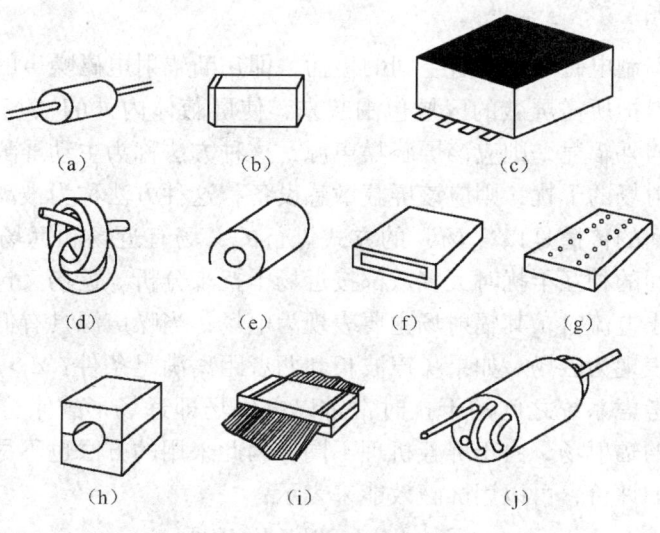

图 1-32　各种铁氧体磁环（磁珠）

磁珠和磁环可以应用在以下场合：磁环可套在交流电源线对、直流电源线对、信号线对上，也可套在电缆线把上用于抑制共模噪声；磁珠可串接在电源的正负导线中用于抑制差模噪声；磁环还可套在高频元件引脚上，防止电路产生高频振荡。使用铁氧体磁珠和磁环时应注意以下问题。

（1）电缆或导线应与环内径密贴，不要留太大的空隙，这样导线上电流产生的磁通可基本上都集中在磁环内,从而增加滤波效果。

(2) 磁环越长阻抗越大,如两个截面积相同的磁珠,长度为 6.68 mm 的磁珠在 100 MHz 时阻抗为 110 Ω;长度为 13.97 mm 的磁珠阻抗则为 220 Ω。如果一个磁环不起作用可以多穿几个磁环。

(3) 有时为增加阻抗可以把导线在磁环上多绕二圈,也可用图 1-32 (j) 所示的穿孔磁环增加匝数。理论上阻抗与匝数平方成正比,但由于匝与匝之间存在分布电容,高频时实际增加的阻抗不可能达到预期效果,所以一般最多绕 2～3 匝。

(4) 磁环内的导线如流过直流或低频交流电流的强度较大,则会使其滤波作用失效,因为铁氧体磁环与其他电感器铁芯相比容易产生磁饱和,这时磁导率急剧下降,阻抗也随之下降。所以在利用磁珠抑制差模电流时要注意产品说明书给出的电流允许值,特别当磁珠用作大电流的电源滤波器时要挑选允许电流值大的磁珠。在用磁环抑制共模噪声电流时最好把正负电源线对或正负信号线对都穿过磁环,这样磁环就不易产生磁饱和。

(5) 如果使用铁氧体磁珠或磁环的线路负载阻抗很高,则磁珠很可能不起作用,因为磁珠的阻抗在几百兆赫兹时也只有几百欧姆,因此磁珠比较适用于低阻抗电路。如果能在磁珠后面再并接一个电容组成类似 LC 滤波器则会大大降低负载阻抗,从而增加滤波效果。

综上所述,铁氧体磁珠与电感器的功能是相同的,都是对高频产生高阻抗,只是磁珠是吸收性的,而电感器是反射性的,磁珠的高频滤波性能比电感器好。磁珠可以做得很小,而且使用起来比电感器更方便灵活。

1.4.2 屏蔽技术

屏蔽技术用来抑制电磁噪声沿着空间的传播,即切断辐射电磁噪声的传输途径。通常用金属材料或磁性材料把所需屏蔽的区域包围起来,使屏蔽体内外的"场"相互隔离,如果目的是防止噪声源向外辐射,则应该屏蔽噪声源,这种方法称为主动屏蔽。如果目的是防止敏感设备受噪声辐射场的干扰,则应该屏蔽敏感设备,这种方法称为被动屏蔽。

电磁噪声沿空间的传播是以"场"的方式进行的,场有近场和远场之分,在考虑同一设备内部各部分之间的相互干扰时大多数都按近场干扰来分析。近场又包含电场和磁场。当噪声源是高电压、小电流时,其辐射场主要表现为电场;当噪声源具有低电压和大电流性能时,其辐射场主要表现为磁场。如果噪声波长和两者距离满足条件:$d > \lambda/2\pi$,则噪声源的辐射场为远场。在考虑系统之间的干扰时常常以电磁场即远场形式来分析,对于电场、磁场、电磁场等不同的辐射场,由于屏蔽机理不同,因此采用的方法也不尽相同。

对于屏蔽作用的评价,可以用屏蔽效能来表示:

$$\mathrm{SE_E(dB)} = 20\lg(E_2/E_1) \tag{1-24}$$

$$\mathrm{SE_H(dB)} = 20\lg(H_2/H_1) \tag{1-25}$$

式中,$\mathrm{SE_E}$、$\mathrm{SE_H}$ 为电场屏蔽效能和磁场屏蔽效能;

E_1、H_1 为加上屏蔽后待测点的电场强度和磁场强度;

E_2、H_2 为未加屏蔽后待测点的电场强度和磁场强度。

对于远场而言,由于电磁场是统一的,所以 $\mathrm{SE_E} = \mathrm{SE_H} = \mathrm{SE}$,即电场屏蔽效能和磁场屏蔽效能是一致的,统称为电磁屏蔽效能。

1. 电场屏蔽

电场屏蔽是抑制噪声源和敏感设备之间由于存在电场耦合而产生的干扰。电场有静电场和交变电场，以下分别讨论这两种电场的屏蔽技术。

1) 静电场的屏蔽

如果一个孤立导体带有电荷，则其周围有静电场存在。如果用一金属球壳把导体包围起来，在金属球壳外仍有静电场存在。因为根据静电感应原理，金属球壳内壁感应有异种电荷，球壳外壁感应有同种电荷。球壳外壁的电荷总量等于球内孤立导体的电荷总量，所以金属球起不到屏蔽作用。如果把金属球外壳接地，则球壳外壁的电荷被引入地中，球壳外壁电位为零，金属球周围就不再存在静电场。可以认为静电场被封闭在金属球壳内，金属球壳对孤立导体起到了电场屏蔽作用。这是主动屏蔽的例子，静电场屏蔽的条件是金属体和接地。

反过来讲，如果空间存在静电场，把金属球壳放在该静电场中。根据静电感应原理，球壳外壁两侧分别感应出等量的异种电荷，金属球壳内部没有电荷是等电位的，不论球壳接地与否球壳内部都不存在由外界感应的静电场，所以金属壳起到屏蔽外界静电场的作用。这是被动屏蔽的例子。这里接地似乎并非静电场屏蔽的必要条件，但是在实际应用中屏蔽壳体不可能是全封闭的，总可能存在孔、缝等。如果不接地，静电场的电力线就容易通过孔缝进入屏蔽壳体内部，从而影响屏蔽性能，所以金属屏蔽体接地仍是静电场屏蔽的必要条件。

2) 交变电场的屏蔽

如图 1-33（a）所示，有两个导体 g 和 s 置于大地上方，若导体 g 对地有一交变电压 $\dot{U}_g$，则在其周围存在一个交变电场，该交变电场会使其附近的另一导体 s 产生感应电压 $\dot{U}_s$。交变电场的耦合可用电容耦合和电路理论来描述。设导体 g 和 s 之间的耦合电容为 C_j，导体 g 对地阻抗为 Z_g，导体 s 对地阻抗为 Z_s。可以根据电路理论计算出导体 g 上的电压 $\dot{U}_g$ 通过耦合电容 C_j 在导体 s 上产生的干扰电压为：

$$\dot{U}_s = \frac{j\omega C_j Z_s}{1 + j\omega C_j (Z_g + Z_s)} \dot{U}_g \tag{1-26}$$

在频率较低时式（1-26）可写成：

$$\dot{U}_s \approx j\omega C_j Z_s \dot{U}_g \tag{1-27}$$

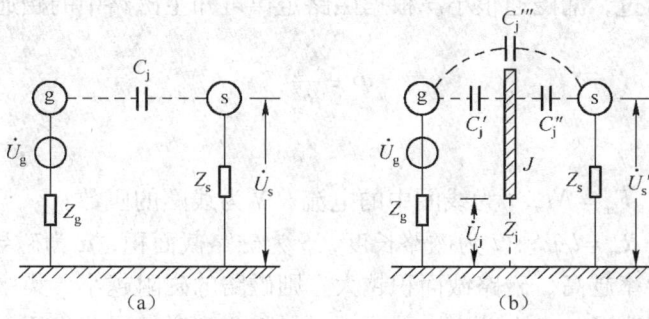

图 1-33 交变电场的耦合和屏蔽

由式（1-27）可知干扰电压与耦合电容的大小成正比，C_j 越大，干扰就越强。

如果在导体 g 和 s 中插入一金属板，如图 1-33（b）所示。金属板的插入使两导体间的耦合电容变成 C'_j，与 C''_j 串联再和 C'''_j 并联。C'_j 是导体 g 和金属板的耦合电容，C''_j 是导体 s 和金属板的耦合电容。由于耦合电容与导体的面积成正比，与导体间距离成反比，显然 C'_j 和 C''_j 都大于 C_j。而 C'''_j 由于金属板的插入而小于 C_j。在忽略 C'''_j 的条件下金属板上感应到的骚扰电压为：

$$\dot{U}_j = \frac{j\omega C'_j Z_j}{1 + j\omega C'_j (Z_g + Z_j)} \dot{U}_g \qquad (1-28)$$

式（1-28）中，Z_j 为金属板对地阻抗。如金属板接地则 $Z_j = 0$，金属板上感应的骚扰电压 $\dot{U}_j$ 亦为 0。金属板上的干扰电压也会通过耦合电容 C''_j 感应到导体上，导体 s 感应到的干扰电压为：

$$\dot{U}'_s = \frac{j\omega C''_j Z_s}{1 + j\omega C''_j (Z_j + Z_s)} \dot{U}_j \qquad (1-29)$$

由式（1-28）、式（1-29）可知，金属板接地使 $\dot{U}_j = 0$，从而 $\dot{U}'_s = 0$。这表明金属板接地切断了导体 g 的辐射电场对导体 s 的干扰途径，金属板起到电场屏蔽作用。应该注意的是，良好接地是金属板产生电场屏蔽的先决条件。如不接地或接地不良则可能产生比没有金属板时更严重的干扰，因为 C'_j 和 C''_j 都大于 C_j。

根据以上分析，无论是静电场或交变电场，电场屏蔽的必要条件是金属体和接地。对于电场屏蔽只要把任何很薄的金属体接地就能达到良好的效果。

2. 磁场屏蔽

磁场屏蔽是抑制噪声源和敏感设备之间由于磁场耦合所产生的干扰的有效方法。磁场屏蔽必须对不同的频率采取不同的措施。

1）低频磁场屏蔽

当线圈中通过电流时线圈周围即存在磁场，磁力线是闭合的。磁力线分布在整个空间，可能对附近的敏感设备产生干扰。在磁场频率比较低时（100 kHz 以下），通常采用铁磁性材料如铁、硅钢片、坡莫合金等进行磁场的主动屏蔽，如图 1-34 所示。铁磁性物质的磁导率比周围空气的磁导率大得多，一般约为 $10^3 \sim 10^4$ 倍，所以可把磁力线集中在其内部通过，不至于大量发散在空气中。如果将线圈绕在由铁磁性材料组成的闭合环中，则磁力线主要在该闭合环的磁路中通过，漏磁通很小。根据磁路定律可知主磁路中的磁通为：

$$\Phi = \frac{F_m}{R_m} \qquad (1-30)$$

式中，Φ 为磁通；

F_m 为磁通势，$F_m = NI$，I 为线圈中的电流，N 为线圈的匝数；

R_m ——磁阻，$R_m = l/\mu S$，l 为磁路长度，S 为磁路截面积，μ 为磁导率。

铁磁材料的磁导率越高、磁路截面积越大，则磁路的磁阻越小，集中在磁路中的磁通就越大，在空气中的漏磁通就大大减少，因此铁磁材料起到磁场屏蔽作用，其实质是对骚扰源的磁力线进行集流。以上例子是磁场的主动屏蔽。

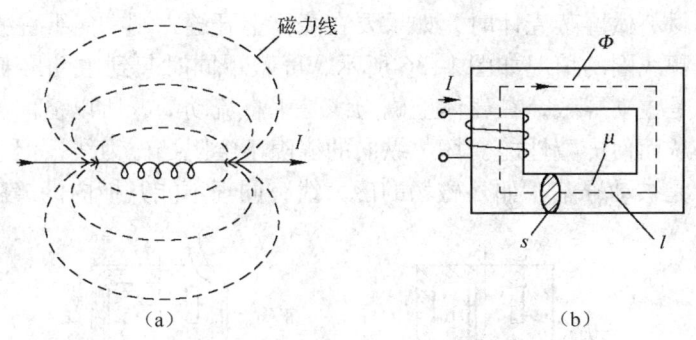

图 1-34 低频磁场的主动屏蔽

同样用铁磁性材料做成的屏蔽壳也能进行磁场的被动屏蔽,如图 1-35 所示。把屏蔽壳体放入外磁场中,磁力线将集中在屏蔽体内通过,不至于漏泄到屏蔽壳体包围的内部空间中,从而保证该空间不受外磁场的影响。

在低频情况下,单层铁磁材料的屏蔽效能为:

$$\mathrm{SE}_H(\mathrm{dB}) = 20\lg\left\{0.22\mu_r\left[1-\left(1-\frac{t}{r}\right)^3\right]\right\} \tag{1-31}$$

式中,SE_H 为磁场屏蔽效能;

μ_r 为铁磁材料的相对磁导率;

t 为屏蔽体的厚度;

r 为同屏蔽体相同容积的等效球半径。

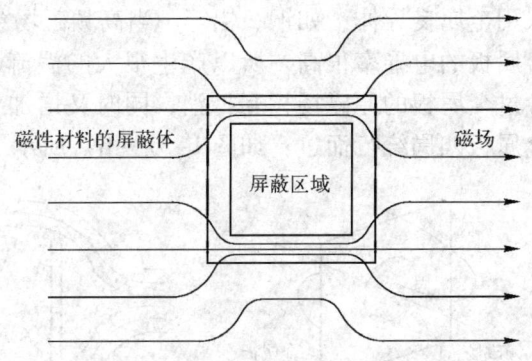

图 1-35 低频磁场的被动屏蔽

由此可知,单层铁磁材料的磁场屏蔽效能最大不超过 $20\lg(0.22\mu_r)$。铁磁材料的磁导率越大屏蔽效能越高。此外,还可以看出屏蔽层的厚度增加也会加大屏蔽效能。但是采用单层屏蔽,增加屏蔽层厚度的做法并不经济,最好采用多层屏蔽的方法。由式(1-31)可算出如欲获得最大屏蔽效能的一半即 $20\lg(0.11\mu_r)$,则要求屏蔽层厚度 t 为等效球半径的 1/5,这将使屏蔽层又厚又重。

例如,电源变压器存在泄漏磁通,对周围的 CRT 显示器会产生干扰。把变压器装入铁板壳体中可以减少漏磁通,但是实验表明尽管用 1.5 mm 厚的铁板壳体将变压器屏蔽起来,漏磁通也只能减少 40%~50%。如采用多层屏蔽方法效果要好得多。用带状铁板,在变压器的侧面绕若干层,漏磁通将大大减少。

在使用铁磁性材料做屏蔽壳体时,如果要在壳体上开缝,则一定要注意开缝的方向。用一屏蔽罩包围一低频线圈的情况如图 1-36 所示,屏蔽罩同时起到主动屏蔽和被动屏蔽的作用。图 1-36(a)是主动屏蔽,在壳体上磁力线是垂直流动的,所以横向的缝隙会阻挡磁力线,使磁阻增加,从而使屏蔽性能变坏。纵向的缝隙不会阻挡磁力线,但应注意开缝不能太宽。图 1-36(b)是被动屏蔽,如外磁场的磁力线,同理不能开横向的缝隙。

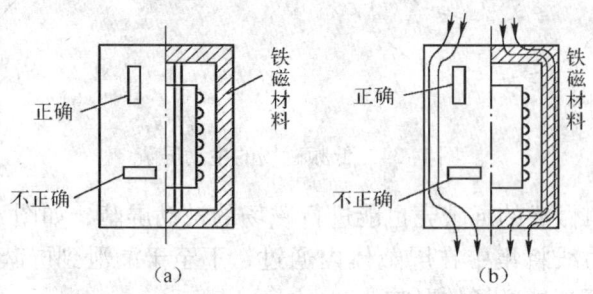

图 1-36 用一屏蔽罩包围一低频线圈的情况

低频磁场屏蔽的方法在高频时并不适用。主要原因是铁磁性材料的磁导率随频率的升高而下降,从而使屏蔽效能变坏。同时高频时铁磁性材料的磁损增加。磁损包括由于磁滞现象引起的磁滞损失及由于电磁感应而产生的涡流的损失。磁损是消耗功率的,相当于增加了被屏蔽线圈的电阻值,造成线圈的 Q 值大大下降,所以利用铁磁性材料的高磁导率特性来集流骚扰磁力线的方法只适用于 100 kHz 以下的低频磁场屏蔽。

2)高频磁场屏蔽

高频磁场屏蔽材料采用金属良导体,如铜、铝等。当高频磁场穿过金属板时在金属板上产生感应电动势,由于金属板的电导率很高,所以产生很大的涡流,如图 1-37(a)所示。涡流又产生反磁场,与穿过金属板的原磁场相互抵消,同时又增加了金属板周围的原磁场。总的效果是使磁力线从金属板四周绕行而过,如图 1-37(b)所示。

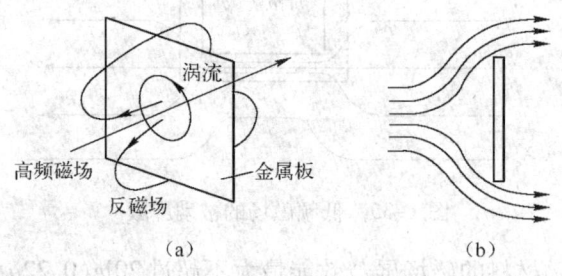

图 1-37 金属板的高频磁场屏蔽

如果做一个金属盒把一线圈包围起来,则线圈电流产生的高频磁场在金属盒内壁产生涡流,从而把原磁场限制在盒内,不至于向外泄漏,起到主动屏蔽作用。金属盒外的高频磁场同样由于涡流作用只能绕过金属盒,而不能进入盒内,起到被动屏蔽作用。

如果需要在屏蔽盒上开缝,则缝的方向必须顺着涡流方向,并且缝的宽度要尽可能地缩小。如果开缝切断涡流的通路,则将大大影响金属盒的屏蔽效果。

金属盒的高频磁场屏蔽效能与高频磁场在盒体上产生的涡流大小有关。线圈和金属盒的关系可以看成是变压器,线圈视为变压器初级,金属盒视为一匝短路线圈,作为变压器的次级。在低频时涡流很小,因此涡流产生的反磁场不足以完全排斥原干扰磁场,可见这种方法不适用于低频磁场屏蔽。随着频率升高,涡流也增大,到一定频率后涡流不再随着频率而升高,此时在高频情况下盒上的涡流产生的反磁场已足以排斥原有的骚扰磁场,从而起到屏蔽作用。另外,屏蔽材料的电阻越小则产生的涡流越大,屏蔽效果越好,所以高频磁场屏蔽材料应该用导电性能强的良导体。此外高频电流具有集肤效应,涡流只在金属表面的薄层中流过,所以金属屏蔽体无须像低频磁场屏蔽那样采用较厚的材料,薄薄一层($0.2 \sim 0.8 \, \text{mm}$)的金属良导体就能起到良好的高频磁场屏蔽作用。

在上述的分析中并没有要求金属屏蔽体接地,但是在实际使用中金属屏蔽体都要求接地,因为这样可以同时屏蔽高频磁场也能屏蔽电场。

3. 电磁场屏蔽

电磁场屏蔽用于抑制噪声源和敏感设备距离较远时通过电磁场耦合产生的干扰。电磁场屏蔽必须同时屏蔽电场和磁场,通常采用电阻率小的良导体材料。空间电磁波在入射到金属体表面时会产生反射和吸收,电磁能量被大大衰减,从而起到屏蔽作用。

1) 吸收损耗

当电磁波进入金属屏蔽体以后将产生感应电流,该电流又产生欧姆损耗,并变为热能而耗散,所以电磁波在金属体中以指数方式很快地衰减,传输距离很短。金属体的吸收损耗为:

$$A(\text{dB}) = 20\lg\frac{E_0}{E_\text{b}} = 20\lg\frac{H_0}{H_\text{b}} = 20\lg e^{b/\delta} \tag{1-32}$$

式中,E_0、H_0 为电磁波入射到金属表面的电场强度和磁场强度;

E_b、H_b 为电磁波在金属体内部的电场强度和磁场强度;

b 为电磁波深入到金属体内的距离;

δ 为集肤深度。

集肤深度是指当电磁波强度衰减到原强度的 $1/e$ 即 0.37 倍时的距离。集肤深度反映了金属体对电磁波的吸收能力。集肤深度薄说明金属体吸收能力强。集肤深度与频率和材料的性能有关,电磁场频率、金属体的磁导率和电导率越高,则集肤深度越薄。

金属体越厚吸收损耗越大,吸收损耗随频率升高而增加。铁磁性材料如铁、坡莫合金的吸收损耗大于良导体,如铜。

2) 反射损耗

由于电磁波在空气介质和在金属体中的波阻抗不一样,所以当电磁波到达两种介质的分界面时,因阻抗不匹配而发生反射,由此而引起的电磁波能量损耗称反射损耗。这种反射过程与传输线中的反射相似,所以比对传输线理论来进行分析。传输线中的电压可以看成电场强度,电流可看成磁场强度,传输线特性阻抗可看成空气中的波阻抗,传输线的负载可看成金属体的波阻抗。

通过计算可以得到不同类型场的情况下金属体的反射损耗为:

$$\text{对于平面波,} R_\text{p}(\text{dB}) = 168 + 10\lg\left(\frac{\sigma_\text{r}}{\mu_\text{r} f}\right) \tag{1-33}$$

对于电场，$R_E(\text{dB}) = 321.7 + 10\lg\left(\dfrac{\sigma_r}{\mu_r f^3 d^2}\right)$ (1-34)

对于磁场，$R_H(\text{dB}) = 14.6 + 10\lg\left(\dfrac{f d^2 \sigma_r}{\mu_r}\right)$ (1-35)

由式（1-33）、式（1-34）、式（1-35）可以得出以下结论。

(1) 平面波的反射损耗与干扰源至屏蔽体的距离无关。而电场的反射损耗以 $20\lg d$ 的速率下降，磁场的反射损耗以 $20\lg d$ 的速率上升。

(2) 随着频率的升高，平面波的反射损耗以 $-10\,\text{dB}/10$ 倍频的速率下降，电场的反射损耗以 $-30\,\text{dB}/10$ 倍频的速率下降，而磁场的反射损耗以 $10\,\text{dB}/10$ 倍频的速率上升。

(3) 同一屏蔽材料对不同类型的场反射损耗不一样，在频率不变条件下通常有 $R_H < R_P < R_E$。

(4) 不同屏蔽材料的反射损耗无论场型如何只差一个常数，即 $10\lg\dfrac{\sigma_r}{\mu_r}$。铁的反射损耗比铜小得多。

3) 多重反射因子

电磁波入射到金属体表面时在左边界一部分被反射，另一部分进入金属体，在金属体中被吸收衰减。如果频率不太高，即集肤深度较深，而金属体本身又很薄，于是电磁波到达右边界时仍然具有较大的强度。在右边界处电磁波一部分穿出边界进入空气，另一部分被反射返回左边界。在左边界上又重复上述过程，如此不断循环直至电磁波能量消耗殆尽。由于多重反射的存在，使得金属体的实际屏蔽效能小于上述的理论计算值，因为根据原式计算的反射损耗只考虑电磁波在金属体内传输一个单程，穿过金属体只有一次，而多重反射的存在说明电磁波在金属体内反复多次传输，穿过金属体也有多次。因此在计算金属体屏蔽效能时应加上多重反射修正因子 $B(\text{dB})$，且该因子应该是负值。

$$B(\text{dB}) = 20\lg(1 - e^{-2b/\delta})$$ (1-36)

式中，b 为金属体厚度。

当金属体较厚、频率较高而集肤深度较浅时，多重反射修正因子的绝对值较小。一般金属体厚度 $b \geq 1.15\delta$ 时，吸收损耗可达 $A \geq 10\,\text{dB}$，即电磁波第一次到达右边界时已经衰减得很小，所以多重反射可以不予考虑。

4) 总屏蔽效能

金属体总的屏蔽效能应该是吸收损耗 A、反射损耗 R 和多重反射修正因子 B 之和。一般情况下多重反射可以忽略，所以总屏蔽效能为：

$$\text{SE}(\text{dB}) = A(\text{dB}) + R(\text{dB})$$ (1-37)

对于屏蔽效能的讨论，可以得出以下几点重要结论。

(1) 公式的使用要考虑频率范围。可以根据 $d = \lambda/2\pi d$ 的条件来确定近场和远场的临界频率。当高于此临界频率时应该使用平面波公式；当低于此临界频率时，如果噪声源是电场则使用电场公式，如果是磁场则使用磁场公式。R_P、R_E、R_H 三条曲线的交点处的频率即为临界频率。吸收损耗 A 对于平面波、电场、磁场都是相同的。

(2) 频率越高，屏蔽效能越好。高频时屏蔽效能主要是吸收损耗 A 起作用，而低频时屏蔽效能主要是反射损耗 R 起作用。铜等良导体对低频电场的反射损耗较大，但是对低频磁场的反射损耗较小。由此可见高电导率、低磁导率的金属材料只适用高频电磁场和低频电场的屏蔽，而对于低频磁场只能采用高磁导率的铁磁性材料如铁、坡莫合金等来屏蔽。

4. 屏蔽机箱

机箱的屏蔽材料一般采用铜板、铁板、铝板、镀锌铁板等，这些金属板对电场、高频磁场和电磁场的屏蔽效能都很大，可达 100 dB 以上，如 0.2 mm 的铜板在 10 Hz ~ 30 GHz 频率范围内能提供大于 160 dB 的屏蔽效能。对于低频磁场，屏蔽应采用高磁导率的铁磁性材料。由于这些材料厚度大、重量重、价格贵，所以一般不用作机箱，而是直接用在需要进行低频磁屏蔽的元器件上。现代电子设备广泛采用工程塑料做机箱，为了使其具备屏蔽作用，常在塑料中掺入高电导率的金属粉，使之成为导电塑料，或者在其表面喷涂一层薄膜导电层。铜薄膜层的屏蔽效能见表 1-3。

表 1-3　镀铜层的屏蔽效能

层厚度/μm	0.015		1.25		21.96	
频率/MHz	1	1 000	1	1 000	1	1 000
吸收损耗/dB	0.014	0.44	0.16	5.2	2.9	92
反射损耗/dB	109	79	109	79	109	79
多重反射/dB	−47	−17	−26	−0.6	−3.5	0
总屏蔽效能/dB	62	62	83	84	108	171

由于导电层非常薄，所以吸收损耗很小，可以忽略，主要由反射损耗起作用。因为导电层的厚度小于集肤深度，故必须考虑多重反射的影响。由表 1-3 可知当薄膜导电层厚度增加时总屏蔽效能也增加，只是与铜板相比屏蔽效能要差一些。对于同一厚度的导电层，不同的频率对总屏蔽效能的影响不大。

以上讨论是在屏蔽体完整的条件下进行的，实际应用的机箱不可能是全密封的，总有各式各样大大小小的孔、洞和缝隙。如通风孔、进出线孔、面板器件安装孔、机箱各板的连接缝、机箱盖和箱体之间的缝隙等。这些孔缝都可能造成电磁波的严重泄漏。实际上，场通过孔缝时的损耗要比穿过金属本体时的损耗小得多，所以讨论机箱的屏蔽效能时主要应该考虑孔缝的屏蔽效能。孔缝对屏蔽的影响如图 1-38 所示。

金属板的屏蔽作用主要是由吸收损耗和反射损耗产生的。反射损耗是因为空气中的波阻抗和金属中的波阻抗不匹配而引起的。金属中的波阻抗与金属板上是否有孔缝无关，所以孔缝的存在并不会影响反射损耗。但是金属体的吸收损耗是由于电磁波在金属体上引起感应涡流，产生欧姆热损耗，同时涡流产生反向磁场抵消原来的磁场，因此是否能保证涡流的畅通无阻是保证吸收损耗的重要条件。

如果金属体上有缝隙存在，并且与涡流方向垂直，如图 1-38（b）所示，则涡流受到阻挡只能绕过缝隙而行。根据电磁场理论，这时缝隙相当于一个二次发射天线，向金属板后发射电磁能量，这意味着电磁波穿过缝隙，使金属板的屏蔽效能大大下降。缝隙天线可以等效于一个磁偶极子天线，当缝隙长度等于半波长的整数倍时则发射能量最大，所以缝隙长度是决定泄漏程度的重要因素。缝隙的宽度一般影响较小，如图 1-38（c）中缝隙虽然变窄，但长度与图 1-38（b）中一样，这时涡流被阻挡的情况并没有多大改善。如果缝隙方向与涡流方向平行，则对涡流影响较小，如图1-38（d）所示。实际应用中并不可能预测涡流的方向，所以唯一的办法是尽量缩短缝隙的长度。对于固定的缝隙长度，频率越高缝隙天线的二次发射越有效，泄漏就越严重，因此一般要求缝隙长度为：

$$l < \frac{\lambda}{10} \sim \frac{\lambda}{100} \tag{1-38}$$

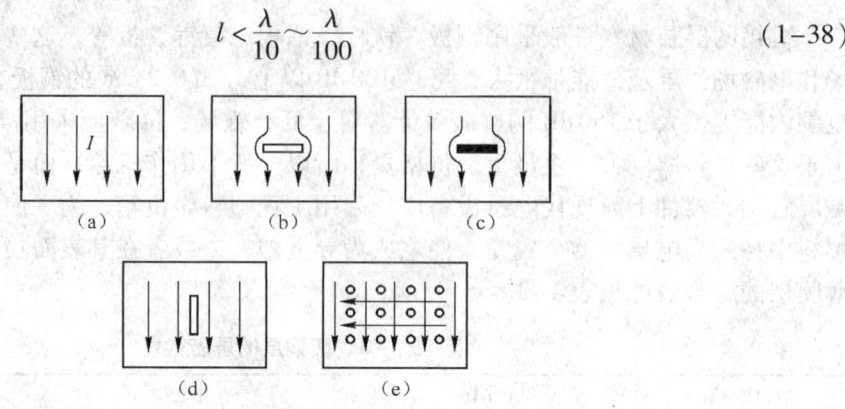

图1-38 孔缝对屏蔽的影响

例如，在拼接两块金属板时所用的螺丝或铆钉间的距离应符合式（1-38）。又如直径大的通风口应该改成很多小孔的组合，每个小孔的直径都要符合该式。改成小孔后对涡流的阻挡大大减小，各个方向的涡流都能比较顺利地流通，如图1-38（e）所示。

改善由于孔缝造成屏蔽效能下降的方法有以下几种。

1）使用导电衬垫

导电衬垫具有良好的导电性和弹性，用于两块金属板的连接处，可以减小缝隙，保持金属板之间的电连续性，从而增加屏蔽效能。导电衬垫有多种形式，通常有软金属、金属编织丝线、导电橡胶、导电泡绵、导电布、梳形弹簧片等。导电衬垫的选择除了要考虑合适的形状、导电性和弹性外还需注意衬垫所用的材料，以避免产生电化腐蚀影响屏蔽的长期性和可靠性。使用导电衬垫时还应注意使用前要清除接触表面上的氧化物、腐蚀物、绝缘膜等，以保证接缝处的电连续性。在接缝处也可以填充导电环氧树脂或采用带有导电胶的铜带或镀锡铜带，前者固化后不能拆卸；后者不需要时可以撕掉。一般这些材料工作频率小于1 GHz，频率再升高时胶中的导电粒随机位移太大，效果下降。

2）使用金属丝网

设备的通风口经常覆盖一层金属丝网，使之既能保持通风又能起到屏蔽作用。金属丝网用于屏蔽要求不太高的场合，100 MHz以上时屏蔽效能下降。由于网孔太多，金属丝网的吸收损耗很小，主要靠反射损耗。在几十兆赫兹以下，主要是金属网对磁场的反射损耗，屏蔽效能随频率升高而增加；几十兆赫兹以后主要是金属网对平面波电磁场的反射损耗，屏蔽效能随频率升高而下降。金属丝网的屏蔽效能主要取决于网孔的大小：对于确定的金属线径，目数越高则网孔越小，屏蔽效能就越高；对于确定的目数，线径越细即网孔越大，则屏蔽效能越低。金属网的屏蔽效能还取决于网丝交点处的焊接质量及金属网与周边金属体连接处的电接触性能。

金属丝网还可用于屏蔽观察窗口。如用莫乃尔合金制成的直径很细约0.05 mm的金属丝网（8～12孔/cm²）被做在玻璃夹层中，作为CRT的观察窗，可以防止计算机信息以场的方式泄漏。这种金属丝网在 1 MHz 时屏蔽效能为 98 dB、100 MHz 时为 82 dB、1 GHz 时还能保持 60 dB。

3) 使用截止波导

截止波导是一种金属管,对电磁波而言它是一种高通滤波器。波导管具有确定的截止频率,当电磁波的频率低于该截止频率时,电磁波不能穿过波导管,于是波导管起到屏蔽作用。波导管的形状常做成圆形、矩形和六角形。波导管常组合在一起做成波导窗,用作通风窗及观察窗。

波导窗与金属丝网相比较具有很好的高频屏蔽特性,在 10 GHz 时仍可保持 100 dB 以上的屏蔽效能。截止波导管还可用于在面板上安装可变电容、可变电位器、波段开关等可调器件。应该注意的是,穿过波导管的轴杆必须是非金属的,否则波导管将失效,不起屏蔽作用。

1.4.3 接地技术

接地的含义是提供一个等电位点或等电位面。接地可以接真正的大地,也可以不接,如飞机上的电子电气设备接飞机壳体就是接地,若接大地则地线的电位就是大地电位,为零电位。接地的目的有两个:一是为了保护人身和设备的安全,免遭雷击、漏电、静电等危害,这类地线称保护地线,应与真正大地相连接;二是为了保证设备的正常工作,如直流电源常需要有一极接地作为参考零电位,信号传输也常常需要有一根线接地作为基准电位,传输信号的大小与该基准电位相比较。

对设备进行屏蔽时在很多情况下只有与接地相结合,才能达到应有的效果。这类地线称工作地线,在电子设备中一定要注意工作地线的正确接法,否则非但起不到作用反而可能产生干扰,如共地线阻抗干扰、地环路干扰、共模电流辐射等。

本节仅讨论工作地线的问题,有关保护地线的内容请参考后续章节。

1. 接地形式

布置工作地线的本来目的是给电源和传输信号提供一个等电位,但在实际电路中工作地线常常兼作电源和信号的回流线。工作地线总是具有一定的电阻和分布电感,一般电阻很小可以忽略,但高频时电感的感抗不能忽略。当回流流过工作地线时就会在地线的阻抗上产生电压降,因此地线上各点的电位不同,任意两点间存在着一定的电位差,这就可能产生共阻抗干扰。

先考察工作地线的单点串联接地方式。如图 1-39 所示,电路 1、2、3 的接地点由工作地线串联起来,然后接地。设电路 1、2、3 的地电流分别为 I_1、I_2、I_3,这些电流有可能是电路中电源的回流,如果电路的滤波去耦不充分,回流中将混有未滤除的高频成分。设备各段

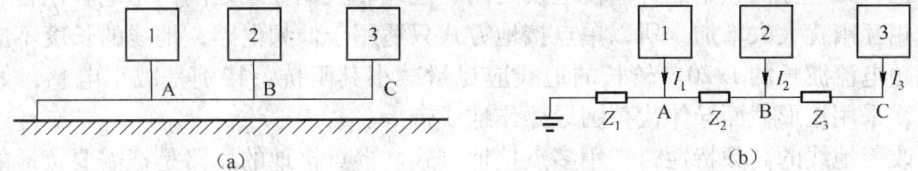

图 1-39　单点串联接地

地线的阻抗分别为 Z_1、Z_2、Z_3，其主要成分是地线分布电感的感抗，可见电路接地点 A、B、C 处的电位 $U_A < U_B < U_C$，地线不再是等电位线，因此很容易产生共阻抗干扰。

如果将电路的接地布置改成如图 1–40 的形式，电路 1、2、3 各自独立地在同一点接地，这种接地方式称单点并联接地方式，各电路的地电位只与本电路的地电流及地线阻抗有关，不受其他电路的影响，这是单点并联接地方式的优点。

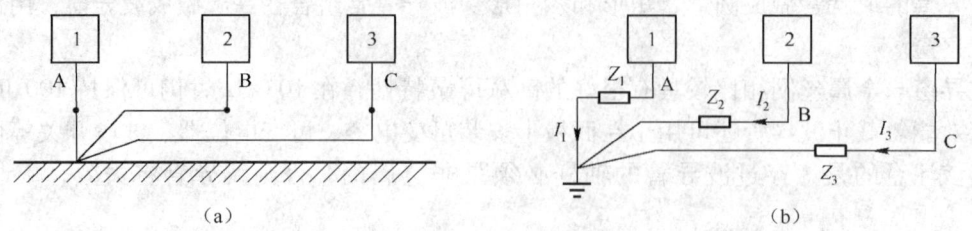

图 1–40　单点并联接地

在实际电路布置中，常常把单点并联和单点串联方式结合起来使用。首先把容易产生相互干扰的电路各自分成小组，如把模拟电路和数字电路、小功率和大功率电路、低噪声电路和高噪声电路等区分开。在每个组内采用单点串联方式把小组内各电路的接地点串联起来，选择在电平最低的电路处作为小组接地点。分组后再把各小组的接地点按单点并联的方式分别连接到一个独立的总接地点，如图 1–41 所示。

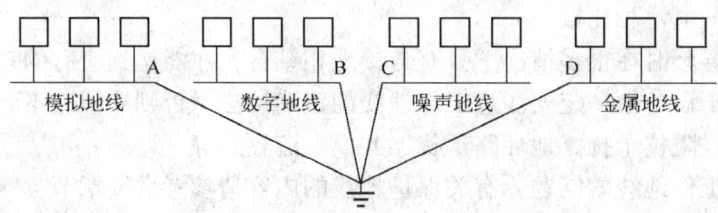

图 1–41　单点串并联混合接地方式

在频率较低、地线阻抗不大、组内各电路的电平又相差不大的情况下，这种方式用得比较多，因为它比较简单，走线和电路图相似，所以电路布线时比较容易。一般设备中的地线至少有三种：信号地线、噪声地线和金属件地线。信号地线一般用于功率较小的电路，又可以进一步分为模拟电路地线和数字电路地线；噪声地线用在高功率电路如晶闸管、继电器、电动机等容易产生较高噪声的电路；金属件地线指设备机壳、机架和底板等。交流电源中的保护地线应与金属件地线相连。

单点接地形式的缺点在于地线太长，当频率升高时一方面增加地线阻抗，容易产生共地线阻抗干扰；另一方面频率的升高使地线之间、地线和其他导线之间由于电容耦合、电感耦合产生的相互窜扰大大增加。所以单点接地方式只适用于低频电路，地线的长度不应该超过地线中高频电流波长的 1/20。较长的地线应尽量减小其阻抗，特别是减小电感，如增加地线的宽度，采用矩形截面导体代替圆导体作地线带等。

为了改善地线的高频特性，常用多点接地方式。多点接地的思路是把需要接地的电路就近接到一金属面上，各电路接地点到金属面的引线要尽可能缩短。金属面要导电好，面积大，因而本身阻抗很小，不易产生共阻抗干扰。在印刷电路板上常用大块的金属面而不是用轨线作地线，在设备中则常用机壳作地线。

根据以上分析，低频电路（$f<10\,\mathrm{MHz}$）一般采用单点接地方式，高频电路（$f>10\,\mathrm{MHz}$）一般采用多点接地方式。在印刷电路板上，作为地的金属面积一般都比较大，特别是多层印刷电路板专门有一层或多层用作地层，这种情况下无论是高频电路还是低频电路都可以多点就近接地，问题的关键是在布线时最好把各种不同类型的地线区分开，即进行地平面分割。

2. 地环路

在布置设备的地线时一般不希望把地线布置成封闭的环状，一定要留有开口。因为封闭环在外界电磁场影响下会产生感应电动势，从而产生电流，电流在地线阻抗上有电压降，于是地线上各点电位都不相同，容易导致共阻抗干扰。

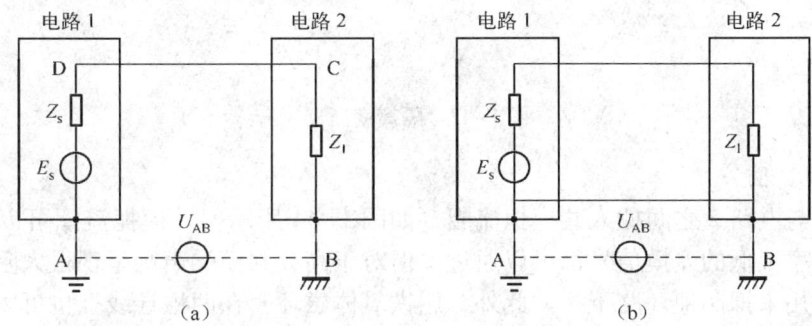

图 1-42 地环路的构成

这里的地环路不是指这种由地线本身构成的环路，而是指电路多点接地并且电路间有信号联系时构成的地环路，如图 1-42（a）所示，电路 1 在 A 点接地，电路 2 在 B 点接地，有一根信号线连接两电路，于是信号线和地之间就构成了地环路 ABCD。如果 A 点和 B 点的地电位不同，存在一定电位差 U_{AB}，或者由于外界电磁场比较强，则在地环路 ABCD 中产生感应电动势 U_{AB}。U_{AB} 将叠加在有用信号 E_s 上再一起加到负载上，从而产生干扰，这种干扰是差模干扰。如果电路间的信号传输用两根导线，如图 1-42（b）所示，则 U_{AB} 将加到两根导线上，由于这两根导线对地的阻抗不对称，所以 U_{AB} 在两根线上产生的共模电流大小不等，最后在负载两端产生差模电压，影响电路 2 的正常工作，这是共模干扰。

在轨道交通系统中地环路引起的干扰是必须考虑的严重问题，因为一般用来监测设备工作状态的传感器距离控制设备都比较远，两处的地电位可能差别较大，而且传感器往往装在工业现场，周围由强电设备产生的电磁噪声较强，很容易产生地环路干扰。

抑制地环路干扰的方法是切断地环路，常用的措施有以下几种。

1）隔离变压器

在电路 1 和电路 2 之间插入隔离变压器，如图 1-43（a）所示。电路 1 的有用信号可以通过变压器的磁场耦合传输到电路 2 中，而地环路产生的共模电流由于方向相同，在变压器初级绕组中互相抵消，起到隔离作用。但是一般变压器并非理想的，初级绕组和次级绕组间存在着分布电容，所以共模电流可能通过这些分布电容从初级流到次级，并进一步流向负载。为了减小分布电容，提高变压器的隔离效果，应该在初级、次级间加一层金属屏蔽层，其结构是用一层铜箔绕一匝，但在交接处必须垫上绝缘层，不能让其变成短路环，否则差模电流也被隔离，如图 1-43（b）所示。该铜箔起到初级与次级间的电场屏蔽作用，即减小了两者间的分布电容。该铜箔应接地，而且要接在负载端，否则不起作用。这可用图 1-43（c）解释。屏蔽体如接在 A 端的地上，则共模噪声仍可以通过 C_2 耦合到负载上，所以必须在 B 端接地。隔离变压器的缺点是不能传输直流信号和频率很低的信号。

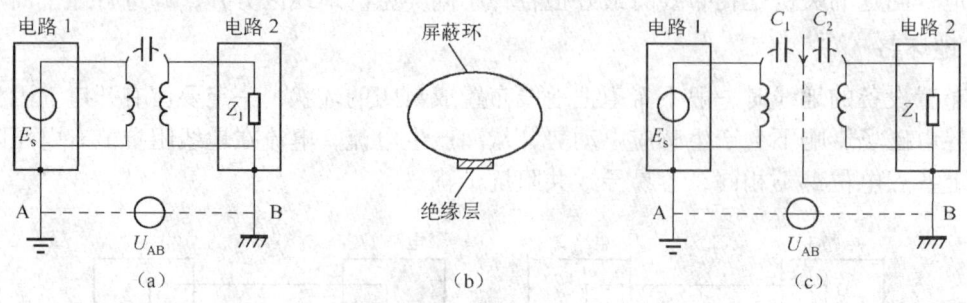

图 1-43　隔离变压器

2）共模扼流圈

在电路 1 与电路 2 之间插入共模扼流圈，如图 1-44 所示。共模扼流圈可以传输差模信号，直流和频率很低的差模信号都可以通过，但对于高频共模噪声则呈现很大阻抗，所以共模扼流圈可以用来抑制地环路干扰。此外，用铁氧体磁环套在两根导线上也可以同样起到共模扼流圈的作用。

3）光电耦合器

在电路 1 与电路 2 之间插入光电耦合器，如图 1-45 所示。光电耦合器是把电信号变成光信号，然后再把光信号还原成电信号的器件。光电耦合器由发光二极管和光敏晶体管封装在一起组成。发光二极管中有差模信号电流通过时就输出与信号电流强度相对应的光通量，当光照到光敏晶体管上时光敏晶体管根据光通量的大小转换成相应的电流。光电耦合器只能传输差模信号，不能传输共模信号，所以完全切断了两个电路之间的地环路。光电耦合器可以传输直流和低频信号，响应速度快，输入输出端的分布参数小，而且体积小、重量轻，便于安装，目前已广泛应用在数字电路中，频率高达 10 MHz。

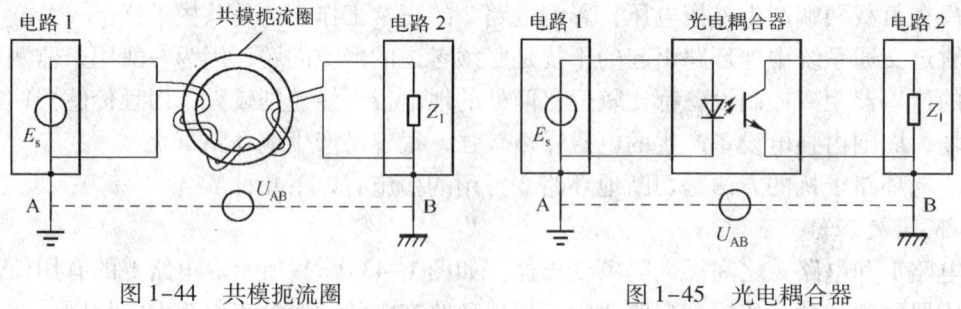

图 1-44　共模扼流圈　　　　图 1-45　光电耦合器

数字电路只有两种状态：有信号和无信号即有光和无光，所以使用很方便。光电耦合器在模拟电路中使用时应注意解决信号电流和光通量转换时的非线性问题，采用光反馈技术可大大提高转换精度，从而使光电满合器在模拟电路中的运用得到进一步的推广。

3. 屏蔽电缆的接地

屏蔽电缆是在绝缘导线外面再包一层金属薄膜即屏蔽层。屏蔽层通常是铜丝编织网或者是无缝铅箔。屏蔽电缆的种类很多,一般可分为普通屏蔽线、双绞屏蔽线、同轴电缆。屏蔽线可以是单芯的或多芯的,屏蔽层外可以是带绝缘护套的,可以不带。同轴电缆和普通屏蔽线在结构上的差别主要是同轴电缆始终保持中心导体(芯线)和外层导体(屏蔽层)在同一中心轴上,因此保持均匀一致的分布参数和特性阻抗。同轴电缆的分布电容小,可以传输频率很高的信号,但同轴电缆价格比较贵,在频率较低时可以用普通屏蔽线。普通屏蔽线的芯线和金属编织屏蔽层间的分布电容较大,有时可达 100 pF/m 左右,因此高频传输损耗较大,只适合低频运用。

如果仅从信号传输损耗考虑,不涉及电缆的屏蔽特性来比较这几种屏蔽电缆,则普通屏蔽线适用于 30 kHz 以下;双绞线和屏蔽双绞线正常运用在 100 kHz 以下,特殊情况可用到几百千赫兹;同轴电缆适用于 1000 MHz 以下,更高频率应采用波导管。

屏蔽电缆的屏蔽层通常是由铜、铝等非磁性金属材料制成,并且厚度很薄,远小于使用频率上的金属材料的集肤深度,因此屏蔽层所达到的屏蔽效果主要不是由于金属体本身对电场、磁场的反射、吸收、分流而产生的,而是由屏蔽层的接地产生的,接地的形式将直接影响其屏蔽效果。

电缆的屏蔽层只有在接地以后才能起到屏蔽作用,对电场和磁场,屏蔽层的接地方式不同,以下分别进行讨论。

1)电场屏蔽

如图 1-46(a)所示,有两根平行导线,由于分布电容的存在,会产生电场的耦合干扰。设其中一根线是单芯屏蔽线。先假定屏蔽线接在敏感电路(接收回路)中,骚扰源电路(源电路)的导线对接收回路中单芯屏蔽线的耦合电容应由两部分组成,一部分是源电路导线对接收电路导线屏蔽层的耦合电容 C_{ms},另一部分是屏蔽层对导线的耦合电容 C_s。接收电路导线的对地电容也应该由屏蔽层对地电容 C_{2s} 来代替。如先不考虑 C_{12},由其等效电路(图 1-46(b))可知,导线 1 上的电压 U_1 会通过 C_{ms} 耦合到屏蔽层上,再通过 C_s 耦合到导线 2 的芯线上。如果把屏蔽层接地,即把 C_{2s} 短路,则 U_1 在通过 C_{ms} 后被屏蔽层短路至地,不能再传输到导线 2 的芯线上,从而起到电场屏蔽的作用。屏蔽层的接地点通常选在屏蔽电

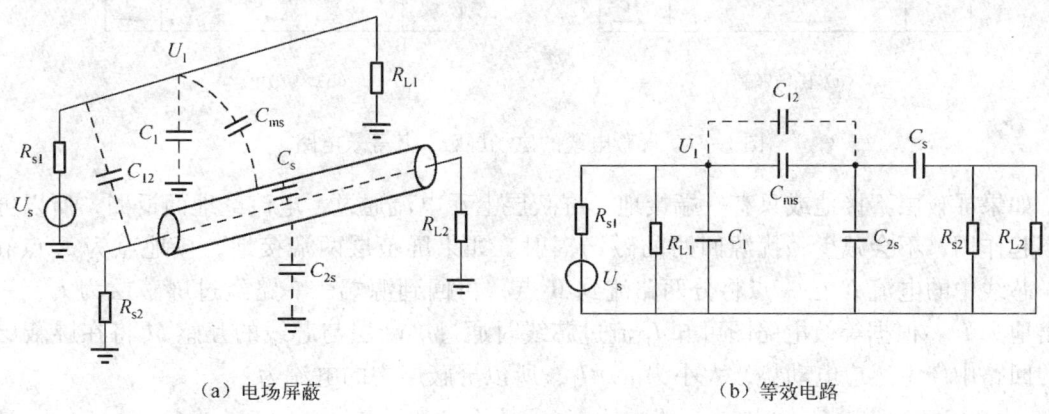

(a)电场屏蔽　　　　　　　　　　(b)等效电路

图 1-46　屏蔽电缆的电场屏蔽及其等效电路图

缆的一端，称单端接地。如果屏蔽电缆的芯线伸出屏蔽层太长，或者屏蔽层的编织网孔较大则应该考虑 C_{12} 的影响，C_{12} 包括导线 1 对导线 2 露出屏蔽层的芯线的电容，也包括导线 1 经所有网孔对导线 2 芯线的电容。由等效电路图可知即使屏蔽层接地，U_1 也仍然能通过 C_{12} 耦合到导线 2 的芯线上去，所以接收电路的负载 R_{s2} 和 R_{L2} 上仍有一定的干扰电压。因此要提高屏蔽电缆的电场屏蔽效果，除了屏蔽层单端接地外，还应尽量减小 C_{12}，即选用屏蔽编织层比较紧密的电缆。芯线不要露出屏蔽层外。

如果骚扰源电路用屏蔽电缆，接收电路用一般导线，在屏蔽层单端接地后同样能起到电场屏蔽作用，其原理与上述分析是相同的，所以屏蔽电缆既能对电场起到被动屏蔽作用，也能起到主动屏蔽作用，条件是屏蔽层接地。应该指出的是，如果屏蔽层不接地，则有可能造成比不用屏蔽线时更大的电场耦合，因为屏蔽线的屏蔽层面积比普通导线大，与其他导线的耦合电容大，因此可能产生的耦合量也大。

上述分析中假设屏蔽层本身的阻抗为零，接地后屏蔽层处处都是零电位，通过耦合电容 C_{ms} 耦合到屏蔽层上的噪声电流不会产生任何电压降。这种情况只有在频率较低或电缆长度小于波长的 1/20 时才近似成立，这时的接地方式以屏蔽层单端接地为宜。当频率较高或电缆长度大于 1/20 波长时，屏蔽层的阻抗不能忽略，如只在屏蔽层一端接地将迫使噪声电流流过较长距离后才入地，电流在屏蔽层阻抗上的压降使屏蔽层上各点电位不同，从而影响了电场屏蔽效果。为了使屏蔽层尽可能保持等电位，频率较高或电缆较长时应每隔 1/10 波长的距离接一次地。

2）磁场屏蔽

如图 1-47 所示，屏蔽层是圆柱面，则屏蔽层与芯线的互感等于屏蔽层的自感。假设 U_s 是骚扰电压源，电流 I_1 流过屏蔽线的芯线，M 是屏蔽层与芯线的互感，L_s 和 r_s 分别为屏蔽层的电感和电阻。

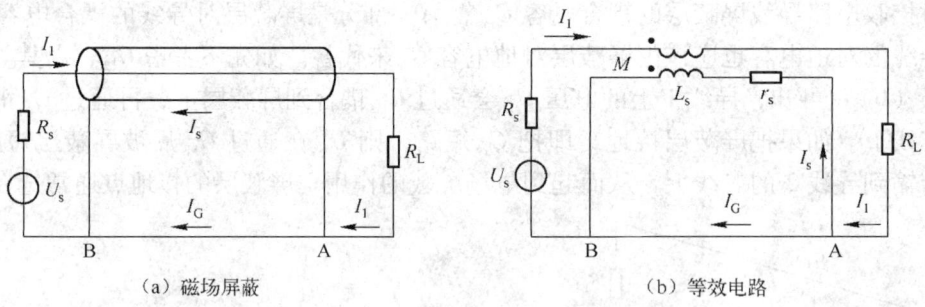

(a) 磁场屏蔽　　　　　　　　　　　(b) 等效电路

图 1-47　屏蔽电缆的磁场屏蔽及其等效电路

如果屏蔽层不接地或只有一端接地，屏蔽层上无电流通过，电流经地面返回，所以屏蔽层不起作用，不会减少骚扰源回路的磁场辐射。如果屏蔽层两端接地，接地点为 A 点和 B 点，芯线中的电流 I_1 在 A 点将分两路流到 B 点，再回到源端，一路经过屏蔽层为 I_s、一路经由地为 I_G。根据等效电路图可知 I_1 流过芯线时通过屏蔽层与芯线的互感 M 将在屏蔽层构成的回路中产生感应电动势，大小为 $j\omega M I_1$，所以屏蔽层中的电流为：

$$I_s = \frac{j\omega M I_1}{j\omega L_s + r_s} = \frac{j\omega L_s I_1}{j\omega L_s + r_s} = \frac{j\omega I_1}{j\omega + \omega_0} \tag{1-39}$$

式中，$\omega_0 = r_s/L_s$ 称为屏蔽层截止频率。由式（1-38）可知 $I_s \leq I_1$，且当频率升高时 I_s 将越来越大，当 $\omega > 5\omega_0$ 时，$I_s \approx I_1$，由于 $I_1 = I_s + I_G$，所以此时流过地面的电流为 $I_G \approx 0$。可见，当芯线电流的频率较高且大于 5 倍的屏蔽层截止频率时，该电流几乎全部经由屏蔽层流回源端。由于回流是在屏蔽层上均匀分布的，而且把去流包围在中间，所以磁场被封闭在屏蔽层内，屏蔽层外由回流和去流产生的磁场大小、相等、方向相反，因而互相抵消，抑制噪声磁场的向外辐射。一般同轴电缆的 5 倍屏蔽层截止频率都小于 10 kHz。

屏蔽电缆的磁场屏蔽也可以从另一种角度来解释。已知环路电流总是沿着阻抗最小的途径流动，阻抗包括电感和电阻 $Z = R + j\omega L$，当频率较低时电阻起主导作用，频率较高时电感的感抗起主导作用，环路的电感大小主要决定环路的面积，环路面积越小，环路电感越小。其结果是：当 $f > 10$ kHz 时回流几乎全部走屏蔽层，因为这条路径环路面积最小，环路电感也最小。环路面积小向外辐射的噪声磁场也小。

以上分析的是屏蔽电缆对磁场的主动屏蔽作用，同样地屏蔽电缆也能用于被动屏蔽，即把屏蔽电缆用在接收回路中，减小外界磁场对接收回路的干扰。减小接收回路面积即接收回路电流所包围的面积就是减少外界磁场干扰的最好方法，屏蔽能影响接收回路的面积，现用图 1-48 来加以说明。没有屏蔽的导线构成的接收回路如图 1-48（a）所示，这时回路面积最大，受外界磁场影响最大；图 1-48（b）虽然加了屏蔽层，但只是单端接地，屏蔽层上无电流，所以屏蔽层并没有改变回路面积；图 1-48（c）屏蔽层两端接地，根据以上分析可知当频率大于 5 倍的屏蔽层截止频率时回流从屏蔽层流过，这时的回路面积最小，抑制外界磁场的能力最强。如果频率较低，回流大部分流经地面返回则屏蔽层仍不能起到防磁作用。

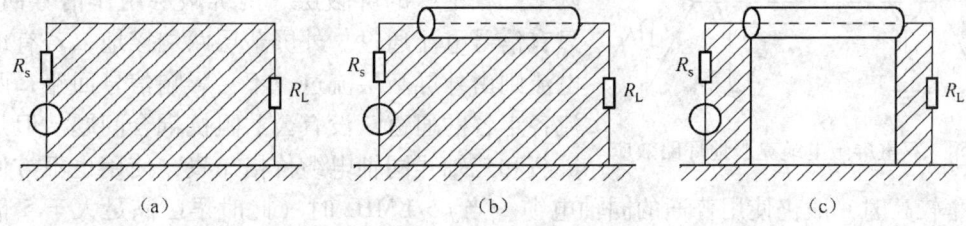

图 1-48 接地对电缆屏蔽效果的影响

3）地环路对屏蔽的影响

两设备间的信号传输常使用屏蔽电缆以防止外界电磁场的干扰，如果两设备接地，而电缆屏蔽层的两端也接地，那么构成的地环路是否会影响电缆屏蔽层的屏蔽效果呢？现以图 1-49 为例进行分析。

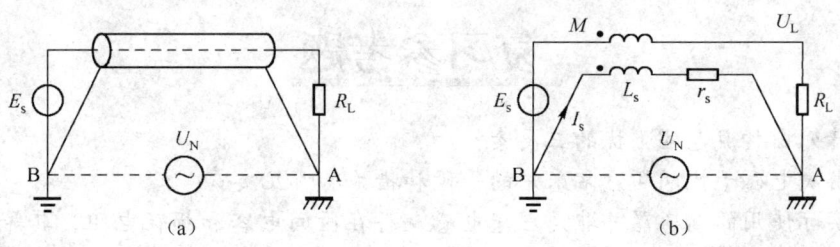

图 1-49 电缆屏蔽层双端接地的地环路效应及其等效电路

【例1-4】 如图1-49（a）所示，信号源 E_s 的电流通过屏蔽电缆芯线流至 R_L，屏蔽电缆在源 B 和目的 A 两点接地，试分析：A 和 B 间存在的地环路对信号传输的干扰影响；如何解决这种地环路对信号传输的干扰？

解：（1）根据上述磁场屏蔽的论述，当信号频率大于屏蔽层的5倍截止频率时，信号电流几乎都由屏蔽层返回信号源，经地面的回流基本为0，屏蔽层是信号回路的一部分。这时信号回路面积最小，对外界磁场的干扰有抑制作用。如果电缆两端屏蔽层接地点 A 和 B 等电位，则屏蔽层外由回流和去流产生的磁场大小相等方向相反，因而互相抵消，抑制噪声磁场向外辐射。

但如果电缆两端屏蔽层接地点 A 和 B 之间存在电位差，则屏蔽层中就有噪声电流 I_s 流过。一方面 I_s 在屏蔽层的感抗和电阻上有压降，另一方面也会通过屏蔽层和芯线的互感 M 在芯线上产生感应电压。由其等效电路（图1-49（b））可知，加在负载 R_L 上的电压应该是所有这些电压的叠加，可用下式表示：

$$U_L = -j\omega M I_s + j\omega L_s I_s + r_s I_s + E_s \qquad (1-40)$$

由于 $M = L_s$，式（1-40）可改写为 $U_L = r_s I_s + E_s$，即加在负载上的电压除信号源的有用电压外还有噪声电压，噪声电压为噪声电流与屏蔽层电阻的乘积。

可见，地环路确实减弱了屏蔽层的屏蔽效果，这主要是由于屏蔽层被当作信号回流线，而由地环路产生的噪声电流也流过屏蔽层，噪声电压被串联在信号回路中。

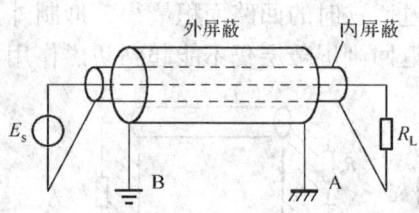

图1-50 双重屏蔽电缆克服地环路效应

（2）如图1-50所示，采用双重屏蔽电缆或三轴式同轴电缆可较好地解决这个问题。图中芯线外面有两个互相绝缘的屏蔽层，内屏蔽层用作信号回流线，只有信号电流通过。外屏蔽层两端接地，若有地环路电流则由外屏蔽层流过，不会影响信号回路，两种电流各走各的通道，没有公共阻抗耦合问题。但是双重屏蔽和三轴式同轴电缆价格昂贵，使用也不方便，在信号频率较高时一般仍使用普通的同轴电缆。当 $f > 1$ MHz 时（此时早已满足大于5倍屏蔽层截止频率的条件，信号电流不从地面而从屏蔽层返回），由于高频集肤效应，信号电流在屏蔽层的内表面流动，而地环路的噪声电流则在屏蔽层的外表面流动，这时的同轴电缆也起到三轴式同轴电缆的作用，前提是使用频率较高。

屏蔽双绞线也可起到三轴电缆的作用，且价格便宜，使用方便，信号电流在两根内导线上流过，一根是去流，一根是回流，而地环路产生的噪声电流则流过屏蔽层。由屏蔽层通过互感感应到两根内导线上的噪声电压因其大小相等且方向相同，在信号回路上将互相抵消。

复习参考题

1-1 请列出构成电磁干扰的三要素？

1-2 解决电磁干扰问题，常采用的手段和措施有哪几类？

1-3 实际使用的电感器并非是理想电感，存在匝间电容和损耗电阻，其等效电路如题图3所示。试在同一坐标系中画出理想电感和实际电感器的阻抗—频率曲线，并给出比较结果。

1-4 如题4图所示，两导线间的分布电容为50 pF，导线对地分布电容为150 pF，导线1端接200 kHz、10 V 的交流信号源，如果 R_T 分别为无限大阻抗、1000 Ω 阻抗、50 Ω 阻抗，试求三种情况下导线2的感应电压为多少？

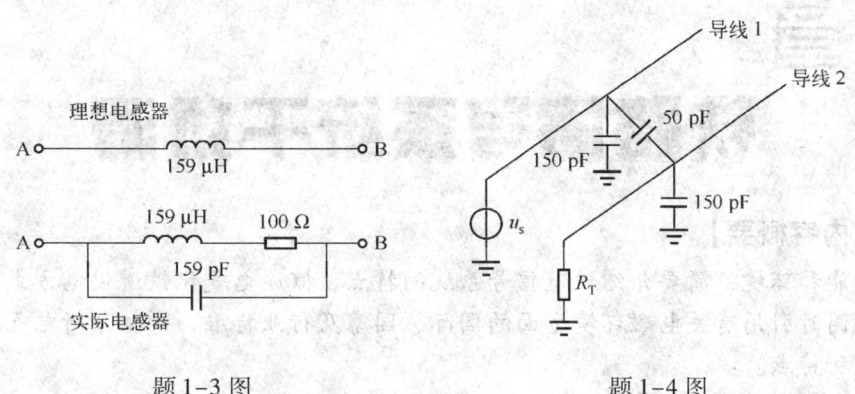

题1-3图　　　　　　　　　题1-4图

1-5 铁氧体磁珠常串接在导线上用以抑制高频噪声，如题5图所示。负载阻抗 R_L = 10 kΩ，设磁珠在100 MHz时的阻抗为200 Ω，求其插入损耗。如果在磁珠后面再并接一个 0.01 μF 的电容，求两者构成的低通滤波器的插入损耗。

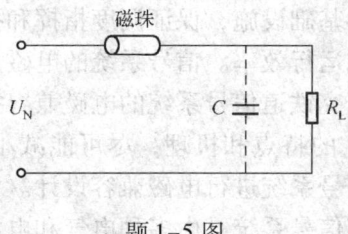

题1-5图

1-6 通过网络等手段，检索铁氧体磁芯、共模扼流圈、波导管、导电衬垫等新型的干扰抑制器件，并了解其主要指标。

1-7 减小线缆差模辐射的手段有哪些？为什么线缆的共模辐射场强经常会大于差模辐射？

1-8 如题8图所示，说明分别在何种条件下应采用单点接地、多点接地和混合接地。

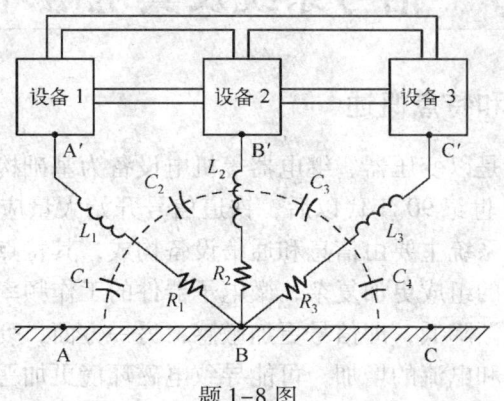

题1-8图

第 2 章 铁路信号系统干扰源

【本章内容概要】

按照功能和环境，简要介绍铁道信号系统的特点，概述电气化铁道供电方式及电磁环境相关内容，同时引用有关电磁环境方面的国际、国家及行业标准，详细分析电气化铁道干扰源基本类型和特点。

【本章学习重点与难点】

学习重点：电气化铁道干扰源基本类型、传导及空间耦合骚扰的形成机理。

学习难点：理解电气化铁道供电方式与铁路信号系统之间的关联，掌握利用电工学及电磁场基础理论分析电气化干扰源。

铁路信号系统是铁路运输的基础设施，保证调度指挥和控制列车运行。电磁干扰可能会导致设备故障，从而影响安全和运行效率。信号系统的电磁兼容是运输安全和效率的重要保障。按照电磁兼容的三要素，研究铁道信号系统的电磁兼容技术，必须研究信号系统所处电磁环境存在的骚扰源（干扰源）的特点和机理，尽可能减小骚扰源和阻断传输途径，并采用适当的干扰抑制技术，针对信号系统进行电磁兼容设计。

从电磁兼容的角度看，铁道信号系统是由多种电气和电子设备组成的、工作于不同地点的分布式复杂系统，其功能特点、工作参数、周围电磁环境均不尽一致。因此，铁道信号系统虽然总体上属于弱电系统，但是其电磁兼容设计技术也相应有所区别。强电磁干扰源主要包括电气化铁道干扰和雷电电磁干扰。值得特别关注的因素是，在高速和重载背景下，大量采用基于微电子器件及通信技术的信号系统所面临的电磁兼容问题。

2.1 信号系统及其电磁环境

2.1.1 信号系统组成和特点概述

传统的信号设备主要是以变压器、继电器等机电设备为基础构成的控制系统，对电磁干扰防护有天然的优势。20 世纪 90 年代以后，铁道信号开始大量应用微电子、现代通信、自动控制和计算机等技术，系统主要由信息和通信设备构成，其特点是小型化、数字化和低功耗化。一方面，电子设备的组成更加复杂，微电子器件的工作频率、通信速率越来越高，而功耗、工作电压和电流逐渐降低，即信号更加敏感；另一方面，列车高速度、高密度和重载的发展又会带来牵引功率和电流的增加，可能导致电磁环境更加恶劣。

铁道信号系统有多种分类方法，可以按照设备功能、安全等级、电磁环境等进行分类。

在电磁兼容设计中,应该综合考虑各种因素。

信号系统及相关设备按功能可分为以下 5 种。

(1) 行车调度指挥系统:调度集中和调度监督(CTC)、列车调度指挥管理信息系统(TDCS/DMIS)。主要采用计算机和网络技术。

(2) 车站联锁系统:新线将逐步采用计算机联锁技术。

(3) 闭塞系统:主流为 ZPW-2000(UM)系列无绝缘自动闭塞系统,其中发送器和接收器以数字信号处理器(DSP)为核心器件。另外,计轴闭塞设备采用计算机及通信技术。

(4) 编组站(驼峰)控制系统:TW-2 型、TBZK 等驼峰自动控制系统及编组站综合集成自动化系统(CIPS)采用计算机网络、现场总线、智能 I/O 等技术。

(5) 其他。包括信号微机监测系统、智能化铁道信号电源系统等。

进入 21 世纪以后,为提高安全性能,满足互通运营,规范系统设计,适应发展需求,铁道部制定了 CTCS(中国列车运行控制系统)技术体制及基本框架,以分级形式满足不同线路运输需求。其体系结构示意图如图 2-1 所示。CTCS 的体系结构按铁路运输管理层、网络传输层、地面设备层和车载设备层配置。铁路运输管理系统是行车指挥中心,以 CTCS 为

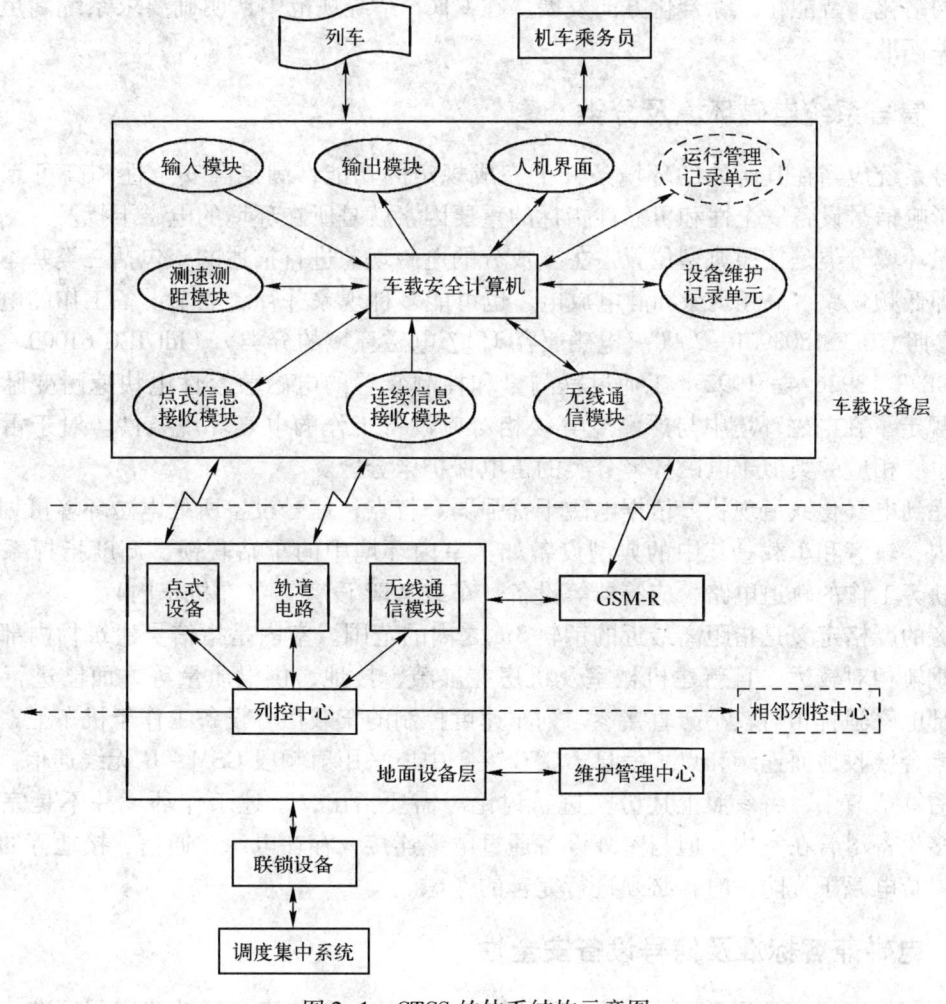

图 2-1 CTCS 的体系结构示意图

行车安全保障基础,通过通信网络实现对列车运行的控制和管理。CTCS 网络分布在系统的各个层面,通过有线和无线通信方式实现数据传输。

地面设备层主要包括列控中心(TCC)、轨道电路、点式设备、无线通信模块等。RBC 或列控中心是地面设备的核心,根据行车命令、列车进路、列车运行状况和设备状态,通过安全逻辑运算,产生控车命令,实现对运行列车的控制。

车载设备层是对列车进行操纵和控制的主体,具有多种控制模式,并能够适应轨道电路、点式传输和无线传输方式。车载设备采用分布式结构,主要包括车载安全计算机(VC)、轨道电路连续信息接收模块(TCR/STM)、应答器点式信息接收模块(BTM)、GSM-R 无线通信模块、测速测距模块、人机界面(DMI)、司法记录器(JRU)、列车接口(TIU)、动态监测接口等。

另外,城市轨道交通正在逐步采用先进的 CBTC(基于通信的列车控制)系统,其中包括区域控制器(轨旁 ATP 计算单元)、CBI 计算机联锁单元、车载控制器车载 ATP 计算单元等设备。

从信号系统的组成可以清晰看到,作为铁路和城市轨道交通运行控制的核心或中枢神经系统,在高速度、高密度和重载的发展背景下,必然需要依赖当前计算机和通信技术,向数字化、网络化、智能化、综合化方向发展。在 CTCS 系统规范中,明确要求系统满足电磁兼容性相关标准。

2.1.2 信号系统电磁环境及分类

信号系统应当在其所处的环境条件下完成规定的功能,满足高安全性和高可靠性的要求,而影响信号设备安全性和可靠性指标的重要因素就是所在环境的电磁干扰。

电磁环境分类是按照典型位置占主要成分的电磁现象进行描述的,包括三类基本的电磁现象,即低频现象、高频现象和静电放电,也可能多种现象并存。电子设备工作的电磁环境分类可参照 GB/Z 18039.1—2000《电磁兼容 环境 电磁环境的分类》(idt IEC 61000-2-5)。另外,GB/T 13926.4—1992《工业过程测量和控制装置的电磁兼容性电快速瞬变脉冲群要求》中规定了在电磁环境中与严酷度等级相对应设备工作的电气环境条件。对于雷电电磁干扰,也有相应的类似于电磁环境分类的雷电保护区分区。

考虑到电气化铁道现状,依据电磁干扰强弱和特点,信号设备所处电磁环境可划分为三类:室内、轨旁和车载。其中的典型设备如:室内环境中的车站联锁、调度指挥系统等设备;在轨旁工作的轨道电路、应答器等设备;车载 ATP 设备等(在机车内)。

轨旁的严格定义是指距离最近的钢轨 3m 之内的范围。室内是指信号建筑物内部,建筑物距离钢轨相对较远,且新建机械室及机房在屏蔽、接地、供电质量等方面已进行全面考虑,外部电磁骚扰相对较小。直接参与列车速度控制的车载信号设备工作于机车上,并且通过磁场耦合接收地面连续和点式信息,CTCS-3 中还采用射频段 GSM-R 无线通信。

在后续章节中,将参照上述分类进行讨论。需要指出,上述工作环境并不是完全割裂的,许多设备尽管在室内,但与室外设备通过电缆连接,存在电源、通信、接地等的相互联系,在进行电磁干扰防护时,必须进行完善的考虑。

2.1.3 电磁兼容标准及信号设备安全性

欧洲标准组织 CENELEC 制定了一系列较为完整的电磁兼容领域铁路应用标准,且多数被 IEC 采纳，最典型的是 EN 50121（等同于 IEC 62236）系列标准（在第 3 章中详细介绍）。其特点是将铁路系统作为整体来考虑，并将设备按照机车车辆、通信信号、供电等特点对发射和抗扰度分别提出全面要求。

以应答器设备为例，其带内频率辐射需满足 EN 300330（Electromagnetic compatibility and Radio spectrum Matters (ERM) – Short Range Devices (SRD) – Radio equipment in the frequency range 9 kHz to 25 MHz and inductive loop systems in the frequency range 9 kHz to 30 MHz – Part 1：Technical characteristics and test methods）中的辐射要求，带外频率需严格满足 EN 50121-2（Emission from the open railway route）；其他方面，设备抗扰度需满足 EN 50121-4（Emission and immunity of the signalling and telecommunications apparatus）中的相关要求。

参照 EN 50121 标准并根据需求进行了修改后，中国铁道行业标准 TB/T 3073—2003 给出了地面信号设备电磁兼容试验及其限值，对轨旁设备和其他设备的要求有所区分；TB/T 3034—2002 则提出了车载设备的有关要求。

采用固态器件的信号控制系统，尤其是基于处理器的系统已经替代早期由机电或模拟设备（如继电器逻辑或 PID 控制器）所完成的许多功能。与用硬导线连接的电路完成一项特殊功能相比，可编程电子系统依赖于一个数字总线连接的架构。这种结构不仅对干扰更加敏感，而且由于状态改变仅需要很小的能量，干扰的后果是无法预测的。一个随机脉冲能否破坏其运行取决于脉冲相对于内部时钟时序、正在传输的数据和程序的执行状态等。随着系统功能复杂程度的增加，相应出现在复杂的、不可预测的失效模式下系统故障的可能性。

功能安全性是信号设备最显著的特征之一。相关的欧洲标准包括 EN 50126、EN 50129、EN 50128 等，国家标准 GB/T 20438.1～7 "电气/电子/可编程电子安全相关系统的功能安全" 等同采用 IEC 61508，于 2006 年颁布，2007 年 1 月 1 日开始正式实施。信号设备的安全性指标是根据安全完善度等级（SIL）划分的，按照危险侧故障率的量化指标，由低到高分为 1～4 级。但在目前的各种电磁兼容标准中，通常会明确指出不涉及安全方面的要求，抗扰度试验的性能判据 A、B、C、D 中仅包含在电磁骚扰下设备性能的正常与否，但无法明确体现信号设备在电磁干扰下对安全苛求的特点。

由于电磁干扰可能引起信号设备错误动作，具有潜在影响安全的风险。因此，对于信号设备，需要更详细地评估电磁干扰引起的故障及其影响，可引入电磁兼容安全性（EMC Safety）概念，目前，国外正在开展这方面的研究，并采用故障树分析法等来定义可能导致非安全状态故障的 EMI。

总之，铁道信号电磁兼容技术的研究目的是如何提高信号设备电磁兼容性能的策略和手段，主要涉及两个方面：系统内各设备应满足电磁骚扰的发射限值要求；应充分考察影响系统工作环境的电磁骚扰源，有的放矢地采取防护措施。

2.2　电气化铁道干扰源

铁道信号系统包含的设备属于弱电系统。在电气化铁道区段，信号设备常常是受扰（敏感）设备，处于被动防护的地位；而对周围环境的骚扰发射很小。信号设备受到的外部电磁干扰主要来自电气化铁道及雷电，若仅从这个角度出发，信号系统的电磁兼容技术也被称为信号抗干扰技术。本节重点分析电气化铁道干扰源，雷电干扰及防护在第 7 章单独讨论。

2.2.1 电气化铁道简介

电气化铁道因节能环保、动力性能强,被世界各国列为重点发展的绿色交通方式。利用电能作为牵引动力,驱动铁路列车、电动车组和城市电动车辆等有轨运输工具运行。电力牵引是一种有轨运输牵引动力形式,在干线铁路、城市交通运输和工矿运输中有着广泛的应用。

牵引动力类型和功率是提高列车重量的主要因素,也是提高行车速度、密度的关键,列车速度与机车技术特性密切相关。随着信息技术、电力电子技术的发展,电力牵引系统更易于实现全面自动化和信息化,从而提高劳动生产率和经济效益。电力牵引也存在缺点,主要是:一次投资费用较同类运输工具要高;导致对周围环境中的通信线路及信号系统干扰,对电力系统产生某些不利影响等,正不断寻求有效的解决途径。

1. 发展概况

1879年5月,德国柏林的世界博览会上,西门子等公司展出了第一台电力机车和第一条电气化铁道,长300m,电力机车954kg,直流150V供电,最高时速13km。自20世纪50年代,电气化铁道迅速发展,至19世纪末已超过25万公里,占总营业里程的21%以上。目前,世界已进入建设高速电气化铁道的新时期,21世纪初,世界高速电气化铁道长度约30 000km。

电气化铁道符合中国可持续发展的战略。我国1958年开始建设宝鸡—成都电气化铁道;1961年8月15日93km宝成铁路宝凤(宝鸡—凤州)段电气化铁道正式交付运营。中国电气化铁道从零起步,经过不懈努力,实现了从无到有、从常速到高速、从低吨位到重载的不断跨越。不仅实现了数量的不断攀升,而且实现了技术发展上的不断创新,已步入世界电气化铁道先进行列。截至2008年年底,全国共建成开通电气化铁道正线总里程约26 000公里,仅次于俄罗斯,位居世界第二位;全国铁路电气化率达到32.7%,承担着全路50%的货运量。

电气化铁道的经济效益和社会效益十分显著。时速达350公里的京津城际高速铁路,全程旅客人均耗电仅8度,能效优势明显;2010年,可开行2万吨级重载列车的大秦线重载电气化铁道,年运量已突破4亿吨,大大优于其他牵引方式;运输最繁忙的京广、京沪等铁路干线,电气化改造后明显提高了运能利用率。

2. 牵引供电系统和电力机车

电气化铁道包括牵引供电系统和电力机车。牵引供电系统包括牵引变电所和牵引网,牵引网是指由馈电线、接触网、轨道、回流线等设施构成的输电网络。由牵引变电所—馈电线—接触网—电力机车—钢轨—回流联接—(牵引变电所)接地网组成闭合的牵引供电回路。如图2-2所示。

1) 牵引供电系统

牵引供电系统各部分的主要功能如下。

① 变电所:完成变压(110/220kV)、变相和向牵引网供电等功能,并实现三相交流一次供电系统与单相电牵引系统的接口与系统变换。从一次供电网络接受电能,通过变压器降压,并将电能从三相110kV或220kV变换成两个单相27.5kV(对AT系统为2×27.5kV)

电源，然后通过馈电线分别供电给牵引变电所两侧的接触网。变电所两侧的牵引网区段被称作供电分区（或供电臂）。

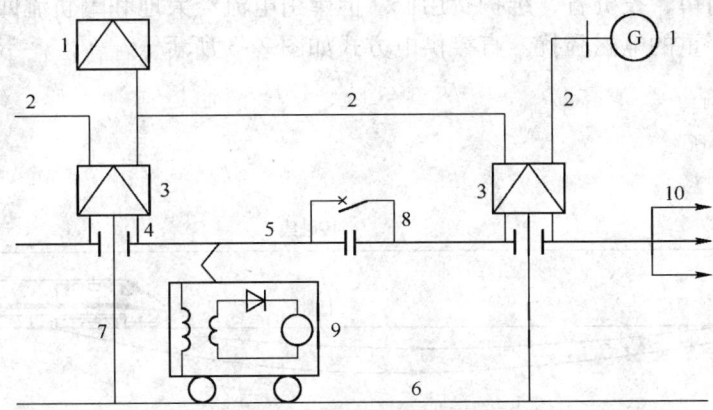

注：1—区域变电所或发电厂；2—高压输电线；3—牵引变电所；4—馈电线；
5—接触网；6—钢轨；7—回流线；8—分区所；9—电力机车；10—开闭所

图2-2 工频单相交流牵引供电系统示意图

② 馈电线：连接牵引变电所和接触网的导线。

③ 接触网：沿线路露天敷设，通过和受电弓的滑动接触把电能输送给电力机车的供电设施。由接触线、承力索及支持、悬挂和定位等装置组成。

④ 轨道和回流线：牵引电流的回流导线。将钢轨和大地中的回流引回牵引变电所。

⑤ 其他设备还包括回流线（负馈线）、吸上线、BT（吸流变压器）、AT（自耦变压器）、正馈线、保护线、地线等。

牵引供电系统的主要特点如下。

⑥ 供电可靠性高：电气化铁道属一级负荷，对供电可靠性要求高。牵引变电所一般有两路独立的电源进线，当一路电源的故障停电，应不影响另一路电源的工作。变电所所内一般设置两台牵引变压器，一主一备运行。

⑦ 大供电容量：如按照列车速度350 km/h、3 min追踪间隔考虑，当供电臂长度为30 km时，变电所的峰值功率超过120 MVA（25 kV×4.8 kA）。

⑧ 供电电压品质要求较高：牵引网额定电压25 kV，正常工作电压20～29 kV。

2）供电方式

供电方式是指供电系统向电动车辆或电力机车供电所采用的电流和电压制式，按牵引网供电制式不同，分为工频单相交流制、低频单相交流制（16 2/3 Hz）和直流制。我国铁路采用工频单相交流制（50 Hz/25 kV），而直流制电力牵引仅用于地下铁道、城市交通轻轨运输系统和工矿运输系统。

GB 1402《铁路干线电力牵引交流电压标准》规定，铁道干线电力牵引变电所牵引侧母线上的额定电压为27.5 kV，自耦变压器（AT）供电方式为55 kV；电力机车、电动车组受电弓和接触网的额定电压为25 kV，最高允许电压为29 kV；电力机车、电动车组受电弓上最低工作电压为20 kV，电力机车、电动车组在供电系统非正常情况下运行时，受电弓上的电压不得低于19 kV。

牵引供电方式主要有以下4种。

（1）直接供电（T-R）。一根馈线接在接触网（T）上，另一根接在钢轨（R）上。直接供电方式结构简单，投资省，维护费用低。但牵引电流经大地和钢轨流回，对信号设备和通信线路产生较严重的电磁骚扰。直接供电方式如图2-3所示。

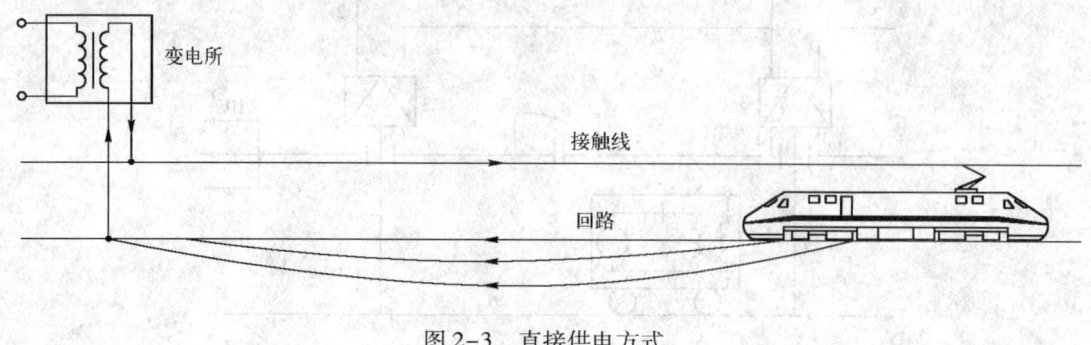

图2-3　直接供电方式

（2）带回流线的直接供电（DN或T-R-NF）。在接触网支架上架有一条与钢轨并联的回流线。利用接触网与回流线间的互感作用，使部分回流从回流线流回变电所，从而一定程度抵消接触网的干扰。带回线的直接供电方式如图2-4所示。

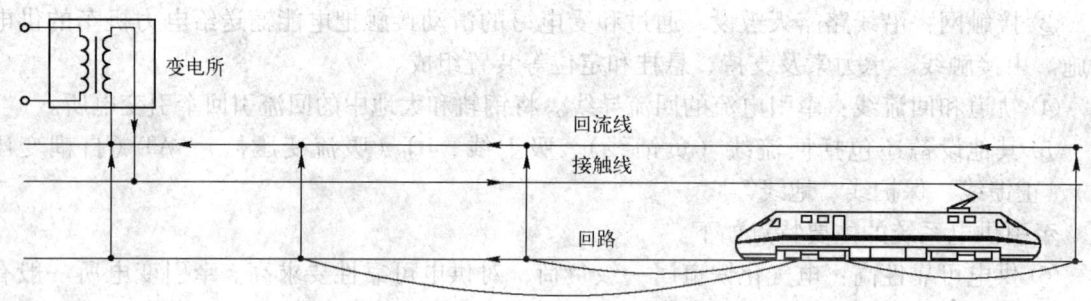

图2-4　带回流线的直接供电方式

（3）吸流变压器（Booster Transformer，BT）供电。在牵引网中架有吸流变压器（变比为1∶1），两个吸流变压器间用吸上线将钢轨与回流线连接，强制所有回流通过吸上线流入回流线，降低了电磁感应对通信线路和信号设备的影响。BT供电方式如图2-5所示。

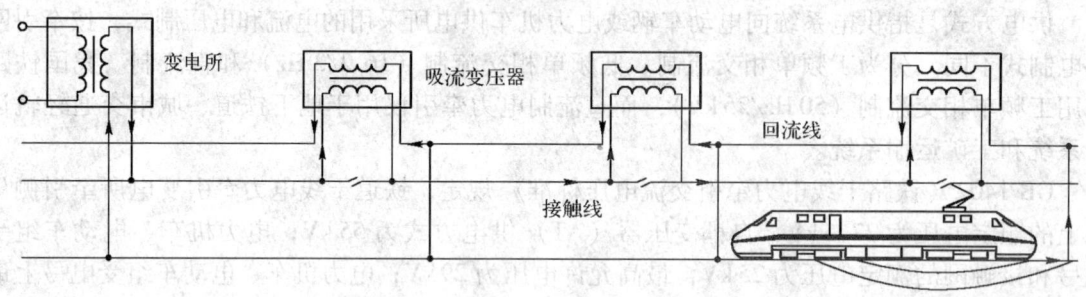

图2-5　BT供电方式

BT方式牵引网阻抗偏大，能耗大，供电距离较短。由于是串联结构，可靠性较低。另外，电力机车过BT时，易产生电弧。

（4）自耦变压器（Auto Transformer，AT）供电。自耦变压器是两绕组变压器的一种特殊连接方式。其特点是一次和二次绕组中有一部分是公共绕组，不仅有磁耦合，还有电的直接联系。AT方式每隔10 km左右在接触网与正馈线之间并联接入一台自耦变压器，绕组中点与钢轨相接。因此，接触网与钢轨、正馈线与钢轨间的自耦变压器两半线圈上电压相等，无须提高牵引网的绝缘水平即可将供电电压提高一倍。

在相同的牵引负荷条件下，接触悬挂和正馈线中的电流大致可减小一半；牵引网单位阻抗约为BT供电方式牵引网单位阻抗的1/4左右，因此大大减小了牵引网的电压损失和电能损失。牵引变电所的间距可增大到90～100 km，变电所和相应的外部高压输电线数量均可以减少。由于无须在AT处将接触悬挂实行电分段，当牵引重载、高速列车的大电流电力机车通过时，受电弓不会产生强烈电弧，能满足高速、重载列车运输电磁辐射等方面的要求。

AT供电方式如图2-6所示。

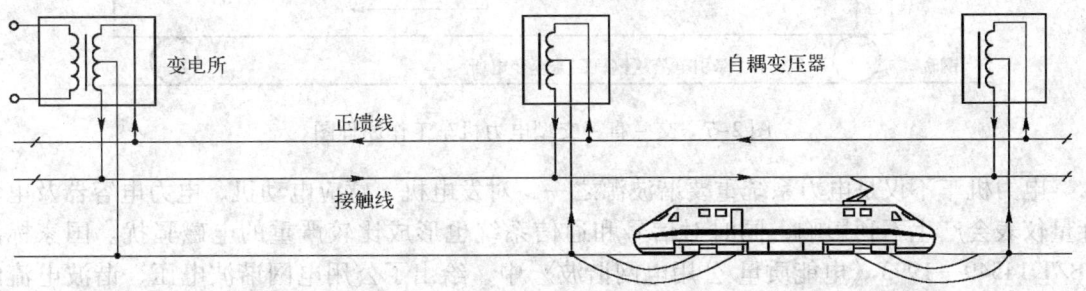

图2-6　AT供电方式

在长回路效应条件下，接触网与正馈线中流过的电流大小相等，方向相反，因此，有效减弱了对通信线路和信号设备的电磁干扰。

AT方式阻抗小，损耗低，干扰小。但变配电装置结构复杂，投资高，相应的施工、维修和运行也比较复杂。

在以上各种供电方式中，目前AT方式主要应用于客运专线和重载线路中，如京津城际、京沪、武广、郑西、合宁、合武、石太等客运专线，大秦、神朔等重载铁路。AT供电臂长度一般为30 km；而带回流线的直接供电方式通常应用其他一般线路，供电臂长度一般为20～25 km。

3）电力机车

作为大容量电力系统的供电负荷，电力机车或动力车本身不带燃料，属于非自给式牵引动力，具有诸多优点：结构简单、运行可靠、效率高、起动和加速快、过载能力强、运输能力大。另一方面，电力机车与信号控制系统等弱电系统的电磁兼容也有密切关系。

电力机车具有大牵引功率。如内燃机车DF_4仅为2430 kW，电力机车中，韶山SS_4型为6 400 kW；和谐型HXD_1为9 600 kW、HXD_2为10 000 kW；CRH_3型在4M+4T动力配置下，牵引功率为8 800 kW；而16辆编组时速350 km的动车组可达20 000 kW，此时机车总牵引电流为800 A。日本功率最大的500系高速动车组的最高速度为300 km/h，总功率也达到18 240 kW。德国ICE1高速列车的最大牵引电流为850 A，而ICE3型车运行电流最大可达1 450 A。

交-直-交型电力机车工作原理如图2-7所示。电力机车是波动剧烈的大容量单相不平衡非线性负荷,采用交-直整流式电力机车,由于机车变压器、整流器、平波电抗器的影响,使机车原边电流发生畸变,交流侧不再是正弦波,而包含了丰富的谐波成分。在机车和牵引供电构成的整个系统中,由于机车的基波和谐波阻抗比系统其他部分阻抗大得多,一般将电力机车视为谐波的恒流源。列车启动、加速、制动等不同工况下,机车取流不断变化,谐波电流分量也随之变化,因此,电力机车相当于移动的、幅度和成分不断变化的谐波电流源。

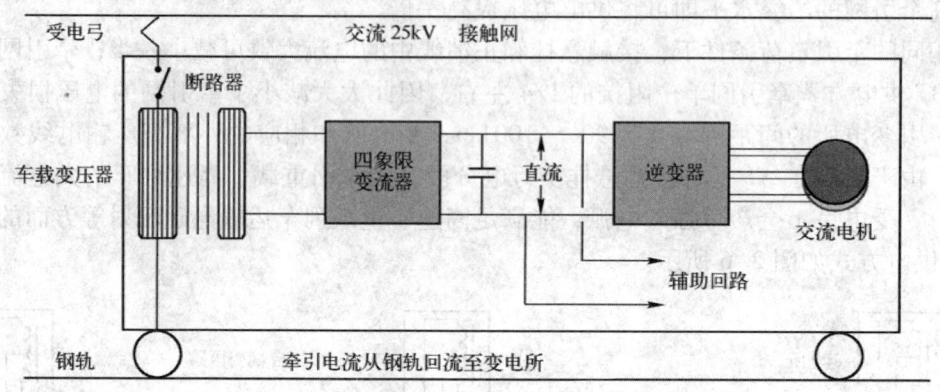

图2-7 交-直-交型电力机车工作原理图

电力机车不仅是电力系统重要谐波源之一,对发电机、感应电动机、电力电容器及电气计量仪表会产生不利影响,同时对信号和通信系统也形成比较严重的电磁骚扰。国家标准GB/T 14549—1993《电能质量 公用电网谐波》中,给出了公用电网谐波电压、谐波电流的限制值。为降低电气化铁道谐波成分,可安装带3、5、7次滤波支路的静止无功功率补偿装置 SVC(Static Var Compensator)、有源电力滤波装置 APF(Active Power Filter)。采用基于 PWM(脉宽调制)技术的交-直-交传动系统,可有效解决电气化铁道谐波问题。新型动车组的谐波含量已显著降低。

4)高速铁路下机车受流特点

机车受流(取流)是受电弓在接触网下,以机车速度运动中完成的,受流过程是一个动态过程,包括了多种机械运动形式和电气状态变化:受电弓相对于接触导线的滑动摩擦;受电弓上下振动;受电弓由于机车横向摆动而形成的横向振动;接触网上下振动,并形成行波沿导线向前传播;受电弓和接触导线之间发生的水平和垂直方向撞击;弓网离线发生电弧、电流发生剧烈变化等,所以,弓网受流过程是一个复杂的机械电气过程。接触网—受电弓系统需保持一定的接触压力,接触压力变化幅度越小、变化率越低,则动态受流质量越高;接触压力过大时,则接触线和受电弓滑板的磨耗加剧,寿命缩短;接触压力过小,则易造成接触不良,发生离线,甚至引起电弧,烧坏受电弓和滑板。

随着列车速度的提高,上述各种运动加剧,维持弓网之间的良好接触性能愈加困难,受流质量也随之下降,进而影响列车取流和正常运行。高速受流技术是高速铁路的关键技术之一,为确保动车组的可靠运行,对受流系统的电流容量、适用速度、安全性能有更高的要求,应满足以下基本要求:① 功率传输的可靠性,高速列车的电流负荷特性与常速列车相比,特征是脉冲负荷所占比例大,因而牵引供电系统要适应高速列车对电压水平和电流负荷的要求;② 受流系统的运行安全性;③ 良好的受流质量;④ 受流系统的使用寿命。

2.2.2 电气化铁道干扰来源和种类

对于信号系统而言，电气化铁道为强电系统，属于电磁干扰较严重的典型工业环境，电磁干扰的基本来源是：

- 高电压，牵引供电系统中接触网的额定电压为25 kV；
- 强电流，牵引电流可达到数百安培甚至上千安培以上，大秦线等重载线路设计容量为1 600 A～2 000 A；
- 强辐射，电力机车为非线性负载，在运行过程中会产生大量谐波成分和电磁辐射。

电气化干扰对信号系统的影响，可划分为传导、感应和辐射三种形式。传导性干扰具体表现形式为：牵引电流不平衡引起的传导性干扰、牵引电流中进入大地的电流分量引起的地电位升、接触网高压电场感应引起的工频电场、牵引电流引起的工频磁场、电力机车受电弓与接触网摩擦和离线等引起的射频电磁场骚扰。

1. 传导性干扰

（1）对轨道电路和机车信号等信号设备影响程度最严重的是传导性干扰即不平衡牵引电流。不平衡电流的大小由钢轨中牵引电流和轨道（包括扼流变压器等器材）的不平衡程度决定。多数轨道区段不平衡系数小于10%，不平衡电流有稳态和瞬态脉冲两种形式，较大不平衡电流以及脉冲电流中的直流分量易造成扼流变压器等铁芯器件的磁饱和，削弱信号传输。对于轨道电路设备，此干扰源的性质近似为电流源，音频信号接收还应对同频段的谐波成分进行防护。

（2）地电位升是由于牵引电流在大地中回流造成的，与大地电阻等因素有关。距离轨道越远，地电位升越小。当系统中设备存在多个接地点时，地电位升引起地电位差，形成地环路干扰。另外，地中电流在流过与地连通的电缆外皮等金属件时，其温度升高将加速金属腐蚀，严重时会造成烧损。防护地电位升的措施包括：有条件可实施贯通地线；与电气化铁道距离较近时，可将电缆金属外皮对地绝缘；采用平衡传输、隔离技术等防止共地阻抗耦合。

2. 感应耦合

感应耦合包括容性耦合（电影响）、感性耦合（磁影响）。对于信号设备来说，工频电场和工频磁场属于近场，理论上可利用麦克斯韦（Maxwell）方程进行分析，但具有复杂的场几何结构，工程上常用电容和电感耦合分析其影响。

电场为容性耦合，电场占优时在近场处随距离的三次方衰减。设备防护手段有：采用良导体屏蔽并接地、与接触网保持距离以减小耦合电容等。埋地电缆可不考虑电场影响。工频磁场通过电感耦合，磁场占优时在近场处随距离的三次方衰减，在通信信号电缆和电路中产生感应电动势或电压，在AT、BT、直供加回流线等供电方式下，由于回流线的作用，会减弱磁耦合的影响。低频磁场屏蔽应采用高磁导率材料，但需考虑磁饱和问题。

3. 辐射影响

射频电磁场骚扰主要由机车受电弓与接触网离线等引起，频段为数百kHz～1 GHz，射频电磁场为远场，随着距离增大而减小。骚扰场强大小主要与受电弓—接触网参数、列车速度等因素有关，对GSM-R等无线通信等产生干扰。对辐射骚扰屏蔽的机理是电磁波的反射和吸收。

上述电磁骚扰在室内、轨旁、车载具有不同的强度，对该环境中信号设备呈现出不同的侧重点和形式，影响机理及设备对干扰的防护都是电磁兼容学科和信号控制系统的研究范围。在很多情况下，尽管不能将各个环境中的信号设备作为完全独立的子系统，但从干扰能量和影响严重性的角度出发，对于不同的信号设备，应重点关注的干扰种类有所不同。下面，分别对上述干扰的基本特征及机理进行详细讨论。

2.2.3 传导性干扰机理和特征

钢轨和大地是电气化铁道牵引电流的回流通道，在不同的供电方式下，各部分的分配比例不同。对信号系统形成传导性干扰的表现形式是钢轨中的不平衡牵引电流和大地中的杂散电流，前者是影响轨道电路等信号设备的主要干扰源。

1. 不平衡牵引电流

1）相关概念

不平衡牵引电流是指在同一时刻、同一位置两条钢轨中的牵引电流差值有效值，简称为不平衡电流，见式（2-1）。该数值随时间而变化，通常主要考察其在信号设备发送端及接收端的影响。由于同一时间在同一区段（尤其是机械绝缘方式）各点的差别很小，故一般用一个值来表示。

$$\Delta I(t) = |I_1(t) - I_2(t)| \tag{2-1}$$

不平衡电流是最终影响信号设备工作的干扰源，其数值大小主要与钢轨中牵引电流、钢轨不平衡程度有关。钢轨中牵引电流的分配主要与供电方式及道砟电阻、大地电导有关。

实际中，经常采用不平衡系数来表征一个区段的不平衡程度，即同一时刻不平衡电流与钢轨中总电流的比值（%），有些场合也称为不对称度。

$$k = [\Delta I(t)/(I_1(t) + I_2(t))] \times 100\% \tag{2-2}$$

【例2-1】 试参照图2-8中数据，计算相应的不平衡系数 k。

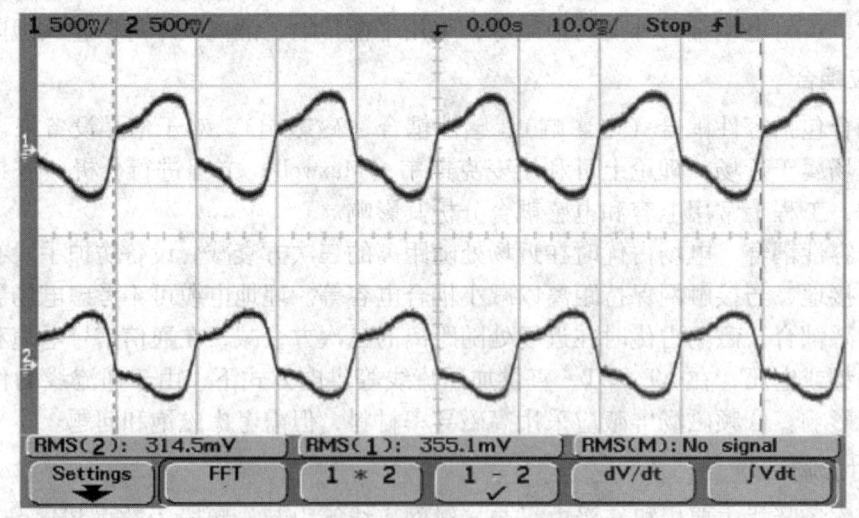

图2-8 两轨条中不平衡牵引电流波形

解： 由图中数据可知，两条钢轨中电流的等效电压分别为314.5mV和355.1mV，且电压电流满足线性换算关系。

根据不平衡系数的定义，易得 $k=6\%$。

造成牵引电流传导不平衡的因素很多，可分为纵向和横向不平衡。一般来说，前者指沿着钢轨方向的不对称因素，如接触电阻等引起接续线阻抗不同、由于长度差异或一侧钢轨断裂等带来的钢轨阻抗不同、扼流变压器一次线圈或空心电感（SVA）不对称、与钢轨连接线长度不相等；后者指两侧钢轨对地不平衡，如两侧对地漏泄电导不同、接触网杆塔地线或电缆护套等与一侧钢轨连接引起对地漏泄电流不同。另外，还涉及列车长度及运行时与钢轨的接触阻抗等动态因素。

分析和测试表明，对于同一区段，不平衡系数 k 并不是一个恒定的常数，而是牵引电流、大地电导、钢轨阻抗及牵引网类型等的函数。

2）指标要求

在"铁路信号设计规范"中，要求轨道电路纵向不平衡系数不大于5%。新建线路（尤其是长钢轨无绝缘线路）一般均可满足此指标，但随着轨道电路的运用，尤其是在塞钉式接续为主的区段、站内道岔区段，或由于焊接线损坏、其他专业设备地线等与钢轨导通，如杆塔地线、火花间隙（放电）等与钢轨连接，会造成轨道电路的不平衡程度较大且超过5%，因而需要进行必要的测试和整治。此外还需注意，由于有绝缘区段扼流变压器设备实际也构成了牵引电流通道的一部分，其初级线圈的不平衡程度也需满足一定（如不大于0.5%）的指标。

显然，相关信号设备应至少满足在所使用环境中最大牵引电流、最大不平衡系数条件下的抗扰度要求，即抗不平衡牵引电流指标。该指标的合理要求应根据具体环境来确定，钢轨中牵引电流的分布与机车牵引功率和供电方式等因素有关，最大牵引电流可依据牵引供电计算结果，一般可参考扼流变压器或空心电感等器材的通流容量；最大平衡系数还应考虑一定裕量。由于轨道电路和机车信号等作为定型信号设备需要具备良好的适应性，其抗干扰指标应充分考虑恶劣条件的需求。

牵引电流指标主要需考虑客运专线（高速铁路）和重载运输的需求。高速列车的载重量尽管并不大，但由于列车运行阻力与速度平方相关，所消耗的电流会随速度提高而显著增加。另外，还应考虑机车启动时的瞬态过程以及追踪运行时电流的叠加，移动列车取得牵引电流的时间函数可通过模拟列车行驶来分析，可参照国际铁路联盟（UIC）有关规程中双线高速铁路的单位长度功率值来估算。目前我国 300～350 km/h 高速区段的牵引电流容量按 1 000 A 考虑。参考法国、日本、前苏联等相关指标以及国内轨道电路的实际情况，铁道行业标准 TB/T 3073—2003 中，要求轨道电路设备应满足不平衡电流 100 A，即牵引电流 1 000 A 时不平衡系数 10% 的要求，已在铁道信号产品检测和认证中采用。随着大秦线 2 万吨牵引等重载铁路的发展，接触网中牵引电流已按 1 600～2 000 A 考虑。

3）牵引电流与不平衡电流相关性

前面提到不平衡系数并非常数，即不平衡电流与钢轨中牵引电流之间不满足线性关系，如牵引电流较小时不平衡系数偏大，但不平衡电流本身及产生的相应干扰并不大，此时的不平衡系数不具备实用价值。当牵引电流处于机车运行状态后，对于同一区段，在相对稳定的外部条件下，由于工频电流的作用并未导致钢轨、大地等参数产生明显的非线性，不平衡电流与牵引电流及轨面干扰电压测试数据之间基本符合近似的线性关系。实际中，经常把某一区段的不平衡系数作为一个稳定的常数来看待。

下面取一组实际数据进行分析。如图2-9所示，一组典型的牵引电流、不平衡电流和

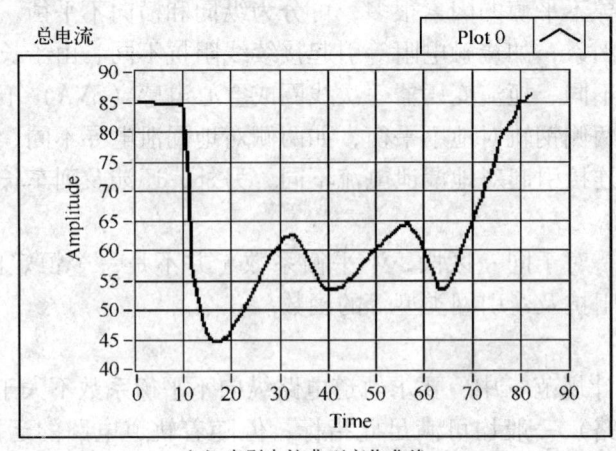

（a）牵引电流典型变化曲线

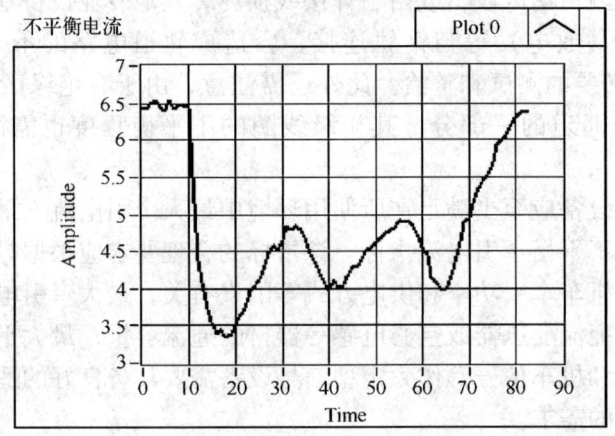

（b）不平衡牵引电流对应变化曲线

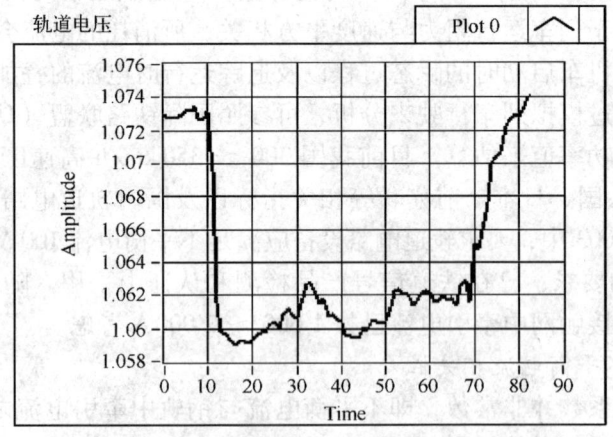

（c）轨面电压对应变化曲线

图2-9　总电流、不平衡电流、轨道电压变化图

受端轨面干扰电压的变化曲线，具有明显的相同变化趋势。对图中数据基于最小二乘法进行曲线拟合处理，则可得到不平衡电流 ΔI 与总电流 I 的关系表达式为：

$$\Delta I = k \times I + C_1 \tag{2-3}$$

式（2-3）中，系数 k 的物理意义即为不平衡系数，C_1 为平均误差值。

同样，也可得到不平衡电流与轨面电压 V 的关系表达式：

$$V = R \times \Delta I + C_2 \tag{2-4}$$

式（2-4）中 R 的物理意义为轨道电路发送或接收端的视入阻抗，而 C_2 相当于叠加在干扰电压上的信号电压。但需要说明，信号电压和干扰电压的叠加不是有效值的代数和，而是均方根合成。

2. 牵引电流和不平衡电流主要特征

1）时域特征

由接触网、机车、包括钢轨的回流线等构成的具有复杂分布参数而相对稳定的系统，在施加一个有界的输入激励的条件下，系统的响应将随时间推移趋于一个稳态的函数，达到一个平稳状态，工程上可称为进入稳态过程。系统达到稳态过程之前的过程称为瞬态过程或过渡过程。

牵引电流作为研究对象，瞬态过程经常称为脉冲或冲击电流，即包括稳态和脉冲（冲击）电流两种形式。与稳态电流的主要区别在于，脉冲电流幅度变化剧烈，稳态电流的幅度基本稳定，二者的频率成分显著不同。另外，稳态和脉冲电流对信号设备的影响机理也不相同。这里，变化时间的参照是牵引电流频率 50 Hz 所对应的周期，即 0.02 s。

按照时间特性来看，牵引电流多数情况处于相对的稳态过程，呈现平稳的特性，但在某些情况下，则表现为脉冲电流，如由于受电弓离线使机车断续取得牵引电流、升弓和降弓等。动车组启动时，瞬态电流可达额定电流的 5~6 倍。另外，如机车满载通过分相点（俗称闯换相）、接触网时由冰凌造成接触不良、变电所过流保护开关的瞬间开闭等，均会使牵引网中形成较大的冲击电流。钢轨是牵引电流的回流线，该电流对与钢轨连接的轨道电路等设备的工作产生严重影响。

脉冲电流干扰机理涉及因素非常复杂，以弓网拉弧为例，接触网、电力机车及钢轨共同构成的回路中包含大量的非线性部件，变压器的断开放电和接通浪涌都会产生冲击电流，在空载变压器接通时冲击电流幅度最大，可达稳态电流的数倍以上。冲击形成的暂态过程中包含直流和谐波成分，与信号电流叠加后，可能会造成轨道电路继电器的错误动作。

AT 方式下实际测试的钢轨牵引电流随时间变化曲线如图 2-10 所示。

完全建立准确的模型是不现实的，采用简化的集中参数电路可进行定性分析，仿真机车升降弓时脉冲电流过渡过程的结果表明，在升降弓后约 2 个周期内，牵引电流幅度和频率变化明显，处于瞬态的脉冲电流状态。实际中，由于系统参数更加复杂，且通断过程并非理想切换状态，一般从脉冲进入稳态的过程往往更长，可达 1 s 左右。

室内实际电路仿真采用扼流变压器和音频轨道电路作为负载，在信号正常工作状态下，施加牵引电流激励时的瞬态过程波形，即脉冲电流影响信号室内的测试波形。如图 2-11 所示，脉冲电流过渡过程持续约 2 个周期（100 ms）。

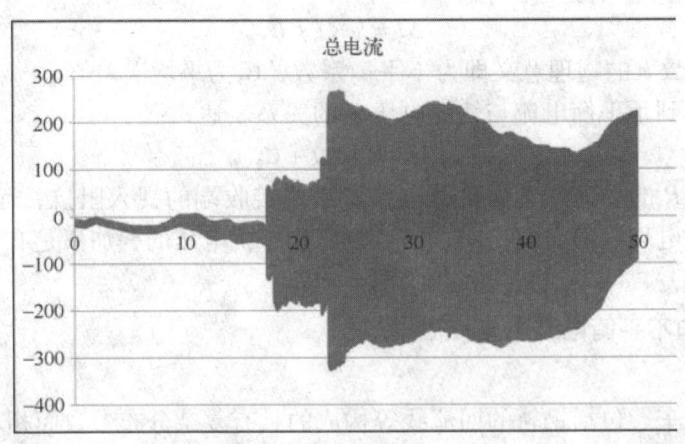

图 2-10　钢轨牵引电流随时间变化曲线（纵坐标单位：A，横坐标单位：s）

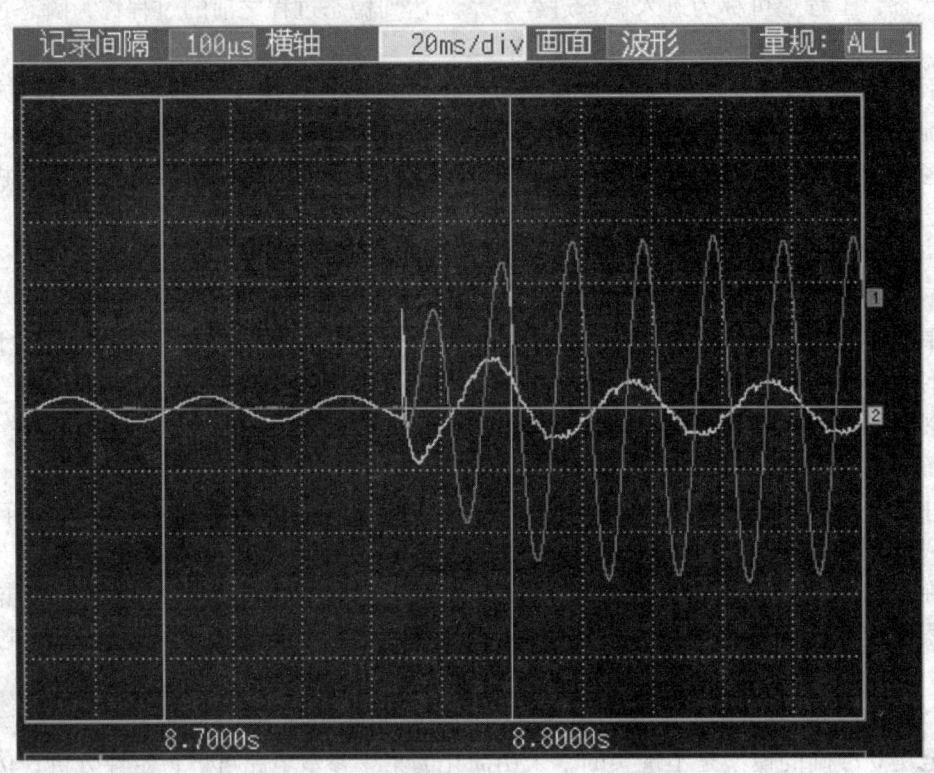

注：红色，牵引电流波形；绿色，25 Hz 信号波形

图 2-11　脉冲电流影响信号室内测试波形

2）牵引电流干扰源特征

不平衡牵引电流是影响信号设备的大能量干扰源，作为电磁兼容三个要素之一，分析确定电气化传导性干扰源的性质对于仿真测试、干扰抑制和防护具有决定性意义。虽然前面提到电力机车相当于一个移动的谐波电流源，但针对受扰的信号设备，有必要对此进行具体分析。

按照定义，理想电流源的内阻无穷大，电流恒定，不随负载的变化而变化。实际电流源可以理解成一个理想电流源并联一个足够大的电阻，负载电路对其输出特性的影响很小。为验证牵引电流干扰源近似为电流源,需要考察其是否具备以下特征:当并联于钢轨上的轨道电路设备阻抗在一定范围变化时,对牵引电流大小的影响是否可以忽略。

这里以有绝缘轨道电路的结构进行分析,按照以下简化的牵引电流通道考虑:接触网—电力机车—车轴轮对—钢轨及变压器线圈。参照一组电气化区段参数:接触网阻抗$|Z_1|$ = $0.718\,\Omega/km$,轨道等效阻抗$|Z_2|$ = $0.800\,\Omega/km$,忽略二者互阻抗及车轴轮对阻抗,取机车间隔为$5\,km$、电力机车等效阻抗$Z_j = |88+j66|\,\Omega = 110\,\Omega$。接触网和轨道电路构成的回路如图2-12所示。

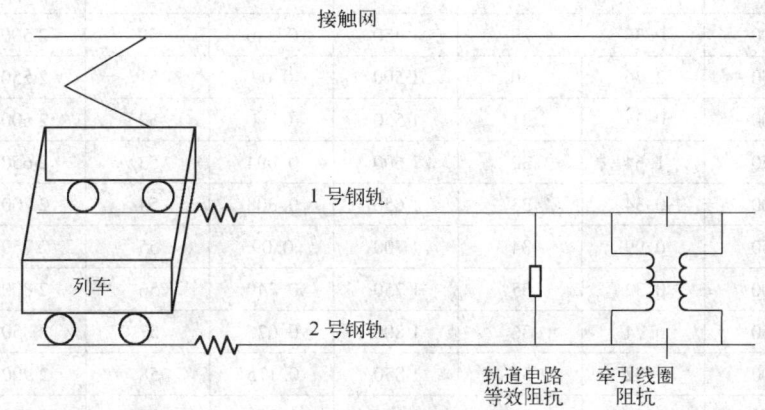

图2-12 接触网和轨道电路构成的回路

当钢轨牵引电流完全平衡或轨道电路两端钢轨电位完全相等时,轨道电路等效阻抗上没有电流通过,整个回路阻抗与其阻抗大小无关。可见,并联在钢轨上的轨道电路阻抗大小仅影响钢轨中电流的平衡或分布,几乎不影响牵引电流的大小。因而可得出结论:对轨道电路信号设备来说,牵引电流及不平衡电流干扰源的性质是电流源。

3) 牵引电流频率成分特征

前面已定性说明了电力机车主变压器在整流换相过程中产生的大量稳态牵引电流成分是由$50\,Hz$及其谐波组成,这里简单分析其特点,重点对谐波比例进行定量考察。

由牵引电流波形可知,它具有以下特征的对称性:后半周期反号重复前半周期,或后半周左移半周与前半周成镜像,这种奇半波对称波形称为奇谐函数。其基本特点是:左右平移不影响对称性,上下平移则一定破坏对称性;若按傅里叶级数展开后,只含有奇谐波函数项,而不含偶次谐波和直流分量,即直流成分为0,系数a_n和b_n中n只取奇数。

牵引电流奇次谐波含量与形成谐波的根源——机车自身特性有关,不同类型机车、在不同工作状态时的谐波比例不尽相同。

铁道行业标准TB/T 3073中采用一组典型的牵引电流谐波比例数据,见表2-1。

表2-1 牵引电流各次谐波比例数据

牵引电流谐波次数	谐波频率/Hz	占百分比/%	谐波次数	谐波频率/Hz	占百分比/%	谐波次数	谐波频率/Hz	占百分比/%
1	50	97.3	22	1100	0.113	43	2150	0.076
2	100	0.45	23	1150	0.56	44	2200	0.047

续表

牵引电流谐波次数	谐波频率/Hz	占百分比/%	谐波次数	谐波频率/Hz	占百分比/%	谐波次数	谐波频率/Hz	占百分比/%
3	150	19.88	24	1 200	0.1	45	2 250	0.068
4	200	0.53	25	1 250	0.46	46	2 300	0.050
5	250	9.74	26	1 300	0.086	47	2 350	0.078
6	300	0.41	27	1 350	0.385	48	2 400	0.054
7	350	5.11	28	1 400	0.08	49	2 450	0.087
8	400	0.36	29	1 450	0.346	50	2 500	0.058
9	450	2.76	30	1 500	0.09	51	2 550	0.076
10	500	0.34	31	1 550	0.34	52	2 600	0.070
11	550	1.64	32	1 600	0.094	53	2 650	0.093
12	600	0.34	33	1 650	0.308	54	2 700	0.065
13	650	0.99	34	1 700	0.09	55	2 750	0.104
14	700	0.32	35	1 750	0.249	56	2 800	0.068
15	750	0.74	36	1 800	0.075	57	2 850	0.098
16	800	0.32	37	1 850	0.175	58	2 900	0.057
17	850	0.70	38	1 900	0.050	59	2 950	0.098
18	900	0.27	39	1 950	0.13	60	3 000	0.050
19	950	0.72	40	2 000	0.04	61	3 050	0.087
20	1 000	0.24	41	2 050	0.096	62	3 100	0.045
21	1 050	0.63	42	2 100	0.043	63	3 150	0.080

显然，谐波频率达到 2 600 Hz 以上时，奇次和偶次谐波功率含量才基本接近一致，或者说，在低频段及目前整个信号频段内，奇次谐波比例优势明显。

牵引电流传导性干扰的谐波成分处于有用信号通带内，当达到一定幅度时，对信号工作将产生干扰。另外，谐波分量通过接触网传播时，还可能与接触网的分布电容和电感参数形成谐振，在音频段 13～27 次（650～1 350 Hz）谐波产生杂音干扰，影响语音和数据传输。

需要说明，由于脉冲电流上下半波不对称，谐波中就会产生直流成分；机车在某些工作状态时，偶次谐波分量会明显上升；对于有再生制动的电力机车，当处于再生制动状态时，也会产生较大的偶次谐波成分。

3. 不平衡电流形成干扰机理

钢轨是牵引电流和轨道电路信号电流的共同通道，具有共阻抗耦合的特点。按照通信传输线方式来类比，信号电流是差模电流，而牵引电流则是共模电流。在一定条件下，共模电流将转化为差模干扰，形成传导性干扰即钢轨中不平衡牵引电流，影响设备工作。

1）不平衡电流对有绝缘轨道电路的干扰

扼流变压器（BE）是铁芯变压器，其作用是为牵引电流构成通道，同时也实现信号传输的阻抗匹配。在理想情况下，当两条钢轨中牵引电流相等且扼流变压器一次（轨道侧）

线圈阻抗完全对称,即传输线特性完全平衡时,传递到次级(设备侧)的仅仅是差模信号电流能量,而共模电流形成的磁通完全抵消。

当上述平衡受到破坏后,即从钢轨连接端流入的牵引电流不相等或变压器自身不平衡时,该变压器成为干扰耦合器件,次级磁通不能完全抵消,形成差模干扰。从本质上讲,相当于牵引电流传导性干扰能量通过变压器耦合进入到信号设备。

BE一次线圈的50 Hz阻抗约2 Ω,匝数比为1:3。假定其为理想变压器,且工作于磁化曲线线性区,当不平衡电流20 A时,则在半个线圈上产生的干扰电压为20 V,在二次线圈即信号侧对应的干扰电压将达60 V。按照轨面信号电压1 V考虑,干扰电压远大于信号电压。不平衡电流影响有绝缘轨道电路图如图2-13所示。

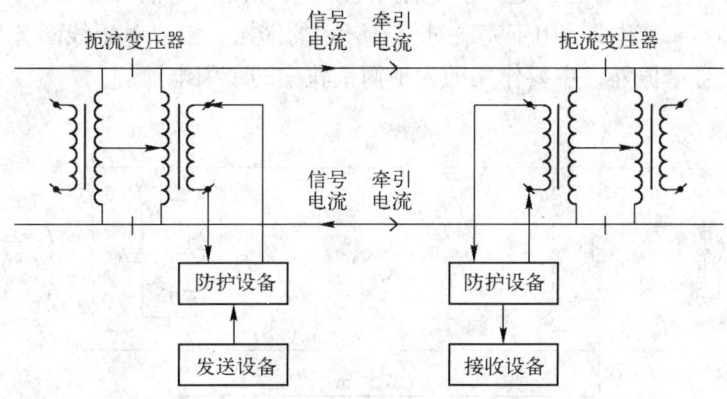

图2-13 不平衡电流影响有绝缘轨道电路图

值得关注的是BE的饱和现象及其后果。根据变压器特性,麦克斯韦方程中的安培环路定律和媒质方程(磁路欧姆定律)理想情况下的简化形式为:

$$Ni = Hl \tag{2-5}$$

$$B = \mu H \tag{2-6}$$

考虑到 $\Phi = BA$,将式(2-5)、式(2-6)可改写为:

$$Ni = \Phi l/\mu A \tag{2-7}$$

式中,N、i 分别为铁芯磁路的电流和匝数;

H 为磁场强度;

l 为磁路平均程度;

B 为磁感应强度或磁通密度;

Φ 为磁通量;

A 为截面积;

$\mu = \mu_r \mu_0$ 为磁导率。

变压器的 $B \sim H$ 关系即不考虑磁带现象的铁芯磁化曲线示意图如图2-14所示。变压器铁芯相对磁导率 μ_r 很高,可达真空磁导率 μ_0 的数千倍以上,但并不是常数。随着磁场强度 H 不断增大,磁通密度 B 先是线性增加,斜率即磁导率 μ;在 B 达到最大值时,出现

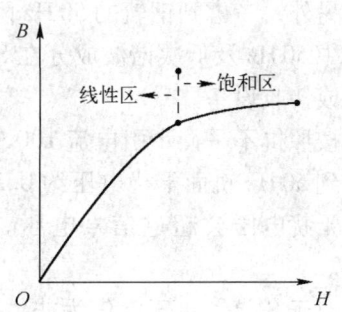

图2-14 不考虑磁滞现象的铁芯磁化曲线示意图

饱和现象，此后增量 ΔB 会下降到 0，磁导率的值下降到接近真空时的值。

随着 BE 铁芯中不平衡电流的增加，磁通密度相应增大至最大时，变压器进入饱和，而脉冲电流中由于含有直流成分，更容易导致饱和现象。另一方面，信号电流由于变压器饱和，波形会畸变失真，相应的磁通及感应电动势将下降，传输到变压器二次侧的信号能量随之下降。因为脉冲电流引起的瞬态过程时间较短，信号设备在瞬态干扰下可能会出现短时的错误动作。

2) 不平衡电流对无绝缘轨道电路的干扰

无绝缘轨道电路中没有机械绝缘节，采用电气谐振方式来隔离轨道电路。UM（含 ZPW-2000）系列音频 FSK 轨道电路是我国的主流制式，通过调谐区来分割不同频率的闭塞分区，其结构如图 2-15 所示。调谐区也是牵引电流干扰与信号设备的耦合部分，调谐单元 BA 由两元件或三元件的 LC 网络组成，用于完成对信号频率的谐振；空心电感线圈 SVA 安装在调谐区中间，除参与对信号谐振外，主要作用即为平衡钢轨中的牵引电流。

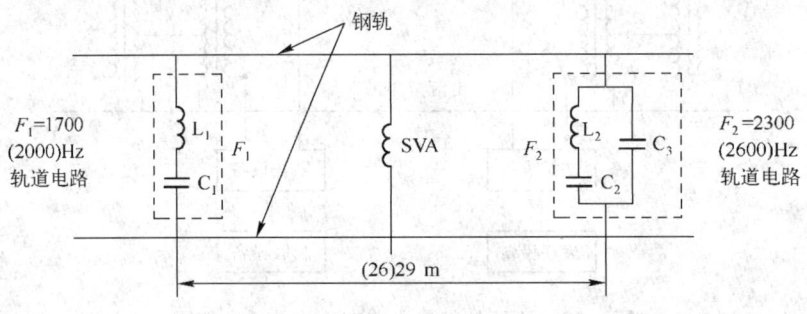

图 2-15 无绝缘轨道电路调谐区结构

【例 2-2】 根据不平衡电流指标要求，考虑牵引电流中基波即 50 Hz 时对 ZPW-2000 设备的影响。SVA 电感 $L = 33\ \mu H$，ZPW-2000 设备受端轨面信号电压最小取 0.35 V。

解： 从信号干扰比的角度来分析。

忽略 SVA 电阻部分，其 50 Hz 阻抗为：$Z_s = 2\pi \times 50 \times 33\ \mu H = 0.0104\ \Omega$。

如图 2-15 所示，由于轨道电路所用四种载频下 BA 对应的 50 Hz 等效阻抗范围约为 10 ~ 50 Ω，远大于 SVA 阻抗。因此，钢轨中存在不平衡电流且符合平衡条件时，为达到平衡所需的绝大部分电流将通过 SVA。

另外，考虑到钢轨的 50 Hz 阻抗也很小（标准轨距 60 kg 钢轨电感为 1.3 μH/m），因而，电流中 50 Hz 及低次谐波成分在 SVA 上形成干扰电压，几乎全部施加在 BA 两端，耦合进入发送或接收设备。

按照抗不平衡牵引电流 100 A 计算，注意到实际流过 SVA 的电流为不平衡电流的 1/2，可得到 50 Hz 轨面干扰电压约 0.5 V，对比 ZPW-2000 设备受端轨面信号电压 0.35 V 可知，工频干扰电压会超过信号电压。移频信号叠加牵引电流干扰的轨面电压波形如图 2-16 所示。

对于 SVA，由于空气为非铁磁材料，磁导率 μ_0 很小，B ~ H 曲线呈直线关系，在不平衡牵引电流作用下不会产生饱和。

另外，还应关注处于信号通频带内的牵引电流中谐波的影响。在轨道电路信号频率范围

1 700～2 600 Hz，SVA 阻抗约 0.35～0.54 Ω，而调谐单元 BA 对本区段载频的阻抗约 2 Ω，对邻区段载频阻抗约数十毫欧姆。因此，不平衡牵引电流所含谐波的影响分为两方面，对于本区段信号带内谐波，有小部分（约1/4）将流过 BA，SVA 的分流作用比基波时有所减弱；对于邻区段信号的带内谐波，与 SVA 相比，大部分谐波将流过 BA，由于 BA 对邻区段信号频率构成串联谐振，接近短路状态，相当于两部分电流相叠加。

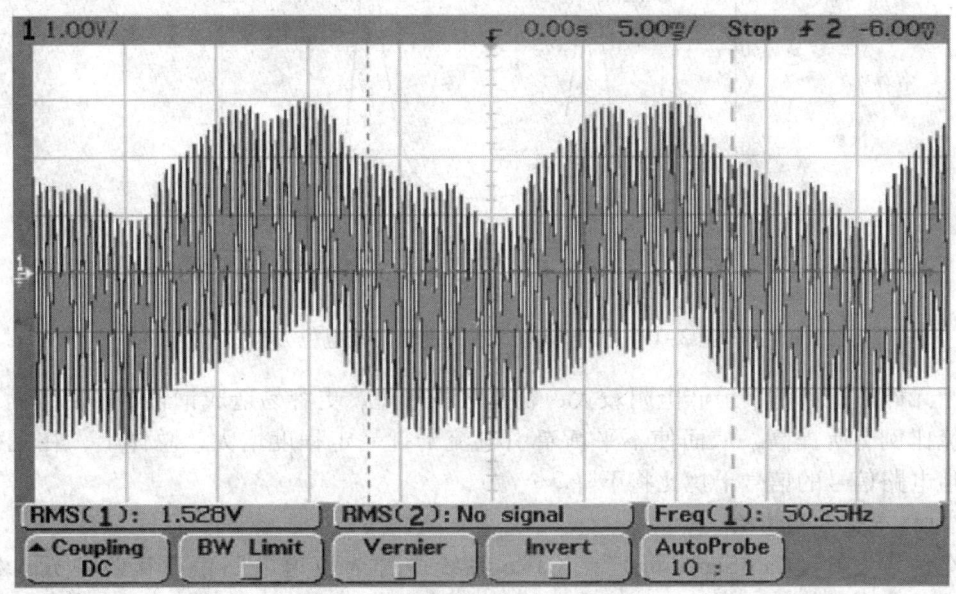

图 2-16　移频信号叠加牵引电流干扰的轨面电压波形

3）无砟轨道条件下的影响

无砟轨道主要应用于客运专线，有长枕埋入式、板式道床等多种形式，一般采用钢筋结构。研究和测试表明，轨道板中的钢筋网络与钢轨产生电磁感应，增大钢轨电阻，可改变轨道电路的一次参数，一定程度可削弱无绝缘轨道电路的传输性能。这里不再赘述。

下面简单分析无砟轨道对牵引电流分布的影响。为计算简便，以一个简单直供方式模型进行分析，区段内只有一台电力机车。机车与一个牵引变电所的距离为 $L=30$ km，随着与机车的距离 x 的改变，轨条内的电流以及轨条对大地的电位发生变化，牵引电流经过钢轨和大地漏泄返回变电所。

按照均匀传输线方程，取无砟漏泄电导为 0.2 S/km，钢轨阻抗 $0.2246 + j0.5841 = 0.6358$ Ω/km；有砟轨道漏泄电导为 1 S/km，钢轨阻抗 $0.2223 + j0.6108 = 0.65$ Ω/km；总牵引电流 1 000 A，并考虑两条钢轨间的互感、钢轨与上下两层钢筋网络的互感、轨条与接触导线的互感，经计算得到钢轨电位对比的仿真结果，如图 2-17 所示。无砟轨道钢轨电位分布趋势与有砟轨道基本相同。在负载和变电所两点最高，向中间逐渐降低，分布曲线关于负载和变电所的中心点对称。

可见，无砟轨道和有砟轨道分布的区别在于：同样条件下，无砟轨道钢轨对地电位明显大于有砟轨道，最高电位约为有砟轨道钢轨对地电位的两倍；而无砟轨道钢轨回流大于有砟轨道。其主要原因是，由于无砟轨道道砟电阻高，钢轨漏泄电导小，当总的牵引电流大小相等时，更多的电流会流向钢轨。因为钢轨对地电位与大地回流、钢轨对地电阻成正比，无砟轨道电阻明显大于有砟轨道，而电流也较大，因此无砟轨道对地电位明显大于有砟轨道。

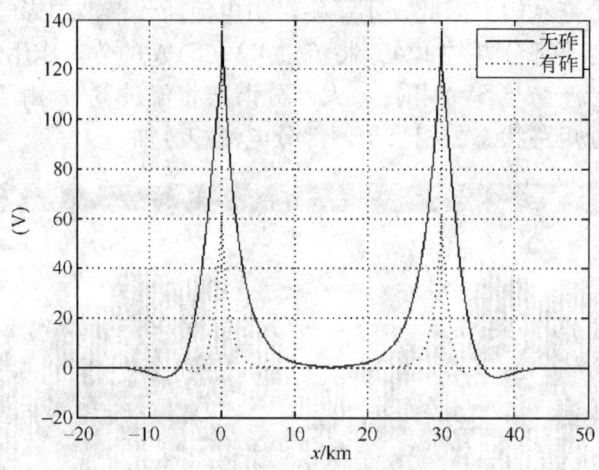

图 2-17　无砟和有砟条件钢轨对地电位分布

由于无砟轨道条件下道砟电阻较大，轨道区段较短，更容易造成钢轨不平衡，而钢轨中牵引电流比例有所提高，从而使不平衡牵引电流干扰一定程度增大。总体上，在无砟轨道时，轨道电路信号的信号干扰比将下降。

4）对机车信号的影响

机车信号设备（Cab Signaling）在 CTCS 系统中称为轨道电路信息接收单元，相当于 ETCS 中的特殊传输模块。其功能是，在列车轮对分路时，通过感应器（感应线圈）接收地面模拟信号，并对信号进行转换和译码，将结果显示并传输给平载安全计算机或列车超速防护系统等。

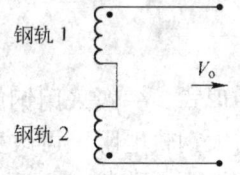

图 2-18　一种典型的差分放大器结构

机车信号为获取差模信号电流，两个线圈同名端反向串联。一种典型的差分放大器结构，如图 2-18 所示，电流平衡时形成的共模电压相互抵消，当存在不平衡电流时，共模干扰可转化为差模干扰，与差模的信号电压叠加后通过 V_o 输出。可见，不平衡牵引电流对机车信号造成影响的机理与轨道电路类似。

【例 2-3】　对照 UM 系列轨道电路机车信号的分路电流，以 UM 系列载频 1 700 Hz 为例，简要分析带内谐波的影响。

解： 由于 UM 系列采用带宽 40 Hz 的带通滤波器，对于载频 1700 Hz 信号，仅有相邻的 3 个谐波可能形成干扰。谐波比例分布见表 2-1，取 1 650/1 700/1 750 Hz 谐波分别占总量的 0.308%、0.09%、0.249%，考虑钢轨总电流 2 000 A 时不平衡系数 10%，即 100 A 电流得到平衡，此时，上述 3 个谐波的合成电流有效值为 406 mA。

对照 1 700 Hz 载频信号的最小分路电流 500 mA，二者的信号干扰比约为 1∶0.8。

取基波和相应比例的低次谐波，室内模拟测试钢轨不平衡电流和接收器干扰电压对比数据见表 2-2。机车感应器型号为 JY·J1 型，直流电阻不大于 8 Ω，线圈电感约 63 mH，距钢轨 160 mm。由于钢轨构成回路，机车感应器线圈串联，故不平衡电流相当于实际电流的两倍。

表 2-2　基波和低次谐波电流和干扰电压对照表

频率/Hz	50	100	150	200	250
不平衡电流/A	100	8.6	47.0	4.0	24.2
干扰电压 V_o/V	0.700	0.106	0.940	0.096	0.784

由表 2-2 可知，基波和低次谐波要远大于信号幅度。对于载频为 550/650/750/850 Hz 的国内移频制式，由于信号频率较低，电气化谐波比例更大，而信号的灵敏度值更小，因而电气化干扰对其影响更为严重。

4. 牵引电流对地电位升的影响

钢轨是牵引电流回流通道的一部分，而钢轨和大地之间存在电阻，导致部分回流进入大地再流回变电所。从电气角度看，大地是导电的土壤。电流流过接地电阻引起地电位的变化即地电位升。交流牵引系统中，大地回流与供电方式、回流线设计和截面积等有关，所占比例约为总牵引电流的 5%～50%。大地中电流越大，附近的电缆、管道、设备等装置受感性耦合和阻性耦合的影响就越大。列车在双线铁路交错时钢轨电位（即钢轨对大地电压）叠加后地电位升会增加约一倍。当接触网短路时，瞬间电流很大，电位升高更加明显，可能会引起人身或设备损害。

1）钢轨电位及分布

钢轨与大地之间阻性耦合的模型等效电路如图 2-19 所示。用分散的电阻来表示钢轨和大地之间分布的或持续的单位长度纵向电阻 R_t 和单位长度泄漏电导 Y_{te}。图中大地中各个连接点之间的土壤电阻为零。

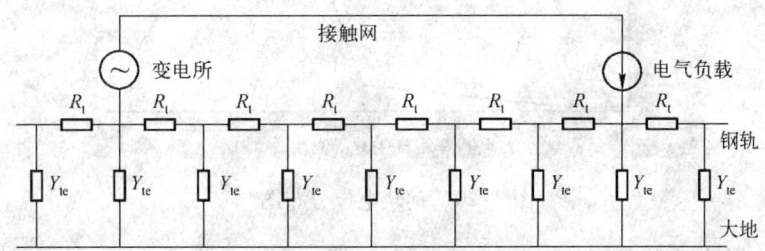

图 2-19　钢轨—大地之间阻性耦合的模型等效电路

在均匀传输条件下，可列出任一点的电压和电流方程，以计算钢轨中电流及钢轨电位。沿钢轨方向距离机车为 x 处的钢轨电位为：

$$V = \frac{1}{2} I_T (1-k) \left(e^{-\gamma(L-x)} - e^{-\gamma x} \right) Z_0 \tag{2-8}$$

式中，I_T——列车牵引电流，A；

　　　k——耦合因数；

　　　γ——钢轨—大地回路衰减传播常数，1/km；

　　　Z_0——线路—大地回路的特性阻抗，Ω；

　　　L——车辆与变电所间距离，km；

　　　$(1-k)$ 可视为屏蔽系数。

在变电所，参考钢轨电位为零。对于稳定的牵引电流，钢轨电位随着车辆距离变电所的距离增加而增大，在0.5～5km时达到最大值，然后基本保持稳定，具体数据与接地状况有关。

由于涉及相互间的阻抗耦合，钢轨沿线的地电位升的计算较为复杂，可参阅参考文献。机车入地电流引起的地电位升在入地点沿垂直于钢轨方向有最大值，可表示为：

$$V = \frac{1}{2\pi} I_E \rho \gamma \eta \Omega(0, \gamma x) \tag{2-9}$$

式中，V——垂直于轨道 x 处地电位升最大值，V；

ρ——大地电阻率，Ωm；

γ——轨道/大地回路传播常数，N/m；

I_E——机车入地电流，A；

η——钢轨等的屏蔽系数；

$\Omega(0, \gamma x)$ 为特殊函数。

机车位于上行线路距变电所 20.25 km 处（轨道电路中点），机车电流 1 000 A 时，沿线钢轨电位分布图如图 2-20 所示。

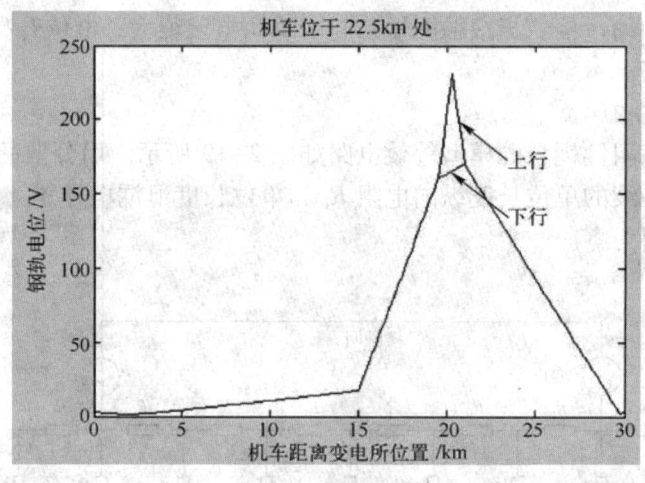

图 2-20 钢轨电位分布图

2）电位升的影响及防护

电位升的影响主要分为对人身安全和设备接地两方面。

钢轨电位与牵引电流和短路电流、轨道对地漏泄电导及车辆或接地故障距变电所的距离有关，为保证线路两侧人身安全，应满足接触电压保护的要求。EN 50122-1（Railway application - fixed installations Part 1: Protective provisions relating to electrical safety and earthing）中有关要求参见第 7 章。接触电压值是指距离外轨 1m 处测量点与钢轨间的电位，这是考虑到全部钢轨电位不可能施加在这两点间。因而，欧洲标准中高压系统（钢轨电位）规定如果接地电压没有超过允许接触电压值的两倍，则接触电压符合标准。另外，故障状态下的时间是指在接触网短路时保护装置的切除时间，应不大于 100 ms。

根据德国铁路有关资料，在双线铁路漏泄电导为：0.5～8 S/km 等条件下，钢轨电位数据为：393～98 V/kA。由于地电位升与入地的牵引电流成正比，若考虑接触网发生闪络或短路，瞬间电流可达到 4 000～5 000 A，这时会造成地电位更剧烈的变化，仿真计算可达到1 700 V以上。

另外，钢轨附近若有其他电气及电子系统的接地体存在，由于不同接地点之间存在电位差，还应考虑地电位升对相关设备的影响。此时，相当于一个共模电压源附加在接地体上，一旦共模电压差值超过系统的允许值，就会对系统造成危害或引起误动作。

由于采用普速铁路的接地措施已经难以满足高速铁路牵引负荷条件下安全电压要求，为降低钢轨电位，可在综合接地系统中设置贯通地线。如德国在地下1 m处安装镀锌钢材的带状接地体后，钢轨电位降低50%～55%。另外，还可在一定程度（7%）上降低邻近线路的感应纵向电压（感应纵电动势）。

2.2.4 空间耦合

空间传播的电磁场以距离源$\lambda/2\pi$为界，分为近场和远场，其中近场又可分为电场和磁场，基本原理在第1章中已讨论。下面按照电场—容性耦合、磁场—感性耦合、电磁辐射三个方面的影响分别讨论。

1. 容性耦合（电影响）

容性耦合是指接触网存在对地不平衡电压而引起感应的影响。接触网额定电压为工频单相25 kV，当强电线（接触网）上有一对地电压存在时，由于邻近的人或受扰设备（如通信线）与大地间存在电容，接触网线与人或设备之间又有耦合电容，因此必然产生感应电压，形成容性耦合（也称电影响）。若设备或线路与接触网接近段较长或接近距离较小，即耦合电容大，则感应电压会较高，可能会发生故障或损坏。当人体触碰时，就有可能因流经人体的静电感应电流过大而危及人身安全。地下电缆及导体不会受到容性耦合影响。

1) 工频电场规范

国际辐射防护协会非电离辐射委员会（IRPA/INIRC）和世界卫生组织（WHO）规定了工频50 Hz电场限值，一些国家也制订了相应的标准或导则。具体规定是：5 kV/m为公众活动区域的限值，10 kV/m为跨越道路和经常会接近的地方的限值，15 kV/m为非居民区但有可能接近的地方的限值，20 kV/m为很难接近地方的限值。

日本规定人们来往频繁的地区场强限值为3 kV/m。1986年国际大电网会议3601工作组发表的一份调查报告中统计了一些国家对输电线下电场限值的规定。大多数国家将送电线与道路交叉处的地面场强控制在10 kV/m以下。对于变电所，除个别地点最大允许场强值不超过15 kV/m以外，一般区域也采用不超过10 kV/m的场强值。目前，这些限值并没有切实可靠的医学或生物学依据。1998年中国国家环保局发布HJ/T 24—1998《500 kV超高压送变电工程电磁辐射环境影响评价技术规范》，推荐500 kV等级的变电站及输电线路设计的工频电场和磁场限值。GB 16203—1996《作业场所工频电场卫生标准》规定场强限值为5 kV/m，当场强20 kV/m时两侧需设20 m防护带、120 kV时为30 m、400 kV时40 m。

关于电场引起的电流对人体的影响，当电气化铁道正常运行时，由静电感应引起的流经人体的电流应小于15 mA；当接触网短路故障状态时，由静电感应引起的流经人体的电流应小于850 mA。

2) 接触网感应电压计算

如图2-21所示，接触网周围存在通信线路或设备时，在实际中可采用等效电路及电容分压的方法来计算工频电场。

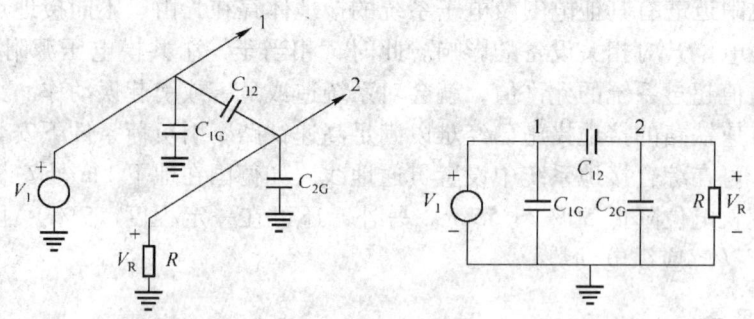

图 2-21 接触网与通信线路电容耦合及等效电路

图 2-21 中电容 C_{12} 由两线间的水平距离 a_i 和接触网架设高度 b 等决定。因此通信线中产生的感应电压由接触导线、通信线位置及接触导线的电压决定，计算方法和有关数据可参阅文献。

下面介绍分析计算接触网感应电压的镜像法。当接触网中有高电压时，在邻近空间产生电场，该空间各点具有一定电位，使此电场的中性导体出现带电现象。镜像法是在研究区域之外，用一根或几根假想导线代替原来的边界，使得这些导线和原有导线一起产生的场满足原来的边界条件。如图 2-22 所示，接触网 T 的电荷线密度为 $+\tau$，在大地中感应出负电荷，利用其镜像 T′ 来代替大地中分布的负电荷。

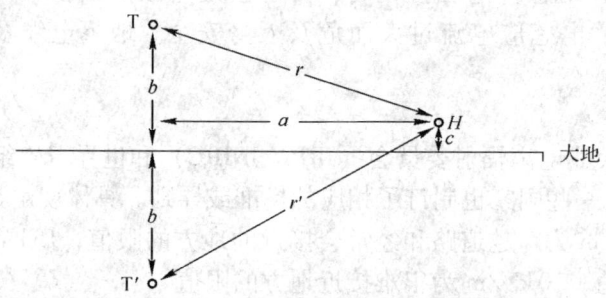

图 2-22 采用镜像法计算感应电压示意图

T 和 T′ 可视为两条平行输电线，φ_T，$\varphi_{T'}$ 分别为接触网和镜像在空间某一点产生的感应电位，则空间中任意一点 H 的感应电位 φ 为：

$$\varphi = \varphi_T + \varphi_{T'} \tag{2-10}$$

经计算可得接触网在 H 点处感应电压一般为：

$$U_S = KU_T \frac{bc}{a^2 + b^2 + c^2} \tag{2-11}$$

式中，$K = 2/\ln(2b/R)$ 为常数，在 R 取 6 mm、b 取 6.0 m 时，可得到不同高度的感应电压与水平距离关系，如图 2-23 所示。

由图 2-23 可见，接触网下 2 m 内感应电压会超过 5 kV，对人身存在危险。京广线测试数据表明，距地面 1.5 m，在接触网下测得工频电场强度 1.86 kV/m，与图中数据基本吻合。

可见，当单线接触网和通信线路的平行接近距离大于 100 m 时，接触网对通信线路形成的感应电压危险影响可不予考虑。某些金属构筑物，如铁桥、金属支柱、信号机、管道等，如在距离电气化铁道危险电压范围内，应妥善接地，而电缆则可以入地敷设。

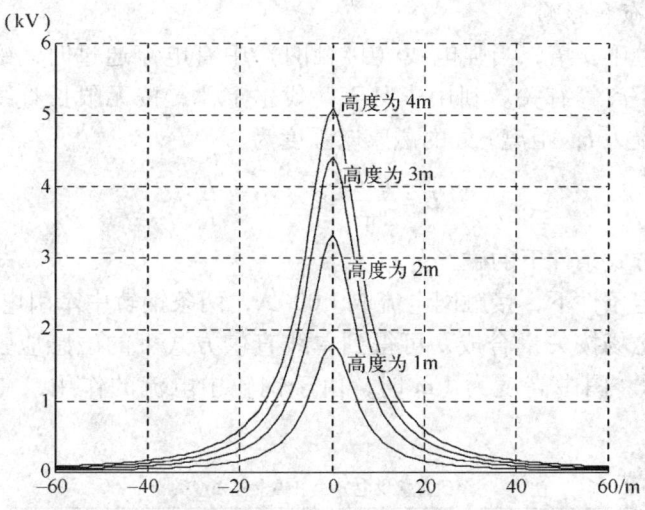

图 2-23 感应电压与水平距离关系

2. 感性耦合（磁影响）

随着重载和高速的发展，牵引电流不断增大。接触网电流含有丰富谐波，但其中工频 50 Hz 比例最大。对于工频大电流产生的磁场，同样应考察其对人身、设备的影响。描述磁场强度 H 的单位是 A/m，由于磁通密度 B（单位是 T 或 Gs）测量相对容易，考虑到空气的磁导率，二者之间可直接换算。1 A/m 等价于 1.256 μT，或 1 μT 等价于 0.7962 A/m；1 Gs = 100 μT。

1）磁场影响的相关规范

国际非电离辐射委员会（IRPA/INIRC）和世界卫生组织（WHO）提出了频率 50/60 Hz 磁场照射限值的临时指导原则，磁场照射限值分为职业照射限值和公众照射限值。职业工作人员在整个工作日内受到连续磁场照射时，其磁感应强度不应超过 0.5 mT；短时间内的全身照射，磁感应强度不应超过 5 mT，时间不应超过每天 2 h；当照射局限于四肢时，磁感应强度不超过 25 mT。对于公众来说，每天受到连续磁场照射的磁感应强度不应超过 0.1 mT；当磁感应强度为 0.1～1.0 mT，照射时间应限制在每天数小时内，磁感应强度超过 1 mT，受照射时间不应超过每人数分钟。

《铁路信号设计规范》中提出电缆芯线纵向电动势在接触网正常工作条件下不大于 60 V、故障状态危险纵电动势取直流耐压试验电压的 60% 和交流耐压试验电压的 85%。根据国际电信联盟 ITU-T（原 CCITT）建议书中提出相关要求，"基础供电频率传导干扰抗扰度测试方法和电平"（K.54）中，传导干扰即电信端口和接地之间的共模电压的有效值电平规定为 60 V；测试时长应不少于 1 分钟，但不超过 15 分钟。另外，在"电力系统对电信系统造成电磁干扰的管理"（K.68）中，除要求正常工作条件下限值为 60 V 外，还给出了故障条件下产生电磁干扰的危险限值（包括典型情况和苛刻情况），由磁感应引起的危险纵电动势为 430 V（苛刻情况下）。

另外,牵引电流中除基波外还含有谐波,对附近通信线的干扰影响允许值分别为:调度通信回线的杂音计电压为 1.25 mV;一般通信回线的杂音计电压为 2.0 mV。

2) 工频磁场分布和影响

牵引电流可达上千安培,当强电线(接触网)中有电流通过时,磁场强度不仅与接触网电流有关,还与距离等有关。利用毕奥·萨伐尔定律,按无限长直线周围磁感应强度公式,考虑接触网电流为 I,距离 r 处的磁感应强度为:

$$B = \frac{u_0 I}{2\pi r} = 2 \times 10^{-7} \frac{I}{r} \qquad (2-12)$$

下面考察直供方式条件下的磁场分布。

在直供方式稳定条件下,接触网电流取 1 000 A,两条钢轨中牵引电流分别取 300 A,接触网和两条钢轨的磁场按矢量合成,可得到单线直供方式下的磁感应强度分布仿真计算结果,如图 2-24 所示。图中高度为 1 m 时,由于钢轨中电流的作用,在其上方的磁场出现峰值。

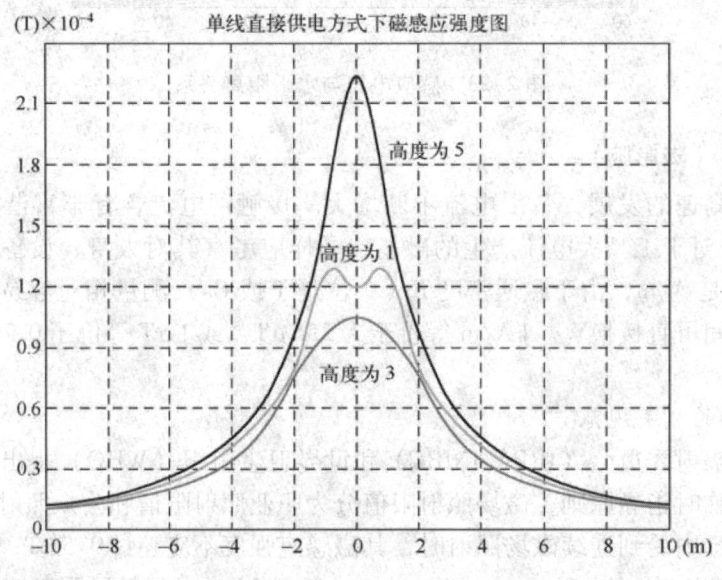

图 2-24 直接供电方式磁感应强度分布

由图 2-24 可知,在 10 m 处的不同高度下磁场分别趋于稳定。在距离地面 1 m 处最大磁感应强度约 130 μT,即磁场强度 103.5 A/m。在双线情况下,由于叠加作用,磁场会增强。

【例 2-4】 分析电气化铁道引起的工频磁场对 CRT 显示器的影响。

解:CRT 显示器对磁场的敏感度与设计有关,一般满足 50 Hz 磁场强度 1 A/m 的要求,在磁感应强度 2 μT 左右即可观察到干扰影响。

由于直接供电方式下距离地面 1 m 时磁场强度超过 100 A/m,此时 CRT 显示器无法正常工作。在距离接触网 10 m 以外,磁场强度减小至约 10 A/m,依然无法满足其抗扰度要求。因此,在轨旁环境中使用 CRT 显示器,需要对其采取磁场屏蔽措施,或者采用更高性能的显示器。

根据德国电气化铁道实际测试数据,站台边缘距线路中心 7 m、距轨面 1 m 以上、电流 1 000 A 且无回流线(相当于直供方式)时的磁感应强度为 100 μT,相当于 79.6 A/m。通过数据对比可发现，AT 供电方式对磁影响的减轻作用。

综合以上数据，感应电压对人体和设备有危险影响，取决于作用时间的长短，在接触网正常和短路故障时有不同要求。将上述结果与有关数据对比，工频磁场对人身影响符合要求，而对轨旁的计轴等信息技术设备可能造成影响。

3）工频磁场对电缆的影响

接触网中交流电流形成的交变磁场，在平行接近的通信线路或设备回路中产生感应电动势或感应电压，该感应电动势沿着该通信线各点纵向分布，故经常称为纵向电动势。接触网与受扰设备（如通信电缆）之间的电磁感应通过电感（互感）间的磁场耦合形成，有时称为磁影响，如图 2-25 所示。

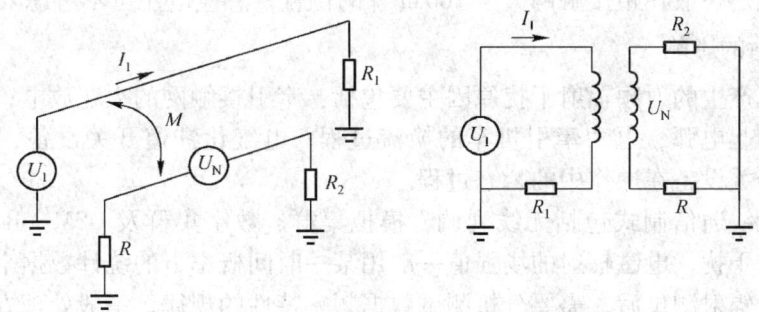

图 2-25　回路间的电感耦合

若回路间的互感为 M，则感应的干扰电压为：

$$U_N = -\mathrm{d}\Phi/\mathrm{d}t = -\mathrm{d}(MI_1)/\mathrm{d}t = -M\,\mathrm{d}I_1/\mathrm{d}t \tag{2-13}$$

由于钢轨、电缆铠装层、地线中牵引电流产生的磁场，部分可抵消接触网电流的干扰，而电缆耦合还应考虑屏蔽因素，屏蔽系数为 γ（<1）。由于电流为正弦特性（$\omega = 2\pi f$），则接触网电流 I_T 在电缆中产生的单位长度的感应纵向电动势（电压）可表示为：

$$e = \mathrm{j} \times \omega \times \gamma \times M \times I_T \tag{2-14}$$

电缆上任意一点的感应电压和电流，可通过建立分布参数电路的均匀传输线方程来描述，并求得稳定状态下的解。计算时应考虑电缆线路终端的接线状态，在远端接地时，设等效电缆长度或与接触网平行接近长度为 l，则感应纵向电动势 E 有效值为：

$$E = \omega \times \gamma \times M \times I_T \times l \tag{2-15}$$

其中，钢轨屏蔽系数 γ 与牵引变电所距离有关，可取 0.2~0.55；回流线屏蔽系数与接触网相对位置有关，取 0.55~0.7；电缆护套屏蔽系数取 0.1~0.5；其他接地导体屏蔽系数范围为 0.7~1.0。两条半径为 R、相距 x 的平行导线互感 $L = (\mu_0/2\pi) \cdot \ln(R/x)$，铁路工程应用中，单位长度的互感 M 有多种计算方法，这里采用如下公式计算：

$$M = 0.1 + 0.2\ln\left(\frac{400}{x\sqrt{f/\rho_E}}\right) \times 10^{-3}\ (\mathrm{H/km}) \tag{2-16}$$

式中，x 为电缆与接触网中心线间距离，m；

ρ_E 为土壤电阻率，$\Omega \cdot \mathrm{m}$。

【例 2-5】　设单线电气化铁道接触网电流 $I_T = 1000\mathrm{A}$，电缆平行接近长度为 18 km，取钢轨、回流线、电缆屏蔽层、其他因素的屏蔽系数分别为 0.4、0.6、0.3 和 0.85，土壤电阻率分别取 27 Ω·m 和 290 Ω·m 时，求电缆感应纵向电动势并简要分析。

解：由上述屏蔽系数，可得综合屏蔽系数：
$$\lambda = 0.4 \times 0.6 \times 0.3 \times 0.85 = 0.0612$$

根据式（2-16），由土壤电阻率可得 M 分别为 0.776 mH/km 和 1.00 mH/km。

根据式（2-15），代入工频频率和牵引电流等参数，可求得电缆感应纵向电动势分别为 269 V 和 346 V。

为使感应纵向电动势不超过 60 V，在此情况下，电缆长度应不大于 4.01 km 和 3.12 km。

显然，当牵引电流增大时，感应纵向电动势也随之增加。另外，如果通信电缆距接触网较近（5 m 以内），感应纵向电动势可能高于危险电压，应该采取相应措施，如每隔一段距离加设一处接地。一般在距接触网大于 100 m 外的位置，感应电压可不考虑。

3. 电磁辐射的影响

电气化铁道产生的射频辐射干扰原因主要包括：牵引接触网的火花放电；接触网和受电弓滑板间离线引起电弧；电力牵引机车的换流过程；电气化铁道开关设备、电力机车内电机、调压器、开关设备在操作中的瞬态过程。

铁路系统无线通信制式包括无线列调、模拟集群、数字集群及 GSM-R 等。电磁辐射对无线通信形成干扰，电磁辐射的场强值一般用某一时间概率下的统计数据来描述。

对电磁环境辐射测试后，需要分析测试数据频率特性的规律，一般处理方法是，分别求出测试数据不超过 50%、80% 及 95% 事件概率时的 3 个电平值，取多组数据的平均值作为一个样本；在纵坐标以 dB 为单位刻度场强值、横坐标以频率对数值的坐标系中，将相同条件的样本值按"残差平方和最小"进行线性回归，可得到不同时间概率的频率特性的线性方程为：

$$E[\mathrm{dB}] = a + b\lg f \tag{2-17}$$

高速铁路受电弓与接触导线滑动接触产生的电磁辐射与弓网参数有着十分显著的相关关系。弓网参数技术指标越好，电磁辐射越小；反之越大。根据一条线路弓网动态接触压力随速度变化曲线，可预测其电磁辐射值随速度变化规律。由于弓网振动存在周期性稳定现象，电磁辐射也呈现周期性变化现象。即速度达到某值时电磁辐射最大，速度再提高，电磁辐射却可能减弱。有的线路这种现象较为明显，有的线路不太明显。

由于高速铁路弓网技术指标较高，列车高速运行于高速线路上时，其所产生的电磁辐射并不一定高于列车低速运行或在普通速度线路上时所产生的电磁辐射。如在运行速度达 300 km/h 时 150 MHz 干扰电压预测值约为 46 dB，接近于普速 60 km/h 时的大小。高速铁路如采用弹性链式悬挂接触网，在整个速度范围内，将比采用简单链式悬挂接触网产生的电磁辐射水平大大降低。如采用德国 Re330 弹性链式悬挂接触网，车上测量 150 MHz 干扰电压值在很宽的速度范围内将比采用简单链式悬挂接触网降低近 10 dB。

对于整个铁路系统对外界环境的电磁辐射影响，EN 50121-2 规定了距钢轨 10 m 时，9 kHz～1 GHz 范围 RF 干扰等级的最大允许值。由于采用不同的测量方法，因而得出的限值曲线呈阶梯状特征。按照相应频率图的要求，频率在 30 MHz 时有最大值，场强不应超过 100 dB μV/m，即 0.1 V/m。

根据我国电气化铁道测试数据和统计处理结果，对于普速列车，频率 30 MHz 以下及以上距铁道 10 m 处，骚扰场强（准峰值检波方式）时间概率为 95% 时频率特性的经验公式分别为：

$$E_{10}[\text{dB }\mu\text{V/m}] = 53.24 - 14.81 \lg f \qquad (2-18)$$
$$E_{10}[\text{dB }\mu\text{V/m}] = 61.46 - 10.46 \lg f \qquad (2-19)$$

按式（2-19），当取频率为 30 MHz 时，场强值约 200 μV/m。随着速度的提高，骚扰场强将相应增大。

按照欧洲标准及铁标相关要求，针对地面信号设备及车载设备机箱机柜端口，射频电磁场辐射抗扰度限值要求为 10 V/m（载波有效值，频率范围 80 MHz～1 GHz，并用 1 kHz 按照 80% 深度 AM 调制），对于放置在列车车厢、司机室或机车车辆外部的设备（如车顶），使用 20 V/m 的严酷等级。对于电源和 I/O 等端口，在 150 kHz～80 MHz 频段，射频场感应的传导骚扰抗扰度限值为：地面设备为 10 V，车载设备为 3 V。

另一方面，根据 GSM-R 无线覆盖指标要求，GSM-R 网络无线覆盖指标应满足在 95% 统计概率下，对于 8 W 的列控机车台，在增益为 0 dB 的机车车顶天线处的最小接收电平不低于 -92 dBm；在接收机特性阻抗 50 Ω 时，场强值为 14.99 dB μV/m 即 5.62 μV/m（75 Ω 阻抗时为 16.75 dB μV/m）。该电平值考虑了最大 3 dB 机车台馈线损耗和 3 dB 设备老化余量。电磁辐射干扰可能引起无线通信中语音质量下降和传输数据的误码。

考虑到电磁辐射是交流电气化对无线通信产生干扰的主要原因，其大小与弓网参数关系密切。减小辐射的有效途径之一就是降低导电弓和导线之间离线率，并且减少离开的时间。离线率降低还可以相应减少瞬态脉冲干扰，同时改善受流质量，提高电能利用率。因此，控制离线率是高速接触悬挂系统区别于普速的重要指标。以离线率作为判定接触悬挂系统优劣的标准，也是有关国家高速铁路判定体系中的共同方法，如要求最长离线时间 ≤ 200 ms、离线率 ≤ 5%。

目前许多单位对电气化铁道干扰进行了大量的测试，包括电磁环境测试、传导性干扰的测试、电磁场强度的测量、电网电源质量的测量等。

2.3 信号系统的电磁兼容设计

随着信号系统及电磁环境的日趋复杂，信号系统的电磁兼容（EMC）设计显得越来越重要，其内涵也更加多元化。主要表现在：EMC 不仅是设计环节的问题，还应考虑产品制造等其他环节及使用环境；设备所在环境不仅只有一种电磁骚扰，可能存在多种；EMC 不仅需具备抗电磁干扰性能，还应满足对外界发射骚扰的要求；EMC 不仅是某一个设备自身的问题，而是整个信号系统问题。

这里就信号系统电磁兼容设计的一些重要环节进行讨论。

2.3.1 信号系统 EMC 设计理念

铁路信号系统的 EMC 设计应当从系统的角度考虑，可分为如下几个层次。

（1）整个铁路系统与外界的电磁关系。包括铁路对外部环境的需求及自身电磁发射限值的约束，前者如电源质量要求、大功率设备如无线发射等；后者如谐波电流发射、工频电磁场、射频电磁场的限值要求等。需要以国家标准的形式来规范。

（2）信号系统与铁路内部其他系统的兼容。如牵引供电系统、电力机车谐波含量、射频发射限值，各系统接地规范，信号对所处环境如机械室、机房、机车内部等的要求。这些需要以铁路行业标准或规范的形式来要求。

（3）在同一环境中的各个信号设备之间的兼容。包括电源屏供电质量、各设备接地方式规划、电缆屏蔽及布线要求、通信接口要求等。

（4）信号设备自身的 EMC 设计。根据设备所处环境，在机柜、布线、PCB（印刷电路板）、器件选择、接口部分滤波等方面进行设计，需要满足设备 EMC 发射和抗扰度试验的要求，同时还需考虑设备特殊的需求。

随着信号设备 EMC 设计越来越受到重视，针对铁路系统及信号设备的国家和行业标准、设计规范、指导文件等正在逐步完善。如在客运专线有关功能和系统需求中均明确提出了对 EMC 的要求。

2.3.2 信号设备 EMC 设计重点环节

电磁兼容在理论上已形成完备的理论体系，在电子设备的电磁兼容设计方面也有比较成熟的技术和器件，但面向具体环境下的具体产品，既满足要求又合理可行的设计方案并不是现成的，尤其是随着计算机、微电子、通信等紧密相关领域技术的迅速发展，新的问题和需求也在不断产生，电磁兼容研究还在不断拓展和深化。对于铁路信号电磁兼容，同样需要解决类似的问题，设计中需要重点关注和解决的主要问题包括如下 3 个方面。

1. EMC 三要素分析

首先，应研究环境中最主要的骚扰源或干扰源，不仅要获得其幅度、频率特性，还要分析干扰源的基本性质。这样，一方面可以有的放矢地抑制干扰源，另一方面，也是对骚扰或干扰采取相应防护措施的依据。

其次，信号设备在多数场合下都是受扰的弱电设备，抗干扰设计是关键环节，应遵循滤波、屏蔽、接地等基本原理，参照具体环境及抗扰度试验限值的要求来设计，同时设计方案还应经济合理可行，避免浪费，即降低费效比（RIO：投入产出比）。

最后，为取得最佳效果，应特别注意在电源、输入输出端口、机箱或机柜、接地等接口环节抗干扰措施的设计。信号设备 EMC 设计目标和核心是：减小干扰进入受扰设备的功率（能量），提高信号干扰比。

2. EMC 管理

对于信号设备，尤其是微电子设备的 EMC 设计，应该实行过程化的电磁兼容管理，对设备进行全生命周期（Life Cycle）设计。简单地说，从设计、研发、测试、生产、质量监督、使用维护、监测记录等各个环节，均涵盖电磁兼容的相关内容及要求，直到设备生命周期结束。

3. EMC 与安全性

信号设备从功能上需要满足故障—安全原则，在电磁兼容设计过程中，应充分考虑信号对安全性的高要求。在由于电磁干扰导致设备故障的情况下，信号设备不应有危险侧输出。

在设备的 EMC 抗扰度测试、评估等环节中，不仅关注标准要求的性能判据，还应研究如何考察电磁干扰下设备安全性表现。

在本书后读章节中，结合以上思路，从以下几方面进行讨论。

（1）铁路信号电磁兼容标准和试验，主要介绍国外尤其是欧洲铁路信号设备有关标准、铁路信号设备发射和抗扰度要求、电磁兼容试验与对策。

（2）轨旁信号设备对电磁干扰的防护技术，重点分析音频轨道电路（包括移频和 UM71 系列、机车信号设备）对电气化牵引电流传导性干扰的防护、站内 25 Hz 相敏轨道电路对冲击干扰的防护。

（3）室内信号系统电磁兼容技术，主要根据室内信号系统构成和特点，从系统内电磁兼容设计原则出发，介绍典型室内电子设备电磁兼容设计技术。

（4）车载信号设备电磁兼容技术，主要介绍机车和车辆电磁环境，以及车载信号设备电磁兼容技术。

（5）信号设备雷电防护和综合接地技术，考虑到雷电电磁脉冲对信号电子设备的影响，结合有关标准和规范，介绍信号设备雷电防护的原则和技术、信号设备综合接地技术。

复习参考题

2-1　简述铁路信号系统的构成及环境特点。

2-2　列举电气化铁道的几种供电方式，简要说明形成电磁干扰的区别。

2-3　电气化铁道干扰的来源和主要特点是什么？

2-4　电气化干扰形式主要有哪几种？

2-5　画图描述不平衡牵引电流，分析其形成原因，解释其为什么是共模干扰。

2-6　考虑接触网、机车及钢轨的模型，定性分析其瞬态响应。

2-7　简要分析计算无砟轨道条件下，不平衡电流对轨道电路的影响。

2-8　查找工频电场的计算方法，利用 MATLAB 仿真对比相关结果。

2-9　检索铁路信号设计规范中有关对接触网高压防护的要求。

2-10　电缆感应纵电动势（电压）是如何产生的？定性分析各种供电方式下磁感应强度的大小。

2-11　查阅 GSM-R 相关技术参数，对比说明电磁辐射对信号系统中何种设备干扰最大。

2-12　请结合已学专业知识，按照信号设备列出相应环境中的主要电磁骚扰源，并提出抑制措施。

第3章 铁路信号设备抗扰度试验

【本章内容概要】

首先简介国外铁路信号设备电磁兼容领域的标准，重点说明 EN 50121-4 和 TB/T 3073 标准中的抗扰度试验。

【本章学习重点与难点】

学习重点：EN 50121-4 和 TB/T 3073 标准中的抗扰度试验内容、骚扰来源和抑制措施。

学习难点：抗扰度试验中骚扰的耦合机理和试验方法。

电气化铁道的电磁环境非常复杂，牵引电流回路、列车的开关设备、弓网离线放电现象等是主要的电磁骚扰源，且大功率电力设备与低电压、小功率信号设备并存的局面，使得解决电磁兼容性问题变得紧迫而复杂。对于信号设备而言，不仅要在这种电磁环境中正常工作，而且必须限制设备本身对外的电磁发射。

设备的电磁兼容试验按内容包括发射和抗扰度两方面的要求，本章侧重于后者。按试验目的则可分为诊断试验和达标试验。诊断试验的目的是分析产生电磁兼容问题的原因，确定产生噪声和被干扰的具体部分，从而为采取抑制措施做准备。达标试验是根据有关电磁兼容标准规定的方法对设备进行试验，评价其是否达到标准提出的要求。产品在定型和进入市场之前必须进行达标试验，它是新产品获得市场准入无法回避的重要门槛。

3.1 铁路信号设备电磁兼容标准概述

早在20世纪30年代，国际上就开始了电磁兼容技术研究，不止一个组织涉及这一领域，并发布了一系列标准和规范性文件。目前，国际上制定电磁兼容标准的主要组织有 IEC（国际电工委员会）、CISPR（国际无线电干扰特别委员会）、ITU（国际电信联盟）、UIC（国际铁路联盟）、CIGRE（国际大电网会议）及地区标准标准化组织，如 ETSI（欧洲电信标准协会）、CENELEC（欧洲电工技术标准化委员会）、FCC（美国联邦通信委员会）等。

IEC 是具有国际影响力的标准组织，中国是 IEC 的成员国。TC77 是 IEC 下设的电气设备（包括网络）电磁兼容性技术委员会，成立于1973年6月。其工作范围包括：整个频率范围内的抗扰度；低频范围内（≤9 kHz）的骚扰发射现象。其工作不包括车辆、船舶、飞机及特殊的无线和电信系统，以及属于 CISPR 范围内的 EMC 标准。TC77 的工作成果之一是目前世界各国广泛采用的 IEC 61000 系列标准。标准涉及电磁环境、发射、抗扰度、试验程序和测量规范，是近年来 IEC 出版物中内容最丰富的系列出版物，分9个部分。IEC 61000-4 系列是比较完整的抗扰度测试基础标准，它对组织编制产品族标准的抗扰度测试项目有深远的影响力。我国于 2000 年 7 月成立全国电磁兼容标准化技术委员会，负责制定相关电磁兼容国家标准。GB/T 17624、GB/T 17625、GB/T 17626、GB/T 17799 等系列标准是从 IEC 61000-1、IEC 61000-3、IEC 61000-4 和 IEC 61000-6 中的相应内容等同转化过来的。

CENELEC 由欧盟委员会授权制定欧洲标准 EN（European Norm）。EN 标准是目前世界上最全面、完善的铁路（包括电磁兼容）标准，IEC 标准经常等同于采用 EN 标准。CENELEC 成立于 1973 年，总部设在比利时的布鲁塞尔，是在电工领域按照欧共体 83/189/EEC 指令开展标准化活动的组织，它负责协调各成员国在电气领域（包括 EMC）的所有标准，并负责制定欧洲标准。其中，技术委员会 TC 9X（铁路电气电子应用）制定了系统的、完善的铁路标准 EN 50121，该标准为 CENELEC 自定标准，是规范铁路电磁兼容要求的系列标准，由 5 部分组成，见表 3-1。

表 3-1　EN 50121 标准项目

标准号	标准名称（英文）	标准名称（中文）
EN 50121-1	Railway applications — Electromagnetic compatibility — Part 1: General	铁路应用—电磁兼容性—第 1 部分：总则
EN 50121-2	Railway applications — Electromagnetic compatibility —Part 2: Emissions of the whole railway system to the outside world	铁路应用—电磁兼容性—第 2 部分：整个铁路系统对外界的发射
EN 50121-3-1	Railway applications — Electromagnetic compatibility — Part 3-1: Rolling stock — Train and complete vehicle	铁路应用—电磁兼容性—第 3-1 部分：机车车辆—列车及配套车辆
EN 50121-3-2	Railway applications — Electromagnetic compatibility — Part 3-1: Rolling stock — Apparatus	铁路应用—电磁兼容性—第 3-2 部分：机车车辆—设备
EN 50121-4	Railway applications — Electromagnetic compatibility — Part 4: Emission and immunity of the signalling and telecommunications apparatus	铁路应用—电磁兼容性—第 4 部分：信号与通信设备的发射和抗扰度
EN 50121-5	Railway applications — Electromagnetic compatibility — Part 4: Emission and immunity of fixed power supply installations and apparatus	铁路应用—电磁兼容性—第 5 部分：固定供电装置和设备的发射和抗扰度

EN 50121 系列标准是一个整体，完整地概括了铁路系统的电磁要求。EN 50121-1 是总则部分，概述了整个系列标准的结构和内容，不涉及具体的测试要求和限值，必须与标准的其他部分一起使用才能确保系统符合电磁兼容指令。EN 50121-2 给出了整个电气化铁道系统的发射限值并详细规定了具体的测量方法。EN 50121-3 分为两部分，EN 50121-3-1 给出了机车车辆的发射限值及测量方法，EN 50121-3-2 给出了机车上设备的电磁兼容试验要求。EN 50121-4 则给出铁路信号与通信设备的电磁兼容试验要求。EN 50121-5 给出了固定供电装置和设备的电磁兼容要求。

除 EN 50121 标准外，EN 50343（铁路应用—机车车辆—电缆布线规则）也很有参考价值，因为各种不同电路和功能块导线间会出现耦合（电导性、电容及电感性耦合），以及车辆上安装空间的限制，难以保证各导线电缆间的间距。为此该标准给出了导线的电磁兼容分类，以及布线的一般规则，可以指导机车电缆的布线。下面介绍 EN 50121:2008 标准的主要内容。

3.1.1　EN 50121-1：总则

标准 EN 50121 中的第 1 部分描述了铁路系统的电磁特性，规定了整个系统标准的性能判据，引用 EN 50238 铁路应用—机车车辆与列车检测系统间的兼容性（Railway applications——Compatibility between rolling stock and train detection systems），提出了管理铁路电磁兼容的要求。

铁路是一个包含移动电磁能量源的复杂设施，由多个子系统组成，如传输系统、通信系统、监控系统和广播系统等，应用 EN 50121 系列中的电磁兼容标准并不能保证获得满意的性能，且对整个子系统规定抗扰度测试的方法和限值是不现实的，通常是由子系统中设备符合相关的标准要求来保证整个系统的可靠性。但是由于系统运行环境的复杂和某些特殊的情况，设备可能放置在一个受限制的空间或很严酷的电磁环境中，因此，应综合考虑系统电磁环境的复杂性，实行电磁兼容管理，保证各设备，各子系统的电磁兼容性要求。

此外，标准的附录介绍了铁路的电磁兼容特性，主要有系统间的耦合机制、抗扰度的主要电磁现象、发射的主要电磁现象、不同电牵引系统的描述、电牵引系统的部件以及内部电磁噪声源等。

3.1.2 EN 50121-2：整个铁路系统对外界的发射

标准 EN 50121 中的第 2 部分规定了包括在城市街道运行的城市车辆在内的整个铁路系统的发射限值，即包括弓网系统在内的整个电气化铁道系统对外发射；给出了各频段电磁发射量的测量方法；并给出了在牵引频率和射频段的典型场强测量值。

列车运行时铁路系统发射测量方法是根据 EN 55016-1-1 无线电骚扰和抗扰度测量设备和方法的规范—第 1-1 部分：无线电骚扰和抗扰度测量设备—测量设备（Specification for radio disturbance and immunity measuring apparatus and methods—Part 1-1：Radio disturbance and immunity measuring apparatus—Measuring apparatus（CISPR 16-1-1）），改编应用于车辆运行时的铁路系统。测量采用峰值检波方法，测量频率与 EN 55016-1-1 一致，实际测量频率的选择取决于测试点的环境。如果有强信号，如基站，选择频率时需考虑此因素。鉴于列车单次通过的测量时间很短，应用扫频测量技术，即当频率变化时采用峰值保持电路测量峰值噪声，可以提供噪声的足够信息。选择测试点时，测量天线与列车运行轨道的中心线之间的首选距离是 10 m。

【例 3-1】 根据下面给出的某试验线上铁路系统对外界发射的测量结果实例，图中的折线是发射限值线，试进行简要分析。

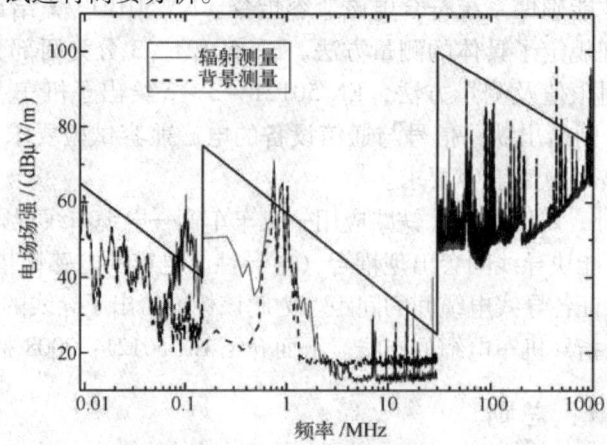

图 3-1 发射测试结果（环天线的天线面水平于轨道；其他天线水平极化方式）

解: 限值线的不连续是由于不同频段测量接收机分辨率带宽变化引起。部分频段场强超过了限值要求。

其中, 9 kHz ~ 30 MHz 频段是磁场场强测量结果, 骚扰主要来源是牵引电流, 以及列车及列车上的控制和信号设备, 如 27 MHz 频点的测量值就是列车的点式信息接收模块 (BTM) 向应答器发射的载波。

由于 30 MHz ~ 1 GHz 这段频谱已完全被划分使用, 背景频谱分量非常丰富, 电气化铁道和列车的辐射骚扰基本和背景噪声重叠, 不易区分。从图 3-1 中可见, 典型信号有 450 MHz 的机车电台信号, 806 ~ 960 MHz 的移动通信 (GSM) 信号。

3.1.3　EN 50121-3-1: 机车车辆—列车及配套车辆

标准 EN 50121-3 分为两部分, 第 1 部分规定了所有类型的机车车辆的发射要求。EN 50121-2 研究铁路系统, 对外界的电磁发射问题。这也是这两部分标准的重要区别。这里主要介绍 EN 50121-3-1 与 EN 50121-2 的不同之处。

EN 50121-3-1 标准规定了所有类型的机车车辆的发射要求, 包括牵引车辆和在城市街道运行的城市车辆在内的小火车。

这部分标准的范围终止于机车车辆与各自能量输入输出的结合处。对于机车、小火车和有轨电车等, 结合处是指集电弓 (受电弓、集电靴); 对于拖车, 结合处是指 A.C. 或 D.C. 辅助电力连接器。然而, 既然集电弓是机车车辆的一部分, 不可能完全排除与电力线的结合处的影响。因此标准要求慢速和/或静态测试以尽可能减小这些影响。这也是采用 EN 50121-3-1 与 EN 50121-2 标准试验时列车工作模式的重要区别。

基本上, 所有集成进口列车的设备都应符合 EN 50121-3-2 标准的要求。对于特殊的情况, 设备虽然符合其他电磁兼容标准, 但未证实与 EN 50121-3-2 标准完全兼容, 应该通过综合测试或进行适当的电磁兼容分析和试验, 证实设备的电磁兼容性。

此外, 不需要对整车进行抗扰度测试, 但是可选择 EN 50121-3-2 标准的抗扰度测试和限值。若准备或正实施电磁兼容计划, 也考虑了 EN 50121-3-2 标准的限值, 那么将设备装入整车的集成技术就能够实现足够的抗扰度。

3.1.4　EN 50121-3-2: 机车车辆—设备

标准 EN 50121-3 分为两部分, 第 2 部分具体规定了应用在机车车辆上的电气、电子设备的电磁发射与抗扰度性能, 除各项限值外, 还介绍试验方法与要求, 对车内外的环境都作了统筹的考虑。此标准对电磁发射的要求: 应确保设备在车辆内正常工作时不产生超过某一限值的骚扰量, 如达到这一限值时可能会影响其他设备的正常工作状态。

标准对设备的主要端口都有相应电磁发射的频率范围、限值及性能的规定, 同时也规定了对抗扰度性能试验项目、判定等级和严酷度 (即设备应能经受的试验环境条件)。

3.1.5　EN 50121-4: 信号与通信设备的发射和抗扰度

标准 EN 50121 第 4 部分是为机车车辆外的信号、通信设备制定的, 对这些设备同样规定了电磁发射限值和抗扰度性能判据。在进行试验时也可采用逐个端口进行试验的方式,标准详述了试验方法、所需条件、设备及试验结果的分析方法等。在下一节详细讨论此标准。

3.1.6 EN 50121-5:固定供电装置和设备的发射及抗扰度

标准 EN 50121 第 5 部分为铁路固定装置中使用的电力电子设备规定了发射和抗扰度要求。对于变电站对外的发射限值,此标准引用 EN 50121-2;对于工作电压低于交流有效值为 1 000 V 的设备,此标准引用 EN 61000-6-4;对于有界墙的变电站,标准给出发射限值。此外,标准还给出设备的抗干扰要求。

3.2 铁路信号设备抗扰度要求

设备的抗扰度试验是设备的敏感度(EMS)测试,目的是测试设备承受各种电磁骚扰的能力。试验分为实验室型式试验和现场试验。型式试验(Type test)是为了验证产品能否满足技术规范的全部要求所进行的试验。

铁路信号设备的电磁兼容标准国外主要采用 EN 50121-4《铁路应用—电磁兼容性—第 4 部分:信号与通信设备的发射和抗扰度》,国内对此标准修改后制定了 TB/T 3073—2003《铁道信号电气设备电磁兼容性试验及其限值》,技术内容、条款结构与 EN 50121-4 基本一致。下面将基于这两个标准介绍对铁路信号设备的抗扰度要求,以及两个标准的共同和差异之处。

3.2.1 EN 50121-4 对铁路信号设备的要求

1. 标准适用范围

标准 EN 50121-4 适用于安装在铁路环境的信号和通信设备,不包含安装在机车车辆上的设备。机车车辆上的设备应采用标准 EN 50121-3-2。

标准 EN 50121-4 规定了铁路信号电气设备电磁发射的试验项目、试验条件和限值,并规定了抗扰度试验的试验项目、试验等级和性能判据。在抗扰度试验中,设备可能由于受到电磁骚扰而性能下降,目前普遍认可的性能判据分为以下 4 级:

A. 在技术规范内性能正常;
B. 功能或性能暂时降低或丧失,但能自行恢复;
C. 功能或性能暂时降低或丧失,但需操作者干预或系统复位;
D. 因设备(元件)或软件损坏或数据丢失而造成不能自行恢复的功能降低或丧失。

如果一个端口发射或接收的目的是进行无线通信,则本标准发射和抗扰度限值在通信频率不适用。

该标准的各项要求和测试方法同样适用于连接到受试设备的通信信号数据线和电源线。

2. 试验端口

抗扰度试验通过受试设备(EUT)的端口来施加,这里端口是指受试设备与外部环境的特定接口,包括机箱端口、电源端口、输入输出端口和地线端口,如图 3-2 所示。

图 3-2 端口构成

3. 抗扰度试验及限值

受试设备抗扰度性能依据 EN 50121-1 中规定的性能判据。

所有试验应在定义完善和可重复的方式下进行。试验逐个单独进行，试验顺序可选。

标准给出了基于端口形式的抗扰度试验要求。有关受试设备的机箱端口、输入输出端口、电源端口和地线端口的试验项目和技术要求见表 3-2 ～表 3-6。试验涉及的试验描述、试验发生器、试验方法及试验配置在相应的基础标准中已给出。如果受试设备存在大量带有许多类似连接的类似端口，则应选择足够数量的端口来模拟实际的运行情况，并保证涵盖所有不同类型的终端装置。

表中仅注明必要的附加信息，后续章节不再重复基础标准的内容。

表 3-2 机箱端口抗扰度试验

项目序号	环境现象	基础标准	试验等级		性能判据	备注
1	射频电磁场辐射	EN 61000-4-3	80 MHz…1 000 MHz 10 V/m (r.m.s) 80% AM, 1 kHz	未调制载波	A	规定的试验电平是未调制载波的 r.m.s 值
2	抵抗数字移动电话的射频电磁场	EN 61000-4-3	800 MHz…1 000 MHz 20 V/m (r.m.s) 80% AM, 1 kHz	未调制载波	A	见注①
			1 400 MHz…2 100 MHz 10 V/m (r.m.s) 80% AM, 1 kHz	未调制载波	A	
			2 100 MHz…2 500 MHz 5 V/m (r.m.s) 80% AM, 1 kHz	未调制载波	A	
3	工频磁场	EN 61000-4-8	16.7 Hz 50 Hz 0 Hz 100 A/m (r.m.s) 300 A/m	直流交流系统直流系统	A	见注①和注②所有频率均需试验
4	静电放电	EN 61000-4-2	± 6 kV ± 8 kV	接触放电空气放电	B	见注③
5	脉冲磁场	EN 61000-4-9	300 A/m		B	见注①

注①：试验应用于轨边 3 m 区域内的设备和重要设备，如安装在已证实存在高风险的数字移动电话干扰的区域的联锁和控制设备。铁路环境中的其他设备应用标准 EN 61000-6-2。

注②：仅适用于包含霍尔元件等对磁场敏感器件的设备。对于未屏蔽的 CRT 显示器，限值为 1 A/m。

注③：仅适用于公众和操作人员易接近的设备。

表 3-3 输入输出端口抗扰度试验

项目序号	环境现象	基础标准	试验等级		性能判据	备注
1	射频场感应的传导骚扰	EN 61000-4-6	0,15 MHz…80 MHz 10 V (r.m.s) 80% AM,1 kHz	未调制载波	A	见注①、②、⑥规定的试验电平是未调制载波的 r.m.s 值
2	电快速瞬变脉冲群	EN 61000-4-4	±2 kV 5/50 ns 5 kHz	峰值 Tr/Th 重复频率	A	见注①使用电容夹
3	浪涌	EN 61000-4-5	1,2/50 μs ±2 kV ±1 kV	共模 差模	B	见注①、④、⑤

注①：适用于轨边 3 m 范围内电缆连接的端口，或 10 m 范围内长度超过 30 m 电缆连接的端口。其他情况下电缆连接的端口采用标准 EN 61000-6-2，除了 EN 61000-6-2 表 3 的注 2 不适用以外。
注②：仅适用于所连电缆总长度超过 3 m 的端口（按照制造商的规范）。
注③：仅适用于包含霍尔元件等对磁场敏感器件的设备。对于未屏蔽的 CRT 显示器限制为 1 A/m。
注④：本试验的目的是重复直接耦合现象，推荐使用 42 Ω（40 Ω 和 2 Ω 发生器）输出阻抗和 0.5 μF 耦合电容。
注⑤：对于通信端口和其他连接到高度平衡线路上的端口，不要求进行差模试验。
注⑥：试验电平也可定义为注入 150 Ω 负载的等效电流。

表 3-4 直流电源端口抗扰度试验

项目序号	环境现象	基础标准	试验等级		性能判据	备注
1	射频场感应的传导骚扰	EN 61000-4-6	0,15 MHz…80 MHz 10 V (r.m.s) 80% AM,1 kHz	未调制载波	A	见注②规定的试验电平是未调制载波的 r.m.s 值
2	电快速瞬变脉冲群	EN 61000-4-4	±2 kV 5/50 ns 5 kHz	峰值 Tr/Th 重复频率	A	
3	浪涌	EN 61000-4-5	1,2/50 μs ±2 kV ±1 kV	共模 差模	B	见注①

注①：本试验的目的是重复直接耦合现象。当电源与地隔离时，推荐使用 42 Ω（40 Ω 和 2 Ω 发生器）输出阻抗和 5 μF 耦合电容；当电源未与地隔离时，推荐使用 12 Ω（10 Ω 和 2 Ω 发生器）输出阻抗和 9 μF 耦合电容。以上要求电缆长度超过 30 m。
注②：试验电平也可定义为注入 150 Ω 负载的等效电流。

表 3-5 交流电源端口抗扰度试验

项目序号	环境现象	基础标准	试验等级		性能判据	备注
1	射频场感应的传导骚扰	EN 61000-4-6	0,15 MHz…80 MHz 10 V (r.m.s) 80% AM,1 kHz	未调制载波	A	见注②规定的试验电平是未调制载波的 r.m.s 值

续表

项目序号	环境现象	基础标准	试验等级		性能判据	备注
2	电快速瞬变脉冲群	EN 61000-4-4	±2 kV 5/50 ns 5 kHz	峰值 Tr/Th 重复频率	A	
3	浪涌	EN 61000-4-5	1,2/50 μs ±2 kV ±1 kV	共模 差模	B	见注①

注①：本试验的目的是重复直接耦合现象，推荐使用12Ω（10Ω和2Ω发生器）输出阻抗和9μF耦合电容。
注②：试验电平也可定义为注入150Ω负载的等效电流。

表3-6 地线端口抗扰度试验

项目序号	环境现象	基础标准	试验等级		性能判据	备注
1	射频场感应的传导骚扰	EN 61000-4-6	0,15 MHz…80 MHz 10 V (r.m.s) 80% AM, 1 kHz	未调制载波	A	见注①、②规定的试验电平是未调制载波的r.m.s值
2	电快速瞬变脉冲群	EN 61000-4-4	±2 kV 5/50 ns 5 kHz	峰值 Tr/Th 重复频率	A	见注1

注①：试验不适用于长度小于3 m的电缆。
注②：试验电平也可定义为注入150Ω负载的等效电流。

3.2.2 TB/T 3073—2003 标准对铁路信号设备的要求

TB/T 3073—2003 修改采用欧洲标准 EN 50121-4，技术内容、条款结构与 EN 50121 基本一致。目前 EN 50121-4 已更新为2008版，而 TB/T 3073-2003 采用2000版，本书编写时 TB/T 3073 尚未更新。因此，除了 TB/T 3073-2003 与 EN 50121-4：2000 有一些差异外，与 EN 50121-4：2006 也存在一些差异。本节主要讨论 TB/T 3073 与 EN 50121 的差异之处。

1. TB/T 3073-2003 与 EN 50121-4：2000 的主要差异

TB/T 3073-2003 所做的主要更改如下。

（1）将信号设备分为安全和非安全设备两类。安全设备是指直接影响铁路行车安全的信号控制设备，非安全设备是指不直接影响铁路行车安全的信号设备。对于前者，抗扰度试验的性能判据基本采用 A，后者采用 B。

（2）对于交流电源端口，增加了两项抗扰度试验：电压暂降、短时中断和电压变化抗扰度试验，以及交流电源谐波抗扰度试验。相应的试验项目和试验等级、性能判据见表3-7。

（3）对于应用于电气化牵引区段并与钢轨连接的信号电气设备，如轨道电路设备，增加了牵引电流传导性干扰抗扰度试验。试验等级范围及性能判据见表3-8。

表 3-7　TB/T 3073-2003 增加的交流电源端口抗扰度试验

项目序号	环境现象	基础标准	试验等级	性能判据	备注
1	电压暂降、短时中断和电压变化	GB/T 17626.11—1999	0 40% 70%	A	
2	交流电源谐波	IEC 61000-4-13	3级	A	

表 3-8　牵引电流传导性抗扰度试验等级

试验等级	牵引电流基波电流（±5%） A	性能判据
1	50	A
2	100	A
X	特定*	A

*X 为开放等级，可在产品要求中规定。

（4）本标准还补充了 EN 50121-4：2000 中引用的发射限值的内容。电源端口的试验项目和依据标准、试验条件和限值见表 3-9。机箱端口的试验项目和依据标准、试验条件和限值见表 3-10。

表 3-9　电源端口的传导发射要求

试验项目和依据标准	试验条件和限值
信息技术设备的无线电骚扰限值和测量方法 GB 9254-1998	0.15～0.50 MHz：准峰值 79 dB（μV），平均值 66 dB（μV） 0.50～30 MHz：准峰值 73 dB（μV），平均值 60 dB（μV）

表 3-10　机箱端口的辐射发射要求

试验项目和依据标准	试验条件和限值
信息技术设备的无线电骚扰限值和测量方法 GB 9254-1998	30～230 MHz 准峰值限值：10 m 测试距离 40 dB（μV）；3 m 测试距离 50 dB（μV） 230～1 000 MHz 准峰值限值：10 m 测试距离 47 dB（μV）；33 m 测试距离 57 dB（μV）

2. TB/T 3073-2003 与 EN 50121-4：2008 的主要差异

TB/T 3073—2003 与 EN 50121-4：2008 的主要差异，即与 EN 50121-4：2000 的差异，主要是机箱端口射频电磁场辐射试验。80～1000 MHz 频段，TB/T 3073-2003 与 EN 50121-4：2008 相同。但 TB/T 3073—2003 未对抵抗数字移动电话的射频电磁场部分的试验，TB/T 3073—2003 未做要求。

3.3　抗扰度试验及分析

铁路信号设备的电磁兼容标号 EN 50121-4：2008 和 TB/T 3073—2003 给出了信号设备

应该满足的发射和抗扰度试验要求。本节介绍标准中主要试验的原理、方法及相应的设计对策。

下面针对骚扰的不同性质、不同传播途径和方式,描述各种不同的抗扰度测试方法。首先介绍机箱端口的抗扰度试验,包括射频电磁场辐射抗扰度试验、静电放电抗扰度试验、工频磁场抗扰度试验和脉冲磁场抗扰度试验;然后介绍电源端口和信号线端口的抗扰度试验项目。

3.3.1 射频电磁场辐射抗扰度试验

射频电磁场辐射抗扰度试验主要是考核设备抵抗射频电磁场辐射干扰的能力,对应的国家标准为 GB/T 17626.3《电磁兼容 试验和测量技术 射频电磁场辐射抗扰度试验》(等同于国际标准 IEC 61000-4-3)。

目前,由于数字通信技术的迅速发展,GB/T 17626.3 已把个人使用的移动电话作为辐射源的重点之一,一方面是由于移动电话已得到了普遍的使用,另一方面由于移动电话的使用人员与设备的距离可能非常近,移动电话在局部范围内对设备产生的辐射骚扰就很强,有可能达到每米几十伏。因此测试的频率范围除原有的 80~1 000 MHz,还增加了 3 个频段,扩展到了 2.5 GHz,EN 50121-4:2008 标准要求的测试频段和试验等级见表 3-2 的 1、2 项。

此外,标准还要求用 1 kHz 的正弦波对载波频率进行幅度调制,以便模拟语音信号对载波频率的幅度调制,如图 3-3 所示。

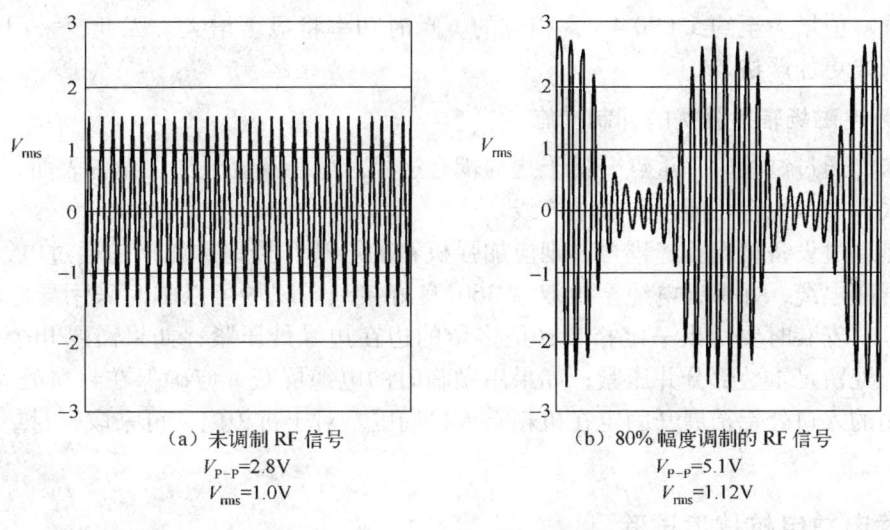

(a) 未调制 RF 信号
$V_{P-P}=2.8V$
$V_{rms}=1.0V$

(b) 80% 幅度调制的 RF 信号
$V_{P-P}=5.1V$
$V_{rms}=1.12V$

图 3-3 载波和调幅波的试验波形

1. 试验仪器和场地

射频电磁场辐射抗扰度试验所必需的仪器如下。
- 信号发生器
- 微波功率放大器
- 功率计
- 天线
- 场强探头

- 场强测试仪

上述仪器在实际使用中还需配备计算机和应用软件，构成自动测试系统。

试验应在电波暗室中进行。对于频率较低的辐射电磁场抗扰度试验可在横电磁波小室（TEM Cell）中进行。

2. 试验布置

信号发生器通过微波功率放大器为发射天线提供一定功率的射频调幅信号，调制信号为1 kHz，调幅度为80%，该信号经天线发射后在受试设备处形成一个规定场强的电磁场，考察受试设备的工作性能是否下降，记录试验结果。

试验中，试验的布局（包括布线）非常严格，应尽量详细记录，以便重现和对比试验结果。

【例3-2】 试计算对比上述未调制载波和调制后波形的幅度。

解： 设未调制的载波信号为 $V_{cm}\cos(\omega t)$，调制信号为 $\cos(\Omega t)$，根据通信理论，调制后信号为：

$$V_{cm}(1 + m_a \cos(\Omega t))\cos(\omega t)$$

式中，调幅深度 $m_a = 0.8$。

可知，在经过调制后，调制波的最大瞬时幅度为原来的1.8倍。

若取载波有效值为 $V_{rms} = 1\text{V}$，则按80%深度调幅后，尽管其有效值增大并不明显，但瞬时幅度峰峰值增大至约5.0904 V，相应的，瞬时功率将显著增大。因此，采用调制波比载波的试验要更加严格。

3. 射频电磁场辐射骚扰的抑制措施

设备未能通过试验时，重点分析干扰的耦合途径。尽管骚扰施加在设备表面，但也不能忽视电源线和接口线有可能当作被动天线。

如果是通过设备机箱孔缝耦合，则应加强机箱的屏蔽和接地；如果是通过电缆耦合的，则应采用屏蔽电缆，并保证电缆至少双端360°良好接地。现场可以临时采用导电箔片作临时屏蔽处理。安装时要留出一定裕量，把多留的边在边缘处压紧；如果需要几个并列的箔片，在交界处留足重叠部分并压紧；如果用做临时的电缆屏蔽，应确保在封口处完全密封，在接入机箱的入口处铝箔展开固定在机箱上入口周围。对于机柜门，可采取密封垫改善屏蔽效果。

3.3.2　静电放电抗扰度试验

在低湿度环境下，人体通过摩擦带电，带电人体与设备接触过程中可能对设备放电，放电会产生很强的尖峰脉冲电流。这种脉冲电流富含高频分量，其上限频率可超过1 GHz，具体频率取决于放电电平、相对湿度、靠近速度和放电物体的形状和材质。对于模拟或数字电子设备，静电放电会感应出高电平的噪声，可能导致设备操作失常甚至严重损坏。静电放电抗扰度试验对应的国家标准为GB/T 17626.2《电磁兼容—试验和测量技术—静电放电抗扰度试验》（等同于国际标准IEC 61000-4-2）。该试验主要是考核设备抵抗静电放电产生的瞬态射频电磁场辐射干扰的能力，模拟两种情况：设备操作人员直接触摸设备时对设备的放电和放电对设备工作的影响，即直接放电；设备操作人员在触摸邻近设备时放电，放电对受试设备的影响,即间接放电。

1. 试验发生器

试验发生器是静电发生器,其基本电路,如图 3-4 所示。图中,直流高压电源为高压真空继电器,这是目前唯一能产生重复和高速放电波形的器件;C_b 电容表示人体的储能电容,R_d 电阻表示人体在手握金属工具时的人体电阻,即放电电阻,R_e 为发生器的充电电阻。静电放电发生器的输出电流波形如图 3-5 所示,电流脉冲的前沿十分陡峭,含有丰富的高频成分,带宽大于 1 GHz,因此试验布置的规范性是保证试验重复性和可比性的关键之一。

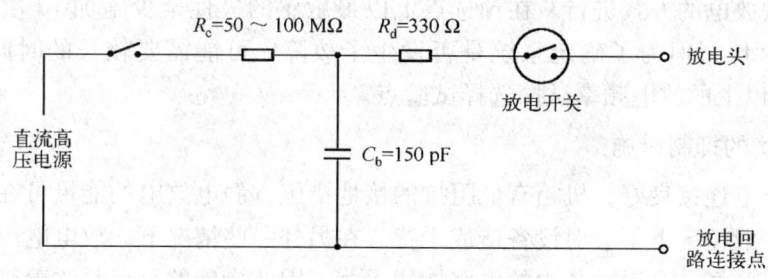

图 3-4 静电放电发生器简图

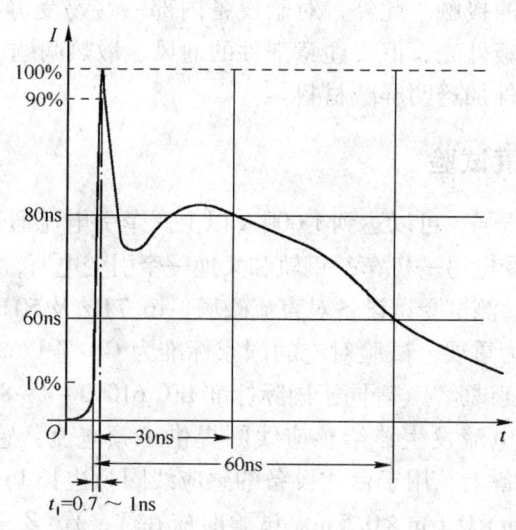

图 3-5 静电放电发生器的输出电流波形

应注意,对于不接地设备,即安装规范规定或设计为不与任何接地系统连接的设备或设备部件,包括便携式、电池供电和双重绝缘设备,由于其不能如接地设备那样通过地线自行放电,因此如果在施加下一个静电脉冲时设备上的电荷未能消除,累积的电荷可能使电压达到预期试验电压的两倍,将会远远超出试验应用的严酷程度。此外,双重绝缘设备的绝缘体电容经过几次静电放电累积,可能被充电到异常高的电压,然后以高能量在绝缘击穿电压处放电。因此,其试验布置与接地设备的布置方法有所不同。

2. 直接放电试验步骤

直接放电有两种形式：接触放电和空气放电。接触放电，是指静电发生器的电极直接与受试设备保持接触，然后用发生器内部的放电开关控制放电，接触放电一般用于对受试设备的导电表面放电，铁路信号设备的试验等级为±6 000 V。空气放电是发生器的放电开关已处于开启状态，电极逐渐移近受试设备，从而产生火花放电。每次放电后，移开空气放电电极，然后重新开启放电开关，进行下一次单次放电。铁路信号设备的试验等级为±8 000 V。

放电部位应是受试设备上操作人员经常接触的地方，如面板、开关、键盘、指示器、缝隙、连接罩等，但应注意不能对接插座的端子实施放电，这样会损坏设备。

试验以单次放电的方式进行。在预选点上以最敏感的极性至少施加10次单次放电。每次放电间隔至少1 s，但为了确定系统是否发生了故障，可能需要较长的时间间隔。此外，可以20次/s或以上的放电频率试探选择试验点。

3. 静电骚扰的抑制措施

对于机箱导电连接良好，机箱有低阻抗的接地措施，静电放电的能量可在机箱上迅速得到疏散，静电一般情况下不会对设备造成干扰。在另外一些情况下，放电电流含有的高频谐波形成的高频电磁场，会对设备内的电路构成干扰。因此措施的重点是改善机箱的屏蔽和接地，特别要关注接口与机箱的电连接，如避免串口、USB接口等与机箱的缝隙，并使接口的外壳与机箱紧密、良好的接触。此外，对于设备内部一些易受静电影响的高速数字电路，还可以考虑再单独安装屏蔽外壳，但要注意部件的通风、散热问题。对于显示屏等易受静电影响的部件，还可以考虑外加透明屏蔽材料。

3.3.3 工频磁场抗扰度试验

电力机车的牵引电流很强，可以达到1 000 A以上。牵引电流通过的环路也很大，该环路为牵引变电所—接触网—受电弓—机车—钢轨和大地—牵引变电所，这个庞大的电流环路在接触网附近产生很强的磁场。测试受试设备对直流磁场、16.7 Hz及50 Hz交流磁场的抗扰度，这对轨边的铁路信号设备尤为重要。试验对应的国家标准为GB/T 17626.8《电磁兼容 试验和测量技术 工频磁场抗扰度试验》（等同于国际标准IEC 61000－4－8）。

试验步骤主要是试验电流发生器给感应线圈提供工频电流，感应线圈形成较均匀的磁场，把该磁场加于受试设备上。用于台式设备的感应线圈为边长1 m的正方形，其试验区在线圈中部，体积可达0.6 m×0.6 m×0.5 m。试验时应在X、Y、Z三个方向上施加于受试设备，如图3-6所示。

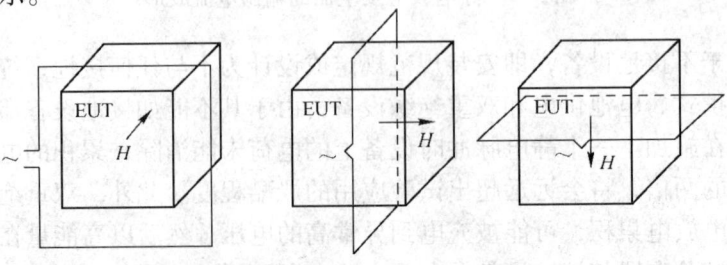

图3-6 台式设备的工频磁场抗扰度试验

对于立式设备,沿受试设备的侧面将感应线圈移动到不同的位置重复试验,在每个方向上对设备的整体进行试验。在工频试验过程中,为使受试设备暴露在不同方向的磁场中,感应线圈应旋转90°,再按上述相同步骤进行试验。

对于含有磁敏感部件(如霍尔线圈)的轨边设备,工频磁场问题的主要抑制措施是采用高磁导率材料(如铸铁)外壳进行磁屏蔽。

3.3.4 脉冲磁场抗扰度试验

脉冲磁场由雷击建筑物或电力网中故障暂态电流所引起。试验对应的国家标准为GB/T 17626.9《电磁兼容 试验和测量技术 脉冲磁场抗扰度试验》(等同于国际标准IEC 61000-4-9)。试验步骤主要是脉冲电流发生器向感应线圈提供脉冲电流,在线圈内部产生脉冲磁场,其输出电流波形如图3-7所示。

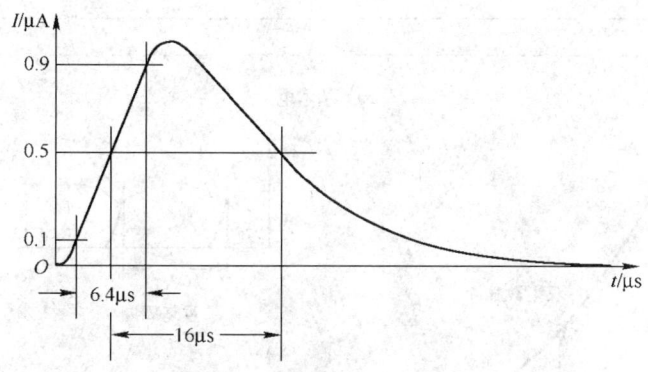

图3-7 脉冲磁场发生器的输出电流波形

试验方法及所用感应线圈与工频磁场扰度试验相同。受试设备应采取的抗干扰措施也与工频磁场试验时采取的措施类似。

3.3.5 电快速瞬变脉冲群抗扰度试验

评估受试设备对来自操作瞬态过程中(如断开电感性负荷、继电器接点弹跳等)所产生的电快速瞬变脉冲群(Electrical Fast Transient,EFT)的抗扰度。该试验对应的国家标准为GB/T 17626.4《电磁兼容 试验和测量技术 电快速瞬变脉冲群抗扰度试验》(等同于国际标准IEC 61000-4-4)。

电感负载断开时,会在断点处产生EFT骚扰,这种骚扰由大量脉冲群组成,幅度在100 V至数千伏之间,脉冲重复频率在1 kHz～1 MHz。对单个脉冲而言,其上升沿时间在纳秒级,脉冲持续期在几十纳秒至数毫秒之间。可见,这种骚扰信号的频谱分布非常宽,数字电路对它比较敏感,易受干扰,可能出现程序混乱、数据丢失和控制电路失灵等现象。由于感性负载、继电器等设备在铁路信号系统得到了广泛的应用,进行EFT试验对于铁路信号设备非常重要。

1. 试验发生器

电快速脉冲群发生器的基本电路及其输出波形如图3-8所示。

脉冲群发生器的基本电路如图3-8(a)所示。其中,R_c是充电电阻;储能电容器C_c的大小决定单个脉冲的能量;脉冲持续时间形成电阻R_s与储能电容器配合,决定脉冲波的形状,特别是脉冲的持续时间;阻抗匹配电阻R_m决定脉冲群的输出阻抗;隔直流电容器C_d隔离输出波形中的直流成分,并避免负载对脉冲群发生器的影响。

单个脉冲波形的前沿和脉宽的定义如图3-8(b)所示,这是个双指数脉冲,上升时间5 ns,宽度50 ns。脉冲群的重复频率概念及脉冲群周期如图3-8(c)所示,标准规定重复频率为5 kHz或100 kHz;5 kHz时脉冲群持续时间为15 ms,100 kHz时脉冲群持续时间为0.75 ms,这样不同重复频率时施加到受试设备上的总能量是相同的;脉冲群周期为300 ms。

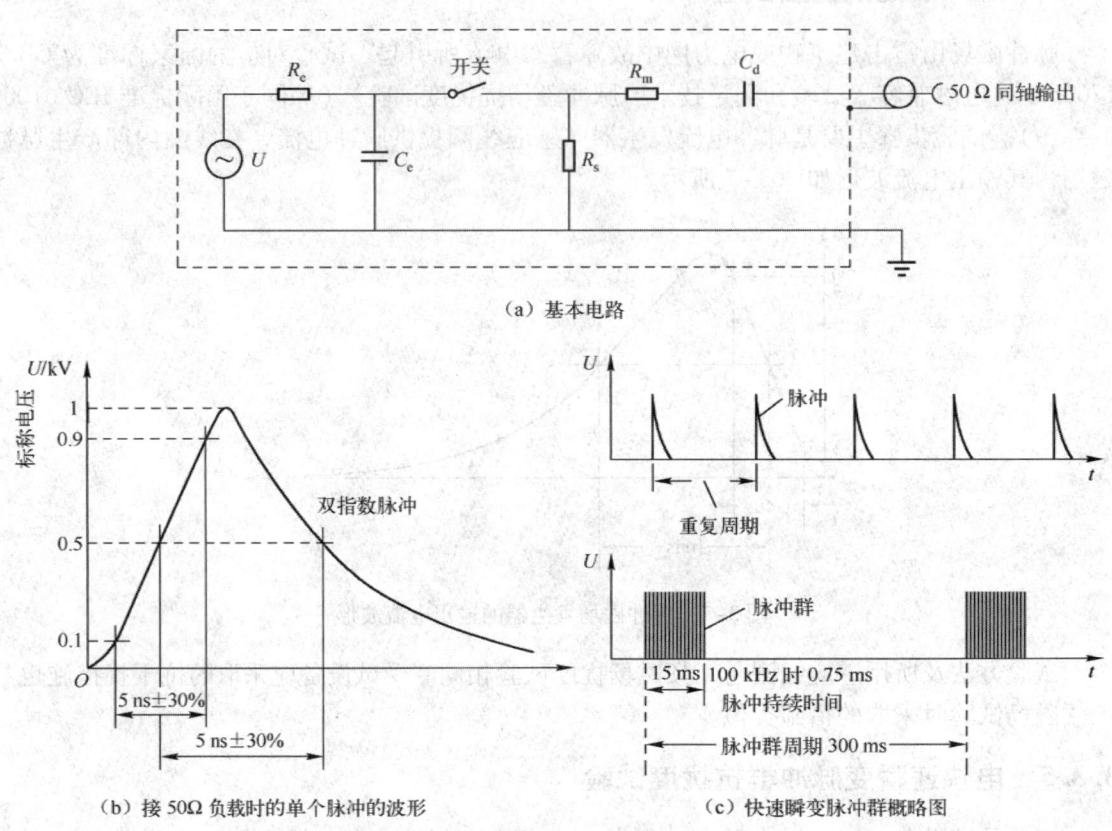

图3-8 快速瞬变脉冲群示意图

2. 试验步骤

对于电源端口的试验,试验时EFT通过耦合/去耦网络加到受试设备的电源线上,电源线的长度为0.5 m。耦合网络的作用是将能量从发生器传递到受试设备,去耦网络的作用是防止施加到受试设备上的EFT影响其他不被试验的装置、设备和系统。EFT是加在电源线的每一根导线和供电电源的保护地之间,因此加在电源线上的骚扰是共模骚扰。

对于输入/输出线和通信线,采用电容性耦合夹,能够在与受试设备各端口的端子、电缆屏蔽层或受试设备的其他部分无任何电连接的情况下,把EFT耦合到受试线路上。耦合夹的两端各有一个高压同轴接口,用最靠近受试设备的一端与发生器通过同轴电缆连接。高压同轴接头的芯线与下层耦合板相连,高压同轴接头的外壳与耦合夹的底板相连,而耦合夹放在参考接地板上。这一结构表明,EFT将通过耦合板与受试电缆之间的分布电容进入受试电缆,因而受试电缆所接收到的骚扰仍然是相对参考接地板来说的,即通过耦合夹对受试电缆施加的骚扰仍然是共模的。

对于铁路信号设备，试验的等级是 3 级，设定电压是 2 kV，重复频率为 5 kHz 或 100 kHz。

3. 电快速瞬变脉冲群骚扰的抑制措施

脉冲群的特点是电压高，对于铁路信号设备，试验等级为 3 级，即 ±2 000 V，脉冲的波形前沿非常陡峭，因此含有及其丰富的高频成分；持续时间非常短暂，骚扰能量并不大。脉冲群不仅仅是一种传导干扰，还带有辐射的特性。

虽然脉冲群的能量不大，但电压高，必须采用压敏电阻、硅瞬变压吸收二极管等瞬态抑制器件。需要注意，气体放电管也是常见瞬态抑制器件，由于气体放电管一旦起弧放电，会将所有电压——骚扰瞬态电压和正常电压短路。这样，在气体放电管放电期间，被保护设备就失去了电源。对于铁路信号设备，尤其是采用直流供电的设备，设备就可能掉电、复位。因此，铁路信号设备的电源端口一般不宜采用气体放电管作为瞬态抑制措施。此外，由于气体放电管的电容较小，不会改变系统的阻抗特性，因此非常适用于高频传输线的瞬态抑制，如用在射频发射机和接收机天线电缆上，保护敏感的射频电路不受到天线馈线馈送来的瞬态骚扰。

瞬态抑制器件安装在电源的入口处，共模（对保护地）和差模（线间）均需安装，尽可能使引线最短。此外，可以采取组合保护方案发挥不同抑制器件的各自特点，从而取得更好的保护效果。在瞬态抑制器件后加装电源滤波器和铁氧体等器件，抑制残余的骚扰。

3.3.6 浪涌（冲击）抗扰度试验

评估受试设备对大能量的浪涌（冲击）骚扰的抗扰度，如电力系统的开关瞬态、感应雷击等。该试验对应的国家标准为 GB/T 17626.5《电磁兼容 试验和测量技术 浪涌（冲击）抗扰度试验》（等同于国际标准 IEC 61000-4-5）。

感应雷击（又称二次雷击），指雷云之间或雷云对地之间的放电在附近的架空线路、埋地线路、金属管线或类似的传导体上产生感应电压，该电压通过传导体传送至设备，干扰设备的正常工作，甚至毁坏设备。

电力系统开关瞬态主要有：主要电力系统的切换骚扰，如电容器组的切换；配电系统中较小的局部开关动作或负载变化；与开关器件（如晶闸管）相关联的谐振现象；各种系统故障，如设备组合对接地系统的短路和电弧故障。

由于大功率开关设备在铁路系统的广泛应用，以及很多铁路信号设备工作在室外，浪涌现象对铁路信号设备的威胁很大，一旦发生又没有适当防护措施，往往导致电路的毁坏。

1. 试验发生器

标准描述了两种不同的波形发生器：一种是雷击在电源线上感应产生的波形；另一种是在通信线路上感应产生的波形。虽然两种线路都是架空线，但线路阻抗明显不同：电源线阻抗低，通信线阻抗高。因此，感应出的浪涌波形也有明显不同：在电源线上的浪涌波形要窄一些，前沿要陡一些；而通信线上的浪涌波形要宽，前沿要缓和。这里以电源线的试验为例介绍浪涌发生器。

用于电源线试验的浪涌发生器也被称为综合波发生器，指在一个发生器里可提供两个波形：发生器输出开路的时候提供电压波，发生器短路的时候提供电流波，将两个波形集成在一个发生器里发生，其基本电路及其输出波形如图 3-9 所示。

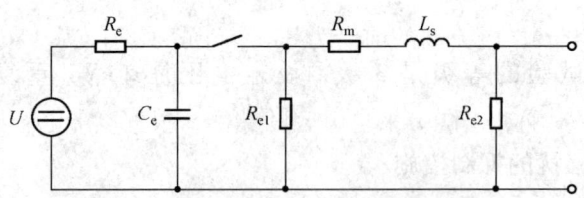

注：U—高压源；R_e—充电电阻；C_c—储能电容器；
R_s—脉冲持续时间形成电阻；R_m—阻抗匹配电阻；L_s—上升时间形成电感

(a) 基本电路

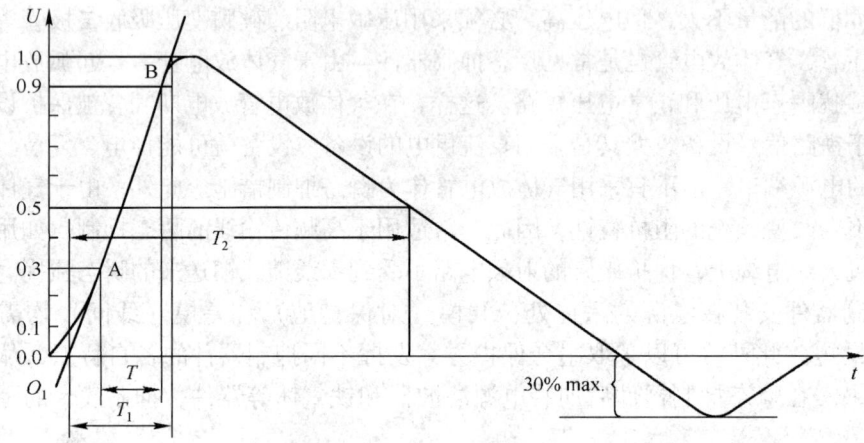

注：波前时间：$T_1=1.67\times T=1.2\,\mu s\pm 30\%$
半峰值时间：$T_2=50\,\mu s\pm 20\%$

(b) 开路输出电压波形 (1.2/50 μs)

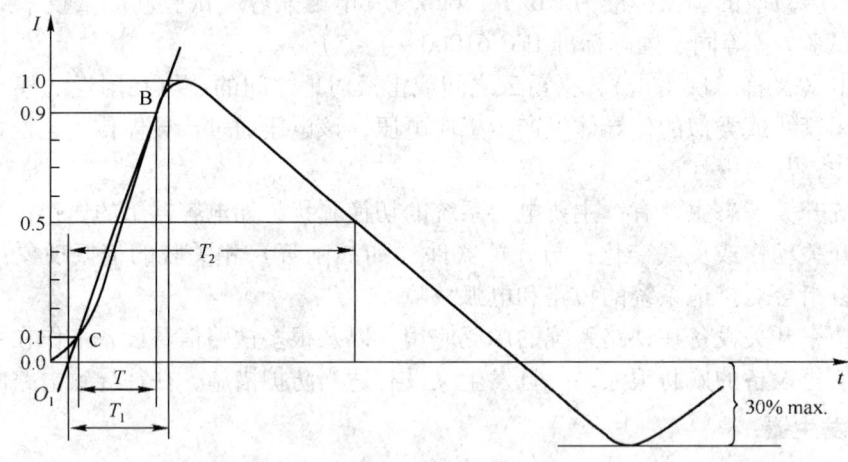

注：波前时间 $T_1=1.25\times T=8\,\mu s\pm 20\%$；
半峰值时间 $T_2=20\,\mu s\pm 20\%$

(c) 短路输出电流波形 (8/20 μs)

图 3-9 浪涌试验示意图

浪涌群发生器的基本电路如图 3-9（a）所示。其中 L_s 为上升时间形成电感；脉冲波形的前沿和脉宽的定义如图 3-9（b）所示。电压波的前沿为 1.2 μs，半峰值时间（又称半宽时间或脉冲持续时间）为 50μs；电流波的前沿为 8μs，半峰值时间为 20μs。

【例 3-3】 浪涌发生器中取 $C_e = 10\,\mu F$，试估算在 4 kV 时浪涌单个脉冲能量。

解：参考图 3-9（a），浪涌冲击能量来自电容的储能，根据以下电容储能公式，按题意取值可得：

$$W = (1/2)CU^2 = 80(J)$$

可见，在 4 kV 时的单个脉冲能量已接近 100 J，可以估算出，这几乎是同等电压条件下的脉冲群单个脉冲能量的 10^5 倍。

由此可见，浪涌试验是一种高能量的脉冲抗扰度试验。电压波的宽度主要由脉冲持续时间形成电阻 R_{s1} 决定，阻抗匹配电阻 R_m 决定了发生器的开路电压峰值与短路电流峰值，电流波的上升与持续时间主要由上升时间形成电感决定 L_s。

2. 试验步骤

对于电源端口的试验，试验时浪涌可以以共模形式（线—地），也可以以差模形式（线—线），通过耦合/去耦网络（如图 3-10 所示）加到受试设备的电源线上。去耦网络提供较高的反向阻抗，这个反向阻抗既可以使浪涌波在耦合/去耦网络的输出端产生，又可以阻止浪涌电流反向流回交流或直流电源。耦合网络用高压电容作为耦合元件。受试设备的电源线的长度不超过 2 m，过长的接线会造成输出波形的衰减和畸变。

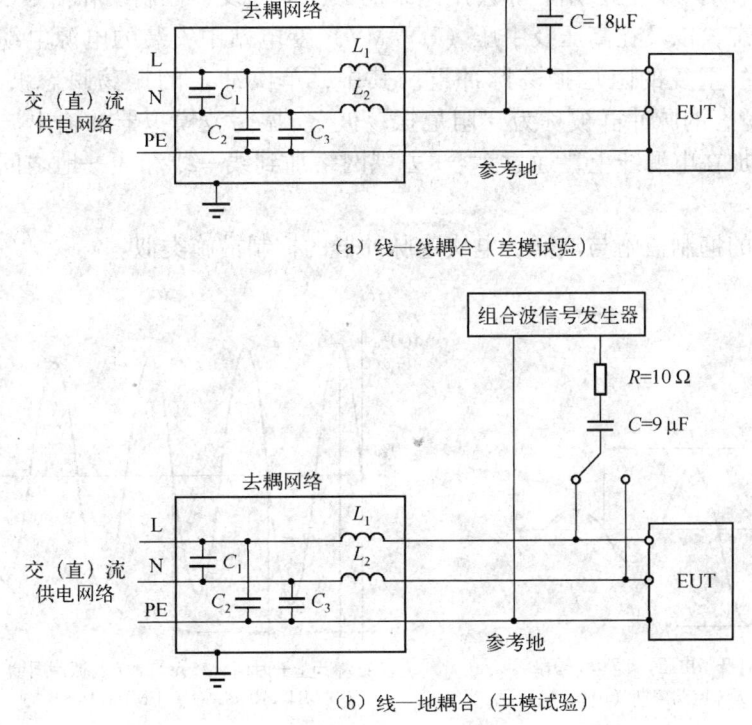

(a) 线—线耦合（差模试验）

(b) 线—地耦合（共模试验）

图 3-10 交/直流线上电容耦合的试验配置示例

对于非屏蔽的不对称的输入/输出线，优先采用电容器的耦合/去耦网络进行试验，如果由于电容接至受试设备而引起功能问题，则可采用箝位器件或雪崩器件的耦合/去耦网络，因为箝位器件或雪崩器件的寄生电容较小，可与大多数形式的输入/输出线相连接。对于非屏蔽的对称的输入/输出线（通信线），采用避雷器的耦合/去耦网络进行试验；对于高速通信线路，由于物理结构的限制，大部分耦合/去耦网络的工作频段被限制在100 kHz以内，因此在没有合适的耦合/去耦网络的情况下，浪涌应直接施加到通信数据端口。

对于屏蔽线，耦合/去耦网络不再适用，应使用直接施加的方式，这里以双端接地的屏蔽线为例介绍。所有与受试设备连接的端口都应该采用安全隔离变压器或合适的耦合/去耦网络与地隔离，信号发射器一端接参考地，另一端连接在受试设备一侧，以共模方式直接施加浪涌。对于没有金属外壳的产品，浪涌直接施加到屏蔽电缆上。

对于铁路信号设备，试验等级是3级，设定线－地电压是2 kV，线－线电压是1 kV。

浪涌的抑制措施与电快速脉冲群的抑制措施类似。但需注意到，浪涌的能量很大，仅采用普通滤波器和铁氧体器件往往难以奏效，必须使用专门的浪涌吸收器件及组合电路。

3.3.7 振荡波抗扰度试验

浪涌在低压传输线上传输时会产生振荡，本试验评估受试设备对这种振荡波的抗扰度。该试验对应的国家标准为GB/T 17626.12—1998《电磁兼容 试验和测量技术 振荡波抗扰度试验》（等同于国际标准IEC 61000-4-12）。

振荡波主要有两类：在公用和非公用网络的低压电力线、控制线和信号线中出现的非重复的阻尼振荡瞬态，以及在高压及中压（HV/MV）变电站中安装的电源电缆、控制电缆和信号电缆中出现的重复的阻尼振荡脉冲群。其中，单次冲击的振荡瞬态波被称为"振铃波"，阻尼振荡瞬态的脉冲群被称为"阻尼振荡波"。振荡波模拟器的输出波形如3-11所示。振荡波一般加在电源线上，通过耦合/去耦网络加到线—线和线—地之间，其试验方法与浪涌试验类似。

振荡波骚扰的抑制措施与浪涌、电快速脉冲群的抑制措施类似。

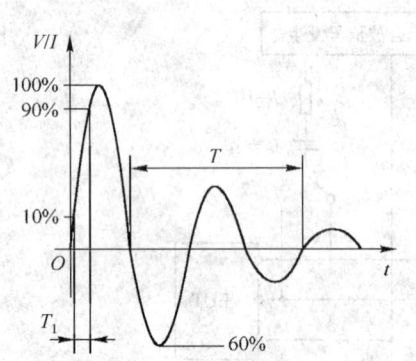

注：T_1为上升时间（开路电压，0.5 μs；短路电流，1 μs）；T为振荡周期（10 μs）

(a) 振铃波的波形（开路电压和短路电流）

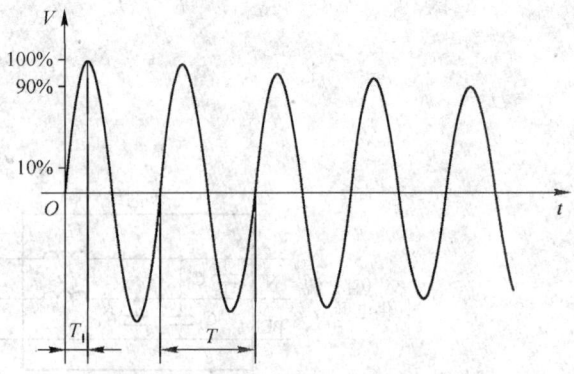

注：T_1为上升时间（75 ns）；T为振荡周期（对于0.1 MHz，10 μs；对于1 MHz，1 μs）

(b) 阻尼振荡波的波形

图3-11 振荡波模拟器的输出波形

3.3.8 射频场感应的传导骚扰抗扰度试验

空间的射频电磁场会在设备的连接电缆（电源线、信号线、控制线、地线）中感应出骚扰电压或电流，作用到设备的敏感部分，本试验用于测试设备对此类传导骚扰的抗扰度。该试验采用国家标准 GB/T 17626.6—2008《电磁兼容 试验和测量技术 射频场感应的传导骚扰抗扰度试验》（等同于国际标准 IEC 61000-4-6）。

通常情况下，对于频率较低的电磁骚扰（如本试验所关注的 80 MHz 以下频率），敏感设备的尺寸远小于骚扰频率的波长，而输入输出线，如电源线、通信线、接口电缆，其长度则可能达到几个波长。这样，设备引线就变成被动天线，接收到的射频场的感应变为传导骚扰进入设备，最终以射频电压和电流形成的近场电磁场影响设备的工作。

铁路机车中的电气电子设备组成复杂、强电与弱电系统共存，既存在电力牵引单元、机车二次电源、空调系统等诸多强电磁骚扰源，又有车载信号设备等弱电类敏感系统。如果强电电缆与信号电缆缺乏足够的间隔距离，强电电缆产生的骚扰就可能以射频场感应的方式耦合到信号电缆，进而进入信号设备内部，影响设备的工作。

1. 试验设备

试验发生器是指完成试验所必需的试验发生器，其组成如图 3-12 所示。

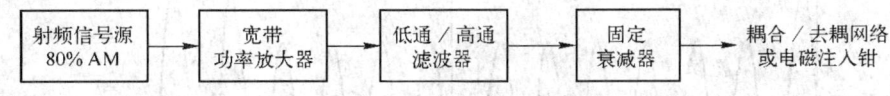

图 3-12 试验发生器的组成

试验发生器在试验频率点上以规定的信号电平将骚扰信号施加给耦合装置输入端的设备或电磁注入钳内的信号线。固定衰减器用于减小功放至耦合网络的失配。

耦合/去耦装置有很多不同的类型，应根据受试设备和辅助设备之间的连接电缆类型来确定。对于电源线及非屏蔽的信号线，标准推荐使用耦合/去耦网络，骚扰直接注入各条线上。对于屏蔽电缆，使用注入钳（电磁钳或电流钳）注入骚扰，骚扰注入电缆的屏蔽层。

2. 试验步骤

功率射频信号发生器为受试设备提供所要求的限值电平的骚扰信号，载波频率为 150 kHz~80 MHz，幅度调制信号为 1 kHz 正弦波，调幅度 80%。频率递增扫频，步进尺寸不应超过先前频率值的 1%；在每个频率点，驻留时间应不低于受试设备运行和响应的必要时间，且最低不应低于 0.5 s。铁路信号设备的试验等级为 10 V（140 dB μV）。

3. 抑制措施

由射频场感应引起的传导骚扰是共模骚扰，如果能够顺利通过电快速脉冲群试验、浪涌试验，则影响不大。但需要注意的是信号线的抑制措施，有些铁路信号设备的工作频率较低，如应答器，对这种传导骚扰较为敏感，如果依靠电缆本身的屏蔽层不能通过试验，可以考虑额外增加一层金属护套，至少双端接地。

3.3.9 电压暂降、短时中断和电压变化的抗扰度试验

电压暂降是指电压突然降低，经过一段短暂间隔后恢复到正常值。短时中断是指 100%

的电压暂降。电压暂降可能是由于电网、电力设施偶然产生的短路、接地故障或负荷突然出现大的变化引起的，短时中断则可能是由于故障情况下的连续快速重合闸造成的，持续时间可能小于0.5s。在某些情况下会出现两次或更多次连续的暂降或中断。电压暂降和中断可能造成的影响有继电器误动作、电压调节器误动作、逆变器的转换失败、计算机内存信息丢失、设备重启等。

电压变化是由连接到电网的负荷连续变化引起的，有些设备对电压变化比电压暂降或中断更为敏感，其断电检测装置对电压变化不能做出快速反应，有可能导致数据丢失或设备重启。

对于铁路信号设备，标准要求对交流电源端口进行电压暂降和短时中断试验，该试验采用国家标准 GB/T 17626.11—2008《电磁兼容 试验和测量技术 电压暂降、短时中断和电压变化的抗扰度试验》（等同于国际标准 IEC 61000-4-11）。

相对于其他抗扰度试验，此试验步骤较为简单。受试设备由电源试验发生器供电，发生器的电压可按试验等级要求进行变化。电压暂降和短时中断的等级见表3-7。表中试验等级为70% U_T 时试验发生器输出电压，起始时为正常电压 U_T，然后在相位为0或π时突然下降30% U_T，即实际输出变成70% U_T，持续25个周期后又上升到正常电压 U_T，如图3-13所示。表中其他等级与此类似。

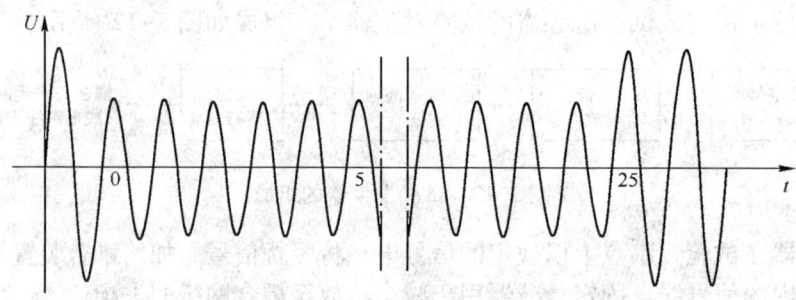

注：电压减少到70%，持续25个周期，在过0处突变。

图3-13 70%电压暂降正弦波波形图

【例3-4】 根据铁路信号电源屏技术条件的相关指标，分析信号设备应满足本试验的何种要求。

解： 根据铁路信号电源屏技术条件要求，主备电源的转换时间（包括手动和自动）不大于0.15s。若不考虑其他因素，信号设备电源的中断时间会达到150ms。

由于工频50Hz对应的周期为20ms，则相当于电源电压中断将持续150/20 = 7.5（周期）。因此，信号设备电源应满足此要求。

对于安装了UPS的设备，一般均能顺利通过试验。如果没有安装UPS，设备电源端口应有断电检测装置，此外可依靠电源模块内的大的电容和电感维持输出电压，等待输入电压恢复正常。

3.3.10 交流电源谐波抗扰度试验

谐波是具有频率为供电系统运行频率整数倍的正弦电压和电流，如通常使用的交流电的频率是50Hz，则二次谐波的频率是100Hz，三次谐波的频率是150Hz。由发电、输电和配电设备产生的谐波电流是少量的，主要由工业负荷和居民负荷产生，特别是非线性负荷，如可控和不可控的整流器、相控设备。

对于电气化铁道系统，负荷大且广泛应用了电力电子器件，为保证信号系统的正常工作，进行交流电源谐波抗扰度试验非常重要。该试验对应的国家标准为国家标准 GB/T 17626.13—2006《电磁兼容 试验和测量技术 交流电源端口谐波、谐间波及电网信号的低频抗扰度试验》（等同于国际标准 IEC 61000-4-13）。

试验发生器应可以产生 50 Hz 基波频率及可以叠加试验所需要的谐波频率。

1. 试验步骤

试验布置较为简单，受试设备由电源试验发生器供电，发生器的供电输出可按试验等级要求进行变化。试验等级是按基波电压的百分数规定的谐波电压，铁路信号系统适用的试验等级为 3 级。具体的试验流程如图 3-14 所示。

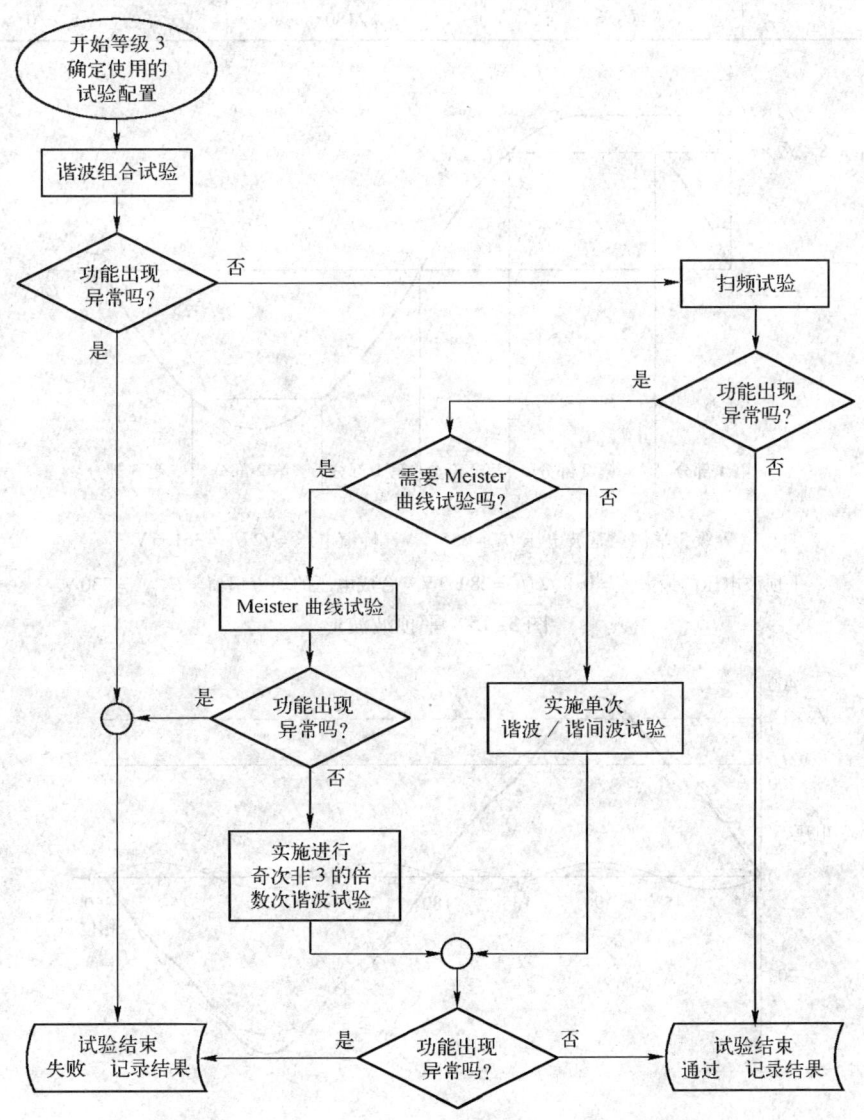

图 3-14 交流电源谐波试验等级 3 的试验流程图

1) 谐波组合试验

谐波组合试验包括平顶波和尖顶波两个试验,每次试验时间为 2 分钟。等级 3 的具体试验参数见表 3-11 和表 3-12,单独试验时的时域波形如图 3-15 和图 3-16 所示。

表 3-11 平顶波的时间函数

等级	函数(第 1、第 3 部分)	电压(第 1、第 3 部分)	函数(第 2 部分)	电压(第 2 部分)
3	$0 \leq |\sin\omega t| \leq 0.8$	$u = \sqrt{2} U_1 \sin\omega t$	$0.8 \leq |\sin\omega t| \leq 1$	$u = \pm 0.8\sqrt{2} U_1$

注:最大偏差 $\Delta u = \pm (0.01 \times \sqrt{2} u_1 + 0.005 u)$

表 3-12 尖顶波试验参数

等级	h	3	5
3	$U_1\%$	8%/180°	5%/0°

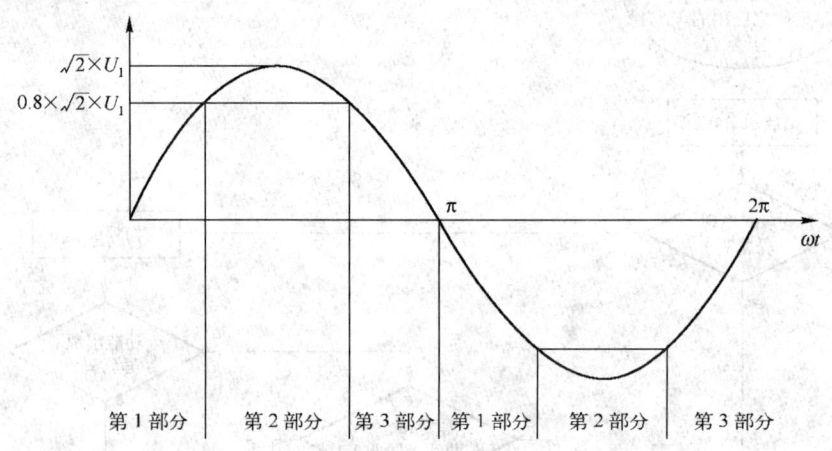

等级 3 举例:基波电压 $U_1 = 255.7$ V 峰值电压 $= \sqrt{2} U_1 = 361.6$ V
平顶波电压的最大值 $= 0.8\sqrt{2} U_1 = 289.3$ V 合成电压的均方根值 $= U_{r.m.s} = 230$ V

图 3-15 平顶波波形

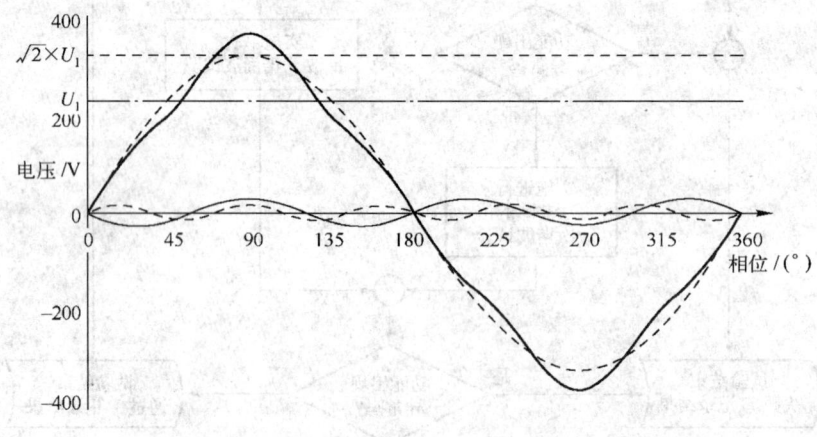

等级 3 举例:合成电压的均方根值 $U_{r,m,s} = 230$ V 基波电压 $U_1 = 229$ V

图 3-16 尖顶波波形

2）扫频试验

扫频的幅值取决于频率范围。扫频速率不低于每 10 倍频率 5 分钟。扫频中遇到受试设备性能异常的频率点及所有的谐振点都应该驻留,每个频率点的驻留时间至少为 120 s。

3）Meister 曲线试验

在具有电网信号和/或纹波控制的电网中使用的受试设备,必须实施 Meister 曲线试验。扫频速率不低于每 10 倍频率 5 分钟。等级 3 的具体试验参数见表 3-13,等级 3 的 Meister 曲线试验可代替谐间波频率试验。

表 3-13　Meister 曲线试验等级（等级 3）

频率范围 f	频率步长 Δf	试验电平 U_1 %
$0.33f_1 \sim 2f_1$	$0.1f$	4
$2f_1 \sim 10f_1$	$0.2f$	10
$10f_1 \sim 20f_1$	$0.2f$	$4\,500/f$
$20f_1 \sim 40f_1$	$0.5f$	$4\,500/f$

此外,对于通过 Merister 曲线试验的设备,还需根据标准进行奇次非 3 倍数的谐波试验。对于不需要进行 Meister 曲线试验的设备,需要进行单次谐波/谐间波试验。

2. 交流电源谐波的抑制措施

如果能够顺利通过电快速脉冲群试验、浪涌试验及射频场感应的传导抗扰度试验,一般均能通过本试验。如果出现问题,主要通过加强滤波来改善对谐波成分的抑制效果。

3.3.11　牵引电流传导性干扰抗扰度试验

本试验是考察设备对不平衡牵引电流干扰的抗干扰能力,在第 2 章中已经分析了不平衡牵引电流产生的原因及影响。试验的主要对象是轨道电路等信号设备。

1. 试验特点

本试验参照电气化铁道牵引电流干扰源特性,具有以下特点。

（1）试验分解为 50 Hz 基波和（带内）谐波试验两部分。

（2）试验包含设备两种工作状态（调整及分路状态）。

（3）由于干扰源特性为不平衡电流源,因而只需产生不平衡电流,对总电流不必要求。

（4）试验中骚扰源包括稳态和脉冲干扰两种状态。

2. 试验配置及方法

基波和谐波抗扰度试验配置如图 3-17、图 3-18 所示。

按照 TB/T 3073 的要求进行试验。试验前,被测设备应处于正常状态。

对不平衡电流干扰的防护,重点在于设备自身的抗干扰设计。首先应充分注意到干扰源的电流源特征,另外,需根据牵引电流谐波分布及信号本身的特点,设计合理的滤波器,对于大多数基于微处理器的设备,尽可能利用软件抗干扰的特殊优势进行设计。

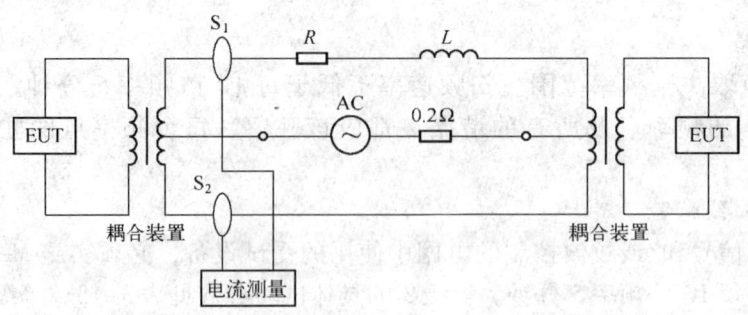

注：R、L 根据受试设备（轨道电路等）要求确定。

图 3-17　基波抗扰度试验配置

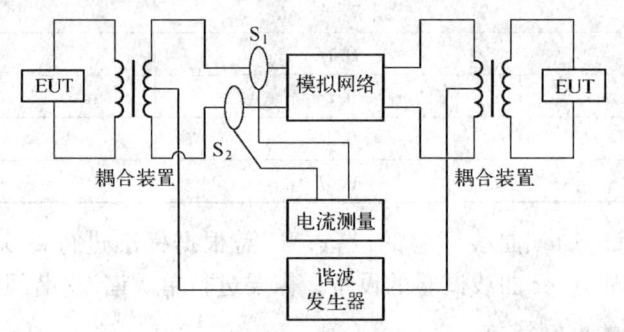

注：模拟网络参数根据受试设备要求确定。

图 3-18　谐波抗扰度试验配置

复习参考题

3-1　绘图描述设备抗扰度试验的端口图。

3-2　简述射频电磁场辐射抗扰度试验中频率和波形的范围及变化原因。

3-3　简述静电放电试验的直接放电和间接放电的实验方法。

3-4　检索目前液晶和 CRT 显示器的结构和工频磁场抗扰度等级。

3-5　设备未能通过电快速脉冲群抗扰度试验时，可采取哪些电磁兼容措施？

3-6　电快速脉冲群试验的单个脉冲波形与浪涌波形的差异是什么？对设备的影响有什么不同？

3-7　如何对屏蔽电缆进行浪涌试验？试验中隔离变压器的作用是什么？

3-8　牵引电流传导性干扰抗扰度试验中总电流是否需要与实际中相同，为什么？

3-9　登录 CENELEC 网站，查询最新的 EN 50121 系列欧洲标准的主要内容；了解 IEC、ITU、UIC、WHO 等有关电气化铁道相关标准和资料。

3-10　查阅资料，了解中国铁路信号电磁兼容方面的历史和近期建设中相关的成果。

第4章 音频轨道电路对传导性干扰的防护

【本章内容概要】

在第2章基础上，简要介绍设备基本结构、工作原理，结合重载运输和客运专线的应用背景，重点分析音频FSK（移频和UM系列）轨道电路在调制方式和频率参数选择、轨道电路结构、传输补偿、接收电路硬件、接收器软件处理等方面的抗干扰设计。

【本章学习重点与难点】

学习重点：音频FSK（UM系列）轨道电路通过综合的系统设计对传导性干扰的防护技术。

学习难点：应用电路及信号处理方面的基础知识解决音频轨道电路的实际问题。

轨道电路是信号系统中的基础设备，在CTCS-2级及以下系统中，它是列车行车许可（MA）；在CTCS-3级系统中，完成轨道占用检查。轨道电路设备工作环境的特点是：发送器和接收器通常都在室内集中设置，但室内设备通过电缆及变压器等与钢轨直接连接。分析和现场应用均表明，影响设备最严重的是牵引电流传导性干扰，即不平衡牵引电流干扰，从这个角度看，轨道电路设备属于轨旁设备。

按照电磁兼容基本要素，为防护不平衡电流对轨道电路的影响，应削弱和抑制干扰源，一方面在牵引供电系统、电力机车等设计中应充分考虑对弱电信号的影响，如强电设备的接地应加以规范、优化弓网参数、降低谐波含量等；另一方面，从钢轨接续线采用焊接方式、扼流变压器钢轨连接线保持等阻、提高器材的对称性指标等各方面进行充分考虑，并在实际运营中保证有效的维护。

下面按照目前我国轨道电路的主流制式，分析音频FSK轨道电路对电气化传导性干扰的防护技术。

4.1 主要轨道电路制式及FSK信号特点

自动闭塞系统是列车运行控制的基础设施，而区间轨道电路则是大多数固定闭塞系统的基础和关键环节。音频的严格范围为 20～20 000 Hz，但铁路信号传统上把交流轨道电路分为低频（如25 Hz）、工频（50 Hz）、音频几个频段。

一方面，由于钢轨机械绝缘节故障率高等固有缺陷，高速铁路的发展要求采用无绝缘轨道电路，另一方面，在电力牵引方式下，轨道电路必须适合交流电气化区段的抗干扰要求。因此，轨道电路传输的信号一般采用抗干扰性能强的角度调制信号（频率调制或相位调制）。无绝缘轨道电路按原理分为两类：电气隔离式（也称谐振式）、自然衰耗式（也称叠加式）。

4.1.1 国外典型音频轨道电路

1. 日本 ATC 轨道电路

日本 ATC 系统包括模拟和数字两种类型的轨道电路,不仅检查列车对区段的占用和列车完整性,而且向列车传送 ATC 信息。模拟轨道电路采用电源同步单边带音频(SSB),为了提高抗牵引电流干扰的能力,采用双频组合轨道电路。

数字 ATC(D-ATC)为自然衰耗式无绝缘轨道电路,向机车传送数字编码信息。采用速度-目标距离控制模式,传送至前方列车的目标距离。轨道电路主要参数如下。

① 载频:上行采用 515、525、535、615、625、635 Hz;下行采用 565、575、585、665、675、685 Hz。

② 调制方式采用 MSK 制式。

③ ATC 报文信息量为 75 bits。

④ 向列车传送轨道电路、空闲区间、临时限速等信息。其中载频的选择避开了牵引电流谐波频率。

2. 德国 FTG S 轨道电路

德国 LZB 系统采用 FTG S/FTG L 两种音频轨道电路。FTG S 是西门子(SIEMEMS)公司数字频率轨道电路(Digital frequency track circuits)的德文缩写,是远程馈送和编码无绝缘音频轨道电路的简称,其结构如图 4-1 所示。

FTG S 应用 S 形跳线(S-Bond)作为电气绝缘节,分隔两个相邻的轨道区段,同时对两条轨道的牵引回流进行平衡。主要参数如下。

① 载频:FTG S917 型为 9.5~16.5 kHz,用于车站;FTG S 46 型为 4.75~6.25 kHz,用于车站;FTG L48 型为 4.75~8.25 kHz,分 4 个频率用于区间。

② 传输速率为 207 bps。

③ 四种传输码型:B(运行命令报文)、K(简化报文)、N(紧急停车报文)、C(ATO 控制报文)。

④ 采用 32 位 CRC 校验。

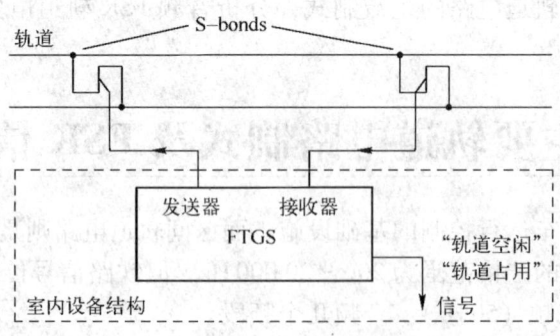

图 4-1 FTG S 标准结构

为提高抗干扰能力,FTG S 采用调频方式防护牵引电流引起的谐波干扰。与非编码式的音频轨道电路相比,允许的牵引回流谐波干扰高许多倍。

3. 法国 UM 系列轨道电路

法国 CSEE 公司 UM 系列无绝缘轨道电路采用电气隔离原理，包括两种制式：UM71 轨道电路属于 TVM300 列车控制系统地面设备，是 4 显示自动闭塞系统；UM2000 数字编码轨道电路属于 TVM430 列车控制系统，面向 200 km/h 以上高速铁路。

1）UM71 无绝缘轨道电路

UM71 无绝缘轨道电路主要参数为：①调制方式，FSK（频移键控）；②载频，上行方向为 2 000 Hz、2 600 Hz，下行方向为 1 700 Hz、2 300 Hz；③调制频率为 10.3～29 Hz 共 18 个方波信号，业内通常称之为低频（TBF），频率间隔 1.1 Hz；④频偏为 ±11 Hz。另外，400 Ω 负载时输出功率可达 70 W。

UM71 的组成如图 4-2 所示，其主要组成部分为：发送器、匹配变压器、调谐单元、空心线圈、接收器和轨道继电器。其中，发送器主要完成以下功能：低频编码、载频生成、安

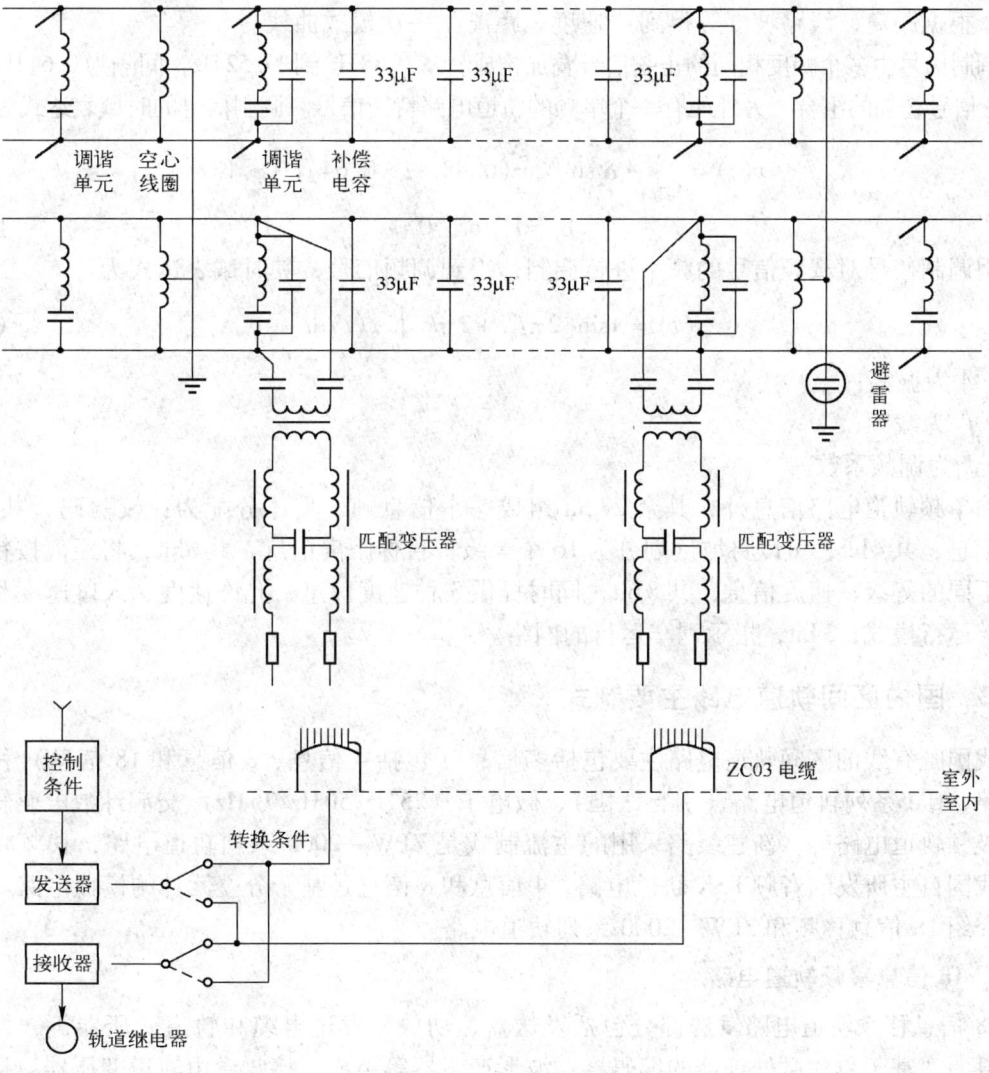

图 4-2 UM71 无绝缘轨道电路组成

全检查、功率放大等；接收设备主要完成以下功能：与钢轨隔离、轨道电路长度调整、限幅和滤波、鉴幅、鉴频、低频信号检查和执行开关等。由于载频频率的提高使轨道电路极限长度减小，轨道电路每隔100 m在钢轨间并联一个33 μF补偿电容，以抵消钢轨电感对信号传输的影响。

2）UM2000型无绝缘轨道电路

室内设备包括模拟电缆、发送器、接收器、电源和方向控制电路，以及室外用于相邻轨道电路电气分割调谐区设备配置方式、原理等，与UM71型轨道电路基本相同。补偿电容值为22 μF，载频频率为1 700 Hz和2 000 Hz时，补偿电容间距为60 m；载频频率为2 300 Hz和2 600 Hz时，间距为80 m。

UM2000的调制方式由频移键控变为多音调频（FM）方式，调制信号由28种低频正弦信号叠加而形成，其中27个正弦信号对应码长为27 bit的信息码，用来传输列车控制信息，还有一位是轨道电路信息。TVM430车载设备接收到地面速度信息后，获得入口速度和出口速度，根据距离、线路坡度等得到"速度—距离"一次模式曲线。

调制信号由多个幅度相同的正弦信号叠加构成，从0.88 Hz到17.52 Hz，间隔为0.64 Hz的27个正弦信号叠加的组合，另外还有一个单频的轨道电路特征信号。调制信号的时域表达式为：

$$x(t) = \sum_{i=0}^{26} A_i \delta_i \sin[2\pi(0.88 + i \times 0.64)t + \varphi_i]$$
$$\delta_i = 1 \text{ or } 0 \tag{4-1}$$

用调制信号对载频信号的频率进行调制，得到调频信号，其时域表达式为：

$$s(t) = A\sin\left[2\pi f_c t + 2\pi k_f \int_0^t x(t) dt\right] \tag{4-2}$$

式中，A为振幅；

f_c为载频；

k_f为调频系数。

除单频轨道电路信息外，其余27 bit组成一个信息帧，具体分配为：校验码，共6 bit；坡度信息，共4 bit，可以将坡度划分为16个等级；目标距离信息，共6 bit，将距离按精度划分成不同的等级；速度信息，共8 bit，同时提供3种速度信息，允许速度、入口速度和目标速度；运行模式，3 bit，指示列车运行的网络。

4.1.2 国内区间轨道电路主要制式

我国既有线的区间轨道电路主要包括多信息（包括4信息、8信息和18信息）移频轨道电路、UM系列轨道电路（引自法国）、微电子（25 Hz/50 Hz/75 Hz）交流计数电码轨道电路、极频轨道电路等，新建线路采用的主流制式是ZPW-2000系列轨道电路，移频轨道电路是我国自主研发的音频FSK轨道电路，4信息和8信息是基于分立元件的模拟电路。下面简单介绍18信息移频和ZPW-2000系列轨道电路。

1. 18信息移频轨道电路

18信息移频轨道电路发送部分包括发送盒、功放、发送电缆和轨道变压器等，发送盒由信息源、基于单片微处理器的编码器、波形产生器等组成。接收盒由轨道变压器、接收电缆、隔离衰耗器、A/D采集器、基于数字信号处理器的解码器和执行机构等组成。

移频轨道电路采用方波调制的 FSK 方式传输信号，从时域波形看，移频信号为两个不同频率交替出现的正弦信号（如图 4-3 所示），包括相位连续和相位离散的两种方式。相位连续的信号一般采用同一个移频振荡器产生信号；而相位离散的移频信号是通过键控信号分别控制两个独立的振荡器产生的信号。相位离散的 FSK 信号可看作两个不同载频 ASK 信号的叠加，其频谱是分别以上/下边频为中心的两个连续谱线。

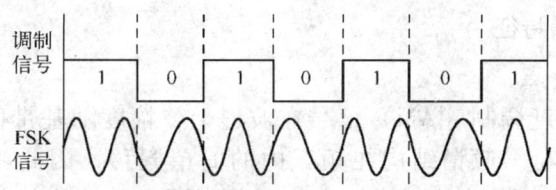

图 4-3　方波调制的相位连续的 FSK 信号

移频轨道电路主要技术参数为：载频或中心频率（f_c），上行线 650 Hz、850 Hz，下行线 550 Hz、750 Hz；调制（低频）频率（F），7.0、8.0、8.5、9.0、9.5、11.0、12.5、13.5、15.0、16.5、17.5、18.5、20.0、21.5、22.5、23.5、24.5、26.0 Hz 共 18 个；频偏（Δf），±55 Hz。

2. ZPW-2000 系列轨道电路

1）特点

ZPW-2000 系列轨道电路充分借鉴 UM71 的优点，结构和主要技术参数基本相似，其创新点及主要特点为：

- 解决了调谐区断轨检查，实现轨道电路全程断轨检查；
- 减少调谐区分路死区；
- 实现对调谐单元断线故障的检查；
- 实现对拍频干扰的防护；
- 通过系统参数优化，提高了轨道电路传输长度。
- 发送和接收器采用了先进的 DSP 等技术，提高了轨道电路抗干扰水平；
- 采用了新型电缆及引接线，系统中发送器采用"N+1"冗余，接收器采用成对双机并联运用，提高系统可靠性。

2）相关技术参数

ZPW-2000 扩展了载频数量，每个载频频率微调后划分为"-1"和"-2"两种类型：下行为 1 701.4/1 698.7 Hz，2 301.4/2 298.7 Hz；上行为 2 001.4/1 998.7 Hz，2 601.4 Hz/2 598.7 Hz。

【**例 4-1**】　简要分析 ZPW-2000 载频数量增加以后的可行性和影响。

解：首先，载频扩展后，增加了信息量，区间同一方向轨道电路及站内轨道电路可以有更好的隔离。

采用微电子技术及 DSP 技术以后，避免了模拟器件条件下的误差和漂移，生成载频频率的精度有显著提高，同时，接收器也可以准确识别。另外，由于载频频率仅是微调，因而，信号带宽的微小变化不会影响到器材的参数，可在原有轨道电路通道中传输。

为进一步改善轨道电路传输，补偿电容按载频类型细化确定（测试频率 1 000 Hz 条件下）：1 700 Hz，55 μF±5%，2 000 Hz，50 μF±5%；2 300 Hz，46 μF±5%；2 600 Hz，40 μF±5%。

4.1.3 FSK 信号特点及解调方法

移频和 UM71 系列轨道电路，均为周期低频调制信号。轨道电路的基本要求是在特定的传输通道中、存在特定干扰的条件下，选取合适的频率和幅度参数，采用合理的接收方案，获得正确的编码信息。

1. FSK 信号及频谱特征

1）FSK 信号基本特点

根据通信原理，幅度调制（AM）信号在波形上，幅度随基带信号规律而变化；在频谱结构上，完全是基带信号频谱结构在频域内的简单搬移，因此幅度调制通常又称为线性调制。角度调制（即调频和调相）与线性调制不同，已调信号频谱不再是原调制信号频谱的线性搬移，而是频谱的非线性变换，会产生与频谱搬移不同的新的频率成分，故又称为非线性调制。调幅制的信号带宽是固定的，无法进行带宽与信噪比的互换。宽带调频输出信噪比相对于调幅的改善与其带宽比的平方成正比，即对于调频系统来说，增加传输带宽就可以改善抗噪声性能，这正是在抗噪声性能方面调频系统优于调幅系统的重要原因。

调频（FM）信号的级数展开式为：

$$\begin{aligned} s_{FM}(t) &= J_0(m_f)\cos\omega_c t - J_1(m_f)[\cos(\omega_c - \omega_m)t - \cos(\omega_c + \omega_m)t] + \\ &\quad J_2(m_f)[\cos(\omega_c - 2\omega_m)t + \cos(\omega_c + 2\omega_m)t] - \\ &\quad J_3(m_f)[\cos(\omega_c - 3\omega_m)t - \cos(\omega_c + 3\omega_m)t] + \cdots \cdots \\ &= \sum_{n=-\infty}^{\infty} J_n(m_f)\cos(\omega_c + n\omega_m)t \end{aligned} \quad (4-3)$$

式中，m_f 是调频指数；ω_c 是载频；ω_m 是调制信号频率；$J_n(m_f)$ 第一类 n 阶贝塞尔函数。

根据贝塞尔函数的性质，可推出调频波的平均功率。如果将最大相位偏移限制在一定范围内，调频波的展开就要简单得多，在 $m \leq \pi/6 \approx 0.52$ 条件下，已调波频谱只占有限或比较窄的频带宽度，因此把它称为窄带角度调制。

调频波的频谱包含无穷多个频率分量，理论上调频波的频带宽度 B_{FM} 为无限宽。由于边频幅度 $J_n(m_f)$ 随着 n 的增大而逐渐减小，取适当的 n 值可使边频分量小到可以忽略的程度，即调频信号可近似认为具有有限频谱。若 m_f 较小，窄带调频（NBFM）的带宽为 $B_{FM} \approx 2f_m$（f_m：调制信号频率）。若 m_f 较大，$B_{FM} \approx 2\Delta f$，即宽带调频（WBFM）时带宽由最大频偏决定。在相同的解调器输入信号功率、相同噪声功率谱密度、相同基带信号带宽的条件下，若 AM 为 100% 调制，调制信号为单音正弦，则 WBFM 抗噪声性能最好，DSB/SSB/VSB 抗噪声性能次之，AM 抗噪声性能最差，NBFM 和 AM 的性能接近。

考虑低频调制信号 $f(t)$ 为方波信号，周期为 T，其时间表达式为：

$$f(t) = \begin{cases} A, & \text{当} -\dfrac{T}{4} < t < \dfrac{T}{4} \\ -A, & \text{当} \dfrac{T}{4} < t < \dfrac{3T}{4} \end{cases} \quad (4-4)$$

式中，A 为方波的振幅。

$f(t)$ 作为键控信号，相位连续的 FSK 移频波 $s(t)$ 的时域表达式为：

$$s(t) = A_0\cos[\omega_0 t + g(t)] \tag{4-5}$$

$$g(t) = \int kf(t)dt = \begin{cases} \Delta\omega t, & \text{当} -\dfrac{T}{4} < t < \dfrac{T}{4} \\ \Delta\omega\left(\dfrac{T}{2}-t\right), & \text{当} \dfrac{T}{4} < t < \dfrac{3T}{4} \end{cases} \tag{4-6}$$

式（4-5）中，A_0 是调频信号的幅度；ω_0 为载频；$g(t)$ 是一个周期为 T 的三角形周期函数，而且 $g(t) = g(t \pm nT)$，系数 k 称为调频灵敏度，实质上即调频系数。

FSK 信号 $s(t)$（载频为 ω_0 且调制频率为 ω_1）的频谱由载频和无限多的边频分量 $\omega_0 - n\omega_1$ 和 $\omega_0 + n\omega_1$ 组成：

$$\begin{aligned}\text{FFT}(s(t)) = \frac{2A_0}{\pi}\Bigg\{&\frac{1}{m}\sin\left(\frac{m\pi}{2}\right)\cos(\omega_0 t) - \\ &\sum_{k=1}^{\infty}(-1)^k \frac{m}{m^2-(2k-1)^2}\cos\left(\frac{m\pi}{2}\right)[\cos(\omega_0-(2k-1)\omega_1)t - \cos(\omega_0+(2k-1)\omega_1)t] + \\ &\sum_{k=1}^{\infty}(-1)^k \frac{m}{m^2-(2k)^2}\sin\left(\frac{m\pi}{2}\right)[\cos(\omega_0-2k\omega_1)t + \cos(\omega_0+2k\omega_1)t]\Bigg\}\end{aligned} \tag{4-7}$$

式中，调频系数 $m = \Delta\omega/\omega_1 = \Delta f/F_1$，$F_1(\omega_1)$ 为调制频率，$\Delta f(\Delta\omega)$ 为频偏。

2）FSK 频谱特征及示例

由上述分析可知，方波调制且相位连续的移频波的频谱，在频域具有确定的、离散的谱结构，由载频 ω_0（$n=0$）及无限多的成对边频分量组成，其边频分量为 $\omega_0 - n\omega_1$ 和 $\omega_0 + n\omega_1$，间距为调制频率 ω_1，相对幅度可分别写为，载频 $\dfrac{2}{m\pi}\sin\left(\dfrac{m\pi}{2}\right)$；奇次边频分量 $\dfrac{2m}{\pi(m^2-n^2)}\cos\left(\dfrac{m\pi}{2}\right)$；偶次边频分量 $\dfrac{2m}{\pi(m^2-n^2)}\sin\left(\dfrac{m\pi}{2}\right)$。

据此，其频谱特征可总结如下。

（1）两个边带以载频为中心，对应的上下边频大小相等，奇次项上下边频相位相反，偶次项相位相同。

（2）频谱不同于原来的方波信号，出现了新的频率分量，是非线性调制。

（3）当调频系数 m 增加时，移频波频谱中载频的幅度下降，边频幅度上升，即信号功率扩展到较宽的频带中。为不失真地传输移频信号，要求移频信号占用较宽的频带。

（4）当频偏 Δf 固定，m 随调制低频的增大而减小时，频谱中相邻边频的间隔增大，相邻边频谱线的间隔是移频信号的调制低频频率。另外，高次数的边频幅度相应下降。在频偏对应的频点，只有 m 等于整数时才有频谱（相对幅度为 0.5）。

（5）特殊地，当 $m=2$、4、6…偶数时，载频频谱分量幅度为 0。

通过下述仿真波形，可以清楚地看到 UM71 和国产移频制式在不同载频和低频条件下的典型频谱分布和结构特点。其中，图 4-4（a）、图 4-4（b）分别相当于 UM71 在最小和最大调频系数时的情形；图 4-4（c）～图 4-4（f）分别考虑了移频 550 Hz、650 Hz、750 Hz 及 850 Hz 在最大和最小调频系数、调频系数为奇数和偶数时的频谱分布，需注意，调制频率 13.75 Hz 在实际应用中并未采用。

【例 4-2】 根据 FSK 载频公式，分别计算 m=0.3 和 m=5 时的载频幅度。

解：由于 FSK 信号载频分量为 $\dfrac{2}{m\pi}\sin\left(\dfrac{m\pi}{2}\right)$，则：

$m=0.3$ 时，载频幅度为 0.9634。

$m=5$ 时，载频幅度为 0.1273。

显然，UM 系列和国内移频的载频比例有显著差别。

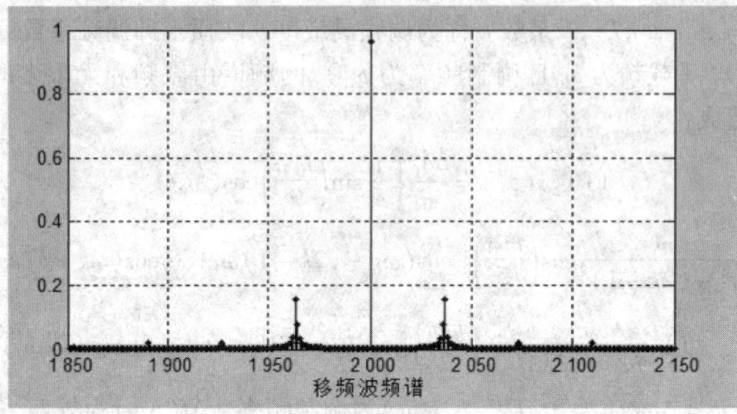

（a）载频 2 000Hz、频偏 11Hz、调频系数 $m=0.3$ 时频谱

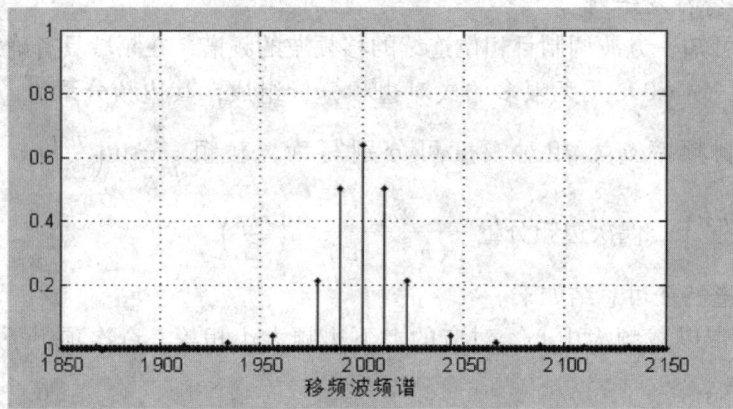

（b）载频 2 000Hz、频偏 11Hz、调频系数 $m=1$ 时频谱

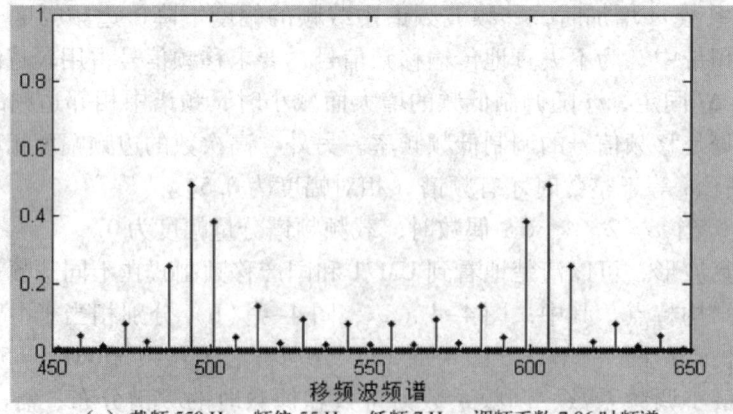

（c）载频 550 Hz、频偏 55 Hz、低频 7 Hz、调频系数 7.86 时频谱

图 4-4　UM71 和国产移频制式在不同载频和低频条件下的典型频谱分布和结构

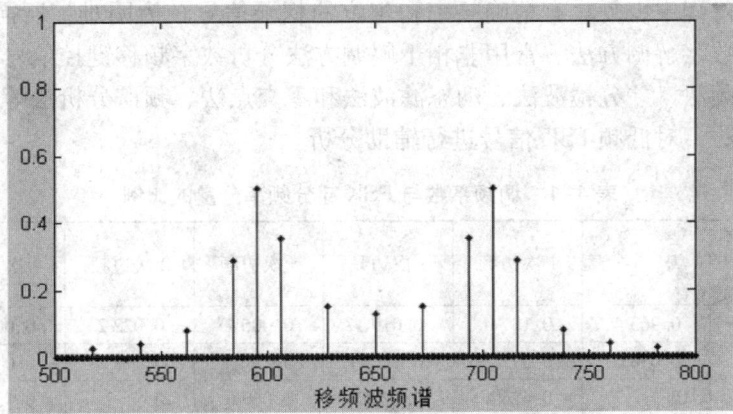

(d) 载频 650Hz、频偏 55Hz、低频 11Hz、调频系数 5 时频谱

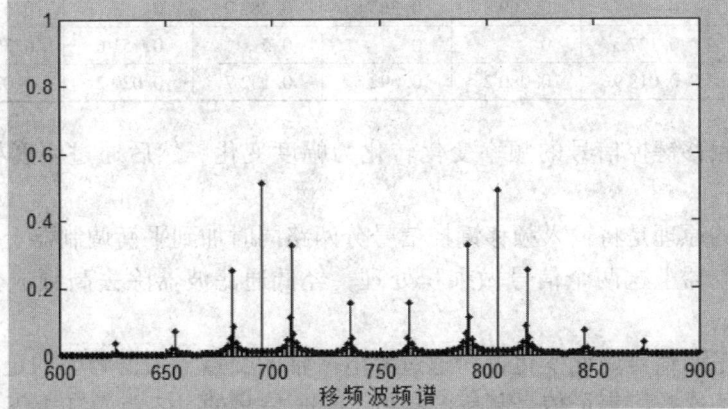

(e) 载频 750Hz、频偏 55Hz、低频 13.75Hz、调频系数 4 时频谱

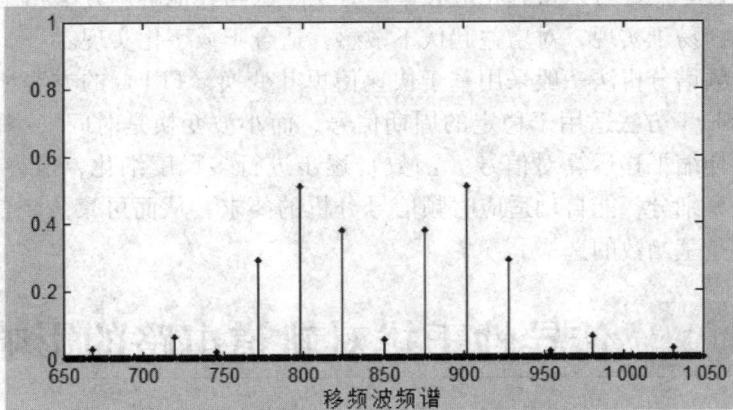

(f) 载频 850Hz、频偏 55Hz、低频 26Hz、调频系数 2.12 时频谱

图 4-4　UM71 和国产移频制式在不同载频和低频条件下的典型频谱分布和结构（续）

部分典型调频系数与 FSK 信号低次边频分量之间的关系见表 4-1。

2. FSK 信号的解调方式

频移键控（FSK）信号的解调采用模拟和数字两种方法，在传统的数字解调理论中，可分为两大类：一类是相干方式解调；另一类是非相干方式解调。相干数字解调接收质量最佳，但在其解调过程中恢复具有精确频率和相位的相干信号较为困难，所需设备也较复杂，一般采用非相干数字解调方法。常用非相干解调方法分析数字频移键控信号，最常用的非相干解调方法有鉴频法、差分检波法、动态滤波法和零交点法、频谱分析法等。另外，可采用相位推算法等方法，对低频 FSK 信号进行辅助分析。

表 4-1　调频系数与 FSK 部分频率分量的比例

各频率分量比例 调频系数	载　频	1次边频	3次边频	5次边频	2次边频	4次边频	6次边频
0.3	0.963 4	0.187 0	0.019 1	0.006 4	0.022 2	0.005 4	0
1	0.636 6	0.5	0	0	0.212 2	0.042 4	0.018 2
2	0	0.424 4	0.127 3	0.060 6	0.5	0	0
2.11	0.051 87	0.383 3	0.291 0	0.064 40	0.510 8	0.020 0	0.007 32
4	0	0.169 5	0.363 8	0.282 9	0	0.5	0
5	0.127 3	0	0	0.5	0.151 6	0.353 7	0.289 4
7.86	0.018 9	0.080 2	0.092 3	0.132 7	0.020 2	0.025 6	0.045 5

鉴频法是将频移键控信号的频率变化转化为幅度变化，然后通过幅度检波而得到基带信号。

差分检波法的原理是将输入频移键控信号分两路同时加到平衡调制器上，其中一路经过延迟，在平衡调制器上这两个信号做乘积处理，经低通滤波器除去高频成分，可取出基带信号。

零交点是指正弦信号周期变化过程越过零电平轴的交点，根据频率的定义，单位时间内信号经过零交点的次数可表征信号频率的高低。FSK 信号的过零点数随上下边频而变，在一定时间内检出的过零点数可以得到相应频率。零交点法与其他解调方法相比较，最明显的特点就是结构简单，易于实现，对增益起伏不敏感，适合于数字化实现。

频域进行的频谱分析法一般采用基于快速傅里叶变换（FFT）的方法和小波（Wavelet）分析方法。经典 FFT 方法适用于稳定的周期信号，而小波变换是时间（空间）频率的局部化分析，它通过伸缩平移运算对信号（函数）逐步进行多尺度细化，最终达到高频处时间细分，低频处频率细分，能自动适应时频信号分析的要求，从而可聚焦到信号的任意细节，小波分析的关键是基函数的选择。

4.2　传导性干扰对轨道电路的影响

电气化铁道传导性干扰即不平衡牵引电流中与轨道电路信号有共同的通道，其中牵引电流基波和谐波成分都将对信号产生影响，轨道电路设备应从系统设计的高度对传导性干扰进行防护。

4.2.1　传导性干扰对轨道电路 FSK 信号的影响

理论分析、室内仿真及现场测试均表明传导性干扰对轨道电路 FSK 信号存在较为严重的影响。

在仿真环境下，叠加有 50 Hz 基波干扰和偶次谐波干扰的移频 FSK 信号的时域波形及频谱如图 4-5 和图 4-6 所示。基波干扰的特点是能量大、谱线幅度高，但在频域来看，距离信号谱线较远，采用时域滤波的方法可有效滤除干扰成分。而对于与信号能量接近的带内谐波干扰，无法采用时域滤波来消除，在频域处理时，由于其能量可能超过信号谱线，同样不能简单地以单根谱线来判别，必须考虑多条谱线及其相互关系。

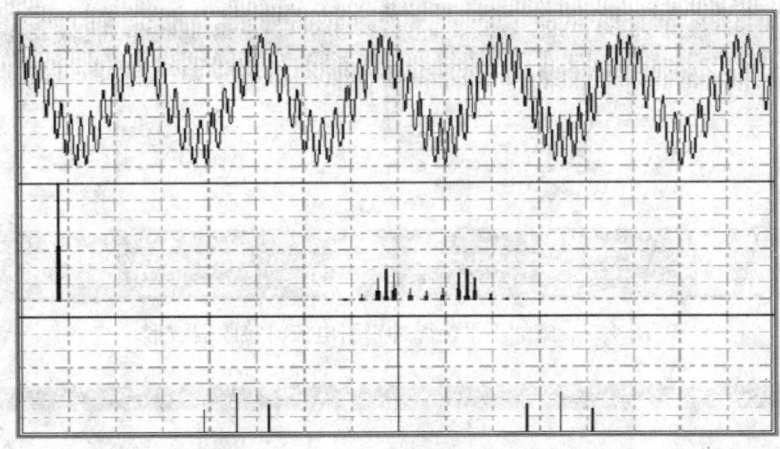

图 4-5　叠加 50 Hz 基波干扰的 FSK 波形及频谱

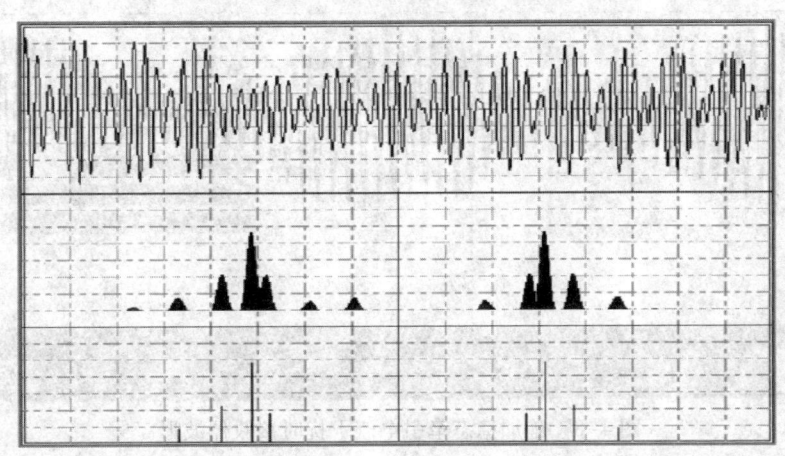

图 4-6　叠加 50 Hz 偶次谐波干扰的 FSK 波形及频谱

在室内模拟施加不平衡脉冲牵引电流脉冲干扰时在 ZPW-2000 接收器（轨出端）测试到的波形如图 4-7 所示。施加稳态不平衡牵引电流干扰时的接收器波形如图 4-8 所示。可见，由于牵引电流脉冲干扰，在接收端信号会相应出现多个周期的高频脉冲。在较大的稳态不平衡电流下，接收端信号由于牵引电流干扰及传输中的非线性，波形幅度出现明显影响，但频率成分并未产生变化。

下面具体分析估算 FSK 信号的信号干扰比（信噪比）。先考虑 50 Hz 基波，尽管其能量大，但可通过滤波器来消除，重点应关注不平衡电流脉冲干扰对轨道电路中变压器非线性的影响。对于带内谐波，参照牵引电流谐波分布比例，可得到在移频信号带内的谐波比例及在 100 A 不平衡电流下的干扰电流数值，见表 4-2。类似地，UM71 轨道电路的带内谐波比例及干扰电流见表 4-3。

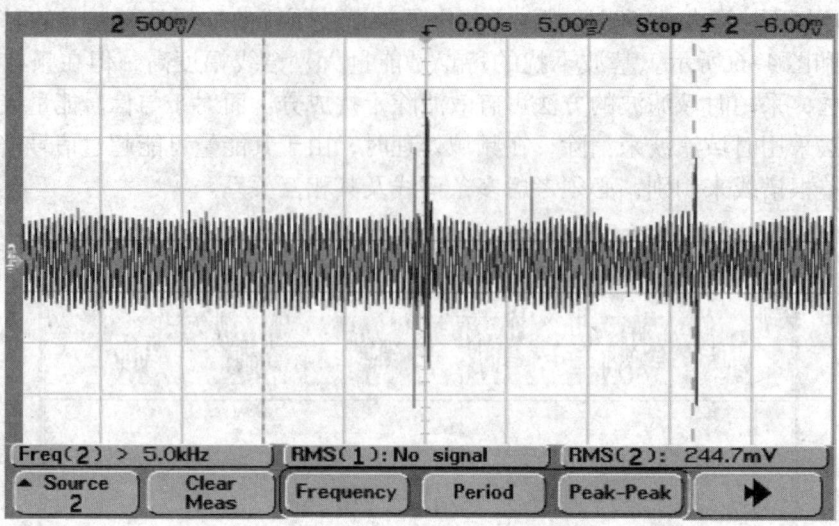

图 4-7　施加不平衡脉冲牵引电流时接收器波形

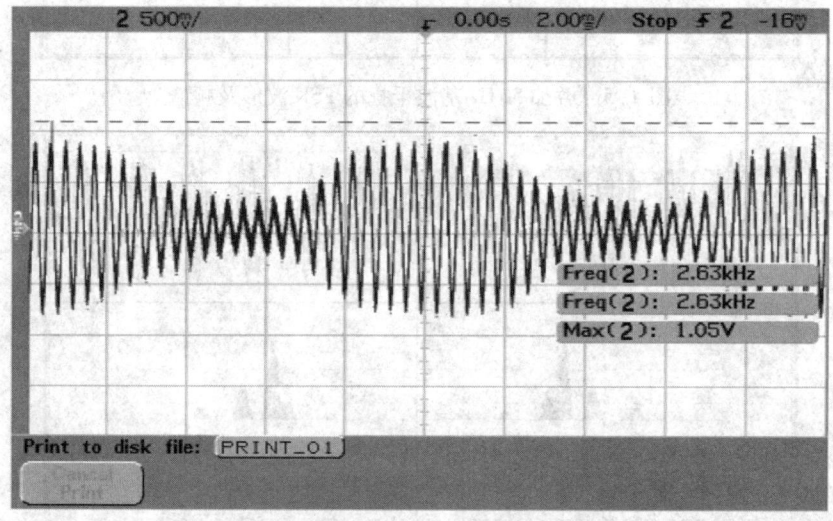

图 4-8　施加稳态牵引电流干扰时接收器波形

表 4-2　移频带内谐波比例和电流

谐波/Hz	500	550	600	650	700	750	800	850	900
比例/%	0.34	1.64	0.34	0.99	0.32	0.74	0.32	0.70	0.27
谐波电流/A	0.34	1.64	0.34	0.99	0.32	0.74	0.32	0.70	0.27

表 4-3　UM71 带内谐波比例和电流

谐波/Hz	1 650	1 700	1 750	1 950	2 000	2 050
比例/%	0.308	0.090	0.249	0.130	0.040	0.096
谐波电流/A	0.308	0.090	0.249	0.130	0.040	0.096
谐波/Hz	2 250	2 300	2 350	2 550	2 600	2 650
比例/%	0.068	0.050	0.078	0.076	0.070	0.093
谐波电流 A	0.068	0.050	0.078	0.076	0.070	0.093

第 4 章 音频轨道电路对传导性干扰的防护

【例 4-3】 以移频 550 Hz 载频为例，参考有关数据，计算谐波干扰状态下的信号干扰比。

解：影响移频 550 Hz 的谐波为 500 Hz 和 600 Hz，根据表 4-2，在 100 A 不平衡电流作用下二者的谐波干扰电流均为 0.34。合成后电流有效值 I_h 为：

$$I_h = \sqrt{0.34^2 + 0.34^2} = 0.48(A)$$

可见，干扰在接收端等效阻抗中影响为 0.48 A 的 50% 即 0.24 A，而 18 信息移频信号要求的可靠工作电流为 120 mA。简单对照可知，此时移频轨道电路的信号干扰比 1∶2。故其抗干扰能力应不小于此指标。

由于 UM71 载频较高，邻近的牵引电流谐波比例较小，而信号可靠工作电流较大，因此，信号干扰比也相应提高。可见，牵引电流传导性干扰的能量可能达到甚至超过轨道电路信号强度，FSK 信号被干扰淹没，带内谐波还可能破坏信号的谱结构，可能引起地面和机车信号接收的错误判决。

4.2.2 牵引供电频率漂移的影响

上述讨论牵引电流基波和谐波时，均按照理想情况进行考虑，而实际情况并非如此。根据国标 GB/T 15945 - 1995"电能质量 电力系统频率允许偏差"，频率偏差范围为 50 ± 0.5 Hz，即 ±1%，而工频谐波同样将会按此比例偏移。对于音频段的信号而言，相当于干扰频率可能在一定范围内变化，谐波频率在高端和低端时的两个数值见表 4-4。

表 4-4 供电频率漂移后信号带内谐波高端和低端频率   单位：Hz

无漂移	500	550	600	650	700	750	800
低端	495	544.5	594	643.5	693	742.5	792
高端	505	555.5	606	656.5	707	757.5	808
无漂移	850	900	1 650	1 700	1 750	1 950	2 000
低端	841.5	891	1 633.5	1 683	1 732.5	1 930.5	1 980
高端	858.5	909	1 666.5	1 717	1 767.5	1 969.5	2 020
无漂移	2 050	2 250	2 300	2 350	2 550	2 600	2 650
低端	2 029.5	2 227.5	2 277	2 326.5	2 524.5	2 574	2 623.5
高端	2 070.5	2 272.5	2 323	2 373.5	2 575.5	2 626	2 676.5

不同于电源同步式的轨道电路，基于微电子的轨道电路通常采用与电源频率相独立的信号频率，而谐波频率漂移有可能恶化信号干扰比。

【例 4-4】 简析 UM71 轨道电路载频 2 000 Hz 时谐波漂移的影响。

解：由于 UM71 接收滤波器带宽 ±40 Hz，对于 50 Hz 谐波，当无漂移时，理论上仅有一个谐波频率可以通过，载频 2 000 Hz 时，其通带为 1 960～2 040 Hz，即仅有 50 Hz 的 40 次谐波 2 000 Hz 可进入接收器通带内，造成干扰。

若考虑工频 50 Hz 的漂移为 ±1%，则可能有两个谐波频率。当漂移为 1% 时，原来的谐波 1 950 Hz 和 2 000 Hz，变为 1 969.5 Hz 和 2 020 Hz，二者均能通过带通滤波器。显然，干扰增大了。

4.2.3 轨道电路 EMC 设计

根据电磁兼容设计要素，既要抑制电磁干扰，还需要改善设备自身的性能，最终效果体现在提高信号干扰比。

对于传导性干扰，在干扰源环节应当减小轨道电路不平衡，降低牵引电流谐波比例；减小耦合的关键点是干扰进入信号通道的接口环节的设计，分别是有绝缘轨道电路的扼流变压器和无绝缘轨道电路的空心线圈，可类比转移阻抗的概念，用干扰电流转化为干扰电压的比例来评估，转移阻抗越小，则对干扰的抑制效果越好。

轨道电路自身的 EMC 设计是一个系统工作，应包括频率参数选择、结构、传输、滤波、软件处理等全面设计。需要注意的是，提高信号发送功率固然可以提高信号干扰比，但必须在最不利条件下保证轨道电路可靠分路，还要考虑邻线干扰及故障防护等问题。

另外，轨道电路的抗干扰设计直接影响机车信号，二者有密切联系。

4.3 UM 系列轨道电路抗干扰技术

鉴于 ZPW-2000 与 UM71 在原理层面的诸多相似点，下面主要以 UM71 轨道电路为例，从多个角度分析其抗干扰技术。

4.3.1 频率参数选择

UM71 调制方式采用 FSK 调频方式，优于调幅制的抗干扰性能。下面仅从干扰防护的角度讨论有关频率参数的选择。

(1) 载频选在偶次谐波上，加之谐波次数高，因此谐波干扰量相对较小。

(2) 频偏为 ±11 Hz，而最近的载频间隔为 300 Hz，载频的上下边频不会重叠，信号之间互不干扰。

(3) 由于仅有 ±11 Hz 频偏，调谐内的串联谐振电路的通带可以很窄，或者品质因数 Q 值可以高，串联谐振电阻可以很小，因此电气分隔性能很好。

(4) 由于频偏小，信号主要功率所占频带较窄，接收设备的带通滤波器通带窄，选择性好。当带宽 ±40 Hz 时，在通带内一般仅有一个偶次谐波干扰，在牵引频率漂移时，最多有两个谐波分量，故牵引电流谐波干扰量小。

(5) 调制频率（低频）：在选择低频组合时，无二次谐波干扰。

另外，UM71 参数选择也存在缺点。首先，UM71 载频较高，由于钢轨呈现电感性，会带来较大的衰耗。其次，由于 UM71 频偏小，使得调频系数 m 较小，在最高调制频率（低频）时 $m=0.344$，属于窄带调频。部分低频对应的能量分布比例（仅列出 4 次边频）见表 4-5。显然，发送信号的大部分功率都落在不带信息的载频上，载频功率所占比例很大，而带信息的边带功率则较小；尽管对于无选频的地面设备有好处，但对于需要解析出低频信息的机车信号等场合则不利于抗干扰。针对此缺点，UM71 采用提高发送功率、传输补偿等手段进行弥补。

表 4-5　UM71 部分低频对应的能量分配比例　　　　　　　　　　单位:%

低频/Hz	比例分配 载 频	1 次边频	2 次边频	3 次边频	4 次边频
10.3	0.592 7	0.515 4	0.236 4	0.009 2	0.454 9
15.8	0.812 3	0.395 0	0.112 0	0.023 9	0.025 4
22.4	0.903 7	0.295 4	0.058 0	0.025 6	0.013 8
29.0	0.941 9	0.233 5	0.035 1	0.022 6	0.008 5

4.3.2 轨道电路结构设计

1. 调谐区设计

1) 调谐区的谐振特性

UM71 无绝缘轨道电路属于电气隔离方式，其调谐区结构及等效电路图如图 4-9 所示。

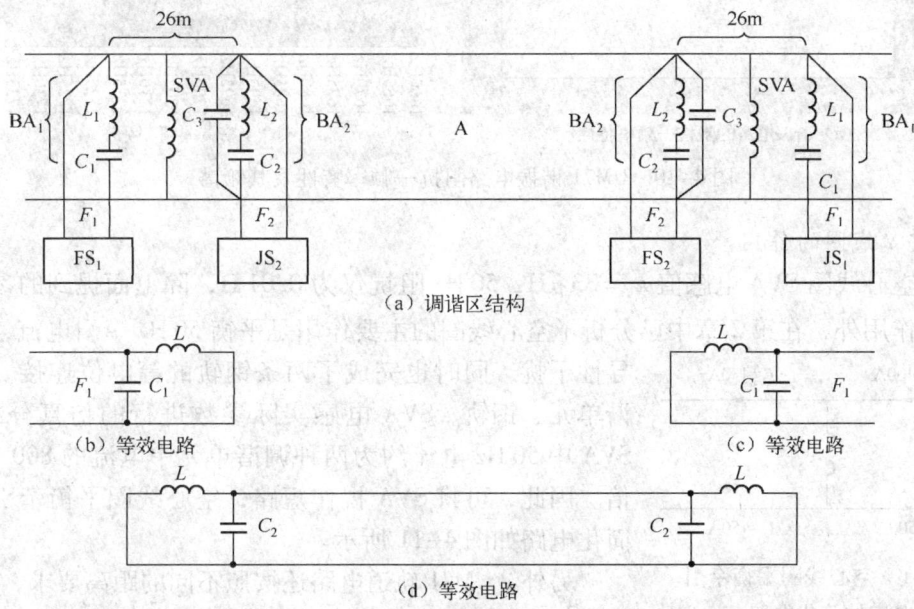

图 4-9　UM71 轨道电路调谐区结构及等效电路图

如图 4-12 所示，调谐区利用串联、并联谐振电路（BA：调谐单元）的谐振特性，并将其巧妙组合使用，实现了轨道电路的分隔功能和对信号的频率选择功能。调谐区工作原理是：轨道电路 A 发送器 FS2 发送载频为 F_2 的信号，相邻轨道电路的发送器发送载频为 F_1 的信号，且 $F_1<F_2$。调谐单元 BA_1 是电感 L_1、电容 C_1 构成的串联谐振电路，谐振频率为 F_2，其串联谐振阻抗很小（数量级为毫欧），因此载频为 F_2 的信号相当于短路，使得轨道电路中的信号电流不会混入相邻轨道电路，起到电气隔离的作用。与轨道电路 A 发送器和接收器 FSA 相连的调谐单元 BA_2 由 L_2、C_2、C_3 构成，对载频为 F_2 的信号呈现容性，相当于一个电容 C。该电容与调谐区内钢轨电感及空心线圈 SVA 的电感混连而成的等效电感构成并联谐振槽路，其谐振频率为 F_2。对于相邻轨道电路来说，发送载频为 F_1 的信号被 L_2、C_2 所组成的串联谐振电路所短路，不能混入相邻轨道电路，从而实现电气化隔离。由于 L_1、C_1 所构成的串联电路对 F_1 信号呈现容性（$F_1<F_2$），该等效电容与其右侧四小段钢轨电感及空心线圈的电感共同构成对 F_1 信号的并联谐振槽路。

考虑调谐单元和钢轨间引线电感，以及电感元件的电阻后，可得到图 4-9 中所有元件的数值。利用仿真环境建立电路模型，可得到载频 1 700 时的阻抗—频率特性曲线，如图 4-10（a）所示。显然，谐振电路具有带通特性，其 3 dB 带宽对应的频偏约 ±37 Hz。因此，调谐区具有高 Q 值。UM71 信号的频谱如图 4-10（b）所示，调谐区阻抗特性能够使信号主要能量通过。

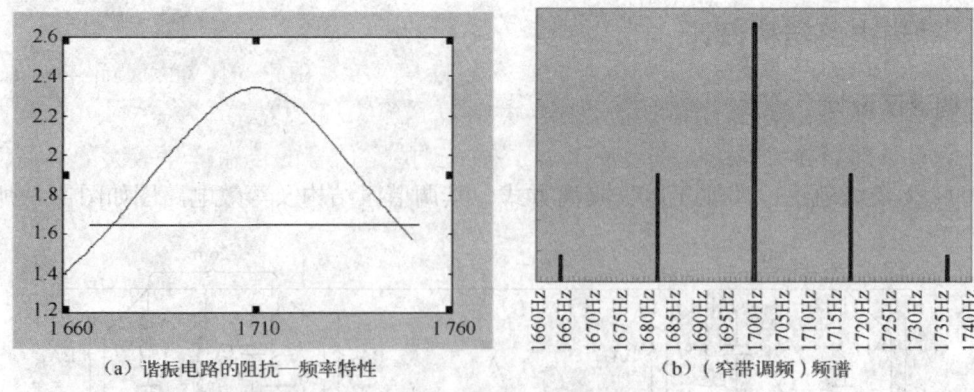

图 4-10 UM71 谐振电路阻抗—频率特性及其频谱

2）空心线圈的作用

由于空心线圈 SVA 电感值 $L_s = 33\,\mu\text{H}$，50 Hz 阻抗仅为 0.01 Ω，除上面提到的参与调谐区谐振的作用外，在第 2 章中已分析了空心线圈的主要作用是平衡 50 Hz 牵引电流，减小传导性干扰，同时也完成了两条钢轨的等电位连接。根据调谐单元、钢轨、SVA 电感实际参数进行的仿真分析表明，SVA 中 50 Hz 电流约为两种调谐单元中电流的 800～1 100 倍。因此，可将 SVA 视作短路，空心线圈平衡牵引电流的简化电路如图 4-11 所示。

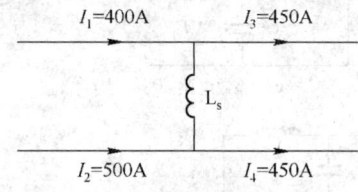

图 4-11 空心线圈平衡牵引电流的简化电路

另外，UM71 轨道电路还按照不同的距离要求，将上行、下行轨道电路的 SVA 中点进行连接，称为简单横向连接（可通过防雷元件接地）和完全横向连接（直接接地），既起到平衡上下行牵引电流的作用，还实现了上下行的等电位连接，保证了人身安全。其连接方式及其等电位作用如图 4-12 所示。

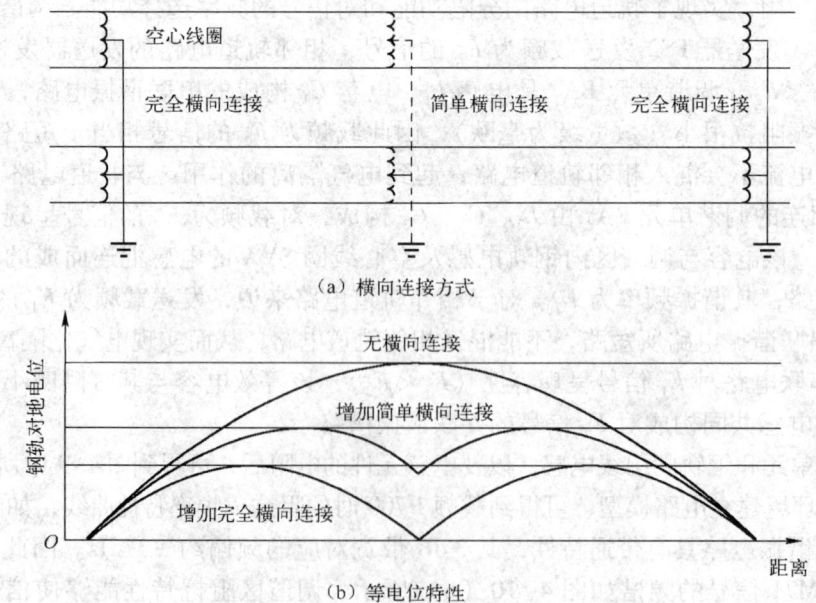

图 4-12 横向连接方式及其等电位作用

2. 传输补偿

轨道电路的传输通道由钢轨和道床构成，它的一次参数由钢轨阻抗和道砟电阻来表征。在 60 kg 轨重和 1 435 mm 轨距条件下，钢轨电感约 1.3 μH/m，对于 1 700～2 300 Hz 范围的音频 FSK 信号，钢轨将呈现明显的感抗值，对轨道电路信号的传输产生较大的衰减。为保证轨道电路传输距离，按照通信传输匹配的原理，可采取分段加电容进行补偿的方法，减弱电感的影响。如图 4-13 所示。

补偿电容 C 根据信号频率确定，其补偿原理可理解为将每段钢轨的电感 L 与电容 C 视为串联谐振，即满足谐振条件 $\omega L = 1/\omega C$，使轨道电路呈现阻性，并在输出端 BB′、CC′ 呈现较高的输出电压。其补偿后的等效电路如图 4-14 所示。

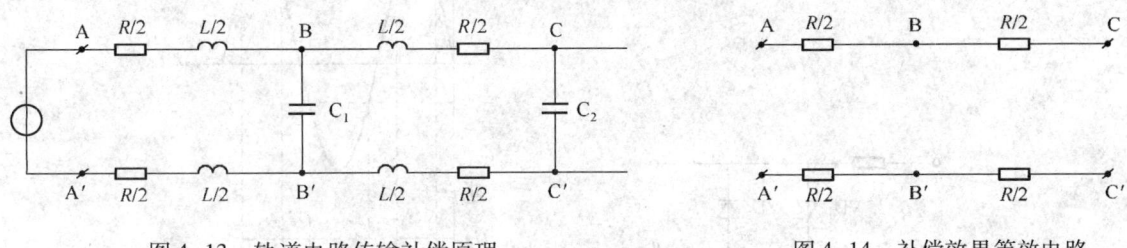

图 4-13　轨道电路传输补偿原理　　　　图 4-14　补偿效果等效电路

补偿电容容量主要与载频频率和钢轨长度（或补偿总电感）有关，实际中，还与道砟电阻范围、轨道电路传输要求等有关，载频频率低、或最小道砟电阻低、或轨道电路只考虑加大机车信号入口电流，不考虑列车分路状态时，电容容量大。为保证轨道电路电容调整、分路及机车信号同时满足一定要求时，补偿电容应有一个优选范围。加大补偿电容设置密度，有利于改善列车分路、减小分路电流的波动范围，有利于延长轨道电路传输长度，但过密设置又增加了成本，带来维修的不便，需要全面权衡。补偿电容的设置可采用等间距法，即将无绝缘轨道电路两端 BA 间的距离 L 按补偿电容总量 N 等分，其步长 $\Delta = \dfrac{L}{N}$。

【例 4-5】 试计算载频 2 600 Hz 时补偿电容 C 的数值。

解： 参考《信号维护规则》，2 600 Hz 时的钢轨阻抗为：21.147∠85.78° = 1.556 + j21.090 Ω/km，显然，感抗已大大高于电阻损耗，钢轨已呈现明显的感抗值，对轨道电路信号的传输产生较大的衰减。

道床每米约有几个皮法电容，可忽略。为使补偿简化，采取每 100 米补偿一次电容（与 UM71 相同），载频 2 600 Hz 时，参考上述数据，感抗值为 2.109 Ω，则可得到补偿电容值 C 为：

$$C = \frac{10^6}{2\pi \times 2\,600 \times 2.109} = 29.02\ \mu F \tag{5-8}$$

根据 1.5 Ω·km 道砟电阻，兼顾 1 700～2 600 Hz 各载频，UM 系列轨道电路统一选取补偿电容容量为 33 μF。

这样，轨道电路发送端和接收端的电流相差不是很大，信号的传输损耗大大减少，弥补了发送边带功率小的缺陷，在保证 UM71 无绝缘轨道电路传输长度上有明显效果。

ZPW-2000 根据我国轨道电路 1.0 Ω·km 道砟电阻标准，以及南方隧道和特殊线路的低道砟电阻的情况，对不同载频采用不同容值，进一步改善补偿效果。

4.3.3 接收器硬件设计

利用干扰抑制技术提高敏感设备抗干扰能力是轨道电路设计的重要环节。音频 FSK 轨道电路接收端对信号解调之前,主要采用限幅器和滤波器来对传导性干扰进行防护。

1. 限幅器

限幅器的作用是把信号幅度限定在一定范围内,即当输入电压超过或低于某一参考值后,输出电压将被限制在某一电平(称作限幅电平),不随输入电压变化。最常用的有二极管限幅器(如图 4-15 所示)和三极管限幅器。

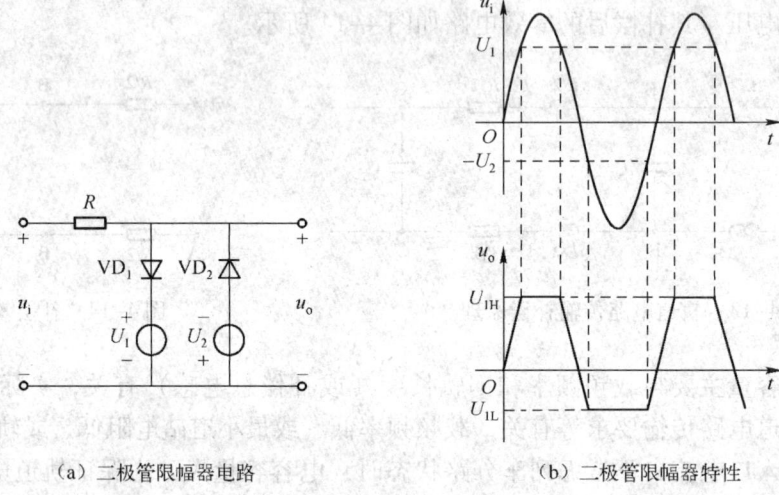

(a) 二极管限幅器电路　　　　(b) 二极管限幅器特性

图 4-15　限幅器原理

音频 FSK 轨道电路接收器中限幅器的作用是把信号传输中引入的寄生调幅消去,变为较纯净的移频信号。由于限幅(类似平顶波)使频谱中产生了 3 次、5 次等谐波,但并未影响调频信号的频率特征,因而信息没有损失,这也是调频优于调幅的原因。

2. 滤波器

音频 FSK 轨道电路接收器中滤波器的作用主要是针对电气化工频基波和谐波干扰。鉴于 FSK 信号的频谱特点,通常采用带通滤波器来限制牵引电流谐波干扰,同时使信号正常通过。

从抑制干扰的角度来说,通带范围越窄,进入的谐波能量越小,抑制效果越好。但从另一方面分析,由于 FSK 信号在理论上频谱很宽,通带越窄,则边频能量损失越大,信号失真越大。因此,滤波器的设计应保证信号的有效带宽。对于移频和 UM71 信号,由于频偏和调制频率不同,应按照各自的有效带宽,设计相应的滤波器特性。

UM71 轨道电路调频系数为 $1.07 \sim 0.38$,接近窄带调频,有效带宽主要覆盖了载频和一次边频能量,其带通滤波器带宽为 ± 40 Hz,既能保证主要信号能量接收,还最大限度地抑制了谐波干扰,正常情况仅有一个偶次谐波干扰可以进入。

4.3.4 软件处理

尽管 UM71 接收器采用模拟电子电路,但 ZPW-2000 等音频 FSK 轨道电路接收器(包括机车信号)多采用基于 A/D 转换器和 DSP 器件的微电子电路来实现,利用先进的软件技术可提高轨道电路抗干扰性能。

由以上分析可知，FSK 信号时域分析的特点是算法简单直观、实时性好，还可直接得到上下边频，但对于带内谐波则无法有效去除。FSK 信号的谱结构与不平衡牵引电流等干扰的频谱有显著的区别，因而，应用频域的频谱分析和识别的方法来分辨有用信号和干扰具有天然的优势。尤其是当干扰信号落在信号频带内时，可以利用频谱识别的办法将其剔除。软件设计中采用的频谱分析及相关技术包括 FFT、IFFT（FFT 逆变换）、ZFFT（Zoom FFT）技术、FIR（有限脉冲响应）抗混叠滤波、噪声和泄漏消除技术、模式识别技术等。

1. 频谱分析的优势

UM71 载频的能量很大，而边频的能量小，这是识别的重要特征。另外，滤波器的通带可以很窄，仅让调制信号的一次边频通过即可。

频域分析优势体现在以下几方面。

(1) 在频域易于剔除信号的带外干扰。

(2) 利用 FSK 信号和干扰频谱特征进行模式识别，滤除混入信号通带内的干扰，如工频谐波干扰及邻线信号干扰等。

(3) 鉴于 FFT 具有能量平均和统计特点，可以计算得到稳定信号的技术参数，如调制频率、载频等。

(4) 利用 ZFFT 可以对感兴趣的频段进一步细化分析，得到更高精度的数据，调制频率精度不低于 0.03 Hz，载频精度不低于 0.1 Hz。

(5) 通常从 FSK 信号的频谱特征可判别得到准确的信号；干扰较大或必要时，可采用相关性和多次判决等方法，从受污染的残缺频谱中提取信号。

2. 频谱分析的误差

对数字信号的 DFT（离散傅里叶变换）是对连续 FT 的近似，设计时需要克服造成误差的以下 3 种因素。

(1) 频谱混叠。不满足采样定理会带来频谱混叠，避免混叠的方法是保证采样率足够高，并加抗混叠滤波器。对于 UM71 信号，通常每秒取 8 192 点。

(2) 频谱泄漏。对信号处理时的时域截断相当于频域与窗函数频谱周期卷积，频谱分量从其正常频谱扩展，成为泄漏。由于时域截断是必须的，因此泄漏是固有的。可通过窗函数加权来抑制 DFT 等效滤波器的振幅特性的副瓣，或对有限长度的输入信号周期延拓后，在边界上尽量减少不连续程度。

(3) 栅栏效应。DFT 计算频谱只限制为基频的整数倍，不可能将频谱视为一个连续函数。如同通过一个栅栏观看一幅图景一样，只能在离散点的地方看到真实图像。克服栅栏效应的一个办法是，在原记录末端补零来改变时间周期内的点数，并保持记录不变，从而在保持原有频谱连续形式不变的情况下，变更了谱线位置。

3. 频谱分析和相关技术

1) FFT 及 ZFFT、IFFT 技术

滤波实质上是一种时域的处理方法，因为它只能把信号按频段分割，而不能按频谱分离。软件采用复数 FFT 技术的优势是，可以把在时域中不可分离的信号在频域中分离出来，甚至把混入有用频段内的干扰信号频谱剔除，如图 4-16（a）、(b) 所示。

FFT 后再采用 IFFT（FFT 逆运算），可以按照要求对信号频域滤波，将不需要的频谱彻底删除。对于时域特征明显的信号，采用 IFFT 技术相当于把信号再变换到时域。

确认在某一频段存在有用信号后，可进一步利用 ZFFT 技术进行处理，其作用是有限度地放大和细化某段感兴趣的频谱，使谱分辨率达到设定的要求。按照奈奎斯特（Nyquist）定理进行采样，可以保证不丢失有用信号的信息。因此，灵活运用 ZFFT 技术，完全可以满足对分辨率的要求。在进行 ZFFT 运算时，同样会进行频域滤波，即包含 IFFT。

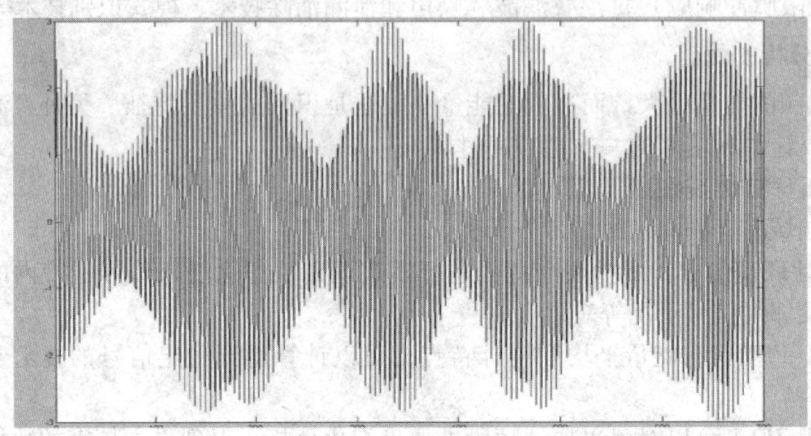

注：f_c=1700 Hz, $F1$=15.8 Hz, 谐波干扰 1650 Hz
（a）叠加谐波干扰

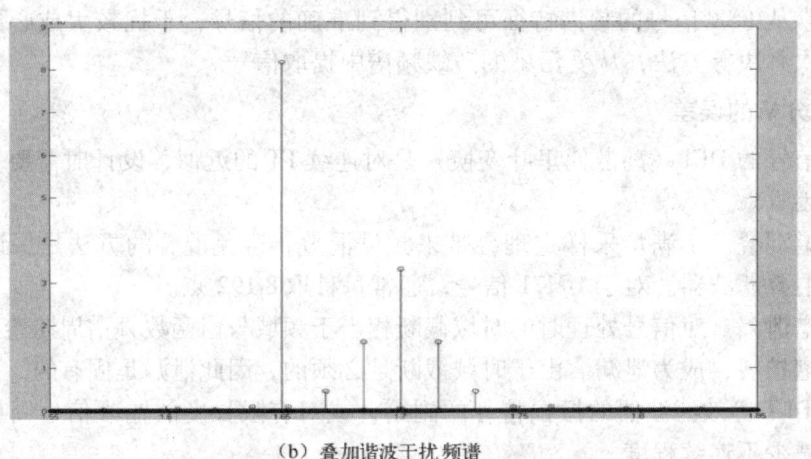

（b）叠加谐波干扰频谱

图 4-16　UM71 叠加谐波干扰信号与其对应的频谱

2）抗混叠滤波器设计

为防止信号频谱产生混叠，在信号采样前必须进行硬件的抗混叠滤波。在 ZFFT 中降低采样率后，还需进行软件的抗混叠滤波，如采用 FIR 滤波器，其优点是输出信号必然收敛。

3）泄漏及干扰消除技术

谱分析技术中很重要的一点是，如何解决泄漏和噪声的问题。频谱细化后，并不是简单的一条谱线，而是一簇谱线。为提取有用频谱，必须把残留的泄漏频谱剔除。

工频谐波干扰是影响信号频谱的主要原因之一。由于工频基波、谐波有其特定的谱结构，因此，可以利用其相互关联的特征将其去除。

4) 模式识别技术

铁路信号（继电器）输出表面上为二值逻辑，本质则是模糊逻辑。因为在接收和解码算法中，输入量和运算后结果实际都是模拟量，通过关键指标的判别使得模糊量清晰化，最后其结论演变为二值逻辑。轨道电路和机车信号接收的信号并不是标准的信号，往往会产生频率漂移、幅度抖动、结构失真等现象，在经过滤波及频域处理后，有时也难以恢复到理想状态。要准确判断出信号，还必须有一套完善的判别方法。既要容忍信号一定范围的畸变和失真，还必须保证安全，不能错判。模式识别技术科学合理地利用置信度和相似度等算法，同时，还可灵活采用预测算法、统计算法、惯性算法等。

例如，参照信号的码序之间的关联性，可以预测低频信息；根据 UM71 信号的频谱位置、相对幅度、载频与调制信号频谱相对关系，依照接收信号与标准模式差异，将信号按优劣分为 1、2、3 级的置信度。置信度的计算可使用加权聚类算法，关键项技术指标的权值、优先级各不相同，按照最大偏差最小化（或 Min（Max））原则，将最优置信度作为运算结果。

4.3.5 关于提高信号发送功率的分析

这里需要指出的是，通过提高信号发送功率的方法来"压"干扰，无疑可以直接提高信号干扰比，有利于抗电气化干扰，但另一方面，信号功率过大对相邻轨道电路可能造成潜在的危险。铁路现场曾多次出现站内和区间移频轨道电路造成邻线机车信号错误工作的现象。

随着客专线路的建设，会更多地出现相同方向载频线路并行情况，而线路间通过空间电磁耦合形成感应电压，或在故障条件下通过横向连接线形成传导性干扰，无法使用频率进行防护。

根据相关测试及仿真计算，并行钢轨回路在各种线间距条件下的互感值 M 见表 4-6，显然，信号电流越大引起的感应电压就越高。

表 4-6　各种线间距条件下的互感值　　　　　　　单位：H/km

线间距	频率/Hz	1 700	2 000	2 300	2 600
10		5.75298E-06	5.90147E-06	5.99945E-06	6.1544E-06
12		3.98262E-06	4.08551E-06	4.15325E-06	4.2605E-06
14		2.92096E-06	2.99609E-06	3.04609E-06	3.1243E-06
15		2.54273E-06	2.60855E-06	2.65166E-06	2.7203E-06
16		2.23379E-06	2.29104E-06	2.3292E-06	2.3898E-06
18		1.76381E-06	1.8088E-06	1.83928E-06	1.8866E-06
20		1.42771E-06	1.46423E-06	1.48844E-06	1.5273E-06

在本区段设备故障情况下，信号电流可能通过横向连接线或牵引回流线进入邻线同频区段，此时，信号相当于共模电压驱动源，主要抑制方法是：增加回路中横向连接设备阻抗、保持传输通道的平衡。

通过以上多种措施，既可保证信号传输，同时又可有效抑制传导性干扰，即提高了信号干扰比，使轨道电路设备在干扰环境下能够可靠稳定工作。

4.4　移频轨道电路和机车信号抗干扰技术

国内移频轨道电路信号同样是 FSK 信号，其系统设计是在模拟电子电路背景下，其抗干扰设计与 UM71 有诸多相似点,但在具体的频率选择等方面则有一定差异,这里仅作简单分析。

4.4.1 频率参数选择

1. 载频

从频段来看,载频太高,钢轨的集肤效应趋于严重,传输损耗大;载频太低,距离工频低次谐波近,干扰相应增大,扼流变压器等设备电感的体积变大。同时,还应考虑上下行邻线及相邻区段的干扰绝缘节破损。

如果将载频选在工频干扰小的偶次谐波附近,由于距离强干扰的奇次谐波仅 50 Hz,滤波器通带受限;频偏和调制低频不能太高,窄带调频,且只能通过一次边频,信号失真严重,抗干扰能力差。另外,模拟电路接收设备制作困难。例如,载频选在奇次谐波,如图 4-17 所示,可得 150 Hz 通带,用带阻滤波器滤除本级奇次谐波后,可得双边 100 Hz 通带。选择适当的调频系数 m,使载频分量很小,可进一步减少信号失真。

因此,移频信号载频选在工频牵引电流奇次谐波上,分别为 550、650、750、850 Hz,同时考虑其他参数选择,使传输的有用边频信号落在偶次谐波上,避开较强的奇次谐波干扰,如图 4-17 所示。

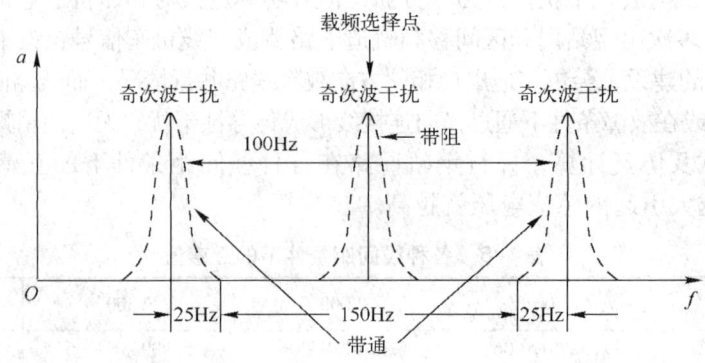

图 4-17 移频信号滤波器设计

2. 调制频率(低频)

低频选择首先需要满足信息量要求;为达到实时性要求,调制频率不能太低,以保证单位时间有足够载频,并降低选频放大器制作难度。另外,还应考虑尽可能避免差频出现带来自身干扰,以及各低频信息之间的频率间隔可有效区分。

另外,受载频处带阻滤波器的限制,为使移频信号不失真,要求有较大的调频系数,而调制低频不能太高。由于滤波器单边通带为 50 Hz,调制低频最大约 50 Hz/2 = 25 Hz。这样,移频信号通过滤波器时,保证移频信号尽可能小的失真度。

综合确定移频信号调制低频范围为 7~26 Hz,实际中 18 信息移频的低频分别为:7.0、8.0、8.5、9.0、9.5、11.0、12.5、13.5、15.0、16.5、17.5、18.5、20.0、21.5、22.5、23.5、24.5、26.0 Hz。

3. 频偏

在选定载频和调制频率的基础上,移频应有较大的调频系数。频偏选择主要考虑应将边频能量落在工频干扰较小的偶次谐波附近,故选为 55 Hz。考虑调制低频 7~26 Hz,调频系数范围为 2.12～7.86。信号有效带宽较宽，能量向边频扩散，中心频率能量减少，分别集中在上下边频附近。

当然，移频参数的选择也存在一些缺点：由于频偏较大，相邻载频会引起所谓单边侵入甚至双边侵入，如 650 Hz 信号（主要在 595 Hz 和 705 Hz 附近）可能被 550 Hz 上边频 605 Hz 及 750 Hz 下变频 695 Hz 信号所干扰；低频频率的选择没有经过优化。

4.4.2 其他抗干扰措施

由于移频轨道电路载频较低，没有使用补偿电容，但对阻抗匹配进行了设计。本质上它与 UM71 的特征是相同的，接收器的硬件措施也包括限幅和滤波，滤波器包括带通、带阻滤波器，其中，带通滤波器的中心频率选在工频偶次谐波，即边频信号位置；带阻滤波器的中心频率则选在强干扰能量即工频奇次谐波上。

基于微处理器的接收器采用的频域处理方法，有利于移频信号的解调判别。时域叠加干扰及其频谱结构如图 4-18，时域叠加两个谐波干扰及其频谱结构如图 4-19 所示。可见，对于较强的工频谐波，在频域的特征很明显，易于消除。

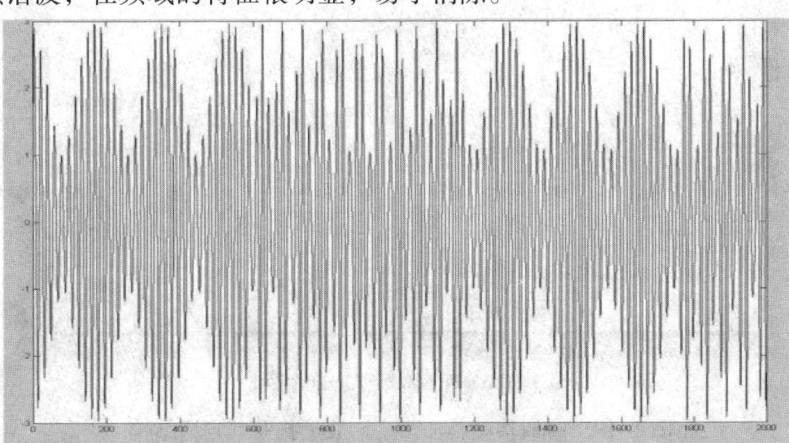

(a) f_c=550 Hz, $F1$=7 Hz, 叠加谐波 450 Hz

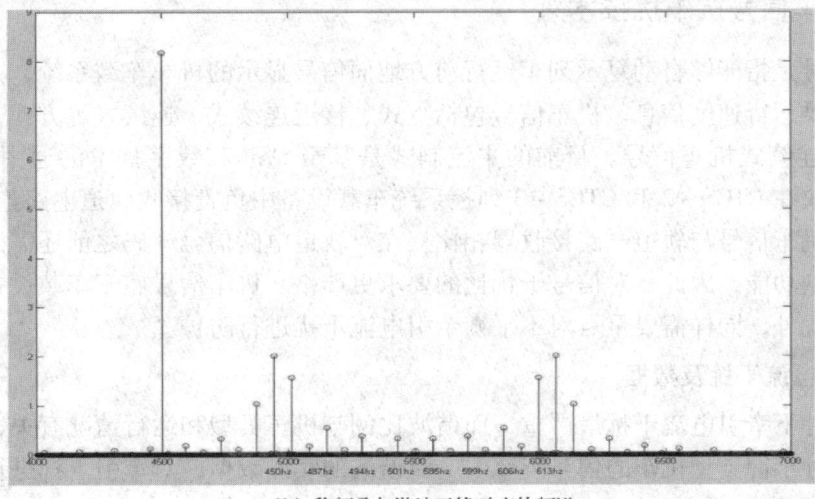

(b) 移频叠加谐波干扰对应的频谱

图 4-18 时域移频叠加干扰及其频谱结构

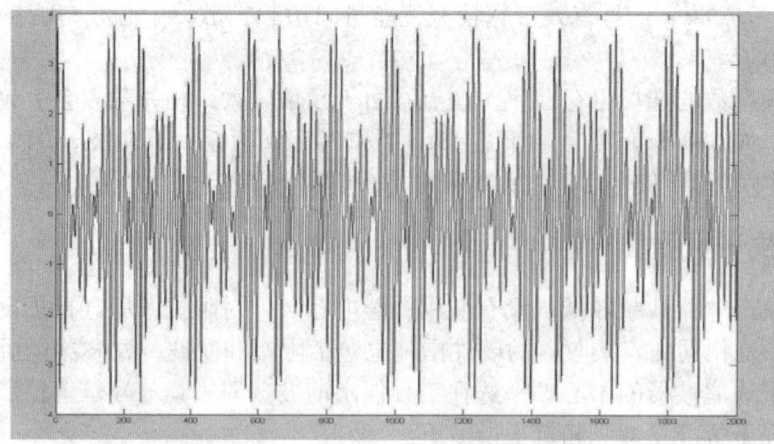

(a) f_c=550 Hz,F1=20 Hz,叠加谐波 450 Hz 和 550 Hz

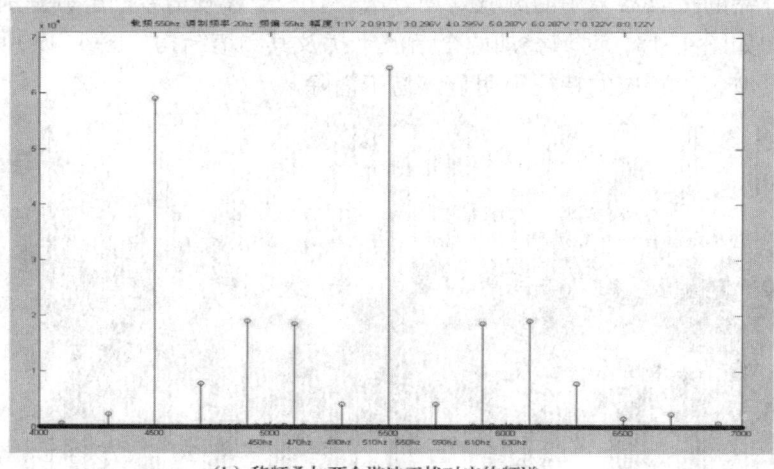

(b) 移频叠加两个谐波干扰对应的频谱

图 4-19　时域移频叠加两个谐波干扰及其频谱结构

4.4.3　机车信号抗干扰技术

机车信号是指能够自动复示列车运行前方地面信号显示的机车车载系统，并接收编码信息为机车提供运行速度信息。机车信号包括点式、接近连续式、连续式等方式，自动闭塞区段通常采用连续式机车信号。目前的主流制式是基于 DSP 和数字技术的通用式机车信号。机车信号模块在 CTCS-2 和 CTCS-3 列控系统车载设备中负责接收轨道电路连续信息。

通用式机车信号与轨道电路接收器相比，在对轨道电路信号译码之前还需完成对不同信号制式的识别功能，因此，对信号干扰比的要求更严格。机车信号属于车载设备，除机车环境的电磁干扰外，同样需要重点对不平衡牵引电流干扰进行防护。

1. 牵引电流干扰及数据

重载条件下牵引电流干扰最严重，而谐波比例与机车类型和运行情况有关，下面通过重载试验时两种不同类型机车的信号及牵引电流谐波的实测数据，对牵引干扰进行简要分析。

1）A 型号机车的谐波分布

机车运行方向为上行，本区段轨道电路载频为 2 000 Hz，速度约 54 km/h，钢轨不平衡电流约 146 A。

受牵引电流干扰影响的机车信号波形及其对应频谱如图 4-20、图 4-21 所示，谐波分布比例见表 4-7。

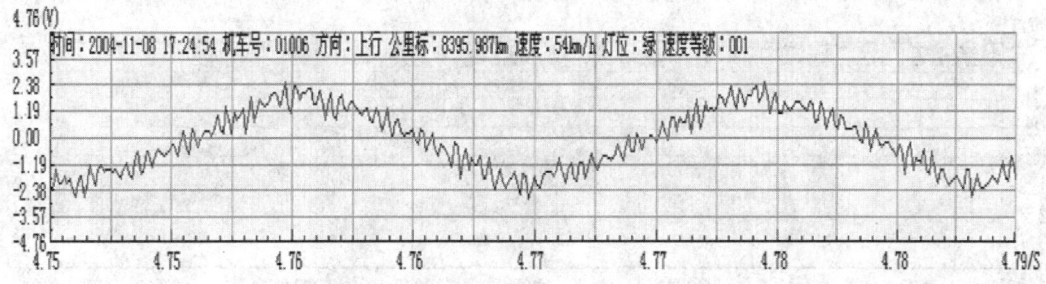

图 4-20　受牵引电流干扰影响的 A 机车信号波形

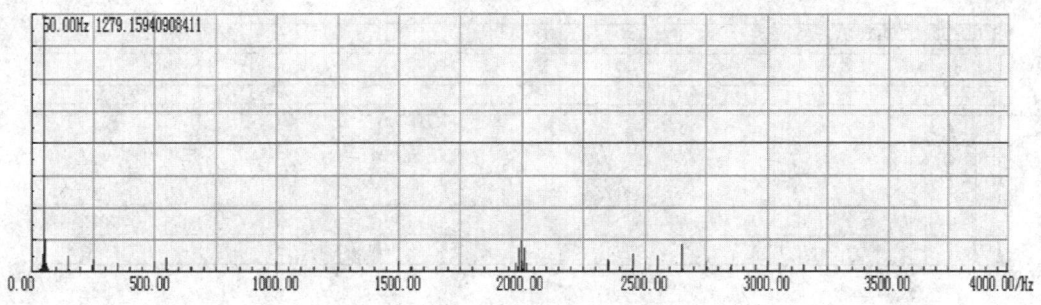

图 4-21　A 机车信号频谱

表 4-7　信号与各次谐波分布比例 1

频率/Hz	幅度/mV	比例/%	频率/Hz	幅度/mV	比例/%	频率/Hz	幅度/mV	比例/%
50	1279.16	97.7143	950	12.51	0.9556	1850	12.34	0.9426
100	6.43	0.4912	1000	0.46	0.0351	1900	1.50	0.1146
150	85.85	6.5580	1050	6.09	0.4652	1950	12.45	0.9510
200	2.42	0.1849	1100	0.51	0.0390	2000	128.5	9.8160
250	60.00	4.5834	1150	6.89	0.5263	2050	7.30	0.5576
300	2.54	0.1940	1200	0.47	0.0359	2100	0.74	0.0565
350	48.22	3.6835	1250	1.36	0.1039	2150	20.89	1.5958
400	1.43	0.1092	1300	0.84	0.0642	2200	0.46	0.0351
450	31.60	2.4139	1350	12.67	0.9679	2250	22.12	1.6897
500	1.61	0.1230	1400	0.71	0.0542	2300	0.68	0.0519
550	69.22	5.2877	1450	9.83	0.7509	2350	65.34	4.9913
600	1.23	0.0940	1500	0.48	0.0367	2400	1.14	0.0871
650	32.21	2.4605	1550	30.21	2.3077	2450	92.18	7.0416
700	1.28	0.0978	1600	1.19	0.0909	2500	0.34	0.0260
750	17.39	1.3284	1650	5.54	0.4232	2550	82.34	6.2899
800	1.07	0.0817	1700	0.68	0.0519	2600	0.92	0.0703
850	2.40	0.1833	1750	6.30	0.4813	2650	134.58	10.2805
900	0.81	0.0619	1800	0.84	0.0642	2700	1.31	0.1001

注：总电压幅度为 1 309.08mV。

2）B 型号机车的谐波分布

机车运行方向为上行，本区段轨道电路载频为 2 600 Hz，速度约 50 km/h，钢轨不平衡电流约 190 A。

受牵引电流干扰影响的机车信号波形及其对应频谱如图 4-22 和图 4-23 所示，谐波分布比例见表 4-8。

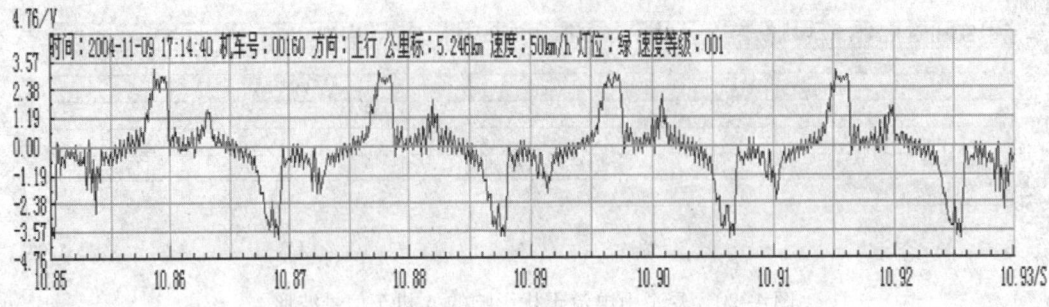

图 4-22　受牵引电流干扰影响的 B 机车信号波形

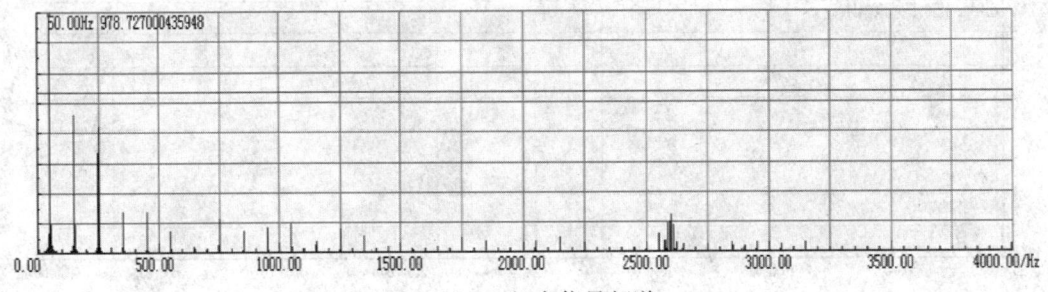

图 4-23　B 机车信号频谱

表 4-8　信号与各次谐波分布比例 2

频率/Hz	幅度/mV	比例/%	频率/Hz	幅度/mV	比例/%	频率/Hz	幅度/mV	比例/%
50	978.73	74.5773	950	104.55	7.9665	1850	45.78	3.4883
100	22.20	1.6916	1000	20.58	1.5682	1900	2.10	0.1600
150	562.69	42.8759	1050	121.54	9.2611	1950	23.82	1.8150
200	16.41	1.2504	1100	20.30	1.5468	2000	9.77	0.7445
250	514.40	39.1963	1150	52.14	3.9730	2050	46.92	3.5752
300	30.41	2.3172	1200	4.20	0.3200	2100	7.26	0.5532
350	167.53	12.7655	1250	97.08	7.3973	2150	60.87	4.6382
400	19.72	1.5026	1300	18.93	1.4424	2200	4.78	0.3642
450	167.20	12.7403	1350	69.53	5.2981	2250	39.70	3.0251
500	4.06	0.3094	1400	12.50	0.9525	2300	9.31	0.7094
550	94.68	7.2144	1450	25.35	1.9316	2350	13.32	1.0150
600	15.48	1.1795	1500	11.96	0.9113	2400	11.51	0.8770
650	27.14	2.0680	1550	11.40	0.8687	2450	21.35	1.6268
700	19.57	1.4912	1600	12.15	0.9258	2500	6.16	0.4694
750	140.27	10.6883	1650	25.20	1.9202	2550	74.23	5.6562
800	12.50	0.9525	1700	9.73	0.7414	2600	132.35	10.0848
850	94.62	7.2099	1750	63.74	4.8569	2650	36.91	2.8125
900	10.58	0.8062	1800	13.45	1.0249	2700	12.30	0.9372

注：总电压幅度为 1 312.37 mV。

根据上述图表，可得出如下结论：机车谐波总体分布特点与理论分析基本一致，但机车不同比例差异很大，基波的比例分别为 97.7% 和 74.6%；谐波在移频频段的干扰量较大，但在 UM71 和 ZPW-2000 频段则相对较小；谐波分布在信号通带附近，仅仅通过时域滤波去除干扰有一定困难；存在一定的邻线干扰。

2. 牵引电流干扰防护措施

机车信号对工频及谐波干扰的防护与轨道电路类似，这里不再细述。目前的通用式机车信号在软件方面主要采用数字滤波器和频谱分析的方法进行处理。

移频轨道电路信号频率相对较低，而频带附近的电气化干扰较大。为此，通用式机车信号利用数字信号处理技术，增设了 50 Hz 及奇次谐波梳状数字滤波器（陷波器），其在 50 Hz、150 Hz、250 Hz、以及 550 Hz、650 Hz、750 Hz、850 Hz 处的幅频特性为零，如图 4-24 所示，使得这些频率的能量在通过滤波器后大大衰减，而对其他频率信号的衰减不大，可以有效滤除电化区段 50 Hz 牵引电流基波及奇次谐波的干扰。

由于 FSK 信号显著的频谱特征，可采用频谱分析和识别技术进行处理，与地面信号处理原理和方法相同。

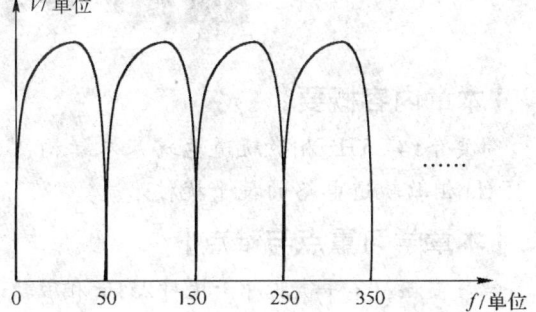

图 4-24　机车信号奇次谐波梳状数字滤波器幅频特性

复习参考题

4-1　FSK 信号时域和频域的主要特点是什么？

4-2　国产移频信号频谱有何特点？计算分析调频信号主要能量的分布范围。如果频谱中载频分量为零，应如何选取调制频率和调频系数？并用仿真工具验证结论。

4-3　试画图描述并比较国内移频和 UM71 的频谱结构，对照 UM71 频谱分布，说明其滤波器带宽如何选择。

4-4　采用频谱识别的方法处理 FSK 信号要考虑哪些误差因素？ZFFT 应用于机车信号解码有什么优点？

4-5　试分析电气化谐波干扰对 FSK 信号的影响和防护策略。

4-6　建立 UM71 调谐区（包括钢轨电感）的电路模型，计算存在 50 Hz 不平衡牵引电流时，空心线圈 SVA 中电流与调谐单元的电流分布。

4-7　在正常情况和工频漂移 -1% 时，载频 2 600 Hz 轨道电路带内分别有哪些电气化谐波干扰成分？

4-8　在参考文献中查阅有关参数，利用 MATLAB 建立 UM71 轨道电路模型，计算其极限传输长度、电气分隔接头谐振阻抗、发送端和接收端等效阻抗、接收器最小工作电平、带内牵引电流谐波量允许值、校核在 0.15 Ω 分路电阻下是否满足始端和终端分路要求。

第 5 章
25 Hz 相敏轨道电路对脉冲干扰的防护

【本章内容概要】

简要介绍 25 Hz 相敏轨道电路基本结构、工作原理,针对不平衡脉冲电流干扰,重点分析 25 Hz 相敏轨道电路的抗干扰技术。

【本章学习重点与难点】

学习重点:不平衡脉冲干扰对 25 Hz 相敏轨道电路的干扰机理和提高信号干扰比的解决对策。

学习难点:脉冲干扰造成变压器饱和及电路中过渡过程对信号传输的影响。

自 20 世纪 70 年代末以来,我国借鉴前苏联和日本的经验,开始大力发展 25 Hz 相敏轨道电路(包括由单片机构成的相敏接收器),该设备具有简单可靠、造价低廉、抗稳态不平衡牵引电流干扰能力强等诸多优点,得到广泛应用,逐渐成为铁路电气化区段站内轨道电路的主要制式。目前 3.2 万多公里的电气化铁路,约 90% 的既有线车站采用 25 Hz 相敏轨道电路。在客运专线站内,采用与区间同制式(一体化)的轨道电路,但在复杂大站,正线及股道区段采用计算机编码控制的 ZPW-2000(UM)系列有绝缘轨道电路,其他区段依然采用 25 Hz 相敏轨道电路。

5.1　25 Hz 相敏轨道电路简介

现场应用的相敏轨道电路除原有(下称旧型)设备外,主要有 97 型 25 Hz 相敏轨道电路、抗电气化干扰的 BES 扼流适配变压器型(简称 BES 型)相敏轨道电路、基于微电子相敏接收器的相敏轨道电路。97 型设备与其他两种设备可以配合使用。

1. 97 型设备基本构成

97 型 25 Hz 相敏轨道电路与旧型设备相比,在器材工艺、技术指标、抗干扰性能等方面均有改进,是目前的主流制式,主要由以下几部分组成,如图 5-1 所示。

① 发送(送电)端:包括送电端扼流变压器(BE25)、电源(轨道)变压器(BG25)、限流电阻、熔断器。

② 接收(受电)端:包括送电端扼流变压器(BE25)、中继(轨道)变压器(BG25)、熔断器(RD)、防雷补偿器(FB)、防护盒(HF)、轨道继电器(JRJC1-70/240)。

第5章 25 Hz 相敏轨道电路对脉冲干扰的防护

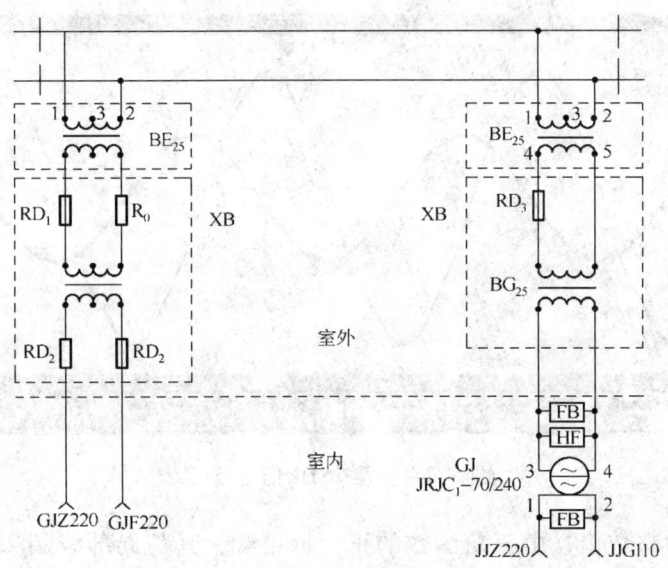

图 5-1　25 Hz 相敏轨道电路组成

轨道电源和局部电源为独立的 25 Hz 分频器，分别为轨道继电器的轨道线圈和局部线圈供电。

2. 工作原理及抗干扰设计

1）工作原理

25 Hz 电源屏输出的局部电压恒超前于轨道电压相位 90°。JRJC 轨道继电器称为二元二位继电器，属于交流感应式继电器，它利用电磁铁所建立的交变磁场与金属转子中感应电流之间相互作用的原理而动作，继电器具有可靠的频率选择性和相位选择性。

继电器翼板的转矩力为：

$$F = \frac{c}{f} U_G U_J \sin\alpha = \frac{c}{f} U_G U_J \cos\beta \tag{5-1}$$

式中，c 为系数；

f 为电流频率；

U_G 为轨道线圈电压；

U_J 为局部线圈电压；

α 为轨道和局部相位差；

β 称为失调角或相移。

显然，轨道电压、局部电压最大、局部电压超前轨道电压 90°时，继电器翼板受力最大。信号维规要求的可靠工作值分别为：$U_J = 110\,\text{V}$，$U_G \geq 15\,\text{V}$，$72° \leq \alpha \leq 90°$。继电器返还系数为 55%，即释放值为 8.6 V。

【例 5-1】 根据图 5-2 实测 25 Hz 信号波形读取轨道电路的各个参数。

解： 由图 5-2 可见，局部和轨道电压有效值分别为 111.72 V 和 20.26 V。

示波器波形显示局部电压与轨道电压相邻的过零点之差为 10 ms，经换算得二者的相位差为 90°（1/4 周期）。

2）抗干扰设计

（1）相敏轨道电路采用 25 Hz 作为信号频率，最主要的目的是为了有效防止工频牵引电流对轨道电路的影响。不平衡牵引电流干扰会以传导方式进入继电器轨道线圈上，是 50 Hz 及其

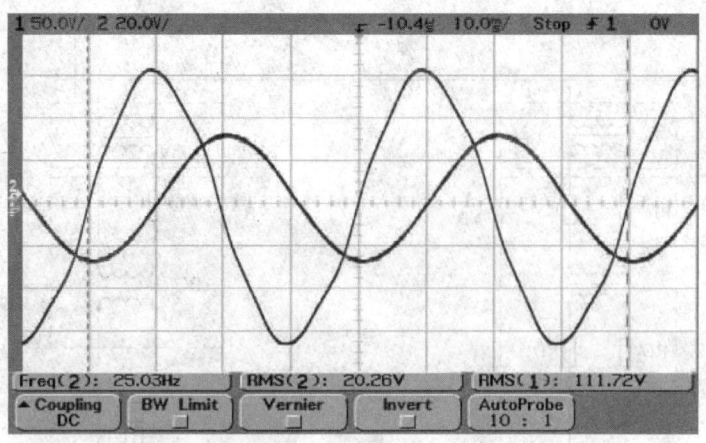

图 5-2 实测 25 Hz 信号波形

谐波为 25 Hz 信号的整数倍，由三角函数的正交性可知，其与局部线圈 25 Hz 能量在一周期（40 ms）内乘积的积分值为零，即力矩平均值为零。尽管在周期内瞬间乃至半周期的力矩并不为零，但由于翼板惯性较大，使继电器缓动时间大于 100 ms，故不会造成继电器错误动作。

另外，局部分频器输出可能含有偶次谐波即 50 Hz 成分，技术指标要求口字形铁芯 50 Hz 成分不大于 4%（4.4 V），田字形 50 Hz 成分不大于 2.5%。因此，理论上存在继电器误动作的可能性。实际测试表明，不平衡牵引电流 60 A，且防护盒断线时，轨道线圈电压为 270～300 V，同时局部线圈为 50 Hz、7.5～8 V 电压的条件下，继电器前接点吸合。可见，若要继电器动作，50 Hz 干扰在局部和轨道线圈的电压和相位均应满足一定的极端条件。

（2）接收端防护盒（HF）并接在轨道继电器轨道线圈上，由 0.845 H 电感和 12 μF 电容串联组成。HF 本质上是一个滤波器，对 50 Hz 干扰电流呈现串联谐振，相当于 15～20 Ω 电阻，反射到扼流变压器牵引线圈侧（初级）的阻抗有一定程度减小，对工频干扰电流起到减小干扰电压的作用；对 25 Hz 信号则相当于 16 μF 电容，可以减小轨道电路传输损耗和相移。但是，随着稳态不平衡电流增大，防护盒上干扰电压持续增加（大于 12 V），其电感值下降，由于失谐而使 50 Hz 阻抗增大，滤波性能变差，失调角增加 10°以上。

（3）牵引电流脉冲干扰会引起继电器接点的颤动，为避免轨道继电器误动作，还使用缓动继电器（JWXC-H310）作为轨道继电器的复示继电器，其缓吸和缓放时间分别为 0.4 s±0.1 s 和 0.8 s±0.1 s。

5.2　脉冲干扰对相敏轨道电路的影响

5.2.1　脉冲干扰导致的"闪红"现象

25 Hz 相敏轨道电路尽管有许多优点，对传导性稳态干扰有较强的抑制能力，但该制式也存在一定缺陷即抗电气化不平衡电流脉冲（冲击）干扰能力差，实际运用中，尤其在短的道岔区段没有被列车占用时，会发生轨道继电器受干扰而瞬间或短时落下，已开放的进站或出站信号机关闭，控制台上闪红光带，即现场所谓的 25 Hz 轨道电路"闪红"问题。

25 Hz 轨道电压受干扰的波形如图 5-3 所示。在脉冲干扰下，继电器轨道电压短时间下降，造成信号突然闪红，致使行进中的列车紧急制动，列车或停在信号机前或冒进信号。停在信号机前时，需经人工解锁，方能重新开放信号；冒进信号时，需进行人工引导。这些都不利于行车安全。其后果是，轻则影响运输效率，重则烧损设备，危及人身安全。

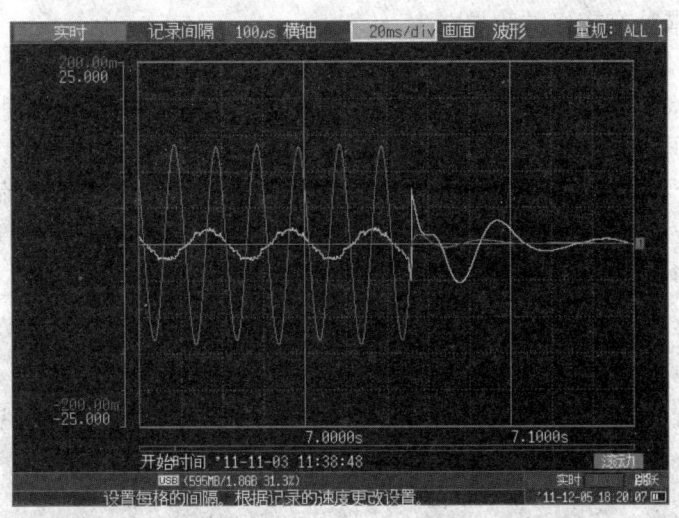

图 5-3　25 Hz 轨道电压受干扰的波形（红色为牵引电流，绿色为 25 Hz 信号）

据统计，随着重载运输的发展，牵引功率增加带来牵引电流的加大，"闪红"出现的概率明显增多，如大功率机车或双机牵引运行后，上述"闪红"现象明显增加；大坡道牵引时轨道电路误动更频繁。鉴于上述原因，有必要深入研究不平衡牵引电流脉冲干扰对相敏轨道电路的影响机理和对策。

5.2.2　国内外对比

25 Hz 相敏轨道电路在前苏联和日本等国有较长时间的应用，将国内外情况进行对比发现，主要有以下 3 点不同：在站内轨道电路的结构方面，国外一般采用焊接式，我国多采用塞钉式，焊接式轨道电路的不平衡系数要比塞钉式低得多；在轨道电路不平衡系数要求方面，国外一般达到 10% 以上，我国则规定为 5%。在研究干扰性质方面，国外重点在于研究不平衡牵引电流脉冲干扰，我国侧重抗稳态干扰，而抗脉冲干扰要比抗稳态干扰的难度大得多。例如，日本在研究分频倍频轨道电路时（其中轨道电路传输部分是 25 Hz 信号，实质也是 25 Hz 相敏轨道电路）重点是抗脉冲干扰，其抗脉冲干扰的能力（对于 400 A 扼流变压器）可达到 57 A。我国的旧型 25 Hz 相敏轨道电路的抗干扰能力（对于 400 A 扼流变压器）实测约 16 A，还不到 5%。前苏联 1984—1987 年在接触网挂冰、弓网电弧增加的条件下，经对脉冲干扰进行专门研究得出以下结论：当不平衡系数超过 20% 时，轨道继电器在脉冲干扰下电压瞬间下降 20%～25%，失调角增加到 35°，前接点断开 0.4～6 s；当有车占用时，如不平衡系数大于 40%，会造成继电器错误闭合 0.08～0.2 s。

由此可见，我国 25 Hz 相敏轨道电路在不平衡牵引电流脉冲干扰下，设备发生误动甚至烧损有一定必然性，应向国际水平接轨，抗干扰能力应达到 15%～30%。因此，在提高 25 Hz 相敏轨道电流的抗干扰指标后，必须研究有效的抗干扰措施。

5.2.3　继电器误动的干扰来源分析

接触网及钢轨中的电流，经常是以 50 Hz 为主的稳态电流，对此可由 L、C 元件构成的线性滤波器等来防护。在较小的不平衡电流下（扼流变压器未饱和时），25 Hz 相敏轨道电路对 50 Hz 基波及谐波有较好的防护能力。

如前所述，还存在 50 Hz 的冲击电流或称为脉冲电流。如机车满载通过分相点（俗称闯换相）、接触网有冰凌造成接触不良、变电所过流保护开关的瞬间开闭等，均会使牵引电力网中产生大的冲击电流，升弓、降弓时也会产生冲击电流，但时间相对较短。因而，钢轨线路中的电气化脉冲干扰电流是客观存在，不是偶然现象，钢轨中冲击电流对 25 Hz 相敏轨道电路的正常工作产生严重影响。现场测试和室内模拟证明，25 Hz 相敏轨道电路产生误动的根源主要来自不平衡牵引电流脉冲干扰，如图 5-4、图 5-5 所示。

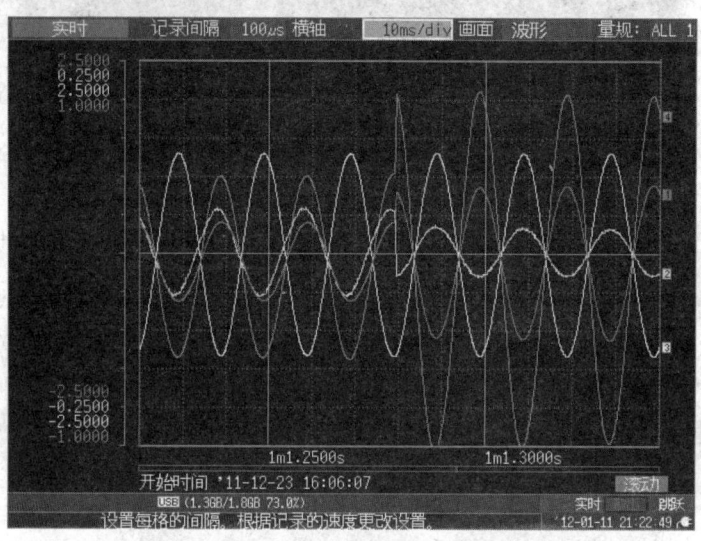

图 5-4　牵引电流变化波形（紫色）

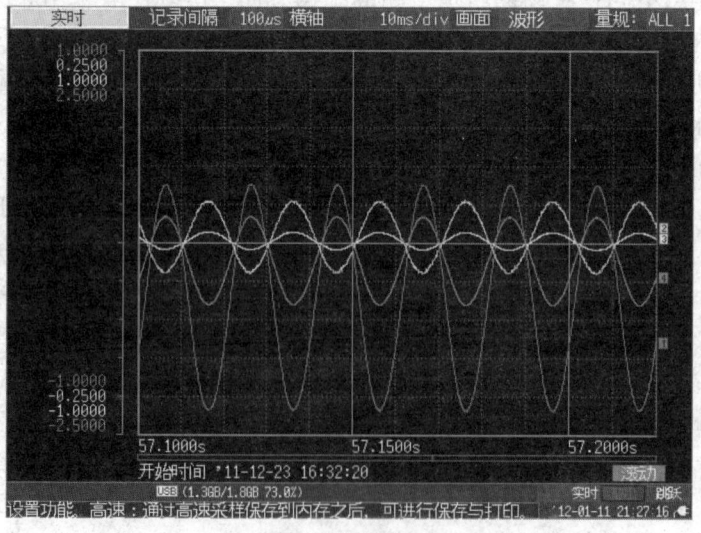

图 5-5　带有直流成分的牵引电流（红色）

5.2.4 相敏轨道电路误动机理

冲击电流通过下列两个途径对 25 Hz 相敏轨道电路产生干扰。

1. 扼流变压器饱和

脉冲电流的波形是上下半波不对称的近似正弦波形,其中含有直流成分,致使相敏轨道电路中的扼流变压器等铁磁元件中磁通密度显著增大,容易产生铁磁饱和,从而导致轨道电路中传输的 25 Hz 信号电流产生陷落现象。这是使轨道继电器瞬间落下的主要原因。

一般变压器设计时,其工作值接近铁芯磁化曲线线性部分的高端,以减少线圈的匝数。因此,当激磁电流增加到额定值两倍时,该变压器铁芯的磁化曲线进入深度饱和区,电感量减小,扼流变压器阻抗下降,减少了轨道电路接收器所获得的信号能量,从而使轨道电路接收器错误失磁落下。

为便于试验,不考虑直流成分,仅在扼流变压器初级线圈施加 50 Hz 稳态不平衡电流 BE 测试数据见表 5-1。

表 5-1　扼流变压器在不平衡电流下的阻抗特性

BE-800A 扼流变压器 50 Hz 阻抗测试						备 注
1#			2#			
U/V	I/A	Z/Ω	U/V	I/A	Z/Ω	
11.49	4.97	2.31	11.39	4.95	2.30	
20.59	10.0	2.06	20.2	10.15	1.99	扼流变压器为空载;不平衡电流相当于表中电流的 2 倍
26.69	20.5	1.30	25.22	20.4	1.24	
29	30.0	0.97	26.86	29.9	0.90	
27.6	42.4	0.65	28.5	39.7	0.72	
28.7	49.5	0.58	30.06	49.8	0.60	

可见,在不平衡电流达到额定电流的 10% 即 80 A 时,扼流变压器阻抗从 2.3Ω 降低到 0.7Ω,其变化曲线如图 5-6 所示。当不平衡电流继续增大或含有直流时,饱和情况更严重。其直接后果是信号能量下降,由于牵引电流脉冲干扰及大的不平衡电流时间短暂,相敏继电器会瞬间落下后再吸起,形成所谓的"闪红"现象。值得注意的是,扼流变压器饱和在发送端和接收端都有可能发生,仅在接收端设置滤波器也是不够的。

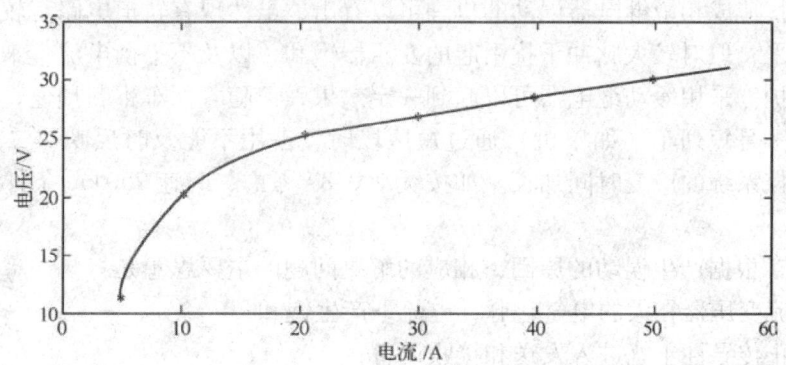

图 5-6　不平衡电流下的扼流变压器阻抗变化曲线

2. 接收器中的过渡过程

一般的线性滤波器只对稳态干扰有防护作用,对冲击干扰形成的瞬态过程则无防护作用。根据电路分析理论,电路的正弦激励下的完全响应中除了与激励频率有关的强制分量外,还包括与电路自身参数(特征根)有关的自由分量。因为在 50 Hz 冲击电流干扰激励下,轨道电路接收器中滤波器(防护盒)的响应形成的暂态过程或衰减振荡,与原有的 25 Hz 信号叠加,可能增强,也可能削弱。相加时在极端情况可使落下的相敏继电器吸起;削弱时可使吸起的相敏继电器落下。因此,冲击干扰在滤波器的通带内产生衰减振荡,使相敏继电器发生误动。由于过渡过程中自由分量大小与脉冲电流大小、电路状态等有关,因此,必须有效减小进入滤波器的传导性干扰能量。

如图 5-7 (a) 所示,按照 25 Hz 相敏接收器等效电路进行仿真,不考虑扼流变压器的非线性,单独施加 50 Hz 冲击电流 100 A 下的干扰电压,在继电器上测得的干扰电压波形如图 5-7 (b) 所示,相应的信号波形如图 5-7 (c) 所示。

图 5-7 (a) 中,R1 和 R2 为电缆电阻(均取 100 Ω),L1、C1 和 R3 为防护盒的 50 Hz 等效电路,R4 和 L1 为二元二位继电器的等效电路。

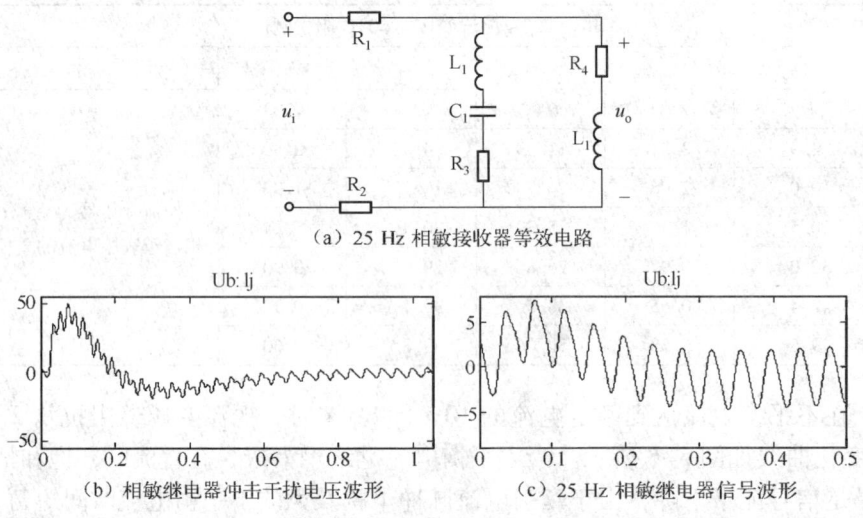

(a) 25 Hz 相敏接收器等效电路

(b) 相敏继电器冲击干扰电压波形

(c) 25 Hz 相敏继电器信号波形

图 5-7　25 Hz 相敏接收器等效电路及其继电器冲击干扰电压和信号波形

从脉冲干扰造成相敏继电器误动的机理可以看出,虽然现有轨道电路有较高的抗牵引电流稳态干扰水平,但对较大脉冲干扰引起的变压器饱和,以及不平衡电流带来的过渡过程还不能有效地防护。采用缓动继电器可以起到一定效果,但随着列车不断提速,缓动将带来两个不利因素:一是短列车(如单机)通过短区段时,占用不能及时反映;二是由于电码化信息延时使列控系统的应变时间加长。如按缓动 0.8 s 考虑,时速 250 km 条件下,列车可以行驶约 55.6 m。

综上所述,根据产生误动的原因,相应的解决问题的主要思想是:
- 防止扼流变压器在大的电气化脉冲电流下产生饱和;
- 有效防止传导性干扰进入发送和接收设备;
- 设法保持 25 Hz 信号传输处于最佳状态。

5.3 抗脉冲干扰理论分析及方案设计

根据电磁兼容原理，抗干扰的本质是减小进入受扰设备的干扰能量，同时提高信号自身的抗扰度水平，轨道电路抗电气化干扰方案应围绕这两个目标进行。

5.3.1 减小传导性干扰功率基本方法分析

为减小电气化传导性干扰即不平衡牵引电流的功率，主要应在强电和弱电结合部实施正确的抗电化脉冲干扰方案，轨道电路设备必须在入口处采用滤波器，而采用何种滤波器则有必要对电化干扰源性质进行分析。

1. 干扰源性质与滤波器

如果把传导性干扰形象地比作洪水，抗干扰的基本方法与防洪思路可谓异曲同工：导和堵。从电路概念的角度，导是指电路阻抗小，即串联谐振电路；堵是指电路的阻抗大，即并联谐振电路。从滤波器原理来看，则是对干扰的吸收或反射，指滤波器的阻带特性。具体采用何种方式，需要根据干扰源的性质来决定。

当干扰源是理想电流源或接近理想电流源时，应采用导的方法，即采用串联谐振电路和理想电流源并联的方法，理想电流源条件下的滤波器如图 5-8 所示。

由于理想电流源的电流 $i(\omega)$ 为定值，当 $\omega_0 = \dfrac{1}{\sqrt{LC}}$ 时产生串联谐振，阻抗 $z(\omega_0)$ 最小，极限时 $z(\omega_0) \to 0$，则负载上干扰电压 $u(\omega_0) = i(\omega_0) \cdot z(\omega_0) \to 0$；干扰功率 $p(\omega_0) = i(\omega_0) u(\omega_0) \to 0$。

另一方面，当干扰源是理想的电压源或接近理想电压源时，则应采用堵的方法，即采用并联谐振电路和理想电压源串联的方法，理想电压源条件下的滤波器如图 5-9 所示。

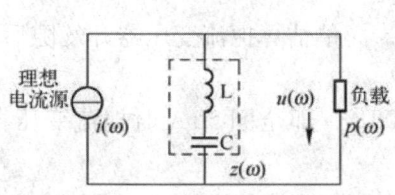

图 5-8 理想电流源条件下的滤波器

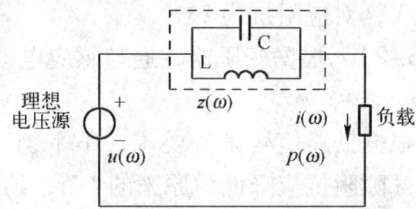

图 5-9 理想电压源条件下的滤波器

由于理想电压源的电压为 $u(\omega)$ 定值，当 $\omega_0 = \dfrac{1}{\sqrt{LC}}$ 时，产生并联谐振，导纳 $Y(\omega_0)$ 最小，极限时 $Y(\omega_0) \to 0$，即 $z(\omega_0) = \dfrac{1}{Y(\omega_0)}$ 最大，极限时 $z(\omega_0) \to \infty$。

因此负载上干扰电流 $i(\omega_0) = u(\omega_0) \cdot Y(\omega_0) = \dfrac{u(\omega_0)}{z(\omega_0)} \to 0$；干扰功率 $p(\omega_0) = u(\omega_0) i(\omega_0) \to 0$。

由上述分析可见，两种滤波器的效果都实现了干扰功率 $p(\omega_0) \to 0$，可见这两种选择是正确的。

2. 不平衡电流干扰源的性质及抑制方法

前面提到，电化干扰源的性质是理想电流源。牵引电力网的额定电压为 25 kV，两根轨条中牵引电流之和 $\dot{i}_1 + \dot{i}_2$ 主要由机车消耗功率 $P = 25\,000 \times (\dot{i}_1 + \dot{i}_2)$ 所决定。流过扼流变压器半个牵引圈的牵引电流值 $|\dot{i}_1 - \dot{i}_2|$ 由钢轨线路和扼流变压器等的不平衡系数与其他因素综合决定，而与轨道电路发送端或接收端的阻抗无关。因此，对于轨道电路设备而言，不平衡牵引电流干扰源接近理想电流源，采用串联谐振电路与干扰源并联是正确的方法，反之，采用并联谐振电路与干扰源串联的方法对抗干扰作用不大。

5.3.2 增大扼流变压器饱和电流

为避免变压器饱和，可在变压器铁芯中留出一定气隙。由于空气的磁导率与铁芯的磁导率相差可达上千倍，因此，只要在磁回路中留百分之一或几百分之一的气隙长度，其磁阻或者磁动势将会大部分降在气隙上，因此磁芯也就很难饱和。当气隙长度达到总磁路长度的百分之一时，变压器铁芯的最大磁导率会有明显下降。

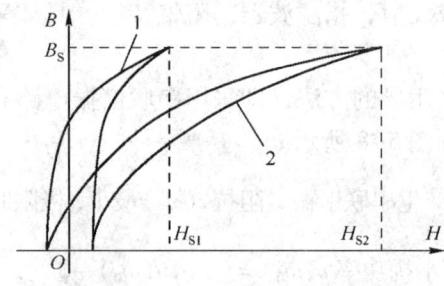

图 5-10 扼流变压器开气隙后的饱和特性

扼流变压器开气隙后的饱和特性如图 5-10 所示，硅钢片等软磁材料的磁滞回线窄。铁芯气隙约 5 mm 时，饱和特性反映在 $B \sim H$ 平面上，磁滞回线的斜率明显变得比原来小。增加扼流变压器的气隙后，减小牵引圈的激磁电感，使牵引圈的 50 Hz 阻抗 $X_M = \mathrm{j}2\pi 50 L_M$ 减小，从而增加铁芯的饱和电流幅值。如图 5-10 所示，曲线 1 和曲线 2 分别为开气隙前后的曲线，饱和电流对应的磁场强度值从 H_{S1} 增大至 H_{S2}。

参照上述测试数据，扼流变压器在初级全圈 10 A，相当于不平衡电流 20 A 时进入饱和，电压约 20 V，对应阻抗为 2 Ω。

【**例 5-2**】 根据变压器磁通与感应电动势关系，简单估算扼流变压器开气隙后 50 Hz 阻抗取值范围。

解：根据铁路信号设备要求，不平衡电流为 100 A，即全圈 50 A 时扼流变压器不会饱和，则开气隙阻抗应降低为原来的 1/5，约 0.4 Ω。

随着扼流变压器容量增大，不平衡电流指标越高，则阻抗相应越小，开气隙应越大。

5.3.3 减小扼流变压器牵引圈激磁电流幅值

显然，应采用低阻抗的串联谐振电路与干扰源并联的方法。牵引电流谐波的分布比例与机车类型有关，但 50 Hz 基波成分占很大比例，因此工频是滤波器应主要吸收的干扰能量。在扼流变压器次级（或称抗干扰圈）并接 50 Hz 串联谐振电路，其谐振阻抗 Z_{50} 很小，而折算到牵引圈的阻抗 $Z'_{50} = \dfrac{Z_{50}}{n^2}$ 更小，则可大大减小牵引圈的激磁电流，极限时次级线圈相当于短路，牵引圈的不平衡电流绝大部分消耗在串联谐振电路内。其电路如图 5-11 所示。

在图 5-11（a）中，Z_{50} 为 50 Hz 串联谐振阻抗；$\dot{I}_0$ 为串联谐振电流；n 为次级和初级

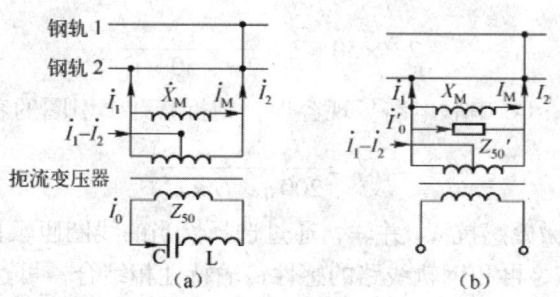

图 5-11 扼流变压器采用的串联谐振电路

（牵引圈）的匝比；X_M 为牵引圈的激磁阻抗；$\dot{I}_M$ 为牵引圈的激磁电流；$\dot{I}_1$、$\dot{I}_2$ 为钢轨线路中的不平衡电流。

在图 5-11（b）中，$\dot{I}_0'$ 为次级的 $\dot{I}_0$ 折算到牵引圈中的电流；Z_{50}' 为次级中的 50 Hz 串联谐振阻抗折算到牵引圈中的阻抗。

由图 5-11（a），可求得牵引圈的激磁电流的幅值为：

$$I_M = \sqrt{(\dot{I}_1 - \dot{I}_2)^2 - (2\dot{I}_0 n)^2} \tag{5-2}$$

图 5-11（b）是图 5-11（a）的等效电路，牵引圈的激磁电流的幅值为：

$$|\dot{I}_M| = \left| \frac{(\dot{I}_1 - \dot{I}_2)}{2} \cdot \frac{\frac{Z_{50}}{n^2}}{\frac{Z_{50}}{n^2} + jX_M} \right| \tag{5-3}$$

由式（5-3）可见，除不平衡电流本身因素外，串联谐振阻抗 Z_{50} 越小，匝比 n 越大，则牵引圈中激磁电流 I_M 的幅值越小。

5.3.4 改善 25 Hz 信号传输

为了增加扼流变压器的饱和电流值，加大了其铁芯气隙，减小了牵引圈的 50 Hz 激磁阻抗，降低了 50 Hz 干扰的传输能力，但同时也带来了不利影响，即减小了牵引圈 25 Hz 激磁阻抗，降低了 25 Hz 信号的传输能力。

另外，由于钢轨的电感性造成信号在传输中产生相移，使轨道电压与局部电压相位差偏离 90°较大，防护盒无法实现较大范围的高精度补偿。尽管 25 Hz 频率较低，漏泄电容很小，传输损耗不大，但相位会在一定程度上受到传输的影响，信号维规中定义的塞钉式接续线的 25 Hz 钢轨阻抗为：

$$0.62 \angle 42° = 0.461 + j0.415 \, \Omega/km \tag{5-4}$$

据式（5-4）可估算，50～1 500 m 的钢轨感抗为：0.021～0.62 Ω。现场试验也间接表明，当补偿容抗确定时，对扼流变压器牵引圈 25 Hz 阻抗数值根据轨道电路的长度作适量调整后，轨道信号相移才会得到改善。为此，采用扼流变压器次级并接 50 Hz 串联谐振电路，还可增加 25 Hz 信号的传输能力，改善 25 Hz 信号的相位。

【例 5-3】 如图 5-11 所示，在 25 Hz 信号状态时，计算在扼流变压器初级，LC 串联谐振电路的视入阻抗。

解：由图可知，LC 电路对于 50 Hz 串联谐振，满足：

$$2\pi \times 50 \times L = \frac{1}{2\pi \times 50 \times C} \quad (5-5)$$

而对于 25 Hz 信号，LC 串联电路呈现容性，则折算到牵引圈的容抗为：

$$X'_C = \frac{3}{200\pi \times C \times n^2} \quad (5-6)$$

容抗 X'_C 和牵引圈激磁感抗 X_M 并联，通过选择恰当的线圈匝数比 n、电容 C，或通过调整扼流变压器铁芯气隙，再和钢轨线路的感性传输特性相结合，可达到以下两个目标。

(1) 增加牵引圈 25 Hz 信号的阻抗，改善其传输特性，提高 25 Hz 信号的传输效率。

(2) 抵消传输中感抗的影响，改善 25 Hz 信号的相位特性。

另一方面由电路和传输匹配概念可知，匹配是指负载阻抗等于信号源内阻抗或传输线特性阻抗的共轭值，即它们的模相等而辐角之和为零，这时，在负载阻抗上可以得到最大功率，这种匹配条件称为共轭匹配。实际上，它与 UM71 系列增加补偿电容的原理一致。

由于钢轨及变压器本质上呈现感抗特性，上述 LC 谐振电路的等效容抗具有补偿作用，但由于轨道电路的长度等特性离散性很大，相应的容抗值并不是一个恒定值。为最大限度地减小传输相移，根据式（5-6）可通过调整线圈匝数比 n、电容 C，或通过调整扼流变压器铁芯气隙等手段来改变等效容抗，以抵消传输中的感抗，从而可以使 25 Hz 信号传输中相移接近于 0，使相敏继电器轨道圈和局部圈上的电压相差在 90°左右，使轨道电路处于纯电阻状态，即最佳状态。但改变气隙和采用可变电容均有明显弊端，而将抗干扰线圈设计为可调匝数来改变等效容抗的方式是合理可行的。

5.3.5 25 Hz 相敏轨道电路抗干扰方案

按照前述抗传导性干扰理论分析，25 Hz 相敏轨道电路抗干扰方案采用下列具体措施：加大扼流变压器铁芯的气隙，并增加抗干扰线圈；在扼流变压器的次级（信号圈）加装适配器即 50 Hz 串联谐振电路，并改善信号传输。该方案具有以下优点。

(1) 加大了扼流变压器的饱和电流值，大大减小了扼流变压器激磁电流，使其在大的不平衡电流冲击下不会饱和。

(2) 减小了不平衡牵引电流干扰的功率，增加了信号功率，从而大大提高了信干比，削弱了不平衡牵引电流脉冲干扰。

(3) 减小了轨面不平衡电压，降低了钢轨间电位差，改善了机车信号的工作状态，减小了对信号机械室内设备的干扰。

(4) 抗干扰线圈设计为可调匝数，可以用于调整相敏继电器相位差至 90°。

(5) 可增加 25 Hz 相敏轨道电路传输长度。

从上述分析可知，50 Hz 串联谐振电路具有多种功能，并非单一的阻带滤波器，故称为适配器（ESP）。新型的扼流变压器和适配器在一起构成 BES 型扼流适配变压器。当 L、C 器件故障时，轨道信号失去并联谐振，电压将下降；传输的相移不再得到补偿，继电器相位差的正弦值会变小，因此，符合故障—安全原则。另外，设备构成简单，具备高可靠性。

BES 型扼流适配变压器方案显著提高了 25 Hz 相敏轨道电路的信号干扰比，在此基础上，还可通过以下方法增强设备的抗干扰性能。

(1) 站内轨道电路在一定条件下需要转发或叠加不同信号频率的机车信号信息（站内

电码化），为保证和增强机车信号入口电流，可根据不同的信号频率，在扼流适配变压器电路基础上，通过增加针对信号的谐振电路、提高电码化信号阻抗来实现。

（2）在短轨道电路区段等不平衡干扰大的恶劣情况下，为进一步提高轨道电路抗干扰性能，可在相敏轨道电路接收端串联电阻。假定串联电阻 4.4 Ω，由于防护盒对 50 Hz 阻抗约 15 Ω，而对 25 Hz 则约 70 Ω，因此，该电阻吸收干扰功率比例更大，信号干扰比得以提高。此时，需要增加 25 Hz 信号的发送功率。

5.4 关键参数计算及抗干扰效果分析

5.4.1 关键参数计算

与抗电气化干扰及信号传输相关的扼流适配变压器基本参数有开气隙大小及牵引圈阻抗、适配器电感 L 和电容 C 的数值、适配器 50 Hz 谐振阻抗、抗干扰线圈匝数等。另外，还需考虑电感饱和电流及电容耐压等指标。

1. 电感 L、电容 C 约束条件

牵引圈阻抗应根据抗脉冲干扰指标决定，牵引圈（初级电感）50 Hz 阻抗给定后气隙大小即确定。由于牵引圈基本为纯电感特性，25 Hz 信号阻抗相当于 50 Hz 阻抗的一半，而适配器在信号频率下的等效容抗应与 25 Hz 阻抗形成并联谐振。

适配器串联谐振频率 $f = 50$ Hz，L、C 数值满足串联谐振条件。

根据上述两个约束条件，同时考虑实际器件的商业性及体积等因素，可以确定 L、C 的值。

2. 适配器谐振阻抗

适配器 50 Hz 谐振阻抗在理论上趋于无穷小，实际中它与适配器的品质因数 Q 值有关。品质因数是滤波器的关键参数，如 Q 值大，则要求电感和电容耐压高，且对电感工艺要求更高；而 Q 值变小，则滤波器的通频带变宽，选择性变差，谐振阻抗增大，降低对干扰能量的吸收效果。

综合考虑，适配器 Q 值取 20 ~ 30 为宜。则 50 Hz 谐振阻抗为：

$$Z_{50} = 2\pi \times 50 \times L/Q \qquad (5-7)$$

原有扼流变压器的匝数比为 1:3，如在变压器次级并接适配器，则变压器牵引圈等效阻抗为 $Z_{50}/9$。为了有效平衡牵引电流并降低钢轨间电位，等效阻抗值可参考 UM71 空心线圈的技术指标 0.01 Ω。如果由于受到 Q 值及 L 的限制，$Z_{50}/9$ 不够小，则需要在原有次级线圈上加绕抗干扰线圈，增大变压器匝数比，使 Z_{50}/n^2 满足谐振阻抗要求。

【例 5-4】 加大扼流变压器铁芯的气隙后，取谐振电路中电容 20 μF，要求电路 $Q = 20$，试计算电感值，并对相关参数做简要分析。

解： 根据式（5-5），可得电感值 $L = 0.51$ H。

取电路 $Q = 20$，由式（5-7）可得到 50 Hz 阻抗约 8 Ω。

若要求初级视入阻抗达到 0.01 Ω，需在变压器初级增加匝数 384 匝线圈，与原信号圈共同构成 1:27 的匝数比，此时等效阻抗 $Z_{50}/27^2 = 0.011$ Ω。

另外，为便于调整轨道电压相位，抗干扰线圈设计为可调匝数。

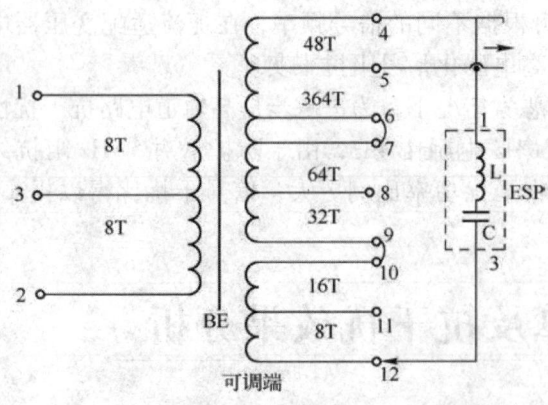

图 5-12 BES 型扼流适配变压器原理图

按照上述构造的扼流适配变压器原理图如图 5-12 所示。

原有扼流变压器牵引线圈 16 匝、信号圈 48 匝，次级 4、5 端子连接相敏轨道电路原有设备，因此，设备的原连接（接口）保持不变，区别在于扼流变压器的饱和特性有了明显不同；在次级加绕了抗干扰线圈，同时并联了适配器电路。

基于 BES 型扼流适配变压器的 25 Hz 相敏轨道电路（一送一受带空扼流变压器）组成结构如图 5-13 所示。与图 5-1 对比可知，只是将 BE_{25} 替换为 BES 型扼流适配变

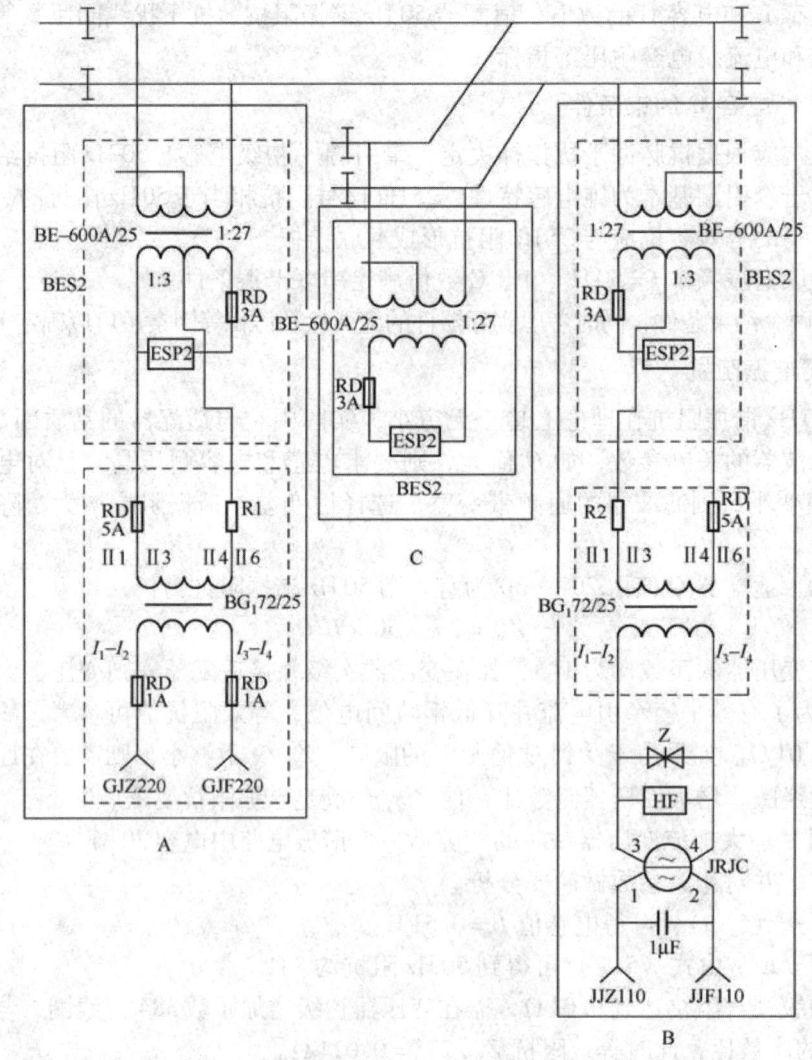

图 5-13 基于 BES 型扼流适配变压器的 25 Hz 相敏轨道电路组成结构

压器，其他器材相同。

下面以 ESP1 和 ESP2 两种适配器类型为例，适配器在 50 Hz 干扰时的参数见表 5-2，适配器在 25 Hz 信号时的参数见表 5-3。

表 5-2 适配器在 50 Hz 干扰时的参数

类 型	$C/\mu F$	L/H	Q 值	谐振阻抗 Z_{50}/Ω	折算到牵引圈阻抗/Ω
ESP1	20	0.506 6	20	8	0.011 0
ESP2	30	0.337 7	20	5.3	0.007 3

表 5-3 适配器在 25 Hz 信号时的参数

类 型	等效电容 $C/\mu F$	等效电阻 R/Ω	等效容抗 X_c/Ω	等效阻抗 Z/Ω	折算到牵引圈阻抗/Ω		
					Z'/Ω	R/Ω	X_c'/Ω
ESP1	26.67	20	238.7	239.5∠-85.2°	0.328∠-85.3°	0.027 4	0.327
ESP2	40.0	15	159.2	159.7∠-84.4°	0.219∠-84.6°	0.020 6	0.218

3. 参数简要分析

（1）按容量划分，扼流变压器有 400、600、800、1 000、1 200、1 400、1 600A 等多种型号，其抗不平衡电流干扰指标也相应不同，容量越大，不平衡电流数值越大；开气隙后的牵引圈阻抗则随不平衡电流增大而减小，显然，适配器电感 L 与电容 C 的取值也不相同。因此，不同型号的扼流变压器应与特定适配器相配合。

（2）由表 5-2 中数据可见，适配器折算到牵引圈的 50 Hz 阻抗约 0.01 Ω。品质因数提高后，相应的谐振电路阻抗更小，相当于在两钢轨间接一根 50 Hz 短路线，这样，50 Hz 干扰电流通过适配器得到平衡，只有很少能量传到信号楼内的发送、接收设备中。

（3）由表 5-3 数据可见，适配器折算到牵引圈的 25 Hz 信号阻抗为电容性，容抗与扼流变压器牵引圈的感抗接近，可形成并联谐振。

（4）在扼流变压器次级信号线圈（48 匝）基础上加绕线圈（抗干扰线圈）后，通过变压器阻抗变换使得适配器兼具抗干扰和信号匹配的作用。抗干扰线圈包括基本线圈和调整线圈，以基本线圈 312 匝、调整线圈 64+32+16+8 匝为例，匝数比的最小步长（分辨率）为 1∶0.5，通过基本线圈与调整线圈顺向和反向连接，其匝比范围可从 1∶15 到 1∶30，ESP1 适配器对应的容抗范围为 0.265～1.06 Ω，因此，可适应站内各种长度（包括多分支结构）的轨道电路。由于短轨道电路钢轨感抗小，以扼流变压器感抗为主，补偿的容抗也相应较小，故一般短轨道电路匝数比大，长轨道电路匝数比小。

以上 BES 型扼流适配变压器基本参数是改善 25 Hz 相敏轨道电路抗电气化脉冲电流干扰能力的基础。

5.4.2 抗不平衡牵引电流干扰特性及对比

1. 理论计算值

为了描述更加直观，下面在 BE-600A/25 扼流变压器条件下，以上述 ESP2 适配器构成的扼流适配变压器、发送端和接收端串接 4.4 Ω 电阻为例，通过几个关键指标数据，对比说明 BES 型 25 Hz 相敏轨道电路与原 25 Hz 相敏轨道电路（下文简称原型）的抗电气化脉冲干扰特性。

1) 扼流（适配）变压器的 50 Hz 激磁电流

BES 型扼流适配变压器信号圈开路时牵引圈的 50 Hz 激磁电流为：

$$I_M = \left| \frac{(\dot{I}_1 - \dot{I}_2)}{2} \times \frac{Z'_{50}}{Z'_{50} + jX_{M50}} \right| = 0.0168 \left| \frac{\dot{I}_1 - \dot{I}_2}{2} \right| \tag{5-8}$$

式中，$Z'_{50} = 0.0073\,\Omega$，$X_{M50} = 0.436\,\Omega$（因为 25 Hz 时 $X_{M25} = 0.218\,\Omega$）。

原型扼流变压器信号圈开路时牵引圈中的 50 Hz 激磁电流为：

$$I'_M = \left| \frac{\dot{I}_1 - \dot{I}_2}{2} \right| \tag{5-9}$$

对比式 (5-8) 和式 (5-9) 可知，BES 型扼流适配变压器的激磁电流比原型扼流变压器的激磁电流小 ≈ 59.5 倍（$I'_M : I_M = 1 : 0.0168$）。这是因为不平衡牵引电流 $|\dot{I}_1 - \dot{I}_2|/2$ 绝大部分损耗在适配器内的缘故。

2) 扼流（适配）变压器牵引圈输入电气化干扰电压及功率

BES 型扼流适配变压器信号圈开路时牵引圈电气化干扰电压及功率为：

$$U_n = \left| \frac{(\dot{I}_1 - \dot{I}_2)}{2} \times \frac{Z'_{50} \cdot jX_{M50}}{Z'_{50} + jX_{M50}} \right| = 0.0073 \left| \frac{\dot{I}_1 - \dot{I}_2}{2} \right|$$

$$P_n = \left| \left(\frac{\dot{I}_1 - \dot{I}_2}{2}\right)^2 \times \frac{Z'_{50} \cdot jX_{M50}}{Z'_{50} + jX_{M50}} \right| = 0.0073 \left| \left(\frac{\dot{I}_1 - \dot{I}_2}{2}\right)^2 \right| \tag{5-10}$$

原型扼流变压器信号圈开路牵引圈电化干扰电压及功率为：

$$U'_n = \left| \frac{(\dot{I}_1 - \dot{I}_2)}{2} \times X'_{M50} \right| = 1.4 \left| \frac{\dot{I}_1 - \dot{I}_2}{2} \right|$$

$$P'_n = \left| \left(\frac{\dot{I}_1 - \dot{I}_2}{2}\right)^2 \times X'_{M50} \right| = 1.4 \left| \left(\frac{\dot{I}_1 - \dot{I}_2}{2}\right)^2 \right| \tag{5-11}$$

式 (5-11) 中，根据扼流变压器器材标准 25 Hz 阻抗不小于 $0.7\,\Omega$，50 Hz 干扰时 $X'_{M50} = 1.4\,\Omega$。对比式 (5-10) 和式 (5-11)，得：

$$\frac{P'_n}{P_n} = \frac{U'_n}{U_n} = 191.8 \tag{5-12}$$

由式 (5-12) 可知，BES 型扼流适配变压器牵引圈干扰电压及功率比原型扼流变压器牵引圈干扰电压及功率小 191.8 倍。

3) 扼流（适配）变压器传输 25 Hz 信号特性

BES 型的扼流适配变压器在 25 Hz 信号作用下，由于适配器阻抗呈现容性，折算到牵引圈的阻抗 $Z' = 0.219 \angle -84.6°$，而牵引圈的激磁阻抗 $jX_M = 0.22 \angle 90°\,\Omega$，其并联阻抗为：

$$|Z_b| = \left| \frac{ZjX_M}{Z + jX_M} \right| = |2.3 \angle 10.8°| = 2.3\,\Omega \tag{5-13}$$

可见，适配器与牵引圈接近并联谐振。

原型的扼流变压器传输 25 Hz 信号的特性为：

$$X'_M = 0.7\,\Omega \tag{5-14}$$

对比式 (5-13) 和式 (5-14), 得:

$$\left|\frac{Z_b}{X'_M}\right| = 3.3 \tag{5-15}$$

由上述可知, BES 型和原型相比较, 传输 25 Hz 信号的特性改善 3.3 倍。

另外, 如果 BES 型接收端扼流适配变压器信号圈串联电阻 $R_2 = 4.4\,\Omega$, 在 BES 型和原型相敏继电器轨道圈电压相等条件下, BES 型发送端、接收端轨面电压 (或功率) 也将比原型的大。

综上所述, BES 型 25 Hz 相敏轨道电路与原型 25 Hz 相敏轨道电路相比, 牵引圈的电化干扰电压 (或功率) 小, 有用信号的电压 (或功率) 大, 即:

$$\frac{U_s}{U_n} > \frac{U'_s}{U'_n},\ \frac{P_s}{P_n} > \frac{P'_s}{P'_n} \tag{5-16}$$

式 (5-16) 中, U_s、P_s 或 U_n、P_n 为扼流适配变压器牵引圈上的信号电压、功率或电化干扰的电压、功率; U'_s、P'_s 或 U'_n、P'_n 为扼流变压器牵引圈上的信号电压、功率或电化干扰的电压、功率。

2. 系统实测数据对比

室内试验结果表明, 在使用 600 A 容量扼流变压器条件下, BES 型 25 Hz 相敏轨道电路与原型 25 Hz 相敏轨道电路的抗电气化脉冲干扰性能分别为 140 A 和 16.5 A, 相差 8.5 倍, 效果明显。下面从干扰和信号两方面对方案效果进行评价。

1) 轨面信号电压

在相敏继电器轨道圈 25 Hz 信号电压基本条件相等下, 接收端轨面 25 Hz 信号电压为:

$$\text{BES 型 } U_s = 0.988\,\text{V},\ \text{原型 } U'_s = 0.451\,\text{V}$$

BES 型轨面信号电压约为原型的 2 倍。

2) 轨面干扰电压

在 BES 型不平衡电流 140 A、原型不平衡电流 16.5 A 条件下, 发送端和接收端轨面 (即扼流变压器牵引圈) 脉冲干扰电压如下。

(1) 发送端: BES 型干扰电压 $U_1 = 0.906\,\text{V}$, 原型干扰电压 $U'_1 = 5.12\,\text{V}$, 即 BES 型干扰电压为原型的 0.177 倍。

(2) 接收端: BES 型干扰电压 $U_2 = 0.728\,\text{V}$, 原型干扰电压 $U'_2 = 0.566\,\text{V}$, 二者基本接近。

3) 发送端轨面 50 Hz 视入阻抗

BES 型: $Z_{nS} = \dfrac{0.906}{140} = 0.0065\,(\Omega)$; 原型: $Z'_{nS} = \dfrac{5.12}{16.5} = 0.31\,(\Omega)$

BES 型轨面干扰电压是原型的 0.021 倍。

4) 接收端轨面 50 Hz 视入阻抗

BES 型: $Z_{nJ} = \dfrac{0.728}{140} = 0.0052\,(\Omega)$; 原型: $Z'_{nJ} = \dfrac{0.566}{16.5} = 0.0343\,(\Omega)$

BES 型接收端轨面 50 Hz 视入阻抗是原型的 0.15 倍。

上述测试数据从信号与干扰的角度表明, BES 型 25 Hz 相敏轨道电路抗不平衡牵引电流脉冲干扰能力比原型 25 Hz 相敏轨道电路大 140 A/16.5 A = 8.48 倍的原因, 此时, 相当于在

600A牵引电流下不平衡系数为23%。

5.5 阻抗匹配技术的应用

基于BES型扼流适配器变压器，以阻抗匹配为特征的抗传导性干扰技术在其他轨道电路中得到广泛应用。

5.5.1 在站内与区间同制式轨道电路中的应用

在重载线路和客运专线，站内采用与区间同制式轨道电路（ZPW-2000和UM系列），或称区间—站内轨道电路一体化方案。根据CTCS-3系统技术方案，在复杂大站，正线及股道区段采用计算机编码控制的ZPW-2000（UM）系列有绝缘轨道电路。

1. 站内一体化轨道电路方案

ZPW-2000本身为无绝缘系统，采用长度29 m的电气绝缘节（调谐区）来分隔相邻区段，当应用于站内轨道电路时，调谐区必须改为基于机械绝缘方式。除了一般要求外，具有抗传导性干扰功能的阻抗匹配装置（如图5-14所示）需要解决的主要问题与关键技术指标可归结为以下两点。

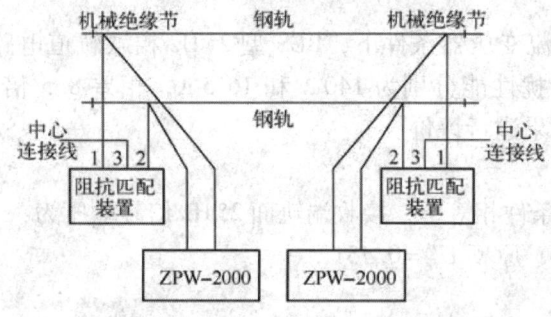

图5-14 重载和客专站内一体化轨道电路方案

（1）为实现对干扰功率的吸收，有效防止电气化铁道不平衡牵引电流对信号设备的影响，工频50 Hz阻抗应不大于原系统中等效器件空心线圈（即SVA）的阻抗。大秦线重载牵引电流容量为1 600 A，客专牵引电流容量为1 000 A和800 A。

（2）考虑到轨道电路信号的输入阻抗，确保阻抗匹配装置对信号（1 700～2 600 Hz）的输入阻抗不小于17 Ω，以减小对有用信号功率的消耗，满足信号正常传输和机车信号接收要求。

2. 阻抗匹配装置原理

借鉴25 Hz相敏轨道电路中适配器的设计原理，重载和客专站内轨道电路阻抗匹配装置的原理图如图5-15所示。

对于工频50 Hz干扰的抑制原理与适配器相同，与扼流变压器牵引圈阻抗、串联谐振电路品质因数等因素有关，这里不再赘述。

对于音频FSK信号频率，需要考虑相移，但是，鉴于机车正向和反向不同运行方向的要求，站内同一段轨道电路需要适合上行和下行两个信号频率，分别为载频1 700 Hz和2 000 Hz，或载频2 300 Hz和2 600 Hz。由于ZPW-2000的FSK信号采用窄带调频，主要功率集中在载频附近，滤波器通带相应较窄，设计可分别选取两个载频作为谐振点，电路相对复杂，器件较多。

另外，注意到上述载频间隔相对较小（300 Hz），滤波设计可采用一种兼顾的简化方案，即取谐振频率为1 850 Hz，用于载频1 700 Hz和2 000 Hz，另取2 450 Hz用于载频2 300 Hz和

第 5 章 25 Hz 相敏轨道电路对脉冲干扰的防护

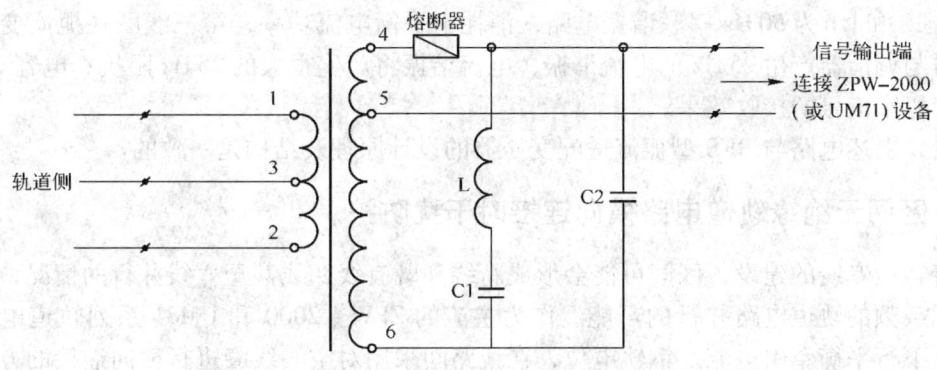

图 5-15 阻抗匹配装置原理图

2 600 Hz。在信号工作频带，由于频率显著高于 50 Hz，电感 L 和电容 C1 串联电路显然表现为电感性，同时考虑变压器的感抗，根据 LC 电路并联谐振公式，在谐振频率 $f = 1\,850$ Hz 时，可计算得到电容 C2 数值，同理可得到谐振频率为 2 450 Hz 时的电容数值。因此，阻抗匹配装置包括 1700/2000 型和 2300/2600 型。应用于客运专线 ZPW-2000 轨道电路的阻抗匹配装置称为 QSP6(K) 系列适配器，与 BES(K)-ZPW 扼流变压器配合。

上述 1700/2000、2300/2600 通用型同时适用于两种载频频率，因为要同时兼顾两种频率，性能上略低于单频，因此对于不需反向接车的区段，最好使用单频的适配器。

5.5.2　3 V 化分路不良解决方案

我国有的中间车站调车作业少，部分轨道区段不经常走车，造成钢轨生锈，导致轨道电路分路不良，引起联锁失效，极有可能造成信号错误开放、道岔中途转换，由此造成列车冲突、脱轨或挤坏道岔等行车事故。因此，分路不良严重影响行车效率，威胁行车安全。站内轨道电路出现分路不良以 25 Hz 相敏轨道电路尤为突出。

分路不良主要原因是，原设计轨面电压过低和终端阻抗选取值较小，在较长时期不过车或因气候高温潮湿等情况下，会导致钢轨生锈。据现场调查，绝大多数分路不良出现在生锈区段或因生锈过车后在轨面黏附黑色固体（氧化铁成分）的区段，这些成分可视为半导体。当半导体两端的电压大于一定值（约 0.6 V），半导体导通。由于现有 25 Hz 相敏轨道电路的轨面电压约 0.4～0.8 V，该电压不足以击穿两端轨面的半导体，因而产生轨道电路的分路不良。

以此为背景，在借鉴日本等国的经验后，国内多家单位研制了提高 25 Hz 相敏轨道电路轨面电压（又称 3 V 化）方法来解决分路不良的方案。但是，25 Hz 相敏轨道电路的终端阻抗范围在 0.2～0.5 Ω，终端阻抗过低，造成轨间电压不可能提高，一般都小于 1 V，在 0.4～0.9 V 之间，对应的轨道继电器电压大于工作值 15～17 V。当大幅度提高轨面电压后，由于功率与电压平方成正比，必然造成轨道电路功率过大的难题，不具备可行性，而解决对策即为提高信号阻抗。

3 V 化分路不良解决方案提高信号阻抗的核心是改造扼流变压器，如图 5-16 所示。为了提高 25 Hz 阻抗，除了牵引圈和信号圈外，加绕第

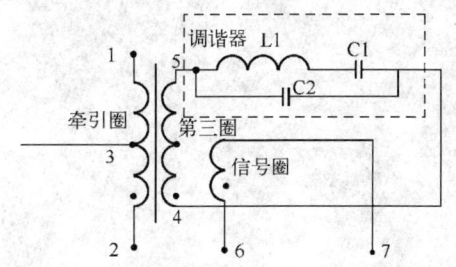

图 5-16　3 V 化相敏轨道电路扼流变压器结构

三线圈。L1 和 C1 为 50 Hz 串联谐振电路，消耗不平衡电流功率；第三线圈在扼流变压器正常工作时与调谐器产生 25 Hz 的电流谐振，电流谐振将产生很大的 25 Hz 阻抗；电容 C2 的作用是改善机车信号的接收效果。

可见，上述电路与 BES 型扼流适配变压器的设计原理及结构是一致的。

5.5.3 区间无绝缘轨道电路横向连接时干扰防护

随着客运专线的建设，区间可能会形成新线和既有线四线甚至六线并行的情况，因此将出现相同载频的轨道电路并行的可能。作为主流的 ZPW-2000 和 UM71 系列轨道电路，为了降低上下行平衡牵引电流及钢轨电位，在线路间采用对空心线圈进行横向连接的方式。在两线条件下，由于上下行载频不同，横向连接不会引起串扰，即使在故障情况下，对同载频区段的串扰也有完善的防护。

在四线情况下，如果存在多条不同线路的横向连接，且考虑到调谐单元断线等器材故障情况，信号电流将通过横向连接线构成通道，加之相邻线路存在不平衡，被串接收端将形成干扰电压。

为此，可采用基于适配器电路的扼流变压器代替 SVA 用于横向连接，对于信号呈现高阻抗，因而抑制了共模电流，且并联于钢轨中，吸收很小的信号功率；另一方面，对工频呈现很低的阻抗，可以完成均衡牵引电流和钢轨电位的功能。

复习参考题

5-1 试计算防护盒在 25 Hz 时的等效电容。

5-2 25 Hz 相敏轨道电路针对电气化干扰防护从哪些方面进行了设计？有何不利之处？

5-3 25 Hz 相敏轨道电路误动的主要原因是什么？

5-4 BES 型扼流适配变压器的设计思想是什么？

5-5 试从提高信号干扰比的角度解释 BES 适配器的作用。

5-6 请根据变压器阻抗变换原理，具体说明扼流变压器次级加绕抗干扰线圈的作用。

5-7 若给定 BES 适配器电容为 50 μF，试计算相应的电感值，并简要说明相关设计指标要求。

5-8 试从通信或其他专业查询一种阻抗匹配的应用实例。

第6章 室内和车载信号设备电磁兼容技术

【本章内容概要】

介绍室内信号设备和车载信号设备电磁兼容技术两部分。在室内信号设备部分从环境特点出发,重点从接地和搭接、机箱和机柜设计、线缆布置等方面阐述系统电磁兼容设计的原则和方法,对电磁兼容设计技术进行说明。在车载信号设备部分说明影响机车车辆电磁环境的骚扰机理,分析车内电磁环境特点并介绍车内电磁环境的测量方法和结果分析,给出车内信号设备应采取的电磁兼容措施。

【本章学习重点与难点】

学习重点:室内信号设备在接地、线缆设置和机柜设计、软件等方面的电磁兼容设计技术、机车车辆的电磁环境特点及电磁兼容设计要点。

学习难点:机车车辆电磁环境及骚扰机理、试验数据的分析。

在当前铁路发展背景下,室内信号设备及车载信号设备都是由以计算机为核心的、完成不同功能的电气电子设备组成,信号设备数字化不仅带来宽频干扰,还对电磁脉冲干扰有很高的敏感性。传统的信号设备受到干扰后,通常会造成功能下降,而信号控制设备与列车的安全、有效运行密切相关,遭受电磁干扰时可能会导致逻辑错误或信息丢失,造成设备死机,甚至引起误操作和失控,带来危险后果。因此,信号设备的电磁兼容性是系统安全性和可靠性的保证。

6.1 室内信号系统及环境

6.1.1 室内信号系统的特点

室内信号系统由各种设备组成,传统信号设备主要包括车站联锁设备、闭塞设备、编组站(驼峰)自动控制设备、信号电源屏等。近年来,随着铁路大提速和客运专线的建设,信号技术装备也呈现出新的发展趋势,列车运行控制系统成为铁路信号的核心设备,我国干线铁路开始装备 CTCS-2 级和 CTCS-3 级列车运行控制系统,室内设备包括无线闭塞中心(RBC)、列控中心(TCC)、GSM-R 通信接口设备等。其他设备还包括列车调度指挥系统(TDCS)、智能化铁路信号电源、信号微机监测系统、采用微电子接收器的 25Hz 相敏轨道电路等。

室内信号设备功能各异,差别很大,但组成结构形式具有很多共性,从电磁兼容角度,可以归纳出如下主要特点。

1. 设备结构有共性

信号设备（特别是计算机相关设备）一般安装在机柜内，不同的单元或系统之间通过通信线连接。如果需要与室外设备结合，经过分线盘再与信号电缆连接完成。在控制机柜内部，核心计算机单元通过总线扩展的方式来带动外部 I/O 模板，进而完成系统功能。典型的室内信号设备硬件组成如图 6-1 所示。

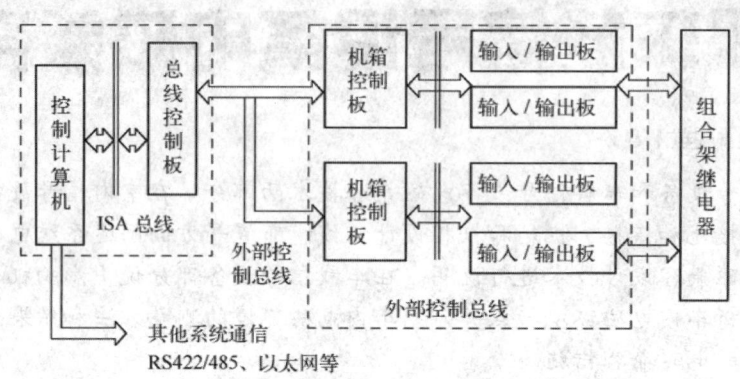

图 6-1 典型的室内信号设备硬件组成

2. 微电子化程度高

传统的室内信号设备多应用信号安全型继电器来完成逻辑功能和控制功能，随着技术的进步，现阶段的室内信号设备几乎都以计算机、专用高可靠计算平台、电子单元为核心。一方面，电子设备越来越灵敏、越来越精密和小型化，而集成度更高，功耗更小，对电磁干扰非常敏感；另一方面，电子设备所处的电磁环境越来越恶化。还有一个显著特点是，信号设备的逻辑运算和智能化负荷加重，对软件依赖性越来越强，程序由于干扰而错误输出的风险更大，因而与安全密切相关。

3. 线缆和接口类型复杂

室内信号设备通常以机柜构成相对独立的单元，但设备之间信息交换频繁，且接口的机械电气特性和协议复杂多样，线缆种类繁多。

在设备内部，控制单元一般通过总线扩展的方式与外部模板接口，常用的计算机内部总线有 ISA 总线、STD 总线、PCI 总线、MCA 总线、EISA 总线、VESA 总线等。在设备之间，一般通过串行口、现场总线和局域网络进行，与远程系统之间的信息交换多通过广域网和光纤接口进行通信，常见的接口形式主要有 RS-232C、RS-485、RS-422、RJ45 以太网接口、CAN 总线、光纤接口、各种信号工程电缆接口等。

接口的复杂化直接影响到接地、屏蔽、滤波等电磁兼容处理，符合系统内 EMC 设计的特点，相互影响发生在系统内各个部分之间，接口各部分设备不一定需要或要求划分一个边界，但要考虑各部分之间的影响。

4. 室外电磁干扰耦合较为严重

室内信号设备与室外设备联系紧密，需要直接控制室外设备或采集室外设备状态信息，而铁路电磁环境复杂，室外的雷电干扰、电气化牵引电流传导性干扰、接触网感应、辐射耦合等都会在一定程度上影响到室内设备，所以室内设备的电磁兼容必须充分考虑来自室外的各种电磁干扰,即系统间干扰。

由此可见,室内信号设备结构有诸多共同点,以计算机技术和通信技术为核心,加之所处环境基本相同,联系紧密,有必要分析研究室内信号设备的电磁兼容方法和措施。

6.1.2 室内系统电磁环境

铁路信号室内系统电磁环境的要求主要是针对外部强电磁干扰,尤其是雷电干扰及电气化铁道环境中存在工频和脉冲磁场、电源波动和谐波、射频辐射、瞬态脉冲等电磁干扰。其基本要求是,一方面设备的抗扰度指标高于规定的限值,另一方面设备所处环境中的干扰低于规定的限值,同时再保留一定的裕量,这样才能保证设备在环境中稳定工作。当然,系统的接地、布线等设计也必须满足相关要求。

1. 有关标准和规范

关于铁路信号计算机设备电磁环境接地、搭接等规范,可以参考 ITU–T "电信大楼内部的搭接布置与接地"(K.27),主要的国家标准有 GB/T 2887—2000《电子计算机场地通用规范》、GB 50174—2008《电子计算机机房设计规范》、GB 50462—2008《电子信息系统机房施工及验收规范》等,还对机房分级、防雷设计、电磁屏蔽、线缆布放等提出了要求。

铁道行业标准和规范有 TB/T 3074《铁道信号设备雷电电磁脉冲防护技术条件》、铁运(2006)26 号《铁路信号设备雷电及电磁兼容综合防护实施指导意见》、《铁路电气设备防雷、电磁兼容及接地工程设计规范》等,针对信号机房环境、接地和搭接、屏蔽、线缆布放、防雷保安器配置及施工维护等详细规定了具体的实施方法。

2. 典型建筑物的屏蔽效能

在新建线路中,我国室内信号设备环境将以钢筋混凝土结构的建筑物为主。实际屏蔽效果可参考《电磁兼容手册》提供的数据。计算机设备位于建筑物内中央时,其屏蔽效果要好于放置在靠近建筑物表面的位置。

另外,改善建筑物外表面材料,墙、地板和天花板安装导电网格,采用金属化墙纸,门窗设计等方面的措施也会提高屏蔽效能。

对于电磁干扰更为严重的场合或针对某些敏感设备,必要时可在建筑物内设置屏蔽室。目前,在客运专线中继站等地点,已经采用模块化的厢式机房(Shielded Hut)作为信号设备的工作环境,实际是一种屏蔽室,有优良的防雷电和电磁干扰性能,但要特别注意保证孔缝、进出管线处的屏蔽完整性。

3. 电磁环境中应重点关注的设备问题

1) 合理布局和接地

在电磁环境中,大约 90% 的干扰问题都是由于设备布局或接地不当所引起的,因此电磁兼容设计被认为是成本最划算的设计方法,若电磁兼容设计不好则完全可能成为产生发射或引入干扰的通道。布局或接地不仅针对系统内设备之间,也包括设备内部及电路板的设计。

机房中的信号设备一般以机柜为单元,地线种类包括系统工作地、安全地、防雷地和电磁兼容地;有的单元需要与其他设备及室外设备进行连接或通信,电源线、空调线等线缆的频率和功率差异很大。另外,各种通信介质一般都有传输距离的要求。合理布局、布线、接地不仅可以提高设备的电磁兼容性能，还可节约成本。

室内信号设备自身对电磁干扰控制的主要原则是利用反射或吸收的原理，控制进出设备的干扰流。可分为3个层次：第1级为电路设计方法，如去耦、平衡结构、带宽和速度限制等，尤其是电路板的布局与接地；第2级措施，应考虑内部电路与外部电缆的接口问题，采用滤波、选择连接器等；第3级是机箱或机柜屏蔽。

2）电源质量

室内信号系统由信号电源屏提供工作电源，电源端口是电磁干扰侵入设备的重要通道。电源屏应根据外电网输入电源质量，输出符合信号设备正常工作所需的电源质量，同时，后级负载的电源模块应进行相应配置，这样既能保证设备稳定工作，又可避免重复浪费。

国标计算机机房设计规范要求采用地下电缆进线，电源质量分为A、B、C 3个等级，规范规定的相关指标见表6-1。

表6-1 计算机机房设计规范中电源要求

	A	B	C
稳态电压偏移范围/%	±2	±5	+7/−13
稳态频率偏移范围/%	±0.2	±0.5	±1
电压波形畸变率/%	3～5	5～8	8～10
允许断电持续时间/ms	0～4	4～200	200～1500

在《客运专线铁路信号产品标准暂行技术条件 铁路信号电源屏》规范中，根据客专信号系统的需求，针对200 km/h及以上客运专线铁路信号电源屏即智能型电源屏，不仅规定了产品分类、技术要求、试验方法、检验规则等，还对影响产品质量的重要因素如关键件要求、元器件老化筛选、生产环境和工艺要求、生产过程检验要求、产品的一致性和可追溯性要求及可靠性指标等方面作出了严格规定。其中，涉及电源质量和影响电磁环境的主要内容包括：在雷电电磁脉冲干扰防护、电磁发射和抗扰度方面均给出了全面的要求；对站内和区间设备额定容量及输出额定电压、允许波动范围进行了详细的规定；当电源屏输入电压不超过额定电压的±25%时，其输出应保证信号设备正常工作；主备电源的转换时间（包括手动和自动）不大于0.15 s。

这里简单对比铁路标准和国标对电源质量的要求，铁路信号电源屏对输出电压波动范围的指标完备，同时对电磁兼容的要求比较全面，不仅利于有效抵御外界电磁干扰进入信号电源，而且还对自身传导和辐射发射有约束，避免影响周围环境。不过，铁路标准对50 Hz输出频率偏移没有提出要求，另外，由于主备电源切换时间最大150 ms，各种信号设备还需配置UPS不间断供电电源。

6.2 室内信号设备电磁兼容设计

按照电磁兼容综合设计的要求，对于室内信号系统和设备，主要从如下几方面来执行：元件、电路板级的电磁兼容性；设备内部的电磁兼容性；系统内或设备间的电磁兼容性；系统及各设备对外部电磁干扰的防护。实现复杂系统的电磁兼容性是一项互相关联、涉及因素很多的任务，并不存在唯一、绝对和万能的方法，但在系统和设备电磁兼容设计中遵循基本原则,采用合理方案和技术,系统的电磁兼容性是可以达到的。

6.2.1 接地和搭接

第1章介绍了接地技术基本内容,这里对接地作补充说明,重点讨论信号系统所在建筑物的接地和搭接(连接)方案。

1. 接地相关概念

1) 信号地

信号地(工作地)是电路中各种电压信号的电位参考点,地线是信号电流流回信号源的低阻抗路径。在没有认真进行地线设计的情况下,地线电流实际处于不受控的状态,会以一条阻抗最低的路径流回信号源。而由于不知道地线电流的真实分布,一旦出现地线干扰问题,很难找出一个解决方案。地线导致电磁干扰的机理如下。

(1) 地线电流导致地线电位的差异,这与地线电位一定的假设相矛盾,导致电路工作异常。

(2) 地线的设计不当导致较大的信号回路面积,这种较大的电流回路面积会产生很强的电磁辐射,产生辐射干扰问题。

(3) 较大的信号回路面积会增加电路之间的耦合,导致电路工作异常。

(4) 较大的信号回路面积会增加电路对外界电磁场的敏感性。

因此,地线对电磁兼容的重要性不言而喻。在进行设备 EMC 设计时,要精心设计地线,以实现两个目的,一是保证地线的电位一致,二是为信号电流提供一条低阻抗的路径,使信号电流回流处于受控状态,控制电流回路面积。

信号回路的阻抗由导线的电阻和回路电感形成的感抗组成,当频率较低时,感抗很小,回路的阻抗主要由电阻决定。当频率较高时,感抗所占比重越来越大,回路的阻抗主要由电感决定。回路的电感与导线自身电感不同,回路的面积越大,则包围的磁通量越大,电感量也越大。

2) 混合接地

混合接地一方面是指单点和多点接地的组合使用,另一方面是指通过电抗元件(电容器或电感器)来接地。由于器件在低频和射频时特性不同,这种接地方式可应用在敏感的宽带电路中。比如,较长线缆的外护套可通过合适的电容器连接地到地(底板),以防止形成射频驻波,同时,该电容可以阻断低频和直流,避免形成不期望出现的附加地环路。再如,计算机设备可通过约 1 mH 的电感(RF 扼流圈)接地,在工频 50 Hz 时阻抗约 0.3 Ω,具有安全接地功能,但在高频时呈现数千欧姆高阻,防止高频干扰进入设备。

需要注意的是,使用电抗元件接地时,谨防出现毛刺谐振,使干扰电流增强。比如,如果 0.1 μF 电容用于去耦自感等于 0.1 μH 的电感时,则谐振频率是 1.592 MHz。显然,在这个频率附近,线缆的屏蔽层相当于没有接地。

2. 建筑物内设备接地方法

参照 ITU – T 的 K. 27,电信设施建筑物内部设备接地和与共用接地系统 CBN 连接(搭接)方法有星状隔离连接法(Star – IBN)、内部网状隔离连接法(Mesh – IBN)、内外网状多点连接法(Mesh – BN)3 种基本模式,IBN 是指 Isolated Bonding Network,如图 6-2 所示。

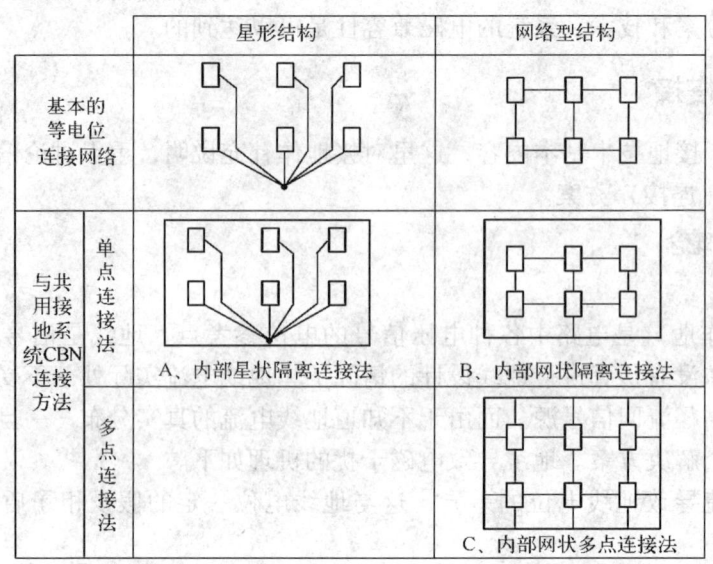

图 6-2 建筑物内设备连接和接地方式

这些方法宏观上指整个大楼内各种设备群之间的地线连接方式，如组合架、分线盘等接地线与信号楼接地系统的连接方式；微观上指一个设备群内的地线连接方式。对整个信号楼建筑来说，图中方块就是一个子系统（或一个机房）；而对单独一个子系统（或一个机房）来说，方块就代表一台设备或一个机框。在接地设计过程中，可采用一个基本工具——接地图，给出整个设备所有接地参考点和接地路径，其生成、维护和优化贯穿于整个项目的设计过程，这实际上也是 EMC 管理的内容之一。

1）星状隔离连接网接地

星状隔离连接网接地的基本特征是系统内连接成星形状，但系统与周边共用接地系统（Common Bonding Network，CBN）呈隔离状态。为保证每个设备的地都单独连接到接地汇流排，必须做好设备的绝缘措施，否则机壳金属与建筑钢结构等有电气接触，相当于有多条地线与接地汇流排连接，也可能导致不同设备机柜之间的电气连接。主要特点如下。

（1）系统只通过一个指定位置与地网或共用接地系统 CBN 单点连接，二者接口或过渡区域最大为 2 m，其他任何地方 IBN 与 CBN 要隔离。

（2）系统内各个设备或设备群之间的接地相对独立，相互之间的干扰很小，从 CBN 或其他设备流入的漏电流可以忽略不计，不影响系统工作状态。系统一般可以获得从直流到数十千赫的屏蔽效果。

（3）直击雷在建筑钢筋上的雷电流不会直接涌入系统内，地线上地电位比较稳定。

2）网状（网格）隔离连接法

网状隔离连接法的接地结构是指一个设备群内各种设备地线相互连接成网格状，但并不直接与建筑钢结构相连接，而是汇总到一个专门的接地点后，再与建筑钢结构或 CBN 连接。其基本特征是系统内连接成网格状，但系统与周边 CBN 呈隔离状态。

内部设备连接成网状后可使系统内部各种设备保持均压等电位，实施方法是在设备群顶上或底部安装一个金属网格平台，在雷电脉冲侵入时尽量减小不同的机柜之间的电位差。内部网状隔离连接网接地方式的主要特点如下。

（1）在各个机柜上，系统工作地与机壳保护地连接为一体。

（2）系统内机柜（架）金属壳体通过纵横交错的金属条紧密连接成一个整体，而且在机房顶上或者底部用金属导体（连接格栅）纵横连接一个等电位平台，可以有效屏蔽外界电磁脉冲，保证各个机柜的电位差趋于最小。

（3）系统所有机柜必须保证与建筑钢筋或其他任何金属构件（CBN）完全隔离，系统与地网或 CBN 的连接通过单点连接（SPC）来实现。

3）三种方法的对比

网状多点接地 Mesh – BN 是指搭接网络中所有相关设备的机架、机柜等均以多点方式与 CBN 连接。从原理上看，Star – IBN 和 Mesh – IBN 都是单点接地，而 Mesh – BN 是多点接地。

由于设备 IBN 与共用接地系统 CBN 之间存在分布电容，适用于较低的频率范围，分布电容大小与 IBN 尺寸有关。随着频率升高，需考虑接地线电感与电容的并联谐振，此时屏蔽效果最差。另外，强电磁干扰进入设备内部地线上，会产生地电位升。

系统内部的等地位连接在一般电磁干扰情况下，甚至附近有雷电感应电磁场影响时，能发挥很好的抑制作用，而引起电子设备核心电路遭雷击损坏的主要原因是雷电流带来的地电位差。因此 IBN 要求设备安装时与建筑物金属绝缘，严禁设备与柱梁、楼面及墙面有任何电气上的连接。如果设备机架与梁柱内钢筋碰触在一起，那么，直击雷发生时将有瞬态雷电流侵入设备内，在不同的机柜之间、不同的电路板之间产生显著的电位差，导致一些脆弱的接口芯片损坏。为保持设备与 CBN 的隔离或绝缘，需要有完善的施工安装、维护检查措施。比如，应注意：设备机柜的固定安装螺钉与周边金属体绝缘，打在建筑水泥板上的固定螺钉应加装绝缘套等，以保证设备对建筑体的完全绝缘。

网状多点接地 Mesh – BN 的优点是，设备机架与 CBN、线缆屏蔽层与机壳等就近连接，不受限制，易于维护，CBN 的屏蔽效果可从直流到数兆赫兹。其缺点是需要有定量的设计规范并确定设备恰当的抗扰度数据。与网状多点接地相比，IBN 的缺点是布线的限制及为保证有效隔离而投入的费用。由于 K.27 建议中对 Mesh – BN 方式还有其他要求，如所有进入一个系统内的线缆都要在统一的入口处做屏蔽层接地处理。因此，当难以达到 Mesh – IBN 的绝缘要求时，改为多点接地的 Mesh – BN 一般并不可行。

4）应用

在实际应用中，上述这些方式可以组合使用。在铁运 2006（26）号文中，信号设备与建筑物绝缘，地线按类型和性质接到各自的接地汇集线，各种汇集线再连接到总接地汇集线，接入环形接地装置。这种方式相当于两级星状隔离接地，不过，对于电源和室外电缆（分线盘），其接地汇集线单独接到环形接地装置。而信号机房门窗、地板等的屏蔽接地，则是多点与建筑物结构连接，属于网状多点接地。

ITU 建议《无线基站（RBS）防雷》（K.56）中，给出了实施要求：在 Mesh – IBN 方式下，对进入 RBS 机房的所有导线应采用单点连接窗（SPCW）方式，要求 SPCW 应尽可能小。最好的情况是：所有导线（包括从杆塔引下来的电缆、电源线、外面电线杆上引入的通信电缆）应从同一点进入 RBS，并在同一接地排上进行等电位连接。RBS 内设备电缆应与地面、墙壁绝缘,其绝缘强度应能承受规定的感应电压。

3. 地环路和网格接地

第 1 章中讲到的地环路干扰是一种较常见的地线干扰现象,常常发生在通过较长的电缆连接相距较远的设备之间,其干扰源自地环路电流的存在。

如果环路是开路,尽管此时电压差仍然存在,但电流没有形成回路,不能流通。通常的单点接地策略(如上面提到的星形连接方法),避免了地环路,但保留接地系统中各个部分之间存在的电位差。显然,网状(Mesh)接地系统会产生"地环路",地环路中的电流带来共模驱动电压是产生干扰的重要来源。

在简单的低频系统中,单点接地方案易于实现,也非常有效。但对于以兆赫兹衡量的干扰频率,这种方案难以达到目的。因为星形接地导体在高频时呈现高阻抗,相当于去耦作用,而不是耦合到地。随着时间的推移,由于系统和建筑物变换或增加,大的星形接地系统可能会退化为环路系统,为了确保安全和设备可靠性及维护系统接地的有效性,管理和控制任务将会更加繁重。

在高频情况下,可行的方法是采用网格接地系统。尽管网格会产生地环路,但由于环路都很小,而且易于控制,因而在结构上各个部分之间的电压都可以控制到很小,干扰电流也很小。

上述问题本质上也是单点接地和多点接地的区别。可见,任何方案都不是绝对的,应根据应用场合选择合理可行的方法。

4. 接地导体

接地导体可按长导线最差、短导线略好、编织带较好、而片状(平板)最好的等级分类。

1) 圆导线的阻抗

半径为 r 的圆导线在电流频率 f 时的交流电阻为:

$$R_{AC} = 0.076 \times r \times \sqrt{f} R_{DC} \tag{6-1}$$

式中,R_{DC} 为导线直流电阻。

$$L = 0.2 \times l \times [\ln(2l/r) - 0.75] \mu H \tag{6-2}$$

式中,l 为导线长度,m。

故其交流阻抗为:$Z = R_{AC} + j2\pi fL$。

可见,相比导线截面的直径,导线的电感与导线长度关系更密切。一般可用 $1\mu H/m$($25.4 nH/in$)的数值估算导线的电感。频率较低时,电阻成分起主要作用,频率较高时,电感的感抗部分起主要作用。因此,当频率较高时,阻抗与导线直径关系不像频率较低时那么明显。这种特性意味着在频率较高时增加导体的截面积并不能明显地降低导体的阻抗。在实际应用中,应当尽量缩短导体的长度以降低高频阻抗。

2) 长地线模型

如果接地线沿着地平面或者底板延伸到一定长度,可等效为一根传输线,如图 6-3 所示。考虑分布电容后,地线模型可表示为一个 RLC 电路,其特性阻抗为:

$$Z_0 = \sqrt{L/C} \tag{6-3}$$

随着工作频率的升高,其感抗将超过电阻成分,总阻抗继续增大,直到在 f_{p1} 产生并联谐振,线路阻抗呈高阻,并联谐振阻抗 Z_p 典型数值可达数百欧姆。

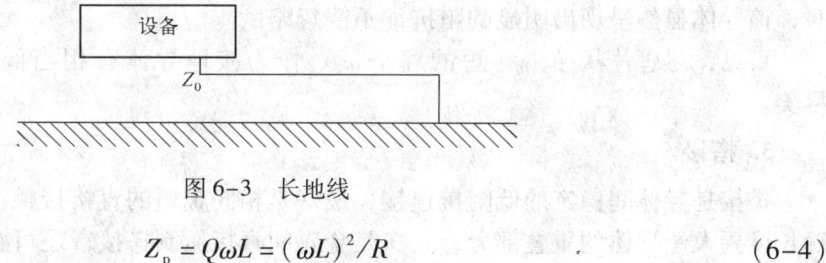

图 6-3　长地线

$$Z_p = Q\omega L = (\omega L)^2 / R \tag{6-4}$$

式中，Q 为电路品质因数；

ω 为谐振角频率。

过了第 1 个谐振点之后，随着频率增加，还会出现串联（低阻抗）和并联（高阻抗）谐振点，如图 6-4 所示。由于趋肤效应使损耗增大，谐振的峰值和零值变化将不再明显。为了保持导线接地的有效性，即控制在第 1 个谐振频率之下，接地线长度应小于最短工作波长的 1/20。

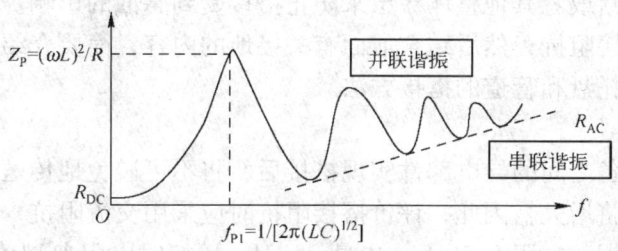

图 6-4　随频率变化的长地线阻抗特性

综合考虑接地各种因素，接地导体主要特性如下。

(1) 在数千赫兹以上，任意长度的导线主要呈现为感性；1 MHz 时典型长度的导线感抗达到欧姆级，在数十兆赫兹范围可达数十欧姆。

(2) 一段导线的长度等于 1/4 波长的整数倍时，其阻抗达到最大谐振值。

(3) 产生谐振波峰和波谷的频率会受到设备或器件布局的影响。

3) 片状导体的电感

片状导体的电感为：

$$L = 0.2 \times l \times [\ln(2l/W) + 0.5 + 0.2 \times l/W] \mu H \tag{6-5}$$

式中，l 和 W 分别为导体的长度和宽度，m。

对比单位长度、同样截面积的圆形导体和片状导体的电感，圆形导体比扁平的金属条/带、金属编织网的趋肤现象更加明显，片状导体的电感要小于圆形导体。另外，当截面积一定时，片状导体截面的周长也大于圆形导体截面的周长，即片状导体的表面积更大，高频时的电阻更小。因此，片状导体更加适合于高频电流（工作频率高于 10 MHz）。在工程中通常用金属片（如铜排）做地线。其优点在于将谐振点推移到更高频率，并且有非常低的 Q 值。

【例 6-1】 给定片状导体为一个 10 cm × 9 mm × 2 mm 厚的镀锡铜编织带，计算其电感值并简要分析。

解：根据上述片状导体电感计算公式得该导体电感约 0.116 μH。

按线性特性简化计算可知，高频时片状导体阻抗为 0.73 Ω/MHz。频率达到数百兆赫兹时,该导体显然呈现出明显的阻抗,不能忽略。

可见,尽管片状导体(短的扁平带)作为接地导体有相当低的阻抗,但也并非尽善尽美。

5. 搭接

搭接是导体间稳定的低阻抗连接,最好是相同金属的直接接触。搭接首选焊接方式,焊缝长度要大于导体的重叠部分;其次是金属间直接压制搭接;还可在金属表面上涂导电涂料加压形成。有关搭接的一些常用规则如下。

(1)表面对表面的导电性接触可获得好的搭接效果,有缝隙时应沿着缝隙保持连续接触,表面粗糙或不平应处理,必要时可使用搭接条。

(2)搭接时必须去掉隔离层或绝缘层,如金属表面的喷漆或电镀物,通常需要对接触表面进行处理以保证导电性。

(3)搭接需要对接触表面保持正压力,可以使用紧固件或扣钉、导电衬垫等。

(4)应当通过密封或者其他整体涂层来防止搭接受到腐蚀的影响。

这里首先分析搭接阻抗,然后结合前面有关接地的内容,简要介绍射频条件下建筑物等电位网络结构、线缆托盘和管道的搭接方法。

1)搭接阻抗

设备与地线、设备之间的导电部件实现搭接后,将不可避免地传送干扰电流。对高频干扰电流而言搭接阻抗将增大,因此,评价搭接阻抗时应采用交流阻抗,而不是直流电阻。较好的搭接阻抗典型数据:电阻 0.5 mΩ、电感 25 nH,压接时电阻典型值为几毫欧,在 1 MHz 时则可能超过 1 Ω。

确保搭接的低阻抗不能仅仅用直流进行连续性检查,也不能简单地用欧姆表进测量。测量搭接阻抗一般用高频信号源,用四端点方法,即用一个信号源向被测量点注入高频电流 I,然后测量被测点上的电压 U,应用欧姆定律计算阻抗,如图 6-5 所示。

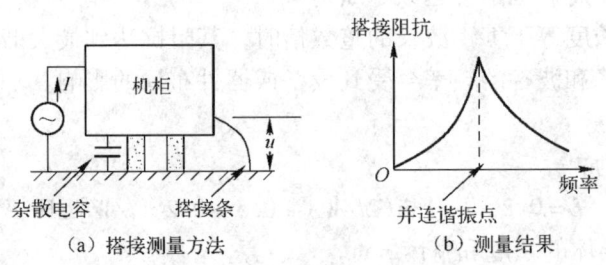

(a) 搭接测量方法　　(b) 测量结果

图 6-5　搭接阻抗的测量

从图 6-5 中可以看出,在电流频率较高时,由于机箱与大地之间的寄生电容和接地导线的电感,搭接阻抗表现为电感和电容并联时的阻抗特性,在某一频率上发生并联谐振,阻抗很大。

室内信号设备中需要搭接的地方很多,如屏蔽机箱、屏蔽电缆、地线、滤波器与机柜的搭接等。值得注意的是,随着时间的推移,如果设备电磁兼容性能逐渐降低,出现内部干扰、易受外界干扰等现象增多,则很可能是由于接触松动、金属氧化、腐蚀等原因导致设备中的搭接点阻抗变大。

片状导体对高频干扰具有较低的阻抗，在设备机柜中可采用接地铜排，以减小接地阻抗；在地线与柜体的搭接部分则要保证可靠搭接。

2) 等电位网络结构的搭接

为在射频范围实现等电位，获得较好的电磁兼容指标，需要三维的接地结构，这就要求必须有直接的金属对金属的多点搭接，尽量使用焊接。

建筑物结构上所有的金属件或线缆支撑部件都应当在其连接点实现射频搭接，距离很近时也应射频搭接，包括建筑水管、空气导流管、烟囱、钢筋、线缆桥架托盘、导管、走道、楼梯和天花板支撑物等，以构成一个三维接地网络。建筑物的钢结构和加强柱应采用焊接方式连接，对于长期搭接到接地网络的，还需要有足够数量的连接点，形成网状接地网（Mesh-BN），并满足网格尺寸不大于 4m 的要求。

参照前面接地导体的要求，将设备配电板的接地总线或本地交流电源配电柜的接地条连接到网络时，应当使用长度小于 1m 的导体，最好是小于 0.5m 的导体。公共接地网络和结构组成部分之间的连接长度不应超过 0.5m，此外，相距一定距离再增加一次并行连接。

3) 线缆托盘和管道的搭接

电镀的线缆托盘和矩形管道最好使用接缝焊接法进行连接。

线缆托盘、托架（走线槽）、管道可充当并联接地导体（类似于贯通地线）。在它们的结合点、末端端接处所使用的搭接方法也应当考虑与相应的干扰频率相匹配。

环形连接是最好的方式（无论直线、拐角还是接点），用标准螺丝加固的结合方法可达到 360°连接，还可采用导电衬垫材料。在圆形托架与柜壁、其他类型的线缆管道或类似金属表面搭接时，也应当进行 360°搭接密封。

6.2.2 线缆布置

除机房环境标准中对线缆敷设提出的一般要求外，随着信息技术的发展，针对电信和计算机网络布线标准的不断完善，如 ISO/IEC 11801《信息技术 布线标准》、EIA 568A/TIA 568B《商业建筑电信布线标准》、EIA/TIA 586《民用建筑线缆标准》、EIA/TIA TSB67《非屏蔽双绞线布线测试标准》等，我国在借鉴国际标准的基础上，颁布了 GB 50311—2007《综合布线系统工程设计规范》。铁路行业室内信号设备工作环境比较复杂。铁运（2006）26 号文中，对线缆进出建筑物、通信信号电缆与电力电缆间距等方面提出了具体要求。

下面参照 IEC 61000-5-2《安装和减缓导则 接地和布线》、EN 50174-2《信息技术 电缆安装 建筑物内安装》等，分析讨论各种线缆的布放。

1. 线缆的辐射

室内信号设备中存在大量线缆，由于长度的原因，线缆实际上是高效的接收和辐射天线，也是导致电磁兼容问题的主要因素之一。电缆产生的辐射有两种，一种是信号或电源电流回路产生的差模辐射，另一种是导线上的共模辐射。

差模辐射可以用电流环天线模型进行估算，实际辐射强度比用电流环天线模型计算的要小。环路面积是影响辐射的主要因素之一，如果电缆中包含信号线和回线，此时二者之间距离很小，由此形成的差模电流环路的面积也很小，两个电流趋向于互相抵消，因此差模辐射往往并不强。但是对于单线传输，往往会形成较大的差模辐射环路面积，则情况就不同了。

电缆辐射主要来自共模电流产生的共模辐射，共模电流沿着线缆内导体（有时包括屏蔽层）在同一方向上流动。共模电流的环路由电缆与大地构成，因此具有较大的环路面积，会产较强的辐射。共模电流是由电缆与大地之间的共模电压驱动的。在实验室中使用电流探头或吸收钳很容易测得共模电流，可以用于诊断或预测符合性测试。

共模电压的产生原因是，由于地环路干扰会产生共模电流；还有些共模电流是因为存在不平衡的外部阻抗而由差模信号电流转换而来。如图6-6所示，虽然两个设备的互连电缆包含信号回线，但并不能保证信号电流100%从回线返回信号源，特别是在频率较高的场合，空间分布的各种杂散电容为信号电流提供另外的返回路径。共模电流虽然所占的比例很小，但是由于辐射环路面积大，辐射强度是不能忽视的。

【例6-2】 如图6-6所示，电缆长为L，信号和信号回线之间的间距为3mm，电缆距离地面的高度h为1m，如有1/10的信号电流从地回路流回，试对比共模辐射和差模辐射（图中I_1是信号电流；返回信号源的电流有两部分，从信号地线返回信号源的电流I_2和从在地线或邻近的其他导体返回信号源的共模电流I_3。I_2和I_3的比例取决于两个回路的阻抗）。

解：共模辐射强度E_{cm}和差模辐射E_{dm}两者的比值为：

$$E_{cm}/E_{dm} = (0.1 \times I \times L \times 1)/(0.9 \times I \times L \times 3 \times 10^{-3}) = 37$$

即相当于$20\lg 37 = 31$dB。

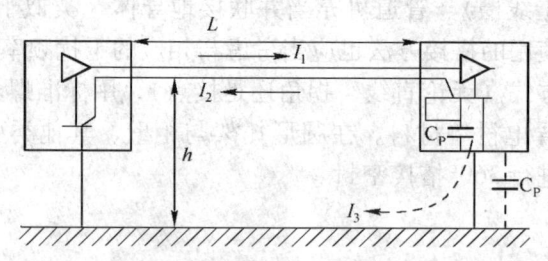

图6-6 差模电流泄漏产生的共模电流

可见，尽管共模电流远比差模电流小，但其辐射强度比差模辐射显著提高。

将电路与大地断开（将印制板与机箱之间的地线断开或者将机箱与大地之间的地线断开），以切断地环路，仅能在低频段减小共模电流，对于处理器时钟信号及其数百兆赫兹谐波，高频段时杂散电容形成的阻抗已经很小，成为共模回路阻抗的主导因素。从其产生原理可知，减小这种共模电流的有效方法是减小差模回路的阻抗，促使大部分信号电流从信号地线返回。信号线与回线形成的回路面积越小，则差模电流回路的阻抗越小。

2. 线缆类型及特性

信号完整性（Signal integrity）是指信号在信号线上的质量，良好的完整性要求信号不失真地从源端传送到接收端。在设备内部，如果其屏蔽体及外部线缆的屏蔽和滤波都很好，几乎任何一种类型的导线和线缆都可使用，尽管信号的完整性可能有一定程度的损坏，对于高性能数字或模拟电子设备，进行屏蔽和滤波的成本比较高，使用内部线缆相对要经济得多。还有一种更实用的方法是，在设备内尽量避免使用互连线缆，通过PCB母板（最好是单块PCB，即使通过柔性线路板连接也不是很理想）来传输信号。

在设备外部，可用的线缆种类很多。不管是数字设备还是模拟设备，包含单线信号的非屏蔽线缆的EMC问题很多。单线驱动会在信号自身频率处产生大量的共模电流，对数字信号进行滤波也难以使发射显著减少，滤波措施还将或多或少地影响信号，从而使产品不能通过传导或辐射发射的测试（具体情况取决于信号频率）。

减小差模辐射的有效方法是使用双绞线传输信号。计算机网络领域布线标准中，大量采用 UTP（非屏蔽双绞线）和各类 STP（屏蔽双绞线）线缆。双绞线不仅提供较小的面积，而且由于相邻绞线中地电流方向相反，它们产生的磁场方向亦相反，在空间上抵消。双绞线线缆也是减少感性与容性耦合干扰的有效且简单的一种方法。使用平衡电路和共模扼流圈的双绞线适用于高达数十兆赫兹的信号，但实际效果取决于电路的平衡状态等因素。电源电缆中应尽可能使用绞线。

采用屏蔽电缆可以减小电缆辐射，因为屏蔽层直接可遮挡电缆信号回路的差模辐射；另外，屏蔽层为共模电流提供一个返回共模噪声源的通路，从而减小了共模电路的回路面积，从这个意义上讲，屏蔽层提供的通路阻抗越小越好，这样可以将大部分共模电流经旁路回共模噪声源。

度量电缆的屏蔽效能有两种办法，一种是前面介绍过的屏蔽效能（SE），另一种是表面转移阻抗（STI）Z_T，其定义是线缆内导体单位长度上感应电压与流过线缆外屏蔽层的干扰电流之间关系的比值，单位通常用 mΩ/m。对于给定频率，只有较低的 Z_T，才会导致较高的 SE。比较理想的情况是，在整个频率段上 Z_T 的值为几个欧姆。

3. 线缆屏蔽层的端接

线缆屏蔽层端接时，首先要求直接将它连接到金属底板或机壳地，而该金属底板或机壳地能够提供可能的最低阻抗，这样就可以保障屏蔽层上的干扰电流无须经过电路或者耦合到电路之后再传送到地。实现连接的最佳方案是将线缆屏蔽层延长到地平面或底板，并做到可靠的 360°连接（即与它穿过的屏蔽机箱表面形成完整的圆周连接），使用带有夹在线缆屏蔽层上的金属套管或金属箍的线缆就可以实现这种连接方式。

1）小辫或"猪尾巴"连接

所谓小辫或"猪尾巴"（Pigtail）连接是指将线缆屏蔽层收缩拧成一根线状，然后经由连接器引脚延长到接地点。因为这样安装起来比较方便，常被用于连接数据线缆的屏蔽层。遗憾的是，这种方式只适合屏蔽层仅需几兆赫兹以下起作用的场合，并且使用小辫方式端接屏蔽层时，一定要使其尽可能短。高频时因为小辫的电感而严重影响屏蔽效果，甚至可能与不连接没有什么区别。由于屏蔽层上的干扰电流，小辫与屏蔽层连接串联的数十纳亨利的电感，在接口线缆屏蔽层上会产生一个共模电压耦合到内部导体；或者反过来，内导体上的噪声电压耦合到屏蔽层。

2）屏蔽线缆的端接

对于控制信号线，为了衰减辐射骚扰和增强抗扰度，可以对电缆进行屏蔽，且屏蔽也可以实现电缆去耦，减少线间耦合干扰。为取得电缆良好的屏蔽效果，必须对屏蔽层接地。一般而言，当电缆长度小于 0.15λ 时（λ 是信号的工作波长），可认为是低频电缆，单端接地即可，一般均在输出端接地，若输出端不接地，也可以在输入信号源端接地。电缆长度大于 0.15λ 时，即为高频电缆，至少屏蔽层的两端都应该接地，如有条件，屏蔽层可按 0.15λ 或 0.1λ 间隔接地，以减少地电位引起的骚扰电压。

在高频时，若线缆一端不端接会引起很严重的泄漏。不过，两端端接会导致屏蔽层在两端地电位差的驱动下产生干扰电流，产生交流声，甚至可能使电缆烧毁。这种情况表明，建筑物的地线系统较差，导致地线电位不稳定，雷电浪涌电流损坏保护欠佳的电子设备。在雷电期间，电缆末端接的一端有可能被瞬态过电压击穿。

还有一种方法是，把电缆屏蔽层在一端接地，而另一端通过一个小电容接地，目的是阻止额外的电源频率的屏蔽电流。但这种方法对防止浪涌及击穿没有什么效果。

端接通常用连接器来完成，如果没有连接器，最简单的方法是，线缆进入机箱后放在一个金属夹具下面，然后将线缆屏蔽层从夹具的下面折叠回来，再将该夹具直接用螺栓固定到机架，完成线缆屏蔽层到机架的低电感直接连接。还有一个方案是使用金属套管，即沿着线缆进入机箱所走过的路径并一直延伸到屏蔽层端接的位置。

采用电气隔离通信如光纤通信，可以避免屏蔽电缆两端端接，但应注意安装接线的故障和浪涌等带来的安全性及可靠性问题。

4. 线缆分类、隔离和走线

为了尽量减小线缆的串扰效应，需要对线缆类别进行分组。传输高频干扰电流的线缆应远离其他线缆（甚至在屏蔽机箱内部）。

1）线缆类别

为了能够选择正确的线缆型号和端接方式，布线时将其隔离开来，防止不同类别的线缆之间相互干扰，应确定线缆类别归属。

IEC 61000-5-2 标准将电源和信号线缆从最敏感到噪声最强分成 4 类，要求线缆应当根据其所传输的信号的类型进行隔离。这 4 类线缆如下：

第 1 类，敏感类：低电平模拟信号，宽带数字和模拟信号，满量程小于 1V 或 1mA 的信号，源阻抗大于 1kΩ 或频率大于 1MHz 的信号。

第 2 类，轻微敏感类：较低功率低频信号，低速率数字信号；模拟仪表（如 4~20mA，0~10V）；低速数字总线通信（如 RS-232C、RS 422/485、Centronics 并行接口）。

第 3 类，轻微噪声类：DC 电源，滤波的交流源；外部供电的低压 AC 或 DC 电源（不给其他噪声设备供电），接触器和螺线管线圈电路。

第 4 类，噪声类：AC 电源及回路、底板接地、大功率射频和宽带信号；电源输入、输出和可调速电机驱动的直流线路，焊接设备和类似电子噪声类设备。

2）并联接地导体技术

根据 IEC 61000-5-2 和 EN 50174-2，电缆应贴近构成地线网格的导体或金属件布置，没有建筑网格地时，可采用电缆托架、电缆输送管、导管等来代替，或采取较粗的接地导体构成平行接地导体（PEC）。PEC 必须两端搭接到设备机壳地，达到从线缆和其屏蔽层移走电源电流的目的。

线缆外部的屏蔽线或接地导线都应当做并联接地导体处理，并在两端接地。传统上，线缆护套仅仅视作一种保护或者机械加强，不会在连接点将其两端接地。线缆护套也可实际作为并联接地导体，但导电连续性不能中断。

并联接地导体具有非常低的电阻和足够的通流能力，其主要作用是从屏蔽和非屏蔽线缆上转移大地环路电流。因为地电流通常是工频 50Hz，并且雷击带来的浪涌能量集中在 10kHz 以下。

在一些极端应用环境中，并联接地导体可能需要传输大的连续电流，所以必须具有足够的金属截面积。因此，导电型涂覆的塑料管道或线缆护套显然是不符合要求，此时必须在里面增加一根较大的铜金属线并联接地导体,以通过大电流。

当线缆下方有一个连续的平面金属并联接地导体时,不同种类线缆之间的最小间距如图 6-7 所示。

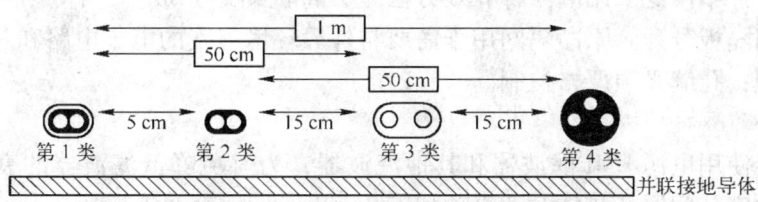

图 6-7 并联接地导体上方各种线缆最小间距

在 EN 50174-2《信息技术(IT):电缆安装》中,当综合布线电缆与电力电缆位于同一线缆系统中时,各种安装类型下的最小间距规定见表 6-2。

表 6-2 不同种类电缆最小间距 单位:mm

安装方式 \ 安装类型	没有分隔物或有非金属分隔物	铝隔板	钢隔板
非屏蔽动力电缆与非屏蔽 IT 电缆	200	100	50
非屏蔽动力电缆与屏蔽 IT 电缆	50	20	5
屏蔽动力电缆与非屏蔽 IT 电缆	30	10	2
屏蔽动力电缆与屏蔽 IT 电缆	0	0	0

应该说明的是,上述数据是最小值,根据实际的电磁环境,表中的间距可能还需要增加。在铁运(2006)26 号文中,对不同容量的电力电缆和非屏蔽通信信号电缆在不同条件下的间距分别提出了要求,总体比表 6-2 中的内容更严格一些。

对于同一类别的各种线缆,并不是可以完全捆扎在一起,特别是对那些极端的类别。各子类别的线缆都应当各自捆扎,并彼此隔离布线。在任何时候,每一束线缆都尽可能靠近并联接地导体的金属表面。

铁路信号与通信技术的结合已经非常紧密,但采用电缆并非是唯一途径。从另一个角度考虑,避免使用金属电缆和连接器或许是更经济的 EMC 方案,即采用非金属导线进行通信,目前成熟的产品包括光纤、无线局域网或 Bluetooth(蓝牙)、红外(如 IrDA)、自由空间微波和激光通信等。在 CTCS-3 级系统中,室内多种信号设备如 RBC 和联锁之间已采用光纤作为传输介质。

6.2.3 机箱(和机柜)EMC 设计

第 1 章已经讨论了屏蔽机箱,这里从机箱和机柜内的布局等常见问题出发,进一步讨论机箱和机柜的设计。

1. 机箱设计相关问题

1)机箱内布局

机箱内布局的重要原则是:从电磁兼容的角度,评估每一个对象的干扰水平,然后确定其在设备内部的布局。可将机柜或机箱内分割成敏感部分和其他部分,谨慎布置背板和底板上各个部分的位置，使敏感单元，如计算机或微处理器、可编程逻辑控制器（PLC）、精密器件、低电平模拟仪表等，远离电噪声（例如开关、继电器、接触器），同时有助于划分不同种类的线缆。重要部分的电路应重点考虑，对其与外部的连接进行 EMI 控制。

工业机箱设计中广泛采用的一种有效方法是，将机箱划分成"干净"和"脏"两个隔间，二者可以用隔板分开。干净隔间用于需要与外界环境屏蔽的电子电路和装置，进出的线缆必须经过处理；孔缝必须严格控制。

2）滤波器

机箱经常会使用电源 EMI 滤波器和其他滤波器，为避免降低滤波器的衰减特性，还必须注意滤波器的安装问题。具体注意事项如下。

（1）电源 EMI 滤波器最好安装在电源的入口处，如入口处的机壳上。

（2）滤波器的壳体与机壳应良好搭接，接触面无油漆或氧化处理，滤波器良好接地是保证滤波器衰减特性的重要因素。

（3）滤波器的输入输出线必须分开，避免输入线路与输出线路耦合而降低滤波器的衰减特性。另外，可考虑在电缆上加装铁氧体磁环。

3）屏蔽

实际中不存在理想条件下的屏蔽机箱，机箱由于电气不连续，使其屏蔽效能降低。因此，机壳上的孔洞或缝隙应设法满足最小波长的要求（缝隙和孔洞的直线尺寸通常要求小于 $\lambda/10 \sim \lambda/100$）；对于屏蔽机壳，必须做到良好的接地，即通过一个导电性能良好的接地件搭接到近于零电平的区域。为降低接地阻抗，底线应当短而宽，且与接地面可靠搭接。

【例 6-3】 已知目前辐射发射试验的频率上限为 1 GHz，试估算机箱缝隙的最小尺寸。

解：1 GHz 对应的波长 $\lambda = 30$ cm，按照 $\lambda/10$ 考虑，缝隙尺寸要求为 3 cm。

如果安装机壳盖时螺钉的间距为 3 cm，就可以避免缝隙泄漏的影响。

但是，对于机柜的柜门，由于其缝隙远远大于 3 cm，就要在结构装配上充分考虑屏蔽性，安装导电性填料或采用金属密封垫片等。

4）其他问题

设计中还应注意以下一些项目。

（1）机箱与外界接口处电源、输入输出口及通信线等线缆，应沿着机箱入口的接地带布放，尽量减小线缆的耦合，接地带良好的导电连续性可降低线缆和机箱之间的转移阻抗。同时，I/O 线缆必要时应分开隔离、屏蔽。

（2）机柜内部的金属部件要以尽可能大的面积保持和机柜的接触，保证导电连续性。

（3）机柜内线缆尽量在机柜两侧布置，尽量减少环路；参照有关隔离的要求走线，防止互相干扰。

（4）机柜内各类接地线连接端子一般通过接地汇流排与接地母线相连，通常为矩形铜或铝导体，在环境温度为 25℃时，铜和铝导体的电流密度约 4 A/mm² 和 3 A/mm²。

（5）机柜中 PCB（印制电路板）设计是 EMC 最基础的工作，这方面已经有大量的系统方法和规范，还有商业化的自动布线、仿真及评估工具等。设计的核心和难点是高频电路和微弱信号的设计，高速数字电路和模拟电路的敏感干扰源与其抗扰度设计方法有不同特点。

【例 6-4】 在电源线和信号线上加铁氧体磁环（或铁氧体套管和铁氧体磁珠）是有效解决 EMI 问题的常用办法。为解决辐射问题，应该将铁氧体安装在电源线或信号线的源端。铁氧体安装在导线上相当于一个衰减电感。铁氧体磁珠或磁环的阻抗在 VHF 频段（30～300 MHz）约 300～600 Ω。在骚扰源和负载的距离很近时（小于几十厘米），铁氧体的插入衰减可近似为：

$$A(\text{dB}) \approx 20\lg\left(1 + \frac{Z_f}{Z_s + Z_L}\right) \tag{6-6}$$

式中，Z_f 为铁氧体的阻抗；

Z_s 为源阻抗；

Z_L 为负载阻抗。

试分析应用时各参数的影响。

解：根据式（6-6），取电路参数中的 Z_s、Z_L 均为 150 Ω，则用 300 Ω 的磁环可达到的最佳插入衰减为：

$$A(\text{dB}) \approx 20\lg\left(1 + \frac{300}{150 + 150}\right) = 6\,\text{dB}$$

即骚扰电流衰减为原有的 1/2。

若 Z_s、Z_L 均为 300 Ω，则用 300 Ω 的磁环可达到的最佳插入衰减仅为 3.5 dB，衰减效果很有限。可见，铁氧体材料在高阻抗（>300 Ω）电路中几乎不起作用。

由于理想情况下其阻抗与线圈匝数 n^2 成正比，故增加线圈匝数 n，根据式（6-6），可以增大铁氧体的插入衰减，使导线两次穿过磁环，同样以 Z_s、Z_L 均为 150 Ω 为例，可得到最佳插入衰减：

$$A(\text{dB}) \approx 20\lg\left(1 + \frac{300 \times 2^2}{150 + 150}\right) = 14\,\text{dB}$$

相当于骚扰电流衰减为原有的 1/5。但是需要注意，增加线圈匝数，如果造成铁氧体磁饱和，则不能改善衰减特性。通常三匝或四匝后铁氧体就会饱和，匝数太多也会加剧寄生电容的问题。

2. 机箱屏蔽效能标准

类似于环境条件 IP（防尘防水）的等级评估方案，IEC 6100-5-7 标准规定了商用机箱屏蔽效能 EM 的等级分类，还给出了各频率范围屏蔽效能的测试方法。

标志 EMABCDEF 指定了 6 个频率范围内与之分别对应的屏蔽效能。各标志的含义见表 6-3。如 EM 66644x 规定：在 10 kHz～30 MHz 范围内，屏蔽效能（SE）应不小于 60 dB；在 30 MHz～10 GHz 范围，屏蔽效能则应不小于 40 dB。

表 6-3　IEC 61000-5-7 标准 EM 屏蔽规程

频率范围	屏蔽标志	屏蔽效能/dB	标志值
10～100 kHz	A	不测试	X
100 kHz～1 MHz	B	<10	0
1～30 MHz	C	≥10	1
30 MHz～1 GHz	D	≥20	2
1～10 GHz	E	≥30	3
10～40 GHz	F	≥40	4
		≥50	5
		≥60	6
		≥70	7
		≥80	8
		≥100	9

3. 屏蔽机箱安装和维护

在产品的整个寿命期间维持良好的屏蔽性能，不仅对设计环节的 EMC 技术有要求，还与安装、维护有密切关系，包括对安装人员和使用者的培训。例如，在铁路现场，为了通风散热或方便，使屏蔽机柜门一直打开，因而有意或无意间损害了屏蔽完整性。以下是有关安装维护的注意要点。

（1）机柜和机箱屏蔽机壳上的开孔或缝隙影响屏蔽性能显著。在系统设计阶段、安装和维护过程中，应采取相应措施防止可能的屏蔽性能下降。

（2）必须保持搭接的连续和完整性。如防止导体接触表面发生腐蚀，安装完成之前不允许喷漆；在腐蚀性环境下需采取特殊措施和合理维护周期。

（3）如果门、面板、盖板通过导电衬垫、指簧等来实现接触，安装时应避免损坏或使接触表面变形，维护时要定期进行检查和清洁；滤波器引入线或屏蔽的穿透处必须保证与面板的 360°接触。

这里需要说明的是，电磁兼容问题是综合性问题，包括布局、屏蔽、接地、应用 EMI 滤波器和铁氧体器件等各个环节。这些措施不仅对降低机箱辐射发射和防止骚扰进入有效，还对通过电磁兼容试验大有裨益。例如，改善屏蔽和接地，有利于通过静电放电实验；应用 EMI 滤波器和铁氧体往往也是针对传导性骚扰试验的主要解决措施。

实际应用的铁路信号电源等设备中，广泛应用了斩波器、开关调节器和逆变器等电路，还有晶闸管和 GTO（Gate – Turn – Off，门极可关断）晶闸管。通常晶闸管流过的电流很大，约几安培到几十安培，而开关时间却很短，在瞬间导通和关断时电流的变化率很大，易产生较大的高频宽带噪声，特别是在晶闸管关断时还可能引起高频振荡。此时，仅依靠机壳屏蔽、电源端口加滤波器和电源线加磁环，未必能够完全解决 EMI 问题。需要在产品设计阶段，针对骚扰源采取适当的全面的电磁兼容措施。例如，减少谐波和提高功率因数；在晶闸管支路中串入几微亨至几十微亨的电感或磁环，在晶闸管的阳极和阴极间并联 RC 吸收支路，采用高频滤波器等，抑制高频噪声。因此对于其他设备，在设计阶段充分考虑到电磁兼容问题，都不失为明智之举。

6.2.4 软件抗干扰设计

基于微处理器的信号设备都会涉及软件设计，在数据存储、程序运行、信息处理和结果输出各个环节都有可能受到干扰，电磁干扰可能会引起系统崩溃、错误运行或数据缺陷。因而软件的抗干扰性能与安全、容错、可靠性等关系非常密切。软件本身缺陷引起的功能问题有时会与电磁干扰产生的问题相混淆，在实时系统中，外部瞬态现象与严格的软件执行之间的一些巧合也可能引起运行故障，并且很难再现，通常只能根据系统安装环境的特征来判断是软件缺陷或电磁兼容差。

信号设备软件的抗干扰措施往往与软件安全措施同时考虑，有时还需要软件、硬件互相校核。设计时不仅需要规定在正确的输入下有什么正确的输出，还需要明确在不正确的输入下，如何正确反应。目前，软件工程理论、数据编码和差错控制理论，以及软件可靠性、安全性方面的研究已经比较系统和成熟。这里仅就与抗干扰设计相关的措施进行讨论，分为数据和程序两方面设计。

1. 数据的抗干扰设计

数据包含静态的原始数据（各种编码参数等）、中间运算和最终结果数据。尽管原始数据是正确的，但由于外界干扰，在各个环节都会造成数据的错误。主要措施如下。

（1）对输入数据进行多次采样，对模拟数据采取变化率检查，对开关量数据进行校核验证。

（2）不需要修改的静态数据存储于只读存储器（ROM）中，有效防止程序把数据作为代码执行。

（3）对数据存储区进行开机及定时自检，应用错误检测和修正算法保护易失性存储器中的数据，对所有数据执行类型检查和范围检查。

（4）对关键和重要的数据进行原码、反码双重存放，利用数据的异地存储，在程序运行过程中通过比较（或多数表决）来鉴别数据的合法性。

（5）关键数据、重要数据和其他数据的编码之间应保持一定汉明（Hamming）距离。

（6）采用不对称码元来表示关键和重要信息，实际是对数据的空间冗余，n 位二进制码元可生成 2^n 种码字集合，仅取其中少量码字（子集）来代表有效码字，而其余的均作为非法代码。如只取一种状态代表危险侧码字。

（7）在所有数据传输中，进行差错控制和检验。

（8）关键数据信息的输出不得仅由单一处理器产生。

软件可从以下几方面对数据的正确（完好）性进行检验：静态数据是否发生改变；数据校验和是否正确，即数据有无丢失或多余；是否出现非法数据；关联的数据之间逻辑关系是否合理。

2. 程序抗干扰设计

程序抗干扰设计应保证程序从启动及运行全过程中的正确性。

（1）对程序区进行映象存储，代码分别存储于两种介质中，在上电或复位时，引导程序从 EPROM 中装入代码后，将其与 FLASH 中代码相比较，对程序代码进行检验，确保其一致性。

（2）为防止瞬态干扰，尽量使用电平触发中断，而不用边沿触发。

（3）设计中充分考虑如何对不正确输入、异常情况（如电磁干扰）等作出正确反应。

（4）对可编程接口芯片等周期性地进行初始化。

（5）执行重要功能时，采用令牌传递（特定数据值），在令牌匹配后才执行。

（6）除硬件看门狗外，软件采用内部自检（Built – in Test）和动态监督，对重要的函数和逻辑功能、子程序进行典型校核。

（7）程序中严格控制停止和等待指令，对未使用的程序存储区设陷阱，防止由于故障或逻辑错误等原因，程序执行进入死循环或"走飞"。

为保证信号设备在电磁干扰环境中安全可靠地工作而采取的以上一系列措施，多数都需要以存储空间、CPU 开销等作为代价，对于信号设备而言，还需要考虑实时性的要求。

综上所述，电磁兼容性设计包含的内容相当丰富，需要考虑的因素错综复杂，但从根本上讲，就是如何改善电磁环境，正确处理系统内各设备与外界及设备之间的电磁联系，提高设备的抗扰度并减小电磁发射。同时，除设计环节外，还应在设备生命周期的全阶段，包括组装生产、现场安装、调试、使用维护等过程引入电磁兼容的理念，才能取得预期的效果。

6.3 机车和车辆电磁环境

在分析车载信号设备电磁兼容设计之前，需要了解其工作环境及骚扰的来源和机理。机车和车辆的电磁环境非常复杂，下面首先说明电气化铁道环境电磁骚扰机理。

6.3.1 机车和车辆骚扰机理

任何陡峭的、尖角的或持续时间很短的非正弦电流或电压，都能产生宽带电磁骚扰。电气化铁道作为一个用电系统也和其他用电设备一样，会产生电磁骚扰。

首先，电力机车的牵引电流很强，可以达到 1 000 A 左右。牵引电流通过的环路也很大，该环路为牵引变电所—接触网—受电弓—机车—钢轨和大地—牵引变电所，这个庞大的电流环路在接触网附近产生很强的磁场。由于电流是交变的，交变的磁场又产生交变的电场，电场、磁场互相变换，最后以电磁场的形式向远处传播。处于这些电场、磁场或电磁场中的各种天线、传输电缆和设备就会由于电感性（磁场）耦合和电容性（电场）耦合产生感应电压和感应电流，从而可能影响车内外设备的正常工作。

其次，电气化铁道虽然采用交流单相 50 Hz 供电，但是牵引电流却不是单纯的 50 Hz 正弦波，而是包括丰富的谐波和高频成分的复杂波形。电力机车内部包括大量的电力电子器件，是一个完整的机电一体化系统。交流单相 50 Hz 电压要经过这些电力电子器件组成的变流装置多次变换后才能产生合适的电压，提供给牵引电机、励磁系统、控制系统及各种辅助系统使用。这些电压变换都是非线性变换，因此牵引电流波形严重失真，包含丰富的谐波成分（以奇次谐波为主）。牵引电流中的高频成分来源于电流中的脉冲。机车内的各种开关操作、电流通断、升降受电弓、受电弓与接触网之间的火花放电（尤以机车通过接触网的分相绝缘时最甚）等都会在牵引电流中产生脉冲。如果接触网发生短路故障，如电力机车主断灭弧室的瓷瓶爆裂，则牵引回路中会产生很强的瞬间电流脉冲。根据理论分析，脉冲波形包含从低频到高频的很宽的频率成分，脉冲越窄包含的高频成分越多，这些频率可以高达几百兆赫兹，这就是为什么电气化铁道的电磁场耦合非但能够干扰低频设备，而且能干扰高频设备。

电力机车本身产生的电磁骚扰主要来自上述机车内部电力电子器件，以及空调等大功率设备。此外，随着机车电台、GSM-R 等无线通信设备在机车上的广泛应用，也必须考虑通信设备对外的电磁骚扰及通信系统之间的干扰。例如，机车电台的工作频率为 450 MHz 频段，其二次谐波如果很强，则可能干扰 GSM-R 系统的正常工作。

射频频段的骚扰源，最重要的是受电弓在接触网导线上滑动所产生的无线电噪声，大致分为以下三部分。

（1）电平相对稳定的连续噪声。在低速与启动时表现比较明显，一般认为这部分是由于受电弓滑板与接触网导线之间接触电阻变化引起的。

（2）由弓网分离的一系列脉冲产生的连续放电噪声。该脉冲系列的出现是随机的。这类噪声是在一般正常运行速度下产生的。

（3）叠加在上述一般噪声电平上的随机产生的孤立脉冲，其幅度很高，动态范围很宽。

交流电气化铁道受电弓离线产生电磁脉冲骚扰的过程如下。

列车运行时,火花放电并不是单次出现的。当受电弓与接触线分离,空气间隙的端电压随着接触网工频电压变化到达击穿电压时,发生火花放电,继而形成电弧构成低阻电流通路。当该工频电流减小至零点附近时,电弧熄灭,受电弓与接触线之间恢复高阻状态;然后空气间隙的端电压再次达到击穿电压,重复上面所描述的现象,直到受电弓与接触线恢复良好电接触为止。弓网分离期间在回流线上测到的典型电流波形如图 6-8 所示,可以清晰地看到在电压过零点两侧发生的断流、气隙击穿时的脉冲和起弧后的大电流现象。

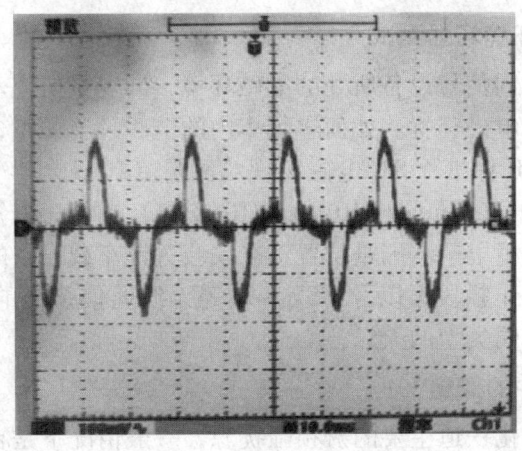

图 6-8 离线期间的典型电流波形

首个火花脉冲的产生时刻与受电弓离线时的弓网间电压条件有关:当离线时刻发生在弓网间电压高于空气间隙的击穿电压之时,首次放电即刻发生;当该时刻弓网间电压不足以击穿空气间隙时,弓网间出现短暂的断流,然后在达到击穿电压的时刻发生首次放电。

在受电弓离线的持续期间,火花脉冲的重复发生频率与工频电压过零点的出现频率近似,约 100 Hz。

车载信号设备接收电磁骚扰的主要途径是电源端口、天线端口和电缆。机车辅助电力单元输出的电源可能含有各种谐波分量,通过电源端口进入设备;而天线端口在接收信号时也会同时接收骚扰信号;车载信号设备的信号电缆众多,电缆耦合则是电磁骚扰的重要耦合途径。例如,BTM 天线安装于车底,发射的 27 MHz 载频信号遍布车底附近空间,周围的信号电缆上均可测量到明显的 27 MHz 耦合骚扰信号。

6.3.2 机车和车辆电磁环境测试和分析

目前已广泛采用的动力分散式电动车组,其特点是把牵引动力分散到全列车地板下,增加客席,列车黏着性能好,启动制停快。但由于动力设备分散,电气设备的数量与总重也随之增大,加之车下空间有限,设备密度大,线缆密集,如 CRH2 型动车组的电缆总数近十万根。动车组上电气电子设备组成复杂、强电与弱电系统共存,从工作电压等级角度可以分为高压设备、中压设备和低压设备;从功能分系统角度可分为高压系统、牵引系统、制动系统、列车网络控制系统、空调系统、乘客信息系统、辅助供电系统等分系统。在动车组上复杂的电磁环境中,存在着电力牵引单元、机车二次电源、空调系统等诸多强电磁骚扰源,又有车载列控设备(主要指 ATP 超速防护系统)、车载通信设备等弱电类敏感系统。

由于机车车内的电磁环境复杂,很难用解析方法进行理论分析。下面给出试验线上车辆内的电磁兼容试验试验方法和结果,以便了解机车和车辆内的电磁环境特点。为了系统地了解机车车辆内的电磁环境,给出一些试验项目,并分别介绍这些项目和测量结果。

6.3.2.1 试验项目

试验项目主要是测量车辆内的电磁环境,如车辆内电磁环境电平,即稳态电磁场的特性;弓网离线放电脉冲,即瞬态电磁场的特性。

1. 动车组车内电磁环境场强测试

试验的目的是了解车内信号设备所处的电磁环境,即定量研究牵引电流、各种电力电子开关及车内设备所产生的电磁骚扰。如何进行车内的电磁环境测量,并没有相应的铁路标准作出规定,可以参照 IEEE 标准 473:电磁场现场测量(10 kHz ~ 10 GHz)(IEEE Standard 473:1985 Electromagnetic Site Survey (10kHz to 10GHz))进行。分别测量机车在上电待机状态和运行状态时的电磁环境电平。测量位置选在安装关键车载设备的机械间。测量频段包括车载列控及信号设备的工作频段,以及 GSM – R 等无线通信系统的工作频段。为覆盖完整的频率范围,需要使用不同类型的天线。

2. 弓网离线放电脉冲的测量

弓网离线放电是电气化铁道主要的射频骚扰源,一般情况下是在车外距离轨道中心 10 m 或 30 m 处进行测量,但是很少在车内测量。采用电场近场探头和高性能的数字荧光示波器,设计实现车内试验,以便定量分析弓网离线放电产生的脉冲电磁骚扰分布,以及对车内电磁环境的影响。该项试验为非标试验。

6.3.2.2 试验结果分析

下面对试验数据进行分析。由于数据量极大,为便于数据分析,对于频谱分析仪的测量数据,将每个频段的每个天线极化模式下的测量曲线或电缆上测量曲线,做最大保持处理,即每个频点取所有测量曲线中的对应的最大测量值,生成 1 条检测数据的最大值曲线,等效于在总的测量时间内,对频谱分析仪设置了最大保持模式,这样便于分析车辆内总的电磁骚扰。

1. 动车组设备间电磁环境的测量数据分析

1) 9 kHz ~ 30 MHz 频段空间磁场的测量数据分析

将应用环天线测量的空间磁场的试验频段 9 kHz ~ 30 MHz 分为两个频段测量。其中,频段 9 kHz ~ 150 kHz,频谱分析仪的分辨率带宽设置为 200 Hz;频段 150 kHz ~ 30 MHz,分辨率带宽设置为 9 kHz。环天线垂直设备测量的空间磁场强度如图 6-9 所示。

可见,空间磁场的骚扰频率在 4 MHz 以下,磁场强度的最大值超过 70 dB μA/m。这些电磁骚扰主要是由列车的牵引电流引起的,随着列车运行速度的提高,牵引电流也随之加大,它所含有的高次谐波成分,通过各种耦合方式,既可能是共地线耦合、线间串扰等方式,也有可能是空间辐射被天线或电缆接收而窜入设备。27 MHz 频点的电磁骚扰应是 BTM 的载波信号产生的骚扰。

2) 频段 30 MHz ~ 2 GHz 空间电场的测量数据分析

频段 30 MHz ~ 2 GHz 空间电场的测量分别应用双锥天线和对数周期天线实现,将其分为 2 个频段测量。其中，频段 30 MHz ～ 200 MHz，频谱分析仪的分辨率带宽设置为 120 kHz；频段 200 MHz ～ 2 GHz，分辨率带宽设置为 120 kHz。天线水平极化时的电场强度测量结果如图 6-10 所示，天线垂直极化时的测量结果与之类似。

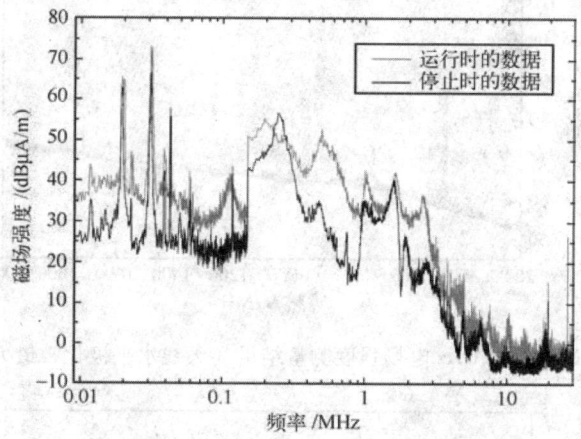

图 6-9 环天线垂直设备面测量的空间磁场强度（9 kHz ～ 30 MHz 最大化保持处理）

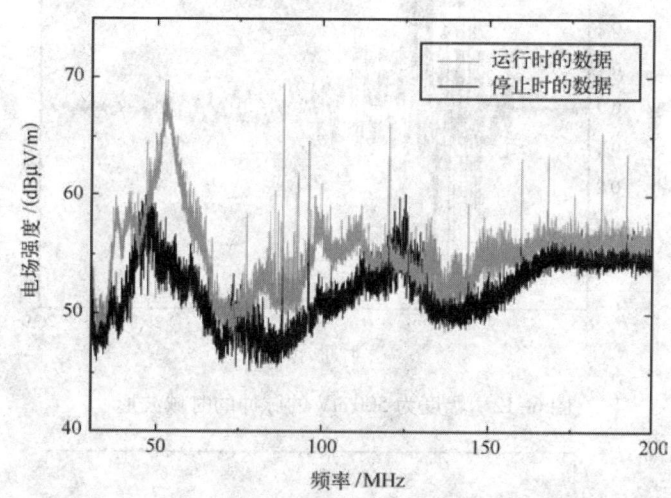

图 6-10 30 MHz ～ 200 MHz 电场强度测量结果（天线水平极化，最大化保持处理）

【例 6-5】 试根据铁路实际情况，分析图 6-11 中 200 MHz ～ 2 GHz 数据。

解：如图 6-11 所示，列车运行时检测到的射频骚扰主要集中在 1 GHz 以下。

运行时在频率 415 MHz 和 458 MHz 附近有较强的载波信号，该频率应为机车电台的模拟信号电台的工作频率。场强最大值超过标准 130 dB μV/m，但如果电台的发射功率未超出批准的额定功率，应属于正常情况。

另外，在频段 860 MHz ～ 960 MHz 内，有明显的 GSM、GSMR 移动通信信号。

2. 弓网离线放电脉冲电磁骚扰的试验数据分析

试验检测到的离线脉冲中幅度为 100 mV 的脉冲频繁，幅度为 300 mV 以上的脉冲相对较少，幅度为 500 mV 以上的脉冲相对很少。下面给出典型脉冲的测量结果示例。

脉冲幅度为 500 mV 左右的典型脉冲波形及其频谱分布如图 6-12、图 6-13、图 6-14 所示。

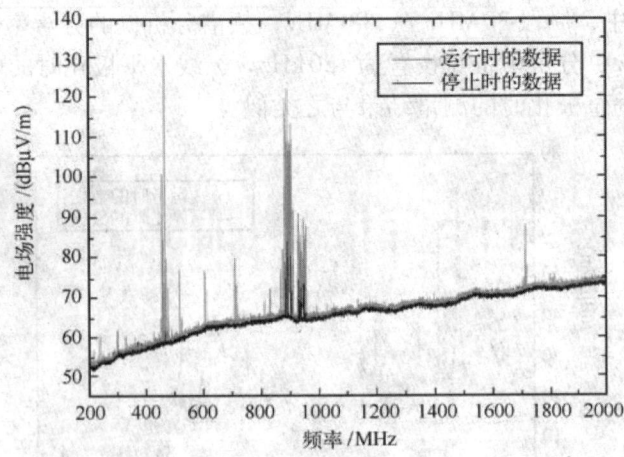

图 6-11　200 MHz～2 GHz 电场强度测量结果（天线水平极化，最大化保持处理）

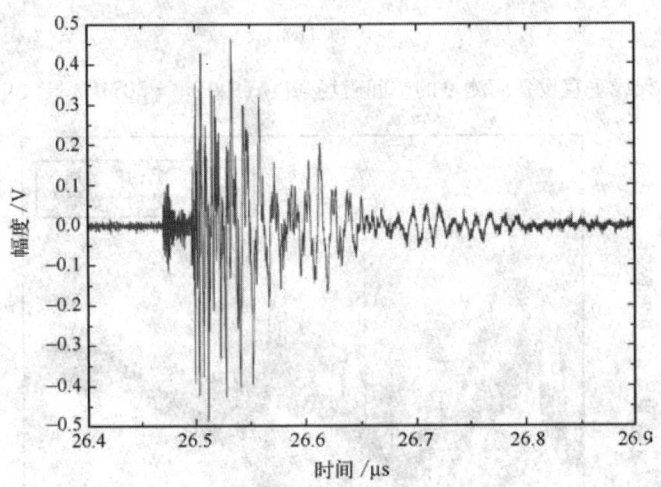

图 6-12　幅度为 500 mV 的脉冲的时域波形

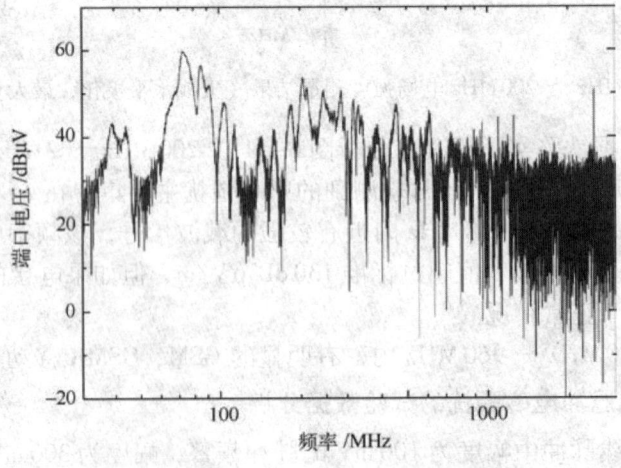

图 6-13　幅度为 500 mV 的脉冲的频域波形

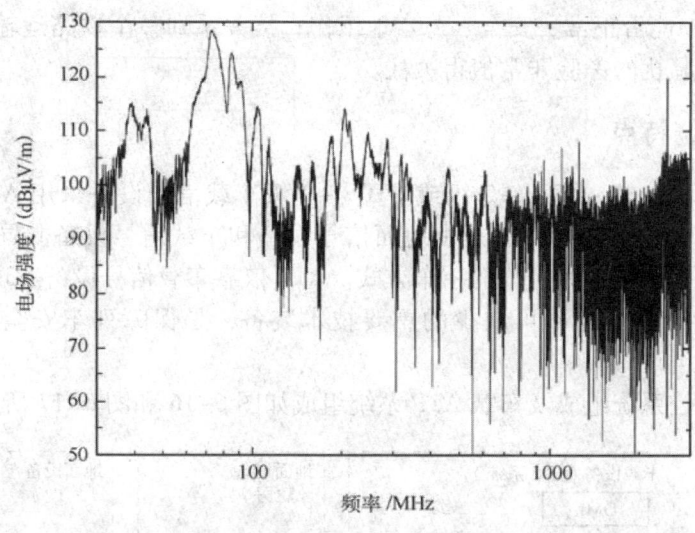

图 6-14　幅度为 500 mV 的脉冲的电磁骚扰的电场场强

由测试结果可知，脉冲的持续时间均很短，在 1 μs 之内。应用 FFT 变换到频域，得到端口电压的频率数据，分辨率带宽为 120 kHz，再根据电场探头系数和电缆损耗系数得到探头处的电场场强。分析 1 GHz 以内的频谱，可以看出弓网离线放电产生的射频骚扰主要集中在 600 MHz 之内，之后的频谱强度基本上低于示波器的底噪，但是对于幅度高达 500 mV 及以上的强脉冲信号，在 1 GHz 频率之内均测量到明显的射频辐射骚扰。

测量到的离线事件的连续脉冲放电，脉冲间隔为 10 ms，即放电频率为 100 Hz，如图 6-15 所示。以前的理论分析和仿真研究表明，预测弓网离线放电的频率为 100 Hz，上述试验方式验证了该结论。

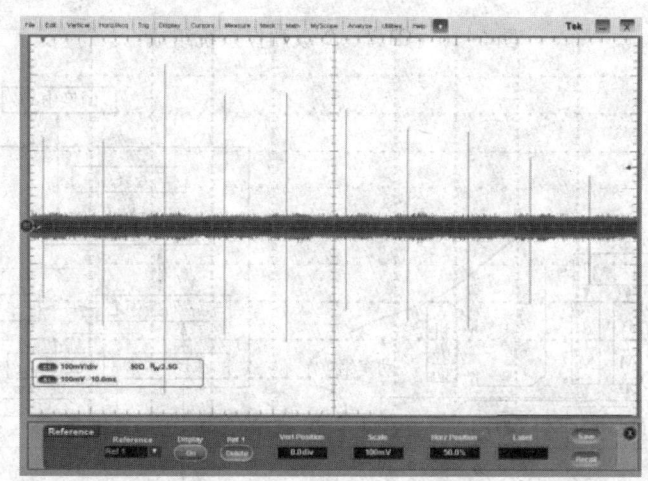

图 6-15　典型弓网离线放电测量结果（时域）

6.4　车载信号设备及电磁兼容技术

通过学习第 6.3 节的内容，可以了解到机车和车辆内的电磁环境很复杂，车载信号设备

（这里主要指 ATP）能否正常、安全、稳定地工作直接关系到整个铁路运输的安全运行，其能否经受各种电磁骚扰的考验非常值得关注。

6.4.1 ATP 系统特点

与以前的系统相比较，CTCS-2 级或 CTCS-3 级车载信号设备采用 ATP 作为超速防护系统来实现运行安全。完整的 ATP 是由地面信号设备和车载信号设备共同组成的闭环高安全系统，实现了以车载设备为主体的控车方式。ATP 依靠车载信号设备实现速度控制的自动防护系统，已成为行车安全不可缺少的重要技术装备，是保障列车安全运行的重要技术手段。

CTCS-2 级列控系统组成及车载 ATP 系统组成如图 6-16 和图 6-17 所示。

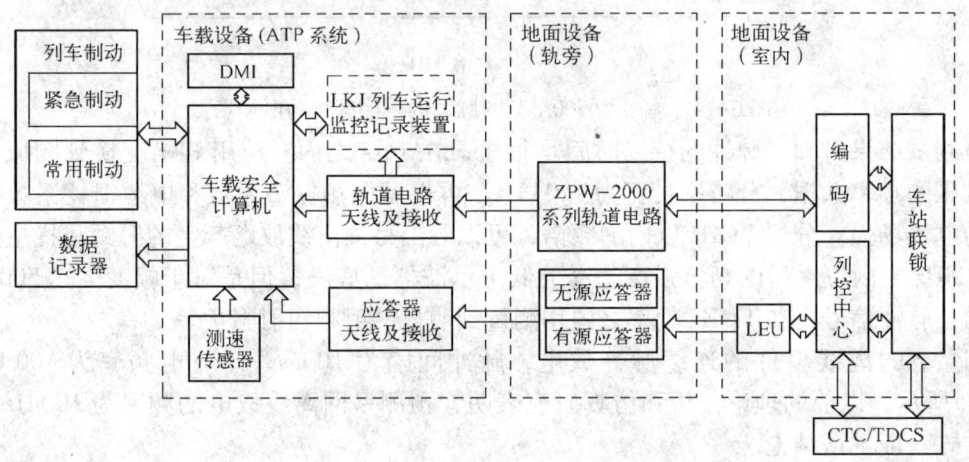

图 6-16　CTCS-2 级列控系统组成

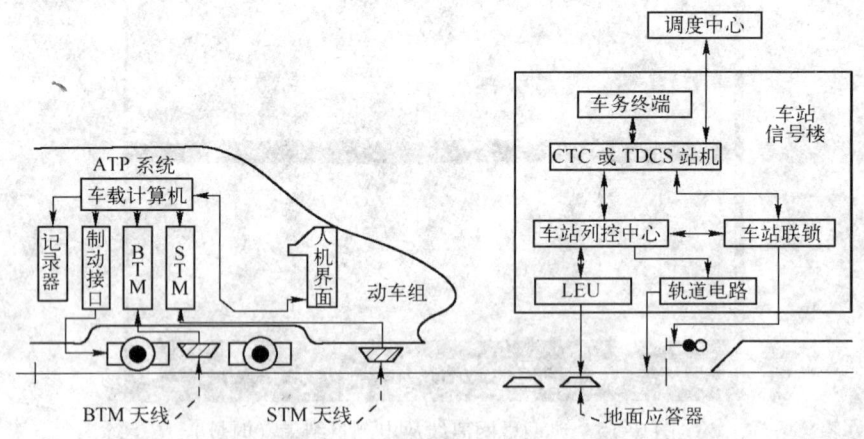

图 6-17　CTCS-2 级车载 ATP 系统组成

CTCS-2 级 ATP 系统的车载设备由车载安全计算机（VC）、连续信息接收模块即轨道电路信息接收模块（STM）、点式信息接收模块即应答器接收模块（BTM）、测速模块、人机界面（Drive Machine Interface，DMI）、制动接口单元（RLU）、运行记录单元（DRU）、轨道电路信息接收天线、应答器信息接收天线等组成。为了方便安装，车载 ATP 系统将上述的一些主要功能模块集成在一个主机柜内，其他一些外围设备，如轨道电路信息接收天线、应答器信息接收天线，通过列车电缆与主机柜相连。CTCS-3 级车载 ATP 系统的设备组成与 CTCS-2 级级类似，主要增加了与 GSM-R 相关的设备与对应的接口。

ATP 系统接收的输入信号主要有 3 类：一是来自 STM 的轨道电路信号，二是来自 BTM 的点式应答器信息，三是来自速度传感器及测速雷达的列车速度信号。由于这三类输入信号均为弱信号，来自动车组系统内或其他的电磁骚扰源可能影响这三类敏感回路。而在复杂的车内电磁环境下，ATP 系统能否经受工作条件的考验，是一个非常值得关注的问题，其能否正常、安全、稳定地工作更是关系到整个铁路的安全运行的大事。

6.4.2 车载设备电磁兼容设计

从动车组试验运行情况来看，ATP 系统都出现过一定程度的故障，如 ATP 系统 DMI 显示单元的黑屏、死机等故障，由于 ATP 的 BTM 单元丢失应答器信息故障而导致 CTCS-2 系统降级、速度传感器导致的 ATP 系统故障等。上述这些故障，或者直接由电磁干扰引起，或者与电磁兼容性设计有关。下面主要分析如何提高车载信号设备抗扰度能力的电磁兼容措施。

对于车载信号设备的电磁兼容措施，不仅仅要考虑设备本身的抗扰度问题，还必须从骚扰源、耦合途径和敏感设备三要素进行全盘考虑。这里，对于骚扰源，要考虑到机车的整车的电磁兼容性；对于敏感设备，要考虑信号设备的电磁兼容性；对于耦合途径，要考虑电缆的合理布线和接地。

1. 机车的电磁兼容性

如果机车具备良好的电磁兼容性，那么就可以降低骚扰的强度，改善车载信号设备的电磁环境。为此，车辆电气设备的一般电磁兼容设计方案应遵守的基本标准 EN 50121-3-1、EN 50121-3-2。对于机车车辆，应由根据 EN 50121-3-1 进行车辆静态、慢速电磁兼容试验，以证明符合标准要求。

所有集成进车辆的设备都应符合 EN 50121-3-2 的要求。对于机车的大功率电力电子器件，如牵引、空调等强电系统，会产生大量的电磁噪声。这类噪声频率远远大于 50 Hz 工频，能量主要集中在数百千赫兹到数兆赫兹之间，功率电平随牵引工况而变化，且在车内各处均存在。由于对该类动力设备没有电磁骚扰发射水平的强制要求，对于这种例外的情况，应该进行综合电磁兼容测试或进行适当的电磁兼容分析和试验，证实设备的电磁兼容性。

2. 车载信号设备的电磁兼容性

为了达到车辆设备、车外设备的一般电磁兼容设计方案的要求，遵守的基本标准为 EN 50121-3-2 或铁标 TB/T 3034。所有设备应根据该标准进行电磁兼容试验，以证明符合标准要求。

一般情况下，设备符合相关电磁兼容标准就足以保障设备和地铁环境之间的兼容性。EN 50121-3-2 和 TB/T 3034 的抗干扰等级是根据使设备在铁路环境下正常工作的目标来设定的。但是在特殊情况下，仅符合电磁兼容标准可能还不足以确保特定设备和铁路环境之间的兼容性。

事实上，对工作在标准频段以外的设备的发射和敏感性没有要求，这样就可能要进行特定的现场兼容性评估和对应的现场试验。

3. 电缆布线

由于铁路系统的电磁兼容问题很大一部分是通信系统、信号系统等弱电系统的电缆受到牵引、空调等强电系统的干扰而造成的，因此必须特别关注电缆布线问题。

下面给出电缆布线时应该考虑的重要电磁兼容原则。

1) 线缆的分类

电缆敷设时，所有电缆应根据表 6-4 进行分类。

表 6-4 EMC 电缆类别

EMC 电缆类别	电缆功能
A	供电电缆： 发动机电缆、制动电阻电缆、供热电缆、网侧滤波器（变流器端）的电缆、辅助设备供电电缆、内燃机起机电缆等
B	蓄电池线路、二进制控制线路等
C	信号发送器线路，天线，扬声器线路，数据总线线路等

2) 电缆预埋

任何可能的情况下不同类别的电缆都应该间隔敷设。理论上电缆或电缆束之间必要的距离取决于功率、频率成分、并行敷设的长度和辐射抗扰度。实际应用中，可根据表 6-5 来选择不同类别电缆之间的最小距离。

表 6-5 不同类别 EMC 电缆之间的最小距离

EMC 电缆类别	间隔距离/m
A 和 B	0.1
A 和 C	0.2
B 和 C	0.1

电力电缆应尽可能远离信号、天线电缆，特别是远离天线端口，建议电力电缆安装在机车车辆的一个车位，信号、天线电缆安装在机车车辆的另一个车位。

在不同 EMC 类别的电缆交叉的情况下，可能不能满足表中规定的最小距离，电缆间应该互为直角。

在不同类别电缆之间的最小距离不能实现的情况下（特别是 A 类和 C 类电缆之间的距离），应该利用连接到机车地的金属管、金属板、金属电缆槽、整体屏蔽等，将电缆隔开。

3) 回流电缆

电路馈线和回流电缆的敷设距离应尽可能的近，特别是在电力电缆和信号电缆并存的情况下。在条件允许且可行的情况下，可使用绞合电缆或电缆芯线。

4) 导电结构的应用

安装电缆应尽可能接近导电的机车结构（通过电连接到机车车身的金属机车车身板、金属电缆槽、金属管等），以最大限度利用抵消效应，该效应可通过金属表面的反射场起到抵消电缆的场的作用,从而减小电缆的发射场。

5) 屏蔽和接地

可以将 A 类电缆屏蔽以减少辐射,而将 C 类电缆进行屏蔽以增强抗扰度。在预期存在高等级电磁骚扰的情况下,所有类别的电缆都应该进行屏蔽。

当屏蔽层接地的时候,应尽可能大面积接地(即低电抗连接)。当有其他切实可行方案的时候,不应该将屏蔽层连到单线并通过插针接到接地点上。

通常情况下,电缆屏蔽层应该尽可能接地。

应制定完善的接地策略(接地方案),确保屏蔽层接地点间的电压差产生的补偿电流或回路电流不会流过屏蔽层。

复习参考题

6-1　隔离变压器为什么可以抑制共模干扰?如何减小级间电容的影响?

6-2　建筑物内电信和计算机设备的连接和接地有哪些方式?

6-3　采用网格(网状)接地需考虑什么因素?

6-4　片状导体作为接地体有什么优点?

6-5　简单描述搭接阻抗的测量方法和原因。

6-6　试将室内铁路信号设备线缆按照 IEC 的有关定义进行分类。

6-7　在铁路信号设备软件设计中,对关键数据可采取哪些方法来防护电磁干扰?

6-8　简述弓网离线放电的过程,为什么弓网离线脉冲放电是电气化铁路系统的主要射频骚扰源?

6-9　根据电磁兼容三要素,简述 BTM 天线电缆受到干扰的过程。

6-10　归纳车载信号设备电缆布线的重要电磁兼容原则。

第7章 雷电防护和综合接地技术

【本章内容概要】

在分析雷电特性的基础上,根据铁路信号设备的特点,重点阐述雷电防护原则及技术,并介绍综合接地技术。

【本章学习重点与难点】

学习重点:雷电防护基本原理和综合接地技术的设计要素、信号设备防雷的分区分级和分设备的防护技术原则。

学习难点:防雷器件的特性差异、信号设备在防雷配置上的具体方法。

雷电是一种非常常见的自然现象。据统计,在任何给定时刻,世界上都有1 800场雷雨正在发生,每秒大约有100次雷击。从安全的角度来讲,雷击可能对建筑物、电气电子设备及人身造成危害,导致设备损坏及人身伤亡。从电磁兼容的角度而言,无论是直击雷还是感应雷击,都可能在电气电子设备的线路上产生过电压或过电流,并且在空间产生很强的瞬变电磁场,对设备产生冲击或干扰。

电气电子设备对雷击的防护,主要采取避雷措施和采用抗浪涌保护器件两种途径。应用防雷和电磁兼容综合设计,能够有效地避免和减少雷击对系统的影响。

7.1 雷电对信号设备的影响

雷电对系统的危害大致分为两种:一种是直击雷危害,另一种是感应雷危害。

7.1.1 直击雷

雷电是一种剧烈的大气静电放电现象。这一放电过程会产生强烈的闪光和巨大的声音,即平常人们能感觉到的闪电和雷声。

雷云对地及雷云之间的迅猛放电称直击雷,前者称地闪,如图7-1(a),后者称云闪如图7-1(b)所示,前者的危害性更大。大多数雷云是上层带正电荷下层带负电荷,雷击后下层的负电荷放掉,剩下上层的正电荷刚好补充地球上空的电离层。

当带正电荷的雷云和带负电荷的雷云离得较近时就会产生强烈的放电,这就是所谓的云闪直击雷。云闪的持续时间约$50 \sim 100 \mu s$,电流可达$200 \sim 300 kA$,闪电道的温度可达20 000℃。

地闪直击雷的产生过程是:当雷云很低周围又没有异性电荷雷云时,就在地面的凸出物(野外的任何物,如人、建筑物等)上感应异性电荷,当此间的电场强度达到一定值时,就会击穿空气对此点放电,雷电流经此点泄放入大地。如果没有适当的避雷措施,铁路系统的

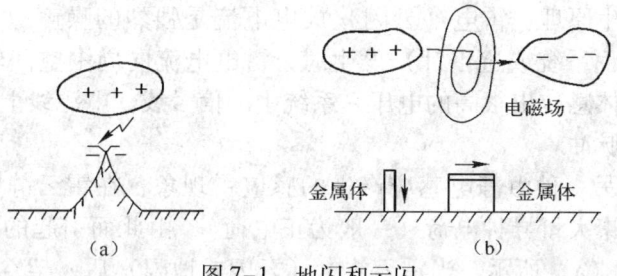

图 7-1 地闪和云闪

架空接触网等很可能是直击雷的目标,这时电压可高达 5 000 kV,雷电流可高达数十千安。

一个地方直接雷击的情况通常用雷电日(年平均雷击天数)表征。

直击雷(雷云放电)的特性是:雷电流的峰值高(千安级以上)、持续时间短(微秒级)。IEC(国际电工委员会)推荐的直接雷电流波形如图 7-2 所示,直接雷击雷电流可认为是一个峰值约 200 kA,持续时间微秒级的脉冲波。IEC 1312-1 对不同的建筑物提出几种不同的直接雷电流的性能参数,见表 7-1。

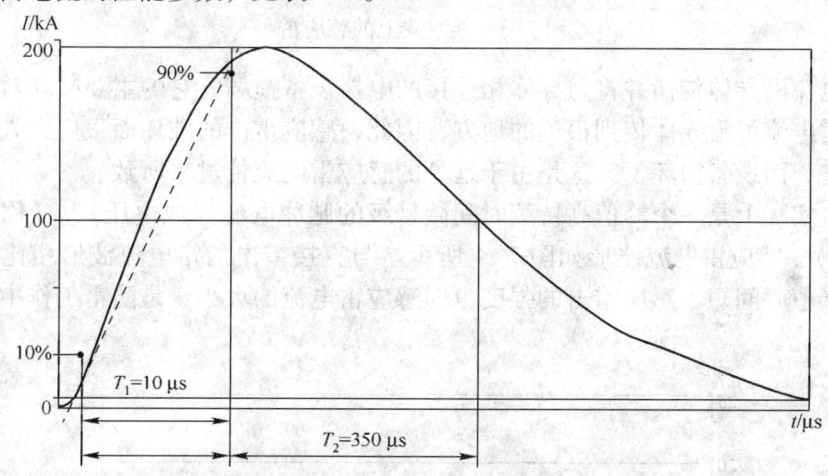

图 7-2 直击雷电流波形

表 7-1 直接雷击电性能参数

雷电流参数	保护级别		
	Ⅰ	Ⅱ	Ⅲ~Ⅳ
I 峰值/kA	200	150	100
T_1 波头时间/μs	10	10	10
T_2 半值时间/μs	350	350	350

对于一些易燃易爆的地方应取 Ⅰ 级,一般的企事业单位大楼应取 Ⅱ 级,一般的民房取 Ⅲ~Ⅳ 级。铁路系统的各类信号楼取 Ⅱ 级。

在铁路系统中,电气化线路的接触网是沿铁路长距离敷设的架空明线,而且沿铁路线分布大量的接触网杆塔及其他用途(如无线通信设施)的杆塔等金属凸出物体(如信号机、声屏障设施、信号楼等),这些设施都是直击雷容易侵入的地点。

7.1.2 感应雷

感应雷也常称作二次雷击,是指直接雷击发生后由于电磁感应或静电感应而产生的雷击。一种感应雷的产生原理：雷电（云闪）放电电流是强烈的噪声源，当雷雨间发生放电或直击雷（对其他地面系统或避雷针）发生时，雷电电流向周围空间辐射很强的脉冲电磁场，使附近的金属导体感应出很高的电压。系统中的信号线、电源线上都可能由于感应雷的作用而产生浪涌高压脉冲。

如图7-3所示，另一种由静电感应产生的感应雷现象：在雷云静电场的作用下，架空线由于静电感应而积聚大量异种电荷（一般为正电荷），由此而引起的线地间的静电压可达$6 \sim 50\,kV$，如图7-3（a）所示。当雷云放电（云闪或地闪）后，架空明线上的感应电荷失去静电场的约束而沿架空线向两侧流散，形成电压和电流杂散波，如图7-3（b）所示。

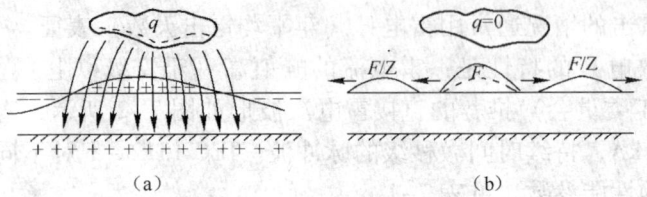

图7-3 架空线上的感应雷

感应雷电流沿导体传播并将与导体相连接的电器设备损坏。它的主要破坏对象是弱电子设备，由于雷电流可沿导体传到很远的地方，因此，感应雷击的破坏面很广，人们经常没有感觉到有雷击，而设备损坏了，这是由于远处的感应雷电流传过来所致。

感应雷电实际上是一个峰值高持续时间微秒级的脉冲电流（或电压），又称为浪涌电流（或浪涌电压）。感应雷电流波形如图7-4所示。与直接雷击的雷电流波形相比，感应雷电流峰值低，半值时间短。感应雷击的强度也即感应雷电流的大小，是防雷工作中最重要的一个实地参数。

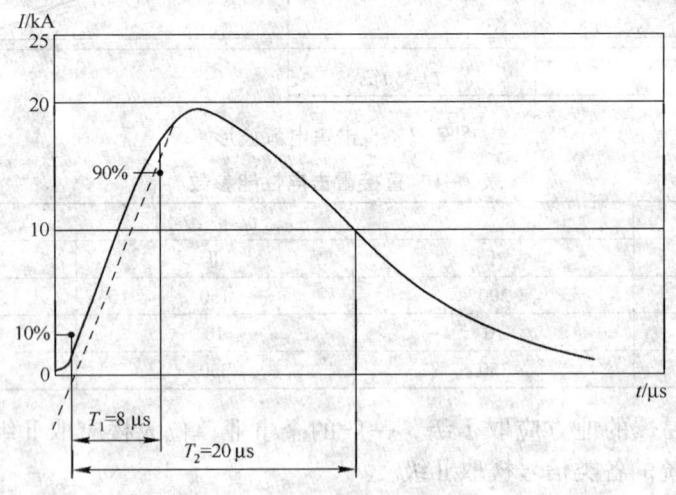

图7-4 感应雷电流波形

【例7-1】 根据上述直击雷和感应雷的电流波形，估算二者的能量差别。

解： 直击雷和感应雷的能量可以利用积分的方法，将电流电压及波形函数代入计算。这里仅就上述电流波形进行简单测算。

从电流幅度来比较，直击雷峰值（200 kA）是感应雷（20 kA）的10倍。

从持续时间角度来讲，直击雷 10/350 波则是 8/20 波的 10 倍以上。

由于能量与电流平方、时间均成正比，可粗略估算直击雷的能量是感应雷的 1 000 倍。

可见，直接雷击比感应雷击要强烈得多。

关于感应雷电流的大小，我国的一些相关标准没有具体的数据，目前只有 IEC、IEEE、ITU 等有较明确的说法。在不可能估算的情况下，可假定：全部雷电流的 50% 流入建筑物的 LPS（直接雷击防护系统）接地装置，其他 50% (i_s) 分配于建筑物的各种设施（外来导电物、电力线和各类信号线等）。流入每一设施中的电流 i_i 为 i_s/n，（n 为上述设施的个数）。为估算流经无屏蔽电缆芯线的电流 i_v，电缆电流 i_i 要除以芯线数 m，即 $i_v = i_i/m$。

铁运（2006）26 号《铁路信号设备雷电及电磁兼容综合防护实施指导意见》规定，安装在电力线上 SPD 可承受的感应雷电流峰值为 40 kA（8/20 μs），信号线 SPD 可承受的感应雷电流峰值为 10 kA（8/20 μs）。

7.1.3 雷击过电压侵入信号设备途径

雷击损坏设备的根源是雷击过电压：雷击在线路上产生微秒级的几千伏甚至更高的过电压，该此电压可使信号设备加速老化甚至损坏。此电压是如何产生的？或者说雷电是通过哪些途径进入到室内设备的？这里列出如下 4 条途径。

1. 配电线路引入雷电

室外的配电线（高压或低压）感应到雷电后，过电压通过配电线一直传到用电设备，轻则使设备加速老化，重则直接将设备损坏。这里必须说明的是，在高压入配电室时，变压器前的高压避雷器因其分工不同，其残压还有 20kV 左右，对一般电气设备来讲还是太高。变压器对雷电过电压有一定的作用，但不能有效地抑制，因此，雷击过电压可通过变压器传到低压配电线路。对于铁路信号系统来说，380/220 V 交流电源线路是主要引入雷电的线路，110 V、48 V 等直流线路因进出信号楼等原因也是引入雷电的主要线路。

2. 信号线路引入雷电

导体型信号线路在室外感应到雷电后，雷击过电压经过信号线路直接传到室内设备，可造成设备的加速老化或直接损坏设备。对于铁路信号系统来讲，计算机联锁车站的轨道电路、信号机、灯丝报警、站联电路、自动闭塞、电码化等各类信号线，以及驼峰站的测长、测速、测重、踏板电路的各类信号线等，都可能引入雷电过电压，损坏相关设备。

当雷击大地时，强大的雷电流沿土壤和各种金属设施泄放。假设埋地电缆上流过的雷电流为 I，由于电缆的耦合阻抗 R_K，电缆中将产生纵向电压（芯线与金属屏蔽层之间）和横向电压（电缆中芯线之间）。这些过电压施加在所连的设备上，就很可能损坏设备。尽管屏蔽层阻抗很小（如 ϕ35 mm 的铅外皮电缆 $R_K = 0.95$ mΩ/m），当瞬态雷电流达到千安级别时，电缆的纵向电压也将超过一般接口芯片的承受电压（耐压一般小于 100 V），造成接口电路的损坏。

3. 雷电电磁场

上述两条雷害途径是传导性的，而雷击引起的电磁场还沿着空间传播。由雷击产生的强大电磁场会使雷击点附近建筑物内的导体线路感应到过电压，直接作用于设备，会使电气设备的 PCB 板上的线路和元器件产生感应电压，可能损坏设备。雷电电磁场的危害本质是设备或线路上感应形成的过电压危害到设备的安全运行。雷击时，处在引下线（明设引下线或建筑物立柱内的钢筋）附近的设备受到的影响更为严重。实验数据表明，设备（包括靠近设备的元器件）处在2.4GS的电磁场中时会对设备造成永久性损坏，设备（包括靠近设备的元器件）处在0.07GS的电磁场中时设备会产生误动作。

4. 地反击

从安全及运行稳定等角度来考虑，信号设备必须接地。如果雷击时，设备的接地线路为高电位，而设备的某处因某种原因为低电位，则地线对设备上该点的电位差由设备承受，实际上是地线对设备某点的过电压，该过电压会造成设备加速老化或直接将设备损坏。

这里需要说明，地反击是设备接地线路对设备某点的电位差（即电压），如果设备各点的电位同时升高或降低，就不存在电位差。这样，就不会产生超出设备承受能力的电位差，也就没有过电压，设备也就不会因为过电压而损坏。当单独的一台设备除地线外没有其他任何导体与外部连接时，即便设备接地线为高电压，地线与设备之间也不会存在电位差。

但对铁路电气系统来讲，不可能与外界没有任何电气连接，也就是说，设备接地线上高电压会对设备外接的配电线路、信号线路产生电位差，损坏设备。

地反击实际上是地线与电源、信号线路之间产生了过电压。对于铁路信号系统来讲，各系统如采用共用接地方式，不存在各系统的地与地之间的地电位反击，但地线与电源线、信号线之间还是存在地电位反击的，这也相当于从电源与信号线路上引入雷击过电压。

雷击造成地电位上升同样可按欧姆定律估算，不过此时式中 R_K 为冲击接地电阻。对于一般建筑物来说 $R_K = 10\Omega$；对于含有电子设备的建筑物来说 $R_K = 1\Omega$，现取雷电流 $I = 150$kA，则 $U = 150$kV，如此高的地电位，将会使与其相邻的建筑物或设备受到损坏（地电位反击）。

7.2 信号设备雷电防护技术

按照防护范围可将防护措施分为两类：外部防护和内部防护。外部防护，是指对安装信号设备的建筑物本体的安全防护，可采用避雷针、分流、屏蔽网、均衡电位、接地等措施。对这些防护措施人们比较重视，应用也比较普遍，相对来说比较完善。内部防护，是指在建筑物内部信号设备对过电压（雷电或电源系统内部过电压）的防护，其措施有等电位连接、屏蔽、保护隔离、合理布线和使用过电压保护器等。同时，还需要提高信号设备本身对浪涌（雷击）的抵抗能力，才能形成一个完整的浪涌防护综合体系。

7.2.1 架设避雷针

高空出现雷云的时候，大地上由于静电感应作用，必然带上雷云相反的电荷，由于避雷针一般安装在建筑物的最高点，与雷云的距离最近，而且与大地有良好的电气连接，所以它与大地有相同的电位，故而避雷针附近空间的电场强度相对比较大，比较容易吸引雷电先驱，使主放电集中到它上面，因而在它附近尤其是较低的物体受雷击的概率大大减小。同时，由于避雷针都与大地有良好的电气连接，使大地积存的电荷能量迅速与雷云中和。这样由雷击而造成的过电压的时间大大缩短，雷击危害性就大大减少。

为了预防直击雷，应该在信号设备的机房周围及轨旁信号设备的附近架设避雷针。单根避雷针的防护区域如图 7-5（a）所示，若避雷针高度为 h，则可保护区域是在 Z 方向的可保护折线以下的圆锥部分区域内，这个区域在 X、Y 平面（即平行于地面的平面）上的投影是一个圆，地面上的圆直径最大为 $3h$。双根避雷针加避雷线保护范围更广，如图 7-5（b）所示。避雷针应良好接地，接地电阻一般要求为 $5 \sim 10\,\Omega$，对设备机房的要求要严一些，国标关于计算机房场地的标准规定防雷接地电阻不大于 $1\,\Omega$。

在此，需要特别强调接地和接地电阻的概念。

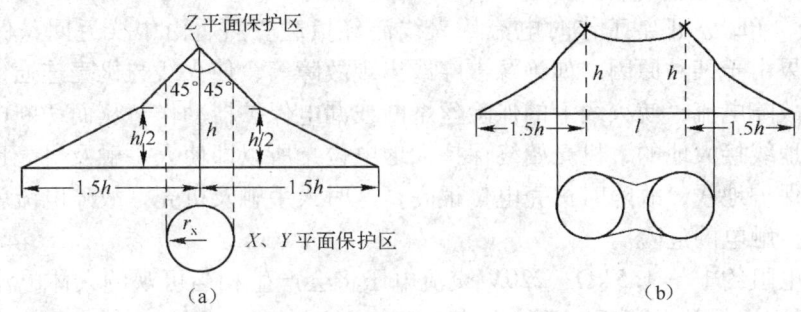

图 7-5　避雷针的防护区域

7.2.2　保护地线、防雷接地与接地电阻

接地的分类很多，尤其对于电气设备，一般分为工作地（电源地）、保护地、防雷地。有些设备还有单独的信号地，将强、弱电接地隔离，保证数字弱信号免受强电地线浪涌的冲击。这些地线的主要作用是：提供电源回路，保护人体免受电击；此外，还可屏蔽设备内部电路免受外界电磁干扰或防止干扰其他设备。常见的接地分类见表 7-2。

表 7-2　常见的接地分类

分类原则	子分类	次子分类
按接地作用	保护性接地	防电击接地
		防雷接地
		防静电接地
		防电蚀接地
	功能性接地	工作接地
		逻辑接地
		屏蔽接地
		信号接地
按接地形式	布置方式	外引式接地板
		环路式接地板
	形状	管形
		带形
		环形
	结构	自然接地极
		人工接地极

1. 保护地线

在第 1 章介绍了工作接地的概念，即为电源或传输信号提供一个等电位点或等电位面，它可以接真正的大地，也可以不接。而本章介绍的接地属于保护接地（PE），其目的是为了保护人身和设备的安全，免遭雷击、漏电、静电等危害，应与真正大地相连接。

为安全起见，电气设备的机壳、底盘都应接保护地线。通常墙上的电源插座或配电板上都有保护地线。例如，交流单相 220V 供电线路，应当配置 3 条线：火线（L）、中线（0 或 N）、保护地线（PE）。正常工作时电流从火线流经负载，然后由中线返回，保护地线中无电流流过。如果由于某种原因，如绝缘击穿或出现故障等，使火线与机壳连通，则保护地线将流过很大的故障电流，使火线上的保险丝熔断或漏电保护器动作，从而切断电源。由于机壳是通过保护地线接大地的，机壳始终保持大地电位，所以即使人手触及机壳也不会发生危险。如果不接保护地线，故障时机壳电位很高，这时人手触及机壳，故障电流就会流过人体入地，从而产生触电的危险。

一般人体电阻约 $1 \sim 1.5\,\text{k}\Omega$，220V 交流电压将会产生相当可观的人体电流。如果该电流在 1 mA 以上则人体就有不适感觉，电流在 $20 \sim 50$ mA 以上则对人体产生危险，如电流超过 100 mA 并且持续时间在 1 s 以上则可能造成人员死亡。实验证明，50 Hz 附近频率的交流电最易引起人身电击危险。

目前一般低压供电侧常采用三相五线制接法，以提供必要的保护地线，这种接法的示意图如图 7-6 所示。在三相供电变压器处有一根专用地线直接入大地，变压器输出端的 4 根线即 A、B、C 三相和中性线 N 接入配电盘，在配电盘上再加一条保护地线，共有 5 条线提供给用户。保护地线和中性线 N 在配电盘处接地。在某些工业用电场合（如为三角形连接的用电负载供电）会采用三相四线制接法，即省略中性线 N，但保护地线不可省略。

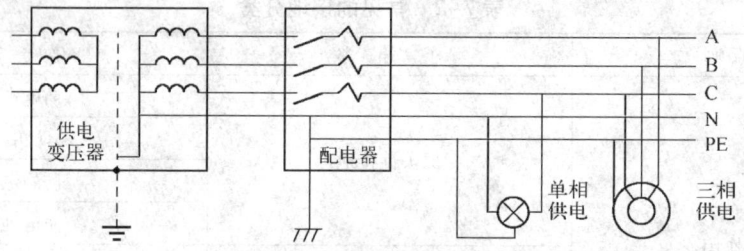

图 7-6 交流供电系统的保护地线示意图

设备接地的方式通常是埋设金属地桩、金属网等导体，导体再通过电缆线与设备内的地线排或机壳相连，当多个设备连接于同一接地导体时，通常需要安装接地排，接地排的位置应尽可能靠近接地桩，不同设备的地线分开接在地线排上，以减少相互影响。

保护地线可以接至自然接地体，如建筑物的金属框架、地基中的钢筋，埋设地下的金属管道等。在对地线要求较高的场合还应埋设专门的人工接地体，通常是把金属棒打入地下做电极，接起来组成接地网。要求保护地线接地电阻较小，这个接地电阻除了包括接地线和地电极之间的接触电阻和接地线电阻以外，主要是指入地电流从地电极向四周土壤流散时的流散电阻，如图 7-7 所示。以下将作详细介绍。

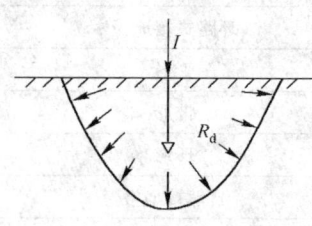

图 7-7 接地体的流散电阻

2. 接地电阻

接地电阻是指电流由接地装置流入大地再经大地流向另一接地体或向远处扩散所遇到的电阻，它包括接地线和接地体本身的电阻、接地体与土壤之间的接触电阻及两接地体之间大地的电阻或接地体到无限大远处的大地电阻。当电流经过接地体进入大地并向周围扩散时，由于大地具有一定的电阻率，则大地各处就具有不同的电位。电流经接地体注入大地后，它以电流场的形式向四处扩散，离接地点越远，半球形的散流面积越大，地中的电流密度就越小，因此可认为在较远处（15～20 m以外），单位扩散距离的电阻及地中电流密度已接近零，该处电位已为零电位。

接地电阻 R_0 定义为接地体的电位 U_0 与通过接地体流入大地中电流 I_d 的比值。用公式表示为：

$$R_0 = \frac{U_0}{I_d} \tag{7-1}$$

当接地电流为定值时，接地电阻越小，则电位 U_0 越低，反之则越高。接地电阻主要取决于接地装置的结构、尺寸、埋入地下的深度及当地的土壤电阻率。因金属接地体的电阻率远小于土壤电阻率，故接地体本身的电阻在接地电阻中可以忽略不计，接地电阻的数值等于电流从接地体向周围大地散流时，土壤所呈现的电阻值。

通常所说的接地电阻，即以上所描述的工频接地电阻 R_0，表征的是工频电流通过接地体向大地散流时土壤所呈现的电阻值。而当雷电流这一类冲击电流通过接地体向大地散流时，不再用工频接地电阻而是用冲击接地电阻 R_d 来量度冲击接地的作用。同样的，冲击接地电阻 R_d 的定义为接地体对地冲击电压的幅值与冲击电流幅值之比。

3. 防雷接地

从物理过程来看，防雷接地与工频接地有两点区别，一是雷电流的幅值大，二是雷电流的频谱覆盖宽，特征频率高。

雷电流的幅值大，会使地中电流密度增大，因而提高地中电场强度，在接地体表面附近尤为显著。地电场强度超过土壤击穿场强时会发生局部火花放电，使土壤电导增大。试验表明，当土壤电阻率为 500 Ω·m，预放电时间为 35 μs 时，土壤的击穿场强为 6～12 kV/cm。因此，同一接地装置在幅值很高的雷电冲击电流作用下，其接地电阻要小于工频电流下的数值。这一过程称为火花效应。

雷电流的特征频率很高，会使接地体本身呈现很明显的电感作用，阻碍电流向接地体的远端流通。对于长度较大的接地体其影响更显著，其结果是使接地体得不到充分利用，接地电阻值大于工频接地电阻。这一现象称为电感影响。

由于上述原因，同一接地装置具有不同的冲击接地电阻值和工频接地电阻值，二者之间的比称为冲击系数 a：

$$R_d = aR_0 \tag{7-2}$$

式中，R_0 为工频接地电阻；

R_d 为冲击接地电阻，是指接地体上的冲击电压幅值与冲击电流幅值之比，实际上应是接地阻抗，但习惯上仍称为冲击接地电阻；

冲击系数 a 与接地体的几何尺寸、雷电流的幅值和波形及土壤电阻率等因素有关，多数依据实验确定。

如果不考虑接地体的电感影响，则 a 的大小只与大地电阻率有关，当大地电阻率约有 $100\,\Omega\cdot m$ 时 $a\approx1$；当大地电阻率约 $500\,\Omega\cdot m$ 时 $a\approx0.667$；当大地电阻率约 $1\,k\Omega\cdot m$ 时 $a\approx0.5$；当大地电阻率大于 $1\,k\Omega\cdot m$ 时 $a\approx0.333$。

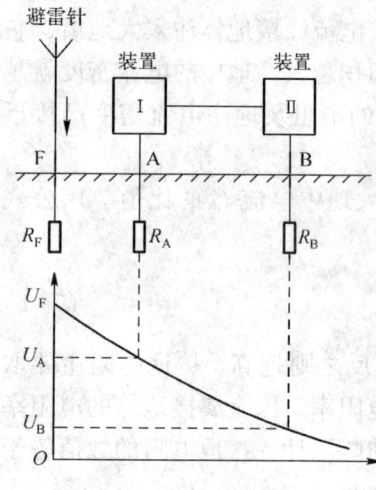

图 7-8 雷击引起的地环路干扰

一般情况下由于火花效应大于电感影响，故 $a<1$；但对于电感影响明显的情况，则可能 $a\geqslant1$。冲击接地电阻（阻抗）值一般要求小于 10Ω。

通信局、站接地系统多采用联合（共用）接地方式，该接地系统主要有接地体、接地汇集线、接地连接线等几部分组成。接地系统的接地电阻每年应定期测量，始终保持接地电阻符合指标要求。

当强大的雷电流通过防雷接地极注入大地后，地电流向周围扩散，从而引起周围地电位大大升高，这可能对附近的电子设备产生干扰。如图 7-8 所示，如果有两组装置通过各自的接地极 A 和 B 进入大地，因为 A 点离防雷接地极近，雷电流将使 A 点的地电位升高，大于 B 点。A、B 两点间的电位差就使 A、B 两设备间存在地环路干扰。解决的方法是两组装置里的接地线接在同一接地极上，即一点接地，并且要求装置的接地极远离防雷接地极至少 20 m。

4. 接地电阻的测量

应用于不同设施的接地装置的接地体，对其接地电阻有不同的要求，部分接地体的接地电阻允许值见表 7-3。

接地电阻要用专门的接地电阻测量仪才能测量，一般万用表是无能为力的。影响接地电阻的因素很多：接地桩的大小（长度、粗细）、形状、数量、埋设深度、周围地理环境（如平地、沟渠、坡地是不同的）、土壤湿度、质地等。为了保证设备的良好接地，利用仪表对地电阻进行测量是必不可少的。

表 7-3 部分接地体的接地电阻允许值

类 别	允许值/Ω	备 注
大容量变压器或发电机工作接地	$R\leqslant 4$	容量 >100 kVA，低压
小容量变压器或发电机工作接地	$R\leqslant 10$	容量 ≤1 000 kVA，低压
大接地短路电流系统接地	$R\leqslant 2\,000/I_d$	接地短路电流 $I_d>4\,000\,A$ 时，$R\leqslant 0.5\,\Omega$
小接地短路电流系统接地	$R\leqslant 120/I_d$ 且 $R\leqslant 10$	$I_d<5\,000\,A$，高低压共用接地装置
电气设备保护接地	$R\leqslant 4$	
零线重复接地	$R\leqslant 10$	容量 ≤100 kVA，>3 处时可取 $R<30\,\Omega$
低压线路杆塔接地	$R\leqslant 30$	
有避雷线电力线路杆塔接地	$R\leqslant 10$	土壤电阻率 $\rho\leqslant 100\,\Omega m$
	$R\leqslant 15$	$\rho=100\sim 500\,\Omega m$
	$R\leqslant 20$	$\rho=500\sim 1\,000\,\Omega m$
	$R\leqslant 25$	$\rho=1\,000\sim 2\,000\,\Omega m$
	$R\leqslant 30$	$\rho>2\,000\,\Omega m$

类　别	允许值/Ω	备　注
防直击雷接地	$R \leqslant 10$	第1类工业、第2类工业和第3类民用建筑物和构筑物
	$R \leqslant 20 \sim 30$	第3类工业建筑物和构筑物
	$R \leqslant 10 \sim 30$	第2类民用建筑物和构筑物
防雷电感应接地	$R \leqslant 5 \sim 10$	
防雷电侵入波接地	$R \leqslant 5 \sim 30$	阀型避雷器的 $R \leqslant 5 \sim 100\,\Omega$

接地电阻的测量方法可分为电位降法（电压电流表法）、比率计法、电桥法；按使用的测量仪器可分为手摇式地阻表法、钳形地阻表法、电压电流表法、按测量布极数可分为三极法、四极法。

7.2.3　浪涌抑制器件

在电气设备中，如果对雷电所造成的电流浪涌不采取相应的防护措施，将可能造成设备工作失常或损坏。对浪涌电流加以抑制的基本思想是在线路上设置一级（或多级）电压限幅环节，将浪涌电流从限幅环节加以泄放，从而达到防护的目的。

浪涌抑制器件的一个共同特性就是其阻抗在有浪涌电压出现时与没浪涌电压时不同。正常电压下，它的阻抗很高，对电路的工作没有影响，而当有很高的浪涌电压施加时，它的阻抗变得很低，将浪涌能量旁路掉。这类器件一般并联在线路与参考地之间，当浪涌电压出现时迅速导通，以将电压幅度限制在一定的数值上。

常用的浪涌抑制器件有气体放电管（Gas Discharge Tnbe）、硅雪崩二极管（Silicon Avalanched Diode）、金属氧化物压敏电阻（Metal-Oxide Varistor）及瞬变电压抑制器TVS（Transient Voltage Suppressor），以下分别给予介绍。

1. 气体放电管

气体放电管常用于多级保护电路中的第1级或前两级，起泄放雷电暂态过电流和限制过电压作用。利用气体放电短路的原理是：当外加电压增大到超过气体的绝缘强度时，两极间的间隙将放电击穿，由原来的绝缘状态转化为导电状态，导通后放电管两极之间的电压维持在放电弧道所决定的残压水平。

将气体放电管跨接在线路输入端，在没有浪涌时其阻抗非常大，可达 $10\,\text{G}\Omega$，寄生电容约 $1 \sim 5\text{pF}$，所以不会对线路有任何影响。当浪涌高电压脉冲输入时放电管放电导通，这时阻抗很小只有几个毫欧，从而给浪涌能量提供泄放通路，不至于进入内部电路。

从结构和引脚数量区分，气体放电管包括二极、三极和多极放电管。多极放电管的主要部件和两极、三极放电管基本相同，有较好的放电对称性，可适用于多线路的保护（常用于通信线路的保护）。气体放电管实物图如图7-9所示。

图7-9　气体放电管（陶瓷封装三极放电管）实物图

从暂态过电压开始作用于放电管两端的时刻到管子实际放电时刻之间有一个延迟时间，该时间就称为响应时间。响应时间由两部分组成：一是管子中随机产生初始电子-离子对带电粒子所需要的时间，即统计时延；二是初始带电粒子形成电子雪崩所需要的时间，即形成时延。

一个放电管上浪涌抑制的过程如图7-10所示。

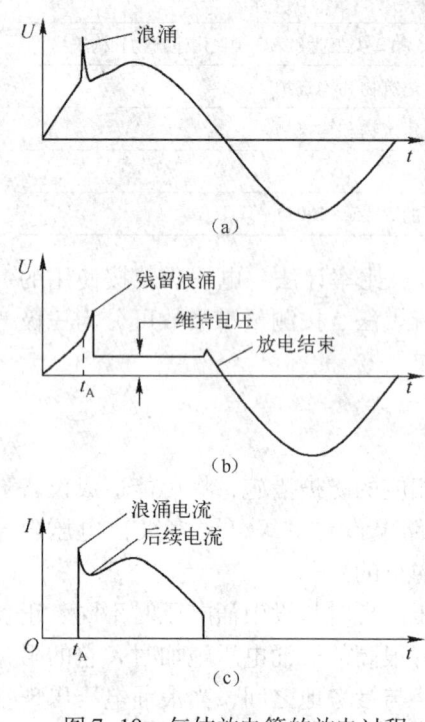

图7-10 气体放电管的放电过程

由图7-10可知在t_A时刻，浪涌电压高出放电管的起始放电电压，放电管放电短路，放电时管子两端电压很低，仅为电弧维持电压。浪涌过后，由于电源电压仍高于电弧维持电压，所以放电继续进行，直到电源电压减小到不能维持正常放电为止，放电管恢复开路状态。观察放电管两端的电压波形，有以下两点值得注意。

（1）浪涌的尖峰虽然大大降低，但仍留有残存的尖峰。这是因为放电管对上升时间很快的脉冲有个响应时间，一般约100 ns。残留尖峰还要依靠放电管后面的装置（如二次抑制器件或滤波器等）来抑制。IEC（国际电工委员会）有关电磁抗扰度的标准规定了做浪涌抗扰度试验时应该采用的模拟浪涌波形，短路电流上升时间为8 μs，宽度为20 μs。对于该波形，100 ns响应时间的放电管是完全能起到抑制作用的。

（2）放电管放电时呈短路状态，由图7-10可知短路不仅发生在浪涌尖峰时期，而且浪涌过后仍延续一段时间，直到电源下半周才恢复，这不利于其内部电路的正常工作，是放电管的一个缺陷。

气体放电管的常用技术参数如下。

（1）直流放电电压：在上升陡度低于100 V/s的电压作用下，放电管开始放电的平均电压值称为其直流放电电压。由于放电的分散性，所以，直流放电电压是一个数值范围。

（2）冲击放电电压：在具有规定上升陡度的暂态电压脉冲作用下，放电管开始放电的电压值称为其冲击放电电压。放电管的响应时间或动作时延与电压脉冲的上升陡度有关，对于不同的上升陡度，放电管的冲击放电电压是不同的。

（3）工频耐受电流：放电管通过工频电流5次，使管子的直流放电电压及绝缘电阻无明显变化的最大电流称为其工频耐受电流。

（4）冲击耐受电流（冲击通流容量）：将放电管通过规定波形和规定次数的脉冲电流，使其直流放电电压和绝缘电阻不会发生明显变化的最大值电流峰值称为管子的冲击耐受电流。这一参数是在一定波形和一定通流次数下给出的，厂家通常给出在8/20 μs波形下通流10次的冲击耐受电流，有些厂家给出在10/1 000 μs波形下通流300次的冲击耐受电流。

（5）绝缘电阻和极间电容：厂家一般给出的是绝缘电阻的初始值，约数千兆欧。绝缘电阻值的降低会导致漏流的增大，有可能产生噪声干扰。极间电容在很宽的频率范围内保持近似不变，同型号放电管的极间电容值分散性很小。

放电管的优点是绝缘电阻很大，寄生电容电容很小，能承受很高的冲击电流（大于20 kA、几十微秒）。对于电源中的重复浪涌脉冲，放电管可承受500 A峰值、10 μs上升时间、1 000 μs宽度的浪涌50次，其后寿命降低，起始放电电压逐渐变小（失效模式）。

气体放电管的缺点在于放电时延（即响应时间）较大，动作灵敏度不够理想，对于波头上升陡度较大的雷电波难以有效地抑制。放电管只能用在交流电源上，如用在直流电源上则放电后可能无法恢复。

气体放电管的动作电压范围为 75～3 500 V，使用时应根据具体的使用条件加以选择。选择放电管时应考虑电源的峰值、10%的电源电压波动和 20%的放电管元件参数不一致性。对于 220 V 交流电源，通常选择起始电压为 475 V 的放电管。

在使用放电管作为浪涌抑制器件时，还需要注意以下几点。

(1) 时延脉冲及续流。从暂态过电压达到放电管的直流放电电压到其实际动作放电之间，存在一段时延，其大小取决于过电压波的波头上升陡度 du/dt。为此，一般不单独使用放电管来保护电子设备，而在放电管后面再增加一些保护元件，以抑制这种时延脉冲。

放电管泄放过电流结束以后，被保护系统的工作电压能维持放电管电弧通道的存在，这种情况称为续流。脉冲过后的续流最长可持续半个交流电源周期（如 50 Hz 则为 10 ms），幅度仍高达数百安培（视具体型号）。续流的存在对放电管本身和被保护系统具有很大的危害性。熔断器的额定电流高于被保护系统的正常运行电流，其熔断电流小于放电管在电弧区的续流。这种方法会造成供电和信号传输的短时中断，对于要求不高的电子设备可以接受。

(2) 状态翻转及短路反射。放电管在开始放电时，由开路状态翻转为导通状态，入射波被反射回去，使得后面的电子设备得到保护。翻转过程中，暂态电流的变化率 di/dt 很大，这种迅速变化的暂态电流在空间产生暂态电磁场向四周辐射能量，在附近的电源线和信号线上产生干扰，或在周围的电气回路中产生感应电压。通常采取的抑制方法有屏蔽、减小耦合和滤波等。

(3) 放电管的失效模式。放电管受到机械碰撞，超耐受的暂态过电压多次冲击及内部出现老化后，将会进入失效模式：第 1 种是呈现低放电电压和低绝缘电阻状态；第 2 种是呈现高放电电压状态。开路故障模式令人难以及时察觉，从而不能采取补救措施，故开路故障模式比短路故障模式具有更大的危害性。

(4) 接地连接对防护效果的影响。接地连接线的长短对限压效果有一定的影响。如果接地连接线比较长，则连线本身的电阻和电感也比较大，暂态大电流流过连线时，将产生比较大的电阻电压降和电感电压降。为此，在处理放电管的接地时：第一，接地连线应具有足够的截面，以泄放暂态大电流；第二，接地连线应当具有尽量短的长度。

2. 硅雪崩二极管

当施加在二极管上反向电压增大到一定数值时，流过二极管的反向电流会突然增加，这就是所谓的反向电击穿。反向击穿分雪崩击穿和齐纳击穿。雪崩击穿是 PN 结反向电压增大到一数值时，在电场作用下，载流子能量增大，不断与晶体原子相碰，使共价键中的电子激发形成自由电子—空穴对。新产生的载流子又通过碰撞产生自由电子—空穴对，产生倍增效应。此时载流子倍增就像雪崩一样，利用这个特性制作的二极管就是雪崩二极管。齐纳击穿则是在高的反向电压下，PN 结中存在的强电场能够直接破坏共价键，将束缚电子分离而形成电子—空穴对，形成大的反向电流。齐纳击穿需要的电场强度很大，只有在杂质浓度特别大的 PN 结才能做到。

用作浪涌防护器件的硅雪崩二极管是一种结面积较大的特殊设计的齐纳二极管，其工作原理也是电压箝位。当有浪涌输入时可十分迅速地把高电压峰值箝位至规定值，响应时间小于 1 ns，管子的箝位电压选择较大，可以从 6.8～400 V，其可承受的脉冲电流由厂家给出，也可以用功率除以箝位电压来估计。电压箝位方式与放电短路方式相比的优点是：浪涌抑制过程中输入电源端不会短路，因此不会影响内部电路；响应速度快，残留尖峰很小，抑制效果好；浪涌过后即自行恢复，没有延迟时间；交直流电源都能运用。不足之处是承受尖峰电流能力比放电管差。

使用硅雪崩二极管作为浪涌防护器件时，需要注意二极管应工作在反偏状态。故在交流电路中使用时，需要将两只管子反向串联起来使用。而且由于雪崩二极管允许通过的泄放电流较小，一般需要串联一个电阻来使用。

3. 金属氧化物压敏电阻

与气体放电管及硅雪崩二极管相同，用作防雷和浪涌抑制的压敏电阻也采用电压箝位的原理。

压敏电阻的最大特点是：当加在它上面的电压低于其阈值时，流过它的电流极小；当电压超过阈值时，流过它的电流激增。利用这一功能，可以抑制电路中经常出现的异常过电压，以保护电路免受过电压的损害。

压敏电阻的材料是金属氧化物，如现在大量使用的氧化锌（ZnO）压敏电阻器，是Ⅱ～Ⅵ族氧化物半导体电阻器的一个品种。压敏电阻按其用途有时也称为"电冲击（浪涌）抑制器（吸收器）"。在我国台湾地区，压敏电阻器被称为"突波吸收器"。压敏电阻实物图如图7-11所示。

图7-11 压敏电阻实物图

在不同的使用场合，应用压敏电阻的目的和作用不同，那么压敏电阻上的电压/电流应力也并不相同，因而对压敏电阻的要求也不相同，注意区分这种差异，对于正确使用是十分重要的。根据使用目的的不同，可将压敏电阻区分为两大类：保护用压敏电阻；电路功能用压敏电阻。

1）保护用压敏电阻

首先，要区分压敏电阻用于电源保护，还是信号线、数据线保护，它们应该满足不同的技术标准的要求；其次，根据施加在压敏电阻上的连续工作电压的不同，可将用于跨电源线的压敏电阻器分为交流用或直流用两种类型，压敏电阻在这两种电压应力下的老化特性表现不同。

根据压敏电阻承受的异常过电压特性的不同，可将压敏电阻区分为以下3种类型。

（1）浪涌抑制型，是指用于抑制雷电过电压和操作过电压等瞬态过电压的压敏电阻器，这种瞬态过电压的出现是随机的、非周期的，电流电压的峰值可能很大。绝大多数压敏电阻器都属于这一类。

（2）高功率型，是指用于吸收周期出现的连续脉冲群的压敏电阻器，如并接在开关电源变换器上的压敏电阻，这里冲击电压周期性地出现，且周期可知，能量值一般可以计算出来，电压的峰值并不大，但因出现频率高，其平均功率相当大。

（3）高能型，是指用于吸收发电机励磁线圈，起重电磁铁线圈等大型电感线圈中的磁能的压敏电阻，对这类压敏电阻主要技术指标是能量吸收能力。

从防雷的应用角度出发，应采用浪涌抑制型压敏电阻。

绝大多数应用场合下，压敏电阻的保护功能是可以多次反复作用的，但有时也将它做成电流保险丝那样的"一次性"保护器件。如并接在某些电流互感器负载上的带短路接点压敏电阻。

2）电路功能用压敏电阻

压敏电阻主要应用于瞬态过电压保护，但是其伏安特性类似于半导体稳压管，因而它具有多种电路元件功能，如可用作直流高压小电流稳压元件，其稳定电压可高达数千伏以上，这是硅稳压管无法达到的；压敏电阻在电路中还可用作电压波动检测元件、直流电平移位元件、均压元件、荧光启动元件等。

选用保护用压敏电阻时，需要考虑以下几项基本性能。

（1）压敏电阻的保护特性，当冲击源的冲击电压（或冲击电流）不超过规定值时，压敏电阻的限制电压不允许超过被保护对象所能承受的冲击耐电压。

（2）耐冲击特性，即压敏电阻本身应能承受规定的冲击电流、冲击能量，以及多次冲击相继出现时的平均功率。

（3）压敏电阻的寿命特性，包括两项：连续工作电压寿命，即压敏电阻在规定环境温度和系统电压条件应能可靠地工作规定的时间（小时数）；冲击寿命，即能可靠地承受规定的冲击的次数。

（4）压敏电阻介入系统后，除了起到保护作用外，还会带入一些附加影响，即所谓"二次效应"，但它不应降低系统的正常工作性能。这时要考虑的因素主要有三项：压敏电阻本身的电容量（10～20 000 pF）；在系统电压下的漏电流；压敏电阻的非线性电流通过源阻抗的耦合对其他电路的影响。

压敏电阻的响应速度比气体放电管略快比硅雪崩二极管稍慢，一般小于 50 ns；峰值电流承受能力和能量级别比二极管高比气体放电管低。对于 8/20 μs 的浪涌，最大峰值电流可在 40～25 000 A 中选择。如 130 V、40 J 的压敏电阻可以承受 3 000 A 的瞬时电流，正常工作时漏电流约 5～250 μA。

4. 瞬变电压抑制器（TVS管）

TVS 管是瞬变电压抑制器（Transient Voltage Suppressor）的简称，它是一种二极管形式的高效能保护器件，所以也常称作瞬态抑制二极管。它是一种较新型的浪涌抑制器件，其性能融合了气体放电管和硅雪崩二极管的优点。

在没有浪涌输入时，TVS 管对线路无影响。当 TVS 管的两极受到反向瞬态高能量冲击时，像雪崩二极管一样，它能以亚纳秒级的速度，将其两极间的高阻抗变为低阻抗，使两极间的电压箝位于一个预定值，防止浪涌的快速上升边沿损坏内部电路。TVS 管可以吸收高达数千瓦的浪涌功率，然后就像气体放电管一样短路，把浪涌中的能量泄放掉，直至泄放电流低于维持电流（一般为 200 mA），TVS 管恢复阻断状态。

TVS 管能有效地保护电子线路中的精密元器件，免受各种浪涌脉冲的损坏。它的优点是响应时间快（亚纳秒级）、瞬态功率大（千瓦级）、漏电流低、击穿电压偏差/箝位电压较易控制、无损坏极限、体积小等。TVS 管的耐浪涌冲击能力较气体放电管和压敏电阻差，但远远优于硅雪崩二极管,其10/1 000 μs波脉冲功率从400 W～30 kW,脉冲峰值电流从0.52～544 A;击穿电压从6.8～600 V,便于各种不同电压的电路使用。

TVS管有单向与双向之分,单向TVS管的特性与稳压二极管相似,双向TVS管的特性相当于两个稳压二极管反向串联,其主要特性参数如下。

(1) 截止电压与反向漏电流:截止电压表示TVS管不导通的最高电压,在这个电压下只有很小的反向漏电流。

(2) 击穿电压:表示TVS管反向导通的标志电压。

(3) 脉冲峰值电流:TVS管允许通过的10/1 000 μs波的最大峰值电流(8/20 μs波的峰值电流约为其5倍左右),超过这个电流值就可能造成永久性损坏。

(4) 最大箝位电压:TVS管流过脉冲峰值电流时两端所呈现的电压。

(5) 脉冲峰值功率:是指10/1 000 μs波的脉冲峰值电流与最大箝位电压的乘积。

(6) 稳态功率:TVS管也可以作稳压二极管用,这时要使用稳态功率。

(7) 极间电容:与压敏电阻一样,TVS管的极间电容也较大,约数十皮法。

TVS管实物图如图7-12所示。

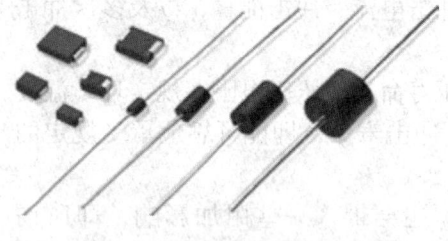

图7-12 TVS管实物图

在选择TVS管时,需要注意的是:多数厂家的TVS管产品一般是按照功率容量来进行系列划分的,在同一系列中再根据不同的击穿电压等级进行型号划分。如某TVS管的型号为1.5KE75,即表示它属于1.5KE产品系列(峰值功率1.5 kW,双向TVS管),击穿电压为75V。在同一个系列中,击穿电压越高的管子允许通过的峰值电流越小。TVS管的极间电容主要取决于PN结面积,故而功率越大的TVS管其极间电容也越大,且单向的比双向的大。

5. 固体放电管

固体放电管又叫半导体放电管,是一种新型的过压保护器件。它是基于晶闸管原理和结构的一种两端负阻器件,依靠PN结的击穿电流触发器件导通放电,可以流过很大的浪涌电流或脉冲电流。其电性能、可靠性均优于气体放电管,具有响应快、漏电小,性能稳定,重复抗电涌能力强,寿命长等一系列优点,更为突出的是它具有"短路失效"的特点,解决了气体放电管"开路失效"的问题。固体放电管可广泛用于通讯设备中的程控交换机、电话机、传真机、配线架,也可用于调制解调器、网络、计算机、电视机、有线电视系统等需要防雷保护的领域。

固体放电管是在硅单晶片两面同时采用平面工艺掺杂同种杂质而形成的两面结构完全相同的四层可控硅结构的器件,因此其伏安特性也完全对称。

固体放电管的主要参数有非重复峰值脉冲电流、非重复工频峰值电流、截止态漏电流、转折电流、维持电流、击穿电压、转折电压、通态电压、电流上升率di/dt、电压上升率du/dt等。

固体放电管抑制过压一般依据击穿电压箝位作用:当电流升至转折电流I_{BO}值时,器件迅速进入导通状态,这时近乎短路,通过很大的浪涌电流或脉冲电流,将起到快速消除浪涌的目的。放电能力的优劣通过最大脉冲电流来衡量。电流上升率越大,放电电流越大,放电时间越短。换句话说,通过的电流持续时间越短,允许通过的脉冲电流越大。在器件放电瞬间，信号电流也近乎被短路，但只要器件的维持电流值大于流过器件的最大短路信号电流值，待浪涌消失后，器件就能自动恢复到截止状态。因此，要求固体放电管具有较大的维持电流，以便确保器件在经受浪涌后自动复位。

固体放电管使用时可直接跨接在被保护电路两端。

6. 浪涌抑制器件的选用原则

前面介绍的几种常用浪涌抑制器件的特性对比，见表7-4。由于TVS已基本取代了硅雪崩二极管的使用场合，故不再单独讨论硅雪崩二极管。

表7-4　几种常用浪涌抑制器件的特性对比

器件类型	泄流能力	反应时间	残压	极间电容	续流现象	老化极限
气体放电管	大	慢，亚微秒级	低	小	有	有
硅雪崩二极管	小	快，亚纳秒级	箝位	较小	无	无
压敏电阻	较大	较快，数十纳秒	较高	大	无	有
TVS	较小	快，亚纳秒级	箝位	较大	无	无

气体放电管、压敏电阻和TVS具有不同的伏安特性，因此浪涌通过它们时发生的变化不同，如图7-13所示。

在选用具体器件时，需要考虑的最重要的两个参数是：通流量（通过浪涌的峰值电流）和击穿电压等级的选取。在实际应用中，器件所吸收的最大浪涌电流应小于它的最大通流量。浪涌抑制器件击穿电压等级参数的选取原则见表7-5。

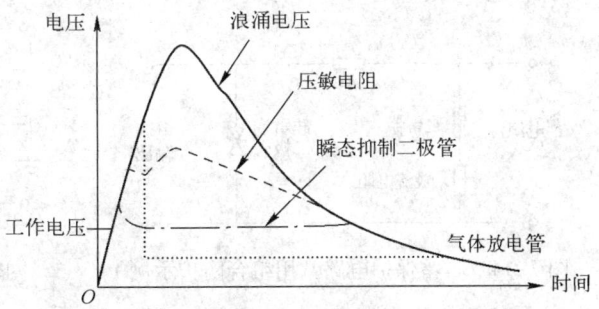

图7-13　浪涌通过不同抑制器件的电压波形

表7-5　浪涌抑制器件击穿电压等级的选取原则

器件类型	击穿电压等级的选取		适用场合
	直流电路	交流电路	
气体放电管	1.8×工作电压[注]	2.5×工作电压（有效值）	电源线或信号线的第1级防护
压敏电阻	1.5×工作电压	2.2×工作电压（有效值）	电源线、低频信号线
TVS	最大箝位电压≤电路最大允许安全电压 截止电压≥电路的最大工作电压		浪涌能量较小的场合或作为后级防护

注：由于气体放电管存在续流现象，故一般不适用于工作电压≥10V的直流场合。

7.2.4　信号设备电路对雷电传导性干扰的防护设计

当强大的雷电流通过接地装置时，在泄放路径的周围环境中产生很强的脉冲磁场和电场，会以电磁感应的方式侵入设备的机箱端口和地线端口。对于这两类端口的防护，要求设备使用屏蔽机箱，并进行良好的接地。现场使用的金属机笼（法拉第笼）在有良好接地的前提下，也能起到一定的屏蔽和防护作用。有关这一部分内容，将在信号设备综合接地一节予以介绍。

雷电流以传导方式主要经由设备的电源端口或信号端口窜入信号设备对设备造成影响或损坏,所以对设备的电源输入端和各类信号端口必须施以适当的保护电路,以免设备受到雷电流的冲击而造成故障或损坏。

1. 电源端口的防护

1)浪涌抑制器件的组合使用

防雷保护电路常用组合防护示例 1 如图 7-14 所示。图中气体放电管安排在最前面,硅雪崩二极管或金属氧化物压敏电阻安排在后面,中间用电阻或电感隔离。当浪涌侵入时,因为二极管响应速度快,可先对浪涌的快速上升沿进行抑制,大量的能量则通过放电管泄放。为了防止放电管因为后级的箝位而达不到其放电起始电压,所以利用电阻或电感来隔离。

根据气体放电管的特性,图 7-14 所示电路仅适用于交流电路或工作电压小于 10 V 的直流电路。另一种常见的组合方式是采用压敏电阻和 TVS 管并联起来结合使用,且不论直流或交流电路均可使用,如图 7-15 所示。压敏电阻允许通过的泄放电流较大,但导通时间略慢,残压较高;TVS 导通时间很快,但功率容量略低,适合于吸收经过压敏电阻后的残压,二者可以取得互补。使用时应当注意用于级间隔离的电感不可省略,否则压敏电阻将不起作用。

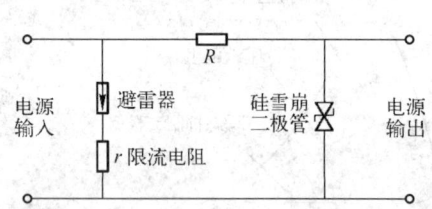

图 7-14 防雷保护电路常用组合防护示例 1　　图 7-15 防雷保护电路常用组合防护示例 2

【例 7-2】 简要分析气体放电管与压敏电阻分别使用和组合使用的特点。

解: 在对电源要求严格和频繁承受浪涌冲击的场合,气体放电管和压敏电阻都不适合单独用于交流电源线。因为气体放电管的问题源于续流效应,在浪涌泄流后仍要维持近半个工频周期的短路状态,若续流的时间较长,会导致放电管触点迅速烧毁;压敏电阻的问题则是随着受浪涌作用的次数增加,交流漏电流增加。

将气体放电管与压敏电阻串联起来使用是一个可行的实用方案。这种组合则可以避免上述缺点,除此以外,与单独使用压敏电阻相比较,还有一个好处就是可以降低限制电压值,即选用导通电压较低的压敏电阻,从而降低限制电压值。如果同时在压敏电阻上并联一个电容,浪涌电压到来时,可以更快地将电压加到气体放电管上,缩短导通时间。

这种连接方式在铁路信号中得到普遍应用,对浪涌电压的抑制作用如图 7-16 所示。

一个理想的交流电源组合保护电路如图 7-17 所示,它利用不同吸收器件各自的优点。

第 1 级保护电路的电流容量应大于电路可能承受的最大电流容量;第 2 级、第 3 级保护电路的浪涌电流容量可以逐级递减。为了减少前级气体放电管反应时间,可以在前级压敏电阻上并联一个 1 000 pF 到 10 000 pF 的高频电容。

对浪涌电压不需太高测试等级的产品,可以省略第 1 级的气体放电管和压敏电阻串联电路及相应的级间隔离电感 L。对保护器残压不敏感的产品,可以省略第 3 级的 TVS 保护电路及相应的级间隔离电感 L。由于 TVS 吸流能力有限,一般不单独在交流电源端口使用。

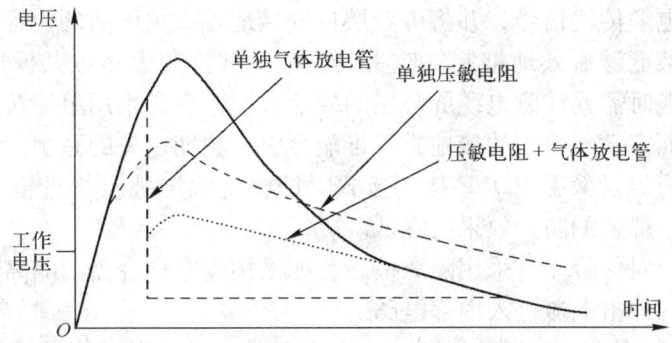

图 7-16　气体放电管和压敏电阻串联使用的效果

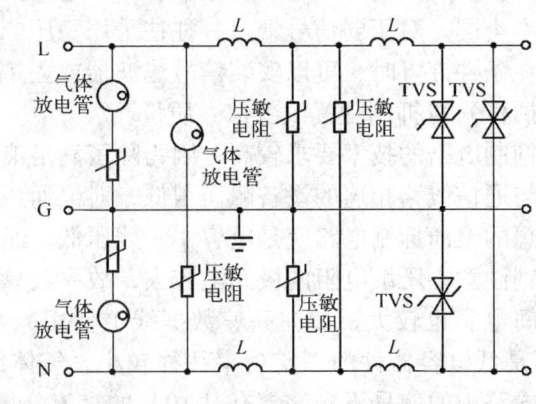

图 7-17　交流电源组合保护电路

2）防雷变压器

将交流隔离电源变压器加上浪涌抑制器件后就变成防雷变压器，如图 7-18 所示。图中避雷器即气体放电管，浪涌吸收器用压敏电阻，变压器有静电隔离装置，二次侧的电容器可进一步抑制浪涌中的残留差模噪声。根据厂家提供的资料，对峰值为 3 kV、波宽为 40 μs 的浪涌，能衰减到 10 V ，而普通电源变压器只能衰减到 260 V 。

3）防雷模块或防雷组件

在大型信号设备（如多个分设备共用一路电源输入且安装在同一个机柜中）中，往往采用独立的防雷组件或防雷模块的形式，在电源输入端加以防护。防雷组件亦不外乎采用气体放电管、压敏电阻、TVS 管这几种元件中的一种或数种的组合。有时还在其后端加上 EMI 电源滤波器，构成电源滤波组件，同时提供防雷和电源滤波的功能。

注：一二次侧圈数比 1:1。

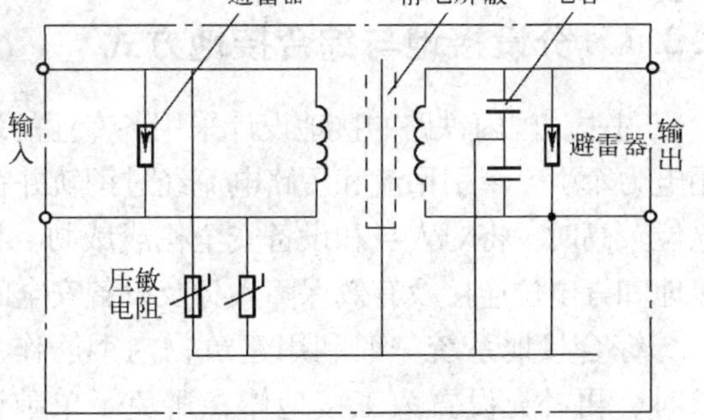

图 7-18　防雷变压器

2. 信号端口的防护

信号端口包括设备的各类通信端口、I/O 端口。这一类端口一般为弱电端口，其工作电压（电流）较低，如果不加以恰当的防护，往往更易受到雷电流的影响。

信号端口的抗浪涌防护一般采用以下几种形式。

（1）采用屏蔽电缆传输信号，并将屏蔽层良好接地。有关屏蔽的内容在第 1 章中已经作了介绍。良好的屏蔽能够有效地抑制感应雷的影响，并抑制大多数共模形式的其他电磁骚扰。在使用屏蔽电缆时需要注意电缆屏蔽层的接地方案，究竟采用单端接地还是双端接地要视具体的应用条件而定，不恰当的接地方案可能会引入预期以外的骚扰。在端口接插件处处理屏蔽层接地时，应尽量采用 360° 环接的方式，即将电缆屏蔽层与机箱形成一个贯通密闭的屏蔽腔体。否则，屏蔽的防护效果会降低。

（2）端口隔离。对信号端口采用隔离措施，如采用光电耦合器、隔离信号变压器等，可以阻止来自信号线的冲击电流进入内部电路。

（3）采用浪涌抑制器件和去耦电路。对于差模方式侵入系统信号线的浪涌电流，可以采用浪涌抑制器件来进行防护，气体放电管、压敏电阻、TVS 这几类器件都可以采用，选用原则与电源端口的防护基本类同。对于弱信号端口，往往采用稳压二极管串联限流电阻的方式来进行电压箝位防护。在条件许可时，可以安装信号滤波器或去耦电路（RC、LC 形式或采用带穿芯电容的隔离接插件）以抑制骚扰改善信号质量。

（4）通信接口的浪涌抑制电路的技术要求较高，因为除了满足浪涌防护要求外，还须保证传输指标符合要求。因与通信线路相连的设备耐压很低，对浪涌残压要求严格，因此在选择防护器件时较困难。理想的浪涌抑制电路应是电容小、残压低、通流大、响应快。故在选用浪涌抑制器件时需要特别注意：压敏电阻的极间电容大，故一般只适用于音频及以下低速通信端口；TVS 器件的极间电容也较大，如在高速数据线上使用，要用特制的低电容器件（可工作到几十 MHz），但是低电容器件的额定功率往往较小；气体放电管可以工作到非常高的频率，但是通信接口电路中的信号不允许含有过 10 V 的直流分量。

7.3 综合接地技术

铁路设备及设施的接地是一项复杂的系统工程，涉及的专业有信号、通信（有线、无线）、信息、电气化、电力、机械、桥梁、隧道、路基、轨道、环工、给排水等。从接地的种类来看，主要包括建筑物的防雷接地及强弱电系统的工作接地、保护接地、屏蔽接地等。

7.3.1 分设接地与综合接地方式

过去，国内铁路的接地设计采用各专业的地线分别设置、相互隔离的方式。高速铁路一般采用电力牵引，牵引回流和短路电流经过钢轨并在钢轨和与之相连的设施上产生对地电位差，当该电位较高时，将对人身和设备安全构成威胁。传统的分设地线的方式难以满足各系统设备防雷、接地和等电位连接及有效保障人身及设备安全的要求，需要采用综合接地方式提高接地性能。

综合接地系统一般利用建筑物内钢筋作为自然接地体及引下线，当达不到接地电阻值要求时，再补充设置人工接地体，避免了单独设置人工接地装置需要较大场地的限制，节省投资，且金属受混凝土保护，不易腐蚀。从 20 世纪 80 年代起，国际、国内的大型公用建筑物和民用建筑物、地铁、轻轨的接地大多采用共用接地系统。资料显示，综合接地方式经过长期的运用实践，技术日趋成熟。

国外代表性的高速铁路接地方式主要有以法国、德国为代表的欧洲综合接地方式和日本的分设接地方式。

1）欧洲方式

影响接地效果的首要是接地网的面积。任何一个简单独立地网的面积是有限的，接地效果也是有限的。欧洲高速铁路普遍采用开放式车站，人员可自由进出，因此对人身安全的要求较高。为此，欧洲铁路建立了 EN 550122 铁路接地安全评价体系，采用等电位连接方式。在铁路沿线敷设贯通地线，将铁路沿线所有设施的接地网连接在一起，形成面积非常大的综合接地体，以增强接地效果、确保人身和设备安全。

欧洲铁路的综合接地方式充分利用铁路沿线设施，降低了钢轨电位，保证了人身和设备安全，而且降低了铁路各子系统单独接地所需的工程投资。对于场坪面积条件有限或高土壤电阻率地区，采用综合接地优势特别突出。

2）日本方式

日本铁路采用分开独立接地方式，这与日本的铁路建设管理方式有关。欧洲铁路的主要技术历史上由国家铁路公司（DB、SNCF 等）掌控，注重建立标准体系来促进技术发展。而日本铁路技术分布在铁建工团、各铁路公司和部分大型企业中，铁路各子系统之间缺乏综合性。为避免牵引回流对信号设备产生不利影响，日本的铁路信号系统的工作接地和安全接地必须分开设置。

在实际工程中，日本铁路采用各铁路子系统接地相往独立、相互隔离的方式，接地效果较差，造成日本的高速铁路的钢轨电位较高，存在一定危险。为此，通过在车站、变电所设置放电间隙等措施来弥补，并采用封闭式车站，旅客购票进入，站台两侧设防护栏杆，铁路区间全封闭，不允许人员擅自进入。欧洲与日本的高速铁路接地系统对比见表 7-6。

表 7-6 欧洲与日本的高速铁路接地系统对比

方 式	欧 洲 方 式	日 本 方 式
接地方式	将工作接地、安全接地合为一体的综合接地，铁路各子系统（包含站台、站房等）之间进行等电位连接	工作接地、安全接地分开设置
回流方式	牵引回流经过综合接地系统（钢轨、回流线或保护线、大地、相关设施地网等）返回牵引变电所，弱电设备地网有电流和电压存在	正常情况下牵引回流经过钢轨、保护线返回牵引变电所，与弱电设备无关
相互影响	通过综合接地系统将强电系统对弱电设备的影响控制在可以接受的范围内	强电回流与弱电设备互不影响
区间	敷设贯通地线，沿线设备进行等电位连接并与贯通地线相连	沿线设备独立接地，互不影响
车站	包含站台站房在内的所有铁路设施之间进行等电位连接，并与贯通地线或钢轨相连	站台与轨道之间设放电间隙，当电压差超过 3 kV 时放电间隙动作，降低轨道电位
接触网	接触网回流线或保护线与支柱之间采用无绝缘安装，利用支柱基础充分接地	接触网保护线与支柱之间采用绝缘安装，加设闪络保护线或 S 形放电间隙，不考虑利用支柱基础接地
钢轨电位	按 EN 50122 的要求进行控制：安全性较高	短路时的钢轨电位远高于欧洲方式，危险性较高
安全保证	通过完善技术体系来保证人身安全、设备安全，车站采用开放形式，人员自由进出	通过法律手段来保证，车站购票进入，站台两侧设防护栏杆，人员擅自进入栏杆外部属于违法行为，车站报警后由警方处理

相比较而言，欧洲方式的接地系统要优于日本方式的，其原因有以下三点。

1）接地效果

影响接地效果的首要因素是接地网的面积。任何一个简单独立地网的面积是有限的，接地效果也是有限的。欧洲方式采用等电位连接方式，在铁路沿线敷设贯通地线，将铁路沿线所有设施的接地网连接在一起，形成面积非常大的综合接地体，尤其是对于场坪面积有限或高土壤电阻率地区，采用综合接地优势特别突出。其接地效果优于日本的分开独立接地方式。

2）安全性

欧洲的综合接地方式充分利用铁路沿线设施，降低了钢轨电位，保证了人身和设备安全。所以在欧洲，高速铁路车站普遍采用开放式，人员可自由进出。而日本高速铁路的钢轨电位较高，存在一定危险，故需要在车站、变电所设置放电间隙等措施来弥补，并采用封闭式车站，站台两侧设防护栏杆，铁路区间全封闭，不允许人员擅自进入。

3）经济性

采用综合接地可以显著降低铁路各子系统单独接地所需的工程投资。

综合接地方式在铁路行业和其他工业领域都具有明显的技术优势，正在成为工程建设中的主流方式。铁路各子系统的接地纳入综合接地系统，能够大大降低各子系统独立进行接地处理的实施难度。实际运用经验也表明，只要在综合接地系统中将强电设备（电气化、电力）接地和弱电设备（通信、信号）接地保证一定的距离，弱电设备的安全是有充分保证的。

目前我国铁路发展步伐很快，尤其是客运专线项目，其特点是桥隧比例大、大量采用无砟轨道等。在采用这些新技术的同时，也导致钢轨电流剧增、牵引回流分布改变，钢轨电位升高，电磁耦合使铁路附近的金属产生较高的感应电压，对人身、设备安全构成更大的威胁。同时，由于电子设备增多，地线的种类和数量也大量增加，如果单独设置接地体，势必会对线路的稳定性造成破坏，各独立接地体间的电位差也会对设备造成危害。

综上所述，为保证人身安全、设备安全可靠运行，在高速铁路和位于高土壤电阻率地区的普速铁路采用综合接地方式，将沿线路各种接地有机、合理地结合起来，保证各系统、各设备之间实现等电位连接，减少不同系统设备之间的电位差及可能造成的人身和设备的安全隐患。

7.3.2 综合接地系统及设计要素

综合接地系统（Integrated Earthing System）的定义：将铁路沿线一定范围内的牵引供电回流系统、电力供电系统、信号系统、通信及其他电子信息系统、建筑物、道床、站台、桥梁、隧道、声屏障等需接地的装置通过贯通地线连成一体的接地系统。

综合接地系统适用于 300 km/h 客运专线；新建 200 km/h 客货共线铁路，普速铁路长大桥梁、隧道及大型车站等接地需求比较集中且单独设置接地极较困难的地段，可在局部范围内实施综合接地系统。

综合接地系统涵盖电子系统接地、牵引供电系统接地、电力设施接地、声屏障接地、无砟轨道及站台接地，以及其他设施的接地。综合接地系统的构成示意图如图 7-19 所示。

综合接地系统在铁路沿线形成了面积巨大的接地网，接地电阻低且沿线预设接地母排，为信号、通信、电力和电气化等专业设施和设备提供简易方便的接地条件，降低了牵引回流在铁路沿线设施中产生的电位和电位差，为设备的可靠运行、人身和设备提供了安全保证。为保证综合接地系统实现功能目标，在设计中应考虑如下要素。

1）等电位连接

将轨旁设备、线缆、构造物金属部件接入综合接地系统，形成等电位连接。在发生强电系统大电流接地闪络时使得各设备间的电位差足够低以避免出现反击，保证设备安全运行。

第 7 章 雷电防护和综合接地技术

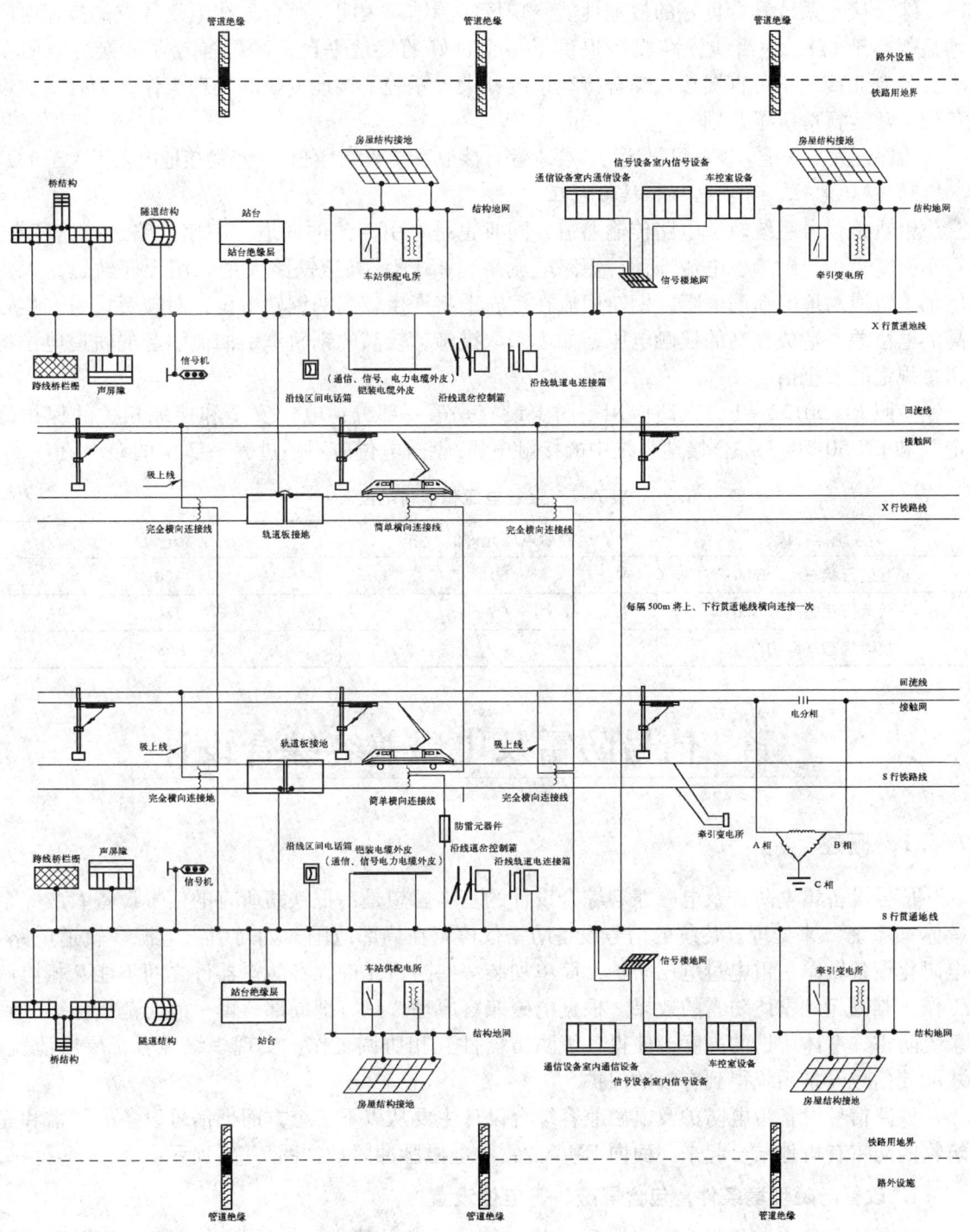

图 7-19 综合接地系统的构成示意图

为避免强电系统大电流接地闪络可能产生的较高电位对弱电系统的影响，弱电系统接入综合接地系统的接入点与强电系统接入综合接地系统的接入点原则上应不共用同一接地母排。

2）接地电阻

综合接地系统具有良好的接地性能。现场实测结果表明，综合地线沿线各点的接地电阻均显著小于1Ω，为沿线铁路设备提供了一个良好的接地平台，满足各专业的接地电阻要求。各专业接地均可直接接入综合接地系统，大大减轻了接地电阻的处理工作，为各专业设备的正常运行奠定了基础。

为保证人身安全、设备可靠运行，要求综合接地系统平台上任何一点的接地电阻不大于1Ω。

3）钢轨电位、跨步电压和接触电压

钢轨是信号系统轨道电路传输通道，同时也是牵引回流的通道。高速铁路运行速度高，行车密度大，导致牵引电流增大，短路电流高达25 kA；高速铁路大量采用无砟轨道，大大增加了轨道对地的泄漏电阻，钢轨回流在钢轨上将产生较高的钢轨电位，对轨旁设备产生较高的电位差并造成较高的接触电压，如不采取措施，较高的钢轨牵引回流引起的轨道电位将超过规定的安全值。

参照 EN 50122-1 "铁路应用—固定设施—第一部分：电气安全和接地相关的保护规定"和 EN 50170，综合接地系统中的接触电压/钢轨电位应不超过表7-7中的允许值。

表7-7 接触电压和钢轨电位表

系统运行状态	接触电压允许值/V	钢轨电位/V
正常运行状态（$t>300\,\text{s}$）	60	120
正常运行状态（$t=300\,\text{s}$）	65	130
故障状态（$t=100\,\text{s}$）	842	1 684

7.4 信号防雷及电磁兼容综合设计

7.4.1 概述

信号设备雷电防护及电磁兼容综合设计的基本思想是：把铁路所有的信号设备看成一个整体（系统）来处理。传统的信号设备防雷仅停留在局部范围，如对引入电源、轨道电路、电码化设备做单一雷电过电压防护，简单加装一些防雷元件，各防雷器件之间不能互相协调工作，难以起到整体防雷的效果。根据电磁兼容原理，只有把局部、单一的防范措施提升到系统防雷、整体防护的高度，使得各级防雷器件互相协调工作，实现多级配合，层层泄流，才能使信号设备系统得到有效的保护。

铁路信号设备雷电防护及电磁兼容综合设计主要从以下三个方面把信号设备的防雷和建筑物的防雷有机地结合起来。面向 EMC 的雷电电磁脉冲防护如图7-20所示。

1. 改善电磁环境条件，包含屏蔽、等电位设置

为了抗御直击雷和降低雷电电磁干扰，信号设备的建筑物应采用法拉第笼进行电磁屏蔽，法拉第笼由屋顶避雷网、避雷带和引下线、机房屏蔽和接地系统构成。

信号设备建筑物的法拉第笼利用建筑物的钢筋混凝土结构或框架结构，实现引下线和大空间屏蔽网的作用，形成信号楼共用接地系统，既可合理利用资源、节省投资，也可提高建筑物抗击直接雷的综合能力。

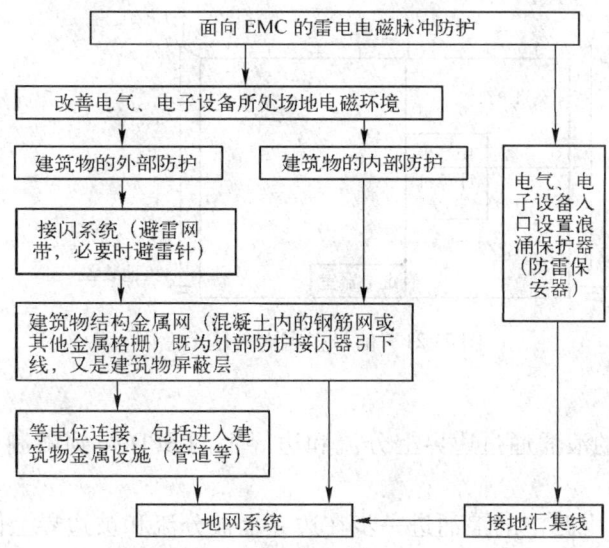

图 7-20　面向 EMC 的雷电电磁脉冲防护

2. 完善分区、分级设置防雷保安器及合理布线

按照分区、分级的原则，将信号系统电源、设备、通道集中设置防雷保安器。传统的信号防雷采用单项防雷单元，防雷柜、分线柜、电源防雷箱等分开设置，设备之间连线多且长，防雷效果较差。综合防护整合了传统的防雷系统，将防雷柜和分线柜整合成防雷分线柜，将信号配电、电源防雷整合成信号防雷型配电盘，缩短了电磁干扰在室内的作用长度，提高了防雷系统的整体效果。

3. 采取良好接地措施

信号设备的安全地线、屏蔽地线、防雷地线，以及微电子设备的逻辑地线均由过去的分散独立设置整合为建筑物的共用接地系统，可提高接地效果，合理利用资源，实现等电位连接。

7.4.2　综合设计原则

铁路信号设备雷电及电磁兼容综合防护的设计遵循以下四个原则。

1. 对信号设备实行分区、分级、分设备防护原则

分区（LPZ）是指将雷电保护区域划分为若干雷电防护区，不同的防护区，其雷电电磁脉冲强烈程度也随之显著的变化。如图 7-21 所示，各分区的定义如下。

（1）外部区域 LPZ0：该区域中，威胁来自未衰减的雷电电磁场。区域内的系统可能遭受全部或部分雷电电流产生的浪涌的危害。LPZ0 又分为 $LPZ0_A$ 和 $LPZ0_B$。

- $LPZ0_A$：直击雷非防护区，它是可以遭受直接雷击及全部雷电电磁场危害的空间，电路会受到全部雷电电流产生的浪涌的危害。
- $LPZ0_B$：直击雷防护区，它是对直接雷击进行防护但仍可遭全部雷电电磁场危害的空间。电路受到浪涌以至部分雷电电流产生的浪涌的危害。

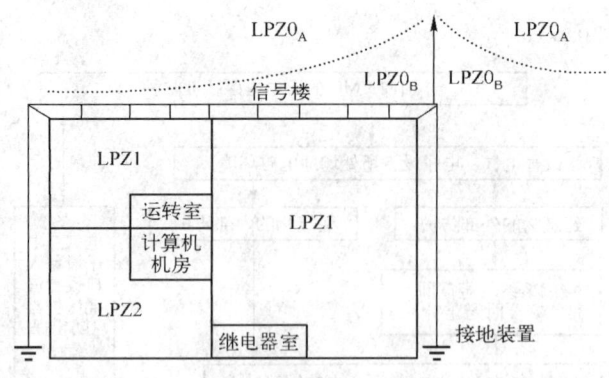

图 7-21　信号楼雷电分区示意图

(2) 内层区
- LPZ1：电路中的浪涌通过边界上分流和边界上的 SPD 得到限制，雷电电磁场能被空间屏蔽衰减。
- LPZ2…LPZ2$_n$：电路中的浪涌进一步在边界上被分流和被边界上的 SPD 限制，雷电电磁场进一步被空间屏蔽衰减。

分级是指同一个通道的设备从室外到室内最后到具体设备的终端，分成多级防护；分设备是根据不同的设备，选择不同规格不同等级的防雷保安器，保证使各个区域分界处的雷电冲击能量依次递减，最终保证设备所受到的冲击低于其承受水平，达到雷电防护的目的，使系统得到保护。

2. 对信号设备实行综合措施防护原则

以往的铁路信号设备基本是以继电器为主组成的系统，对雷电电磁脉冲引起的电磁场敏感度较低。而微电子设备是以大规模集成电路为基础的，其采用的固体元件对于雷电浪涌更为敏感。从现场实际情况来看，雷害都是由雷电电磁脉冲引起的，还有雷电流进入接地装置引起地电位升高而产生的反击。因此信号设备防雷主要是防雷电电磁脉冲的影响，应充分运用屏蔽、等电位设置、合理布线、分区分级设置防雷保安器、良好接地等技术措施和方法，实现全方位综合防护。

3. 对信号设备实行故障导向安全原则

铁路信号设备是保障行车安全、提高运输效率的设备，不同防雷区域，对微电子设备采取分级防护的防雷保安器必须高安全性、高可靠性，系统设计遵循"故障导向安全"原则，防雷保安器接入不得影响设备正常工作。

4. 系统防雷的原则

系统防雷可总结为：DBSE 技术——即分流（Dividing）、搭接（Bonding）、接地（Earthing）、屏蔽（Shielding）等措施。从设计阶段开始，综合考虑这四项措施，符合相应的防雷接地规范，以达到理想的防护效果。

7.4.3　综合设计的主要技术措施

1. 信号楼的外部防雷系统

避雷器的保护原理是在雷击瞬间保证设备、大地、建筑物及其附属设备之间构成等电位体,并将雷电流迅速泄放入地,避免过电压的损害。

信号楼的外部防雷保护措施主要是由避雷短针、避雷带、防雷网格与防雷引下线等几个部分组成,如图7-22所示。

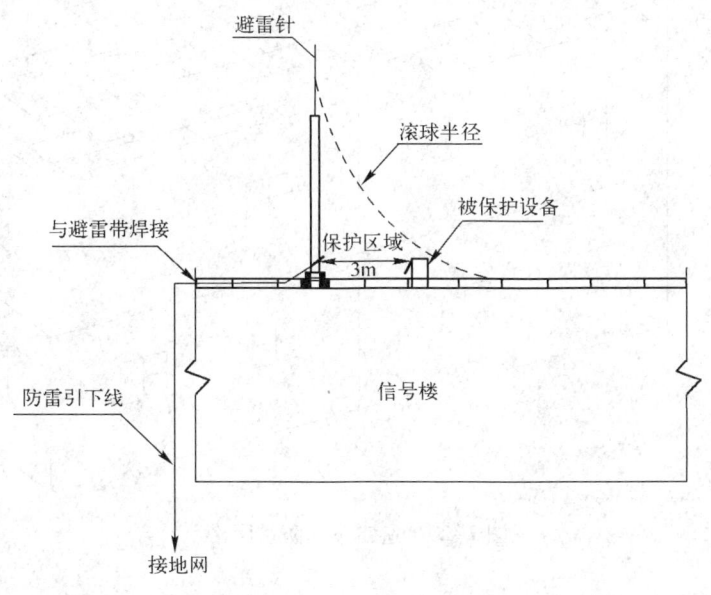

图7-22　信号楼的外部防雷措施

避雷针一般安装在建筑物的最高点。然而,根据铁运(2006)26号文的要求,对于整栋信号楼而言,屋顶不允许设置避雷针,这主要是为避免高大的避雷针主动接闪。不过,如果信号楼屋顶上有其他设施,如水箱、天线、灯具、喇叭、广告牌等装置,则可以分别单独安装避雷短针,直接就近保护相关设备。这样既能够保护信号楼屋顶设备,也不会因高大避雷针主动接闪,增加雷击频率,产生强大的电磁感应,而影响到信号楼内设备的正常运行。

避雷针的防雷引下线要与天面避雷带和大楼基础钢筋焊接在一起,并接入地网。

如果楼顶有通信用无线天线,则无线天线的避雷针的接地装置应单独设置,并距环形接地装置15m以上,特殊情况下不应小于5m,的确因条件限制距离达不到要求时,其接地引接线应与环形接地装置焊接,焊接点与接地汇集线在环形接地装置上的连接点的间距不小于5m。

避雷带的功能与避雷针一样,主要也是作为建筑物的外部防雷,避雷带的主要功能是保护建筑物,一般避雷带采用Φ12mm热镀锌圆钢制作,沿着建筑天面女儿墙平行敷设,避雷带高出女儿墙150mm。

防雷网格主要作用是保护建筑物,但防雷网格是保护建筑物整个屋顶,而避雷带主要保护建筑物最高处的外墙,同时防雷网格也承担了建筑物楼顶的屏蔽作用。防雷网格采用40×4mm的热镀锌扁钢制作成2m×2m的方格,敷设在建筑物的整个天面上,每隔1.5m与避雷带焊接,如图7-23所示。

防雷引下线主要是作为天面避雷设施的泄流通道,是避雷带与接地装置的连接线,沿机房建筑物外墙均匀垂直敷设4～6根,下端连接到建筑物的主钢筋且接入地网。

引下线安装应平直,且与其他电气线路距离大于1m。引下线的固定卡钉布置应均匀牢固,间距1m用螺栓固定在墙面上,从地面以上2m到地面以下200mm处,用PVC管保护。

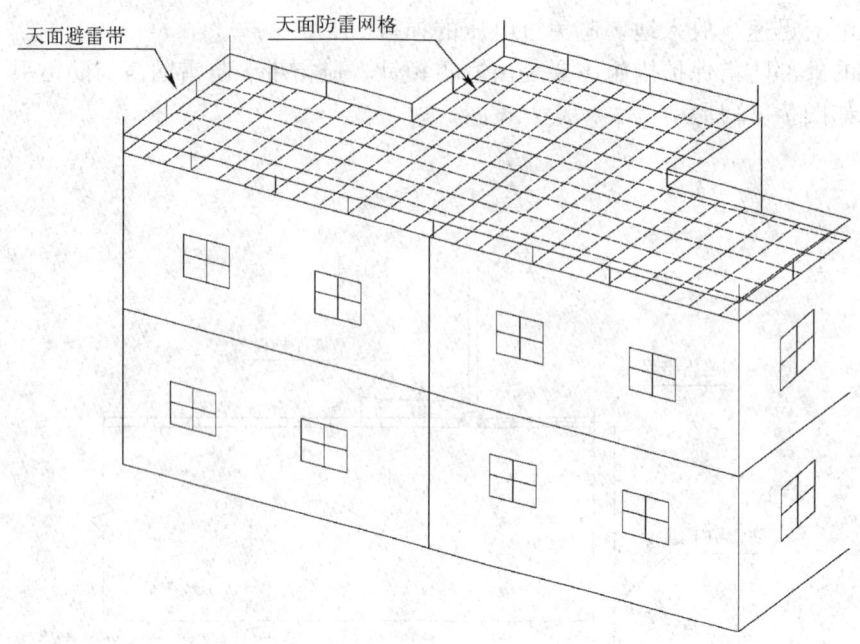

图 7-23 避雷带和防雷网格

2. 接地网建设

接地网是接地系统的基础,由接地环(网)、接地极(体)和引下线组成。以往常有种误解,把接地环作为接地的主体,很少使用接地体,在接地要求不高或地质条件相当优越的情况下,接地环也能够起到接地的作用,但是通常的情况下,这是不可行的,接地环可以起到辅助接地作用,主导作用是用接地体来完成的。

决定接地电阻大小的因素很多,下面分析计算传统地网接地电阻的公式(仅针对接地环接地)。

$$R = 0.5 \times \frac{\rho}{\sqrt{S}} \tag{7-3}$$

$$R = \frac{\rho}{2\pi L} \ln \frac{4L}{d} \tag{7-4}$$

$$R = \frac{\rho}{2\pi L} \left(\ln \frac{L^2}{dH} + A \right) \tag{7-5}$$

式中,ρ——土壤电阻率,$\Omega \cdot m$;

d——钢材等效直径,m;

S——地网面积,m^2;

H——埋设深度,m;

L——接地极长度,m;

A——形状系数。

式(7-3)表明,传统的接地方式在土壤电阻率已经确定的情况下,要想达到设计要求的电阻必须有足够的接地面积,要降低接地电阻只有扩大接地面积,每扩大 4 倍的接地面积,接地电阻会降低一倍。

式（7-4）和式（7-5）表明，在上述的接地网中，这可以通过加大接地材料的尺寸，来降低接地电阻。

另外，要达到设计接地电阻要求，克服环境条件的制约，达到良好稳定的接地效果，应从以下三方面入手进行施工设计。

（1）由于规范所要求的接地电阻实际上是接地电阻的最大许可值，但是土壤电阻率是随季节变化的，为此，实际地网的接地电阻应满足下式：

$$R = R_{\max}/\omega \tag{7-6}$$

式中，$R_{\max}$ 为接地电阻最大值（即 10Ω、4Ω 或 1Ω 的接地电阻）；

ω 为季节因数，根据地区和工程性质取值，常用值为 1.1。

所以，常说的接地电阻实际为 $0.9 \sim 1\Omega$。

这样，地网才合乎规范要求，在土壤电阻率最高的时候（常为冬季）也满足设计要求。

（2）接地工程本身的特点就决定了周围环境对工程效果的决定性影响，因此脱离工程所在地的具体情况来设计接地工程是不可行的。土壤电阻率、土层结构、含水情况、季节因素、气候及可施工面积等，决定了接地网形状、大小、工艺材料的选择。

现在最常使用的接地工程材料有各种金属材料、接地体、降阻剂和离子接地系统等。

垂直接地体可采用石墨电极、铜包钢、铜材、热镀锌钢材（钢管、圆钢、角钢、扁钢）或其他新型接地材料，水平接地极的金属材料如扁钢，也常用铜材替代，主要用于接地环的建设，这是大多接地工程都选用的；当接地体为金属接地体（角钢、铜棒和铜板），这类接地体寿命较短，接地电阻上升快，地网改造频繁，维护费用比较高，但是从传统金属接地极（体）中派生出的特殊结构的接地体（带电解质材料），使用效果比较好，一般称为离子接地系统。另外，非金属接地体使用比较方便，几乎没有寿命的约束，各方面比较认可。降阻剂分为化学降阻剂和物理降阻剂，化学降阻剂自从发现有污染水源事故和腐蚀地网的缺陷以后基本上不使用，现在广泛使用的是物理降阻剂（也称为长效型降阻剂），具体接地材料的使用，要根据现场的实际情况选择。

（3）地网的建设过程中，要求环形接地装置必须与建筑物四角的主筋焊接，并在地下每隔 $5 \sim 10m$ 就近与建筑物基础接地网钢筋焊接一次。地网建设完工后，接地体设置设立永久性地网明显标志。

3. 计算机房的屏蔽建设

计算机房主要的防雷措施是对整个微机房进行屏蔽，包括对微机房的天花板、各个墙面和门窗全方面做出屏蔽措施。

微机房的屏蔽主要采用以下几种方法。

（1）新建信号楼的微机房，建议采用在墙体内部敷设金属网格做屏蔽保护，金属网格要与微机房的主钢筋焊接，同时每隔 $1m$ 预留接地点，用不小于 $16mm^2$ 的软铜线，分别与金属天花和地板下的屏蔽网格可靠连接。

（2）对于微机房地网上敷设有防静电地板的地板屏蔽，则是在防静电地板的下面用截面为 $10mm^2$ 的铜编织带敷设屏蔽网格，网格的大小与防静电地板一致。

（3）对微机房的门窗和玻璃隔断的屏蔽是在门窗和玻璃隔断上安装金属网格，金属网格采用截面积不小于 $3mm^2$、网孔小于 $80mm \times 80mm$ 的铝合金网，并用不小于 $16mm^2$ 的软铜线与金属天花和地板下的屏蔽网格，或者是与屏蔽接地汇集排可靠连接，如图 7-23 所示。

4. 设备的防雷接地和等电位连接

良好的接地效果是防雷成功的重要保证之一。对于信号楼内设备的防雷接地和其他接地来讲，接地方式是在各个房间设立独立的汇集线，作为每个系统独立防雷保护接地，这样就不会使各个系统之间相互影响，接地汇集线的接地均使用 50 mm² 的铜缆接入地网。

1）接地汇集线主要方式

（1）在电源室设立电源引入接地汇集线，作为电源防雷箱的接地使用。

（2）在分线盘处安装信号引入接地汇集线，作为分线盘的信号防雷器接地使用。

（3）在机房设立安全总接地汇集排，作为机房内设备外壳、信号设备的机架（柜）、控制台、箱盒、信号机梯子、信号电缆的屏蔽层和悬空线路等接地使用。

（4）微机房屏蔽接汇集线，作为微机房墙壁屏蔽层、屏蔽门窗的金属网格和微机房内防静电地板下的屏蔽网格接地使用。

（5）根据不同微机房的需要，还可设立逻辑接地汇集排，作为微机房设备逻辑接地使用。

设备接地示意图如图 7-24 所示。

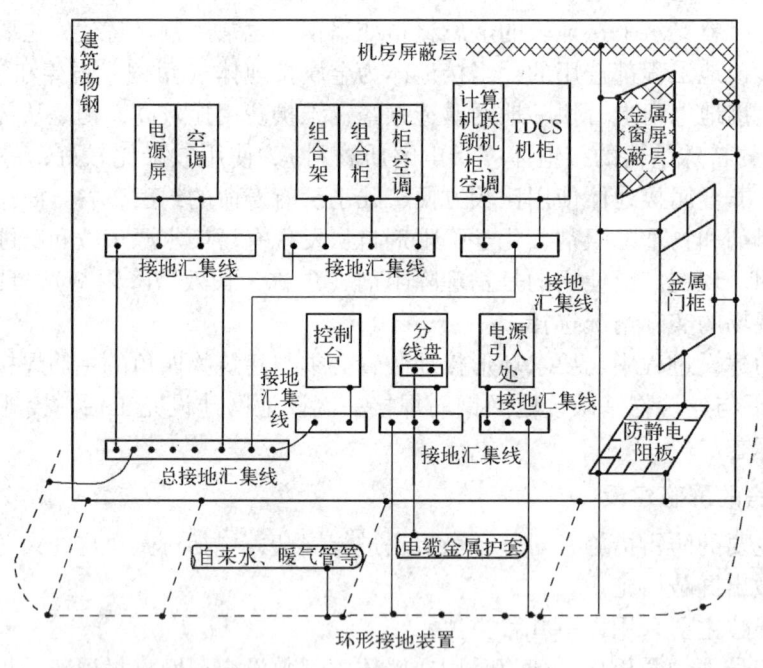

图 7-24 设备接地示意图

2）接地汇集排和汇集线

考虑到规范施工，应设立统一规格的接地汇集排，由厂家定制，并在铜板表面镀锌，以保障接触可靠和防腐。

连接到接地汇集排的汇集线采用不小于 50 mm² 的铜缆或 30 mm × 3 mm 的紫铜排，沿墙绝缘敷设。

3) 汇集排与地网的连接

汇集线的接地是由不小于 50 mm² 的铜缆引入地网，由于地网的接地体采用扁钢，如果这两种不同的金属直接连接，有可能出现以下两个问题：如果使用焊接，则现场焊接的质量不能得到很好的保证；如果用螺栓连接，则螺栓的连接处很可能出现接触不良，引起泄放雷电流下地时在两种金属之间产生很高的阻抗，造成高电位影响接地设备的安全。

所以，对于铜铁的连接，可采用铜铁转换头，作为铜缆接入地网之间的转换接头，能够很好地保证铜缆接入地网的可靠性和电气性能。

5. 电源系统的防雷保护

对于建筑物内电源系统的防雷保护，依照防雷规范要求，外电网引入机房建筑物应采用多级雷电防护保护信号楼的电气设备。

第Ⅰ级设在机械室总电源进线制开关箱后端，安装两路全模式三相电源防雷箱(40 kA)，这种防雷箱具有放电电流大、响应时间短等特性，并且具有故障声光报警、雷电计数和状态显示等功能。

第Ⅱ级防雷箱设在电源屏电源引入侧，安装全模式单相电源防雷器（20 kA），同样它具有故障声光报警、雷电计数和状态显示等功能。

第Ⅲ级采用全模式单相电源防雷器（20 kA）安装在微机室电源前（指计算机终端电源稳压器或 UPS 电源前）。

三相电源防雷箱均采用 L（相线）- L、L - PE（保护地线）和 N（中性线）- PE 全模防护的并联三相电源防雷箱；单相电源防雷箱采用 L - N、L - PE 和 N - PE 的单相电源防雷箱。

电源防雷箱分区保护示意图如图 7-25 所示。为使各分区界面处的最大浪涌电压足够低，所有防雷箱两端的引线应做到最短，必要时应该采用凯文接线法进行安装。

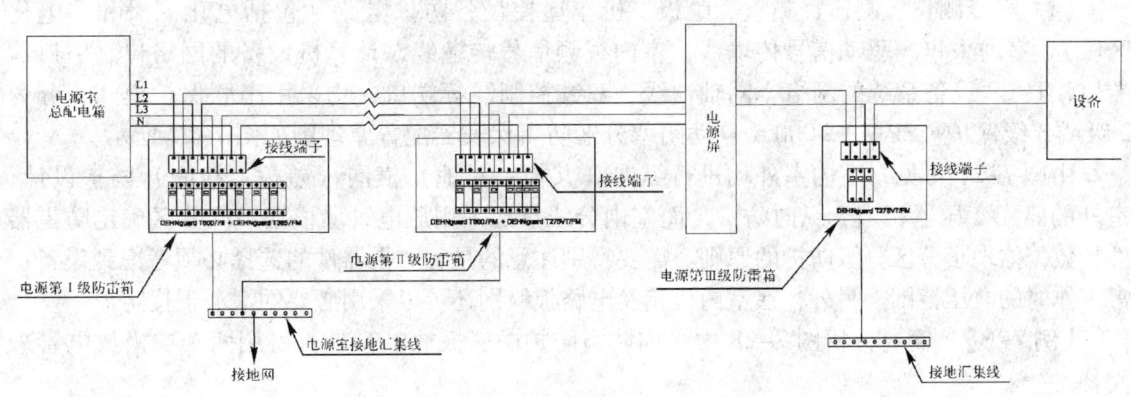

图 7-25　电源防雷箱分区保护示意图

凯文接线法是使保护支路或保护元件与被保护系统线路的并联连接点尽量靠近保护元件的两引头端来设置。简单来说，就是通过合理地延伸系统线路来缩短保护支路的连接线长度。比较可知，SPD 连接线上电感的一部分从与 SPD 串联的位置移到被保护设备的电源或信号线上，这样在保护支路中的电感就可以得到较大幅度的缩小。一个采用凯文接线法的配电箱的接线实例（凯文接线法示例），如图 7-26 所示。

6. 信号设备的防雷配置

按照防雷分区的原则，必须在信号电缆进入信号楼的接口处即信号分线盘处，安装信号防雷器。

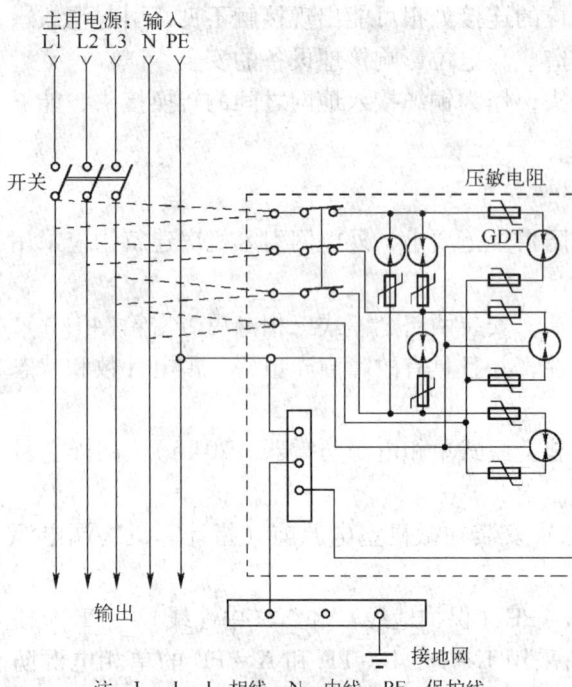

图 7-26 凯文接线法示例

考虑到防雷效果，在新建车站，必须直接设立防雷分线柜，把信号分线盘和防雷单元有机结合在一起。

如果是既有站改造，考虑到实际情况，可在信号分线盘旁边，设立独立的信号防雷柜，统一布线，达到最佳防护效果。

下面分别按照不同的信号设备，举例说明各类信号防雷器的保护电路和技术要求。

（1）25 Hz 相敏轨道电路、移频轨道电路、有绝缘移频轨道电路、ZPW-2000A 自动闭塞分区、ZPW-2000A 二线制电码化、ZPW-2000A 四线制电码化，在室内分线盘接线端子处均采用纵横向全保护模式。

（2）移频轨道电路、有绝缘移频轨道电路、ZPW-2000A 自动闭塞分区、ZPW-2000A 二线制电码化、ZPW-2000A 四线制电码化，在区间及接近区段均采用纵向或横向保护模式。示例同上。

（3）进站信号机的点灯电路、灯丝报警电路、站联电路采用纵向保护模式。

（4）驼峰测长、测速、测重、踏板、机车遥控设备防护电路（包括电化区段和非电化区段）、室内采集、驱动信号传输线，室内视频信号传输线，计算机设备的网络口、串口等端口，TDCS 设备系统的网络、同轴馈线、双绞控制线等端口，均采用串联保护模式，分为 2 级或 3 级保护。ZPW-2000A 自动闭塞分区防雷保安器配置原理图如图 7-27 所示。

由图 7-27 可见，室内室外均进行纵向（共模：对地）横向（差模：线间）防护设计，室外的匹配变压器相当于纵向防护，而室内分线盘处采用放电管。根据不同分区确定防雷器件参数，体现了分区分级防护的原则。需要特别注意的是，防雷器件的选择必须考虑到设备正常工作时的电压范围。另外，在室内机箱及电路板级别还可以采用必要的浪涌干扰防护。

【例 7-3】 简要分析图 7-28 中纵向防雷防护中三极放电管是否可用两个二极放电管来代替。

解：三极放电管提供了 3 个电极：两个端极 A、B 和中间极 G。采用三极放电管不但可以减小保护电路的体积，还可以改善防护效果。

在使用三极放电管时，需要注意，它所提供的保护性能与串联两个二极放电管有所不同：如果 A-G 极间先放电，则管子内部由气体游离所产生的自由电子会迅速在 B-G 极间引起碰撞游离，使 B-G 很快放电；在 B-G 间截止放电后，由于大量带电粒子（电子和离子）的复合作用，使管内的电子数量大为减小，从而迅速抑制另一对电极 A-G 间的碰撞游离，使该对极间的放电过程很快截止。

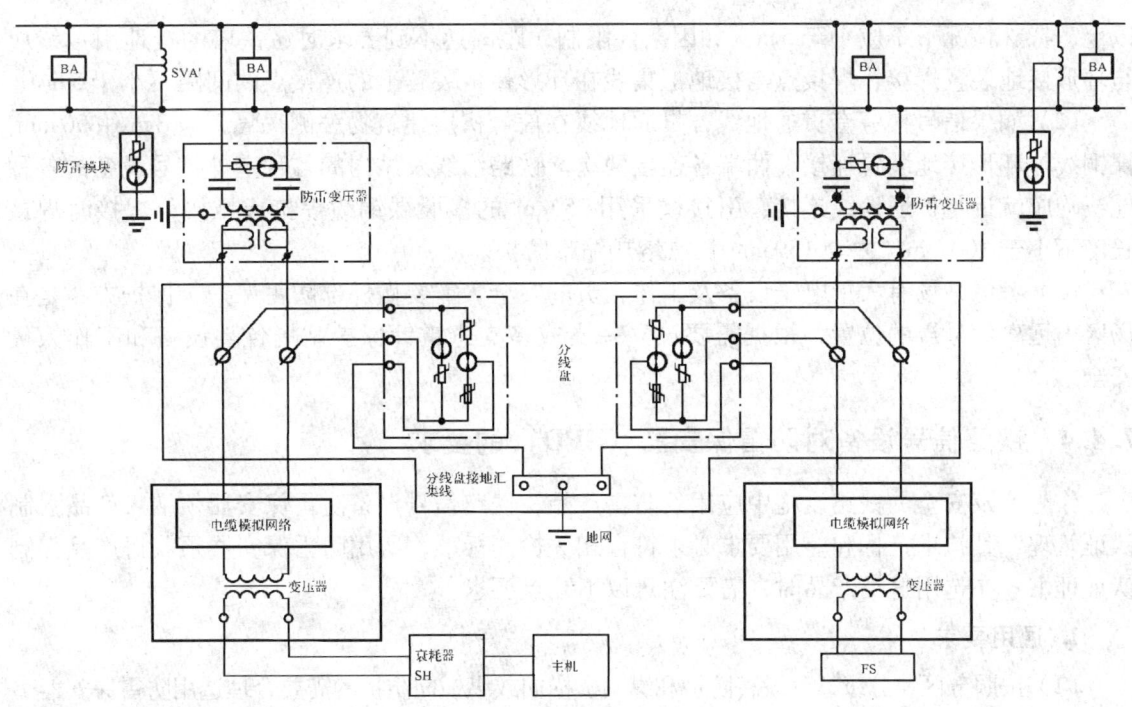

图 7-27 ZPW-2000A 自动闭塞分区防雷保安器配置原理图

若采用两个二极放电管来代替，由于在共模过电压产生时，两个管子特性难以保证完全一致，动作时在时间上有前后，则在 A、B 两点间会出现瞬间差模过电压，可能会影响后级被保护电路。

在差模暂态过电压的保护场合，无论是两极放电管还是三极放电管，都存在着一定的问题，因为电子设备要承受两对电极之间的残压之和，对于一些脆弱的电子设备来说，这样的残压之和有时候难以承受。需要采取其他措施，如在 A、B 间再接一只放电管，专门用于抑制差模过电压。

根据室内环境特点，采集、驱动信号传输线防雷保安器冲击通流容量不小于 1.5 kA，根

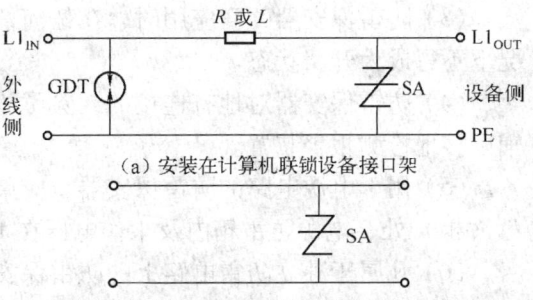

图 7-28 室内采集、驱动信号传输线防雷保安器电原理图

据信号工作电压，要求防雷器件限制电压不大于 60 V。另外，为保证信号传输，器件的选择还应满足信号衰耗不大于 0.5 dB（约 5.9%）。R 或 L 起到隔离的作用。

图 7-28（b）中，使用固体放电管或 TVS 管时，可直接跨接在被保护电路两端。

7. 信号楼的其他防雷保护项目

（1）如果信号楼旁边有通信铁塔（一般为 30～60 m 高），并设有避雷针，接闪的频率比较高，为保护信号楼的安全，其接地装置应单独设置，并距离信号楼的环形接地装置 15 m

以上，特殊情况下不应小于5 m。如因条件限制，距离达不到要求时，铁塔的接地引接线应与环形接地装置焊接，焊接点与接地汇集线在环形接地装置上的连接点的间距不小于5 m。

（2）如果信号楼旁有贯通地线，贯通地线在信号机房建筑物一侧每隔2～3 m用50 mm² 裸铜线与环形接地装置连接，两端各连接两次。铁路沿线及站内的各种室外信号设备的各种地线均应就近与贯通地线连接，引接线采用25 mm²的多股裸铜缆焊接或压接，焊接时焊接长度不小于100 mm，并套150 mm长热熔热缩带防护。

（3）考虑站场有大量电子设备及工作人员的安全，需要做外部防雷保护，保护方式是在场区内远离信号楼的位置，根据需要设立一支或多支避雷针保护站场各类设备和工作人员安全。

7.4.4 铁路信号设备对防雷保安器（SPD）的要求

作为涉及安全的铁路设施中应用的防雷产品，铁路信号设备防雷保安器须纳入产品强制认证管理，其技术指标和应用要求必须符合相关检测标准，所用防雷保安器须获得产品强制认证证书。在选用这类产品时，需要注意以下几点要求。

1. 通用要求

（1）按照分区、分级、分设备防护和纵向、横向或纵横向防护的需要合理选用防雷保安器。

（2）当防雷保安器处于劣化或损坏状态时，须立即自动脱离电路且不得影响设备正常工作。

（3）防雷保安器并联应用时，在任何情况下不得成为短路状态；串联应用时，在任何情况下不得成为开路状态。

（4）防雷保安器对地有连接的，除了放电状态，其他时间不得构成导通状态；否则必须辅以接地检测报警装置。

（5）用于电源电路的防雷保安器，应单独设置；必须具有阻断续流的性能；安装在分线盘（柜）处、电源防雷箱内及工作电压在110V以上的防雷保安器应有劣化指示。

（6）凡属于独立防雷电路上的防雷保安器，应统一编号管理，并具有例行检测记录；其安装应便于日常维护检测。

（7）并联应用的防雷保安器应能实现热插拔，信号传输线的防雷保安器应实现即插即用。

（8）按照分区分级的原则，信号传输线的防雷保安器应集中设置在分线盘处。新建或大修车站（场）应采用防雷型分线柜；既有车站应在分线盘处设防雷保安器，并尽可能采用防雷型分线柜。

（9）被保护设备本身已加装防雷保安器，且其抗扰度已达到TB/T 3074第9章规定的试验等级为4级或X级的，可不设置防雷保安器。

2. 对铁路信号设施的电源防雷保安器的具体要求

（1）外电网引入机房建筑物应采用多级雷电防护。第Ⅰ级设在户外交流电源馈线引入处（配电盘）（电力部门未做雷电防护时，第Ⅰ级设在电力开关箱后）；第Ⅱ级设在电源屏电源引入侧；第Ⅲ级设在微电子设备（指计算机终端电源稳压器或UPS电源前）。

（2）第Ⅰ级电源防雷应有故障声光报警、雷电计数和状态显示（三相电源每一相线均应有状态显示）等功能。

(3) 电源防雷应采用信号电源防雷箱方式，信号防雷箱设置地点应符合防火要求。

(4) 信号设备机房的电源应采用 TN-S 系统。三相电源供电的机房，应采用 L（相线）-L、L-PE（保护地线）和 N（中性线）-PE 全模防护的并联三相电源防雷箱；单相电源供电的机房，应采用 L-N、L-PE 和 N-PE 的单相电源防雷箱。

(5) 室内电源防雷保安器应按表 7-8 选取冲击通流容量和限制电压。

表 7-8 信号设备机房的电源防雷器材冲击通流容量和限制电压

交流电源防雷保安器						直流电源防雷保安器	
信号防雷箱（Ⅰ）		电源屏前（Ⅱ）		微电子设备电源前（Ⅲ）			
冲击通流容量	限制电压	冲击通流容量	限制电压	冲击通流容量	限制电压	冲击通流容量	限制电压
≥40 kA	≤1 500 V	≥20 kA	≤100 V	≥10 kA	≤500 V	≥10 kA	注3

注：① 微电子设备电源引入前安装的并联型交流电源防雷箱限制电压达不到要求时，应采用带滤波器的串联型电源防雷箱。

② 电源防雷箱的功率应大于被保护设备总用电量的 1.2 倍。

③ 直流电源防雷保安器工作电压 24 V 时，限制电压 75 V；工作电压 48 V 时，限制电压 110 V；工作电压 110 V，限制电压 220 V。工作电压 220 V 时，限制电压 500 V。

(6) 室外架空线路应在架空线两端引入处设置防雷保安器。架空线供电的交流电源防雷保安器，冲击通流容量不小于 20 kA，限制电压不大于 700 V，在中雷区以上的地区，限制电压可不大于 1 000 V。

3. 对信号传输线防雷保安器的具体要求

(1) 室内数据传输线长度大于 50～100 m 时，可在一端设备接口处设置防雷保安器；大于 100 m 时，宜在两端设备接口处设置防雷保安器。

(2) 室内信号传输线防雷保安器的选用应符合以下要求。

① 室内采集、驱动信号传输线防雷保安器冲击通流容量不小于 1.5 kA，限制电压不大于 60 V，信号衰耗不大于 0.5 dB；

② 室内视频信号传输线防雷保安器冲击通流容量不小于 1.5 kA，限制电压不大于 10 V，信号衰耗不大于 0.5 dB；

③ 室内 RS-232、RS-422、RJ 45、G.703/V.35 等通信接口信号传输线防雷保安器冲击通流容量不小于 1.5 kA，限制电压不大于 40 V，信号衰耗不大于 0.5 dB。

(3) 安装于室外的电子设备宜在缆线终端入口处设置防雷保安器或防雷变压器。

(4) 室外信号传输线（非架空线）防雷保安器冲击通流容量不小于 10 kA，其限制电压见表 7-9。

表 7-9 信号传输线防雷保安器限制电压表

序 号	信号设备名称（工作电压）	限制电压/V
1	轨道电路发送和接收端	≤190、330、500、700^(注)
2	电码化轨道区段（≥220 V）	≤1 000
3	信号点灯、道岔表示、道岔启动（220 V 时）	≤700
4	道岔启动（380 V 时）	≤1 000
5	220 V 交/直流回路	≤700/500

序 号	信号设备名称（工作电压）	限制电压/V
6	110 V 交/直流回路	≤500/220
7	48 V 交/直流回路	≤330/110
8	24 V 以下交/直流回路	≤190/75

注：① 交流轨道电路工作电压小于 36 V 时，限制电压应≤190 V；工作电压 36～60 V 时，限制电压应≤330 V；工作电压 60～110 V 时，限制电压应≤500 V；工作电压 110～220 V 时，限制电压应≤700 V。

② 直流轨道电路工作电压小于 24 V 时，限制电压应≤75 V。

复习参考题

7-1 针对雷电对信号设备的干扰，分析电磁干扰三要素。

7-2 直接雷击和感应雷击的特点有何区别？描述雷电流波形的参数有哪些，直击雷和感应雷的参数的数值是多少？

7-3 结合雷电防护，说明抑制地回路干扰的常用措施。

7-4 抑制浪涌的元器件有哪些，分别有哪些优缺点？为什么说气体放电管不适用于直流电源端口的防护？

7-5 雷电电磁脉冲形成的共模干扰电流和差模干扰电流有什么区别？

7-6 有共模电流 I 流过的电缆会向外辐射，电缆长度 1 m。在离电缆 3 m 处，测得 100 MHz 时的场强是 40 dB μV/m。求该电缆上 100 MHz 的共模电流 I。

7-7 如题图 7-7（a）所示，设备 A 和设备 B 分别安装在不同的建筑物内，由架空线连接。架空线高 10 m、长 40 m，两台设备都分别在本地接地，从而形成一个环路。

（a）如有一直击雷在离 A 设备左方 1 km 处发生，其雷电流脉冲波形如题图 7-7（b）所示，上升时间为 2 μs，下降时间为 1 000 μs，最大幅度为 50 kA，试问在环路中由于磁场所感应的电压是多少？

（b）如果雷电发生在 B 设备的右方 1 km 处，感应电压是多少？

（c）如果雷电发生在环路的正前方 1 km 处，感应电压是多少？

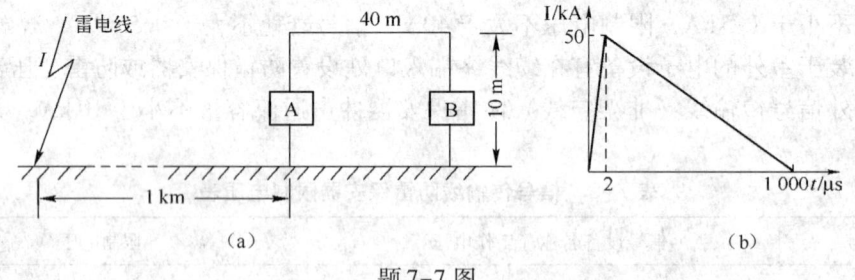

题 7-7 图

7-8 在采用多级器件组合的浪涌抑制电路中，级间设置的电感器起到什么作用？应如何选择电感器的电感量？

7-9 铁路信号防雷的主要原则是什么？

7-10 画图描述纵向防护和横向防护的电路结构。

7-11 说明采用放电管和压敏电阻串联的方式有何优点？

第8章
铁路信号设备电磁干扰典型案例分析

【本章内容概要】

主要通过典型案例分析铁路信号设备的电磁干扰，包括电磁干扰的耦合机理和抑制措施等。

【本章学习重点与难点】

学习重点：雷电、铁路现场电磁骚扰源及电气化铁路的不平衡牵引电流对铁路信号系统的干扰分析。

学习难点：应用本书前面章节的电磁抗干扰理论和现场的故障情况对干扰产生的原因、机理进行具体分析。

在影响铁路信号设备正常工作的电磁干扰中，雷电和电气化铁路的不平衡牵引电流对信号设备的最为突出，本章将从这两个方面，通过典型案例分析来说明雷电和不平衡牵引电流对信号设备干扰的现象、产生的原因和采取的方法。

8.1 雷电干扰典型案例分析

铁路站场占地面积较大，站场主要设备（如数字微波通信、车站数字通信分系统、站场广播机、无线列调通信、平面调车通信、信号计算机联锁等设备）集中在信号楼、通信楼。信号楼计算机联锁及通信机房、通信楼通信机房等重要区域的户外线路可能遭受到直击雷后，线路中的大电流串入各机房内部，从而引起对内部设备的损坏。当雷雨云之间、雷雨云对大地放电时，雷闪电流的高频电磁场对暴露在空间或室内的电源线、信号线、数据线上产生远远超过设备抗电强度的感应雷击过电压，使设备损坏。

另外，铁路轨道是接受直击雷和传导雷、感应雷的良好导体。与轨道连接的相关铁路信号设备，如信号机、轨道电路箱、道岔电动转辙机等，将受到雷击的严重威胁。

随着高速铁路的发展，铁路信号机房内的各种电子设备向高速化、高密度集成化、数字化发展。设备的电磁兼容性问题更加突出，特别是雷电电磁脉冲对设备造成的损害越来越大。1997—2006年的雷灾调查显示，在各类财产损失中，雷电给微电子设备带来的损失最为严重，在7大类物体损害中所占得比例高达34.5%，而损害途径主要是雷电电磁脉冲的入侵和影响。雷电电磁脉冲频谱分布极广，对各种铁路信号机房内的电子信息设备的正常工作会造成严重干扰，如系统死机、信息丢失、误码率增大等危害。

本节将通过几个典型案例来分析雷电对铁路信号设备的干扰情况。

8.1.1 典型案例

1. 故障描述

某局 X 站在雷雨中突然遭雷电袭击,在信号楼与站台雨棚间突然闪出一团强烈火光,候车室两块高处的窗户玻璃被雷击裂,运转室通信铁柜内部分设备突然打火冒烟,接着控制台电脑显示器黑屏,信号设备发生故障,信号楼电力突然瞬时全场停电,马上自动恢复来电。恢复来电后显示屏显示全站道岔无表示,全站轨道电路"红光带",车站两端半自动闭塞发车信号机亮红灯,移频报警灯亮红,熔丝断丝报警灯亮红。事故经过 4 个小时的紧急处理才恢复正常运行。

2. 故障损毁情况

(1) 智能电源屏 2#中分别用于计算机联锁和道岔表示/信号机的两台电源模块无输出,同时两台电源模块主备切换不正常,由主用模块切换到备用模块时需要延时十几秒钟才转换完成。

(2) 智能电源屏 1#输入 C 级防雷 QF8(I 路)、QF9(II 路)空气开关跳闸,D 级防雷指示绿灯熄灭,说明防雷板损坏。

(3) I 路外电网综合采集器采不到电流,被损坏,区间接收综合采集器坏 3 台,提速道岔电流功率综合采集器坏 1 台(3#-2),道岔表示电压采集器坏 1 台(4#-2),开关量采集器坏 4 个(1#-1、3#-1、3#-2、2#-1)。

(4) 室内组合架 1#-1、1#-2、3#-1、3#-2、4#-1 道岔阻容盒内 5 个 1 kΩ 电阻全部开路故障。

(5) 室内 13 架 X1JG 用的衰耗器损坏,衰耗盒内的 N1、N2 集成块 9~16 引脚被雷击爆裂,X2JG 衰耗器损坏,无小轨(XG)电压输出。

(6) 接近轨用 ZPW-2000A 设备组合架(Z13)架零层的 FS-24V/10A 和 JS-24V/5A 空气开关跳闸;22、23、24、31 架零层 KZ/KF(3A)空气开关跳闸,1#-1、1#-2、3#-1、3#-2、4#-1、4#-2 组合侧面 0.5A 道岔表示保险跳闸。

(7) 控制台表面故障恢复后全面试验发现,25-8-9 驱动盒损坏,XLFZJ 不能驱动,对应方向站间自动闭塞不能办理;31-6-10 驱动盒坏,STXJ 不能驱动吸起,S 进站通过信号不能开放。

(8) 分线盘 XDS 报警输出电源 0.5A 空开跳闸。

(9) 21-503-5 内部一根双芯屏蔽线中的蓝线被击断(如图 8-1 所示圈内的击穿点),导致 2-4DG1 的二元二位继电器不能吸起。

(10) 轨道电路测试盘电路板损坏,监测部分通信前置机损坏,监测机柜综合层采集机电源及综合采集层电源损坏,如图 8-2、图 8-3 所示。

图 8-1 被雷电击穿的屏蔽线

第 8 章 铁路信号设备电磁干扰典型案例分析

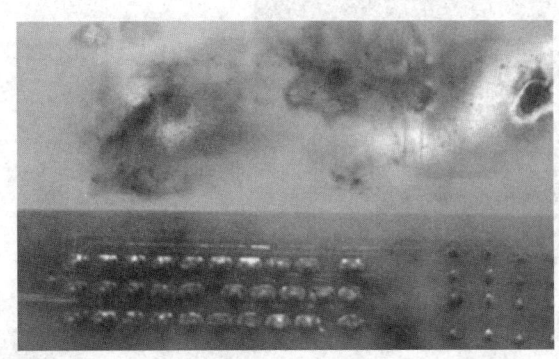

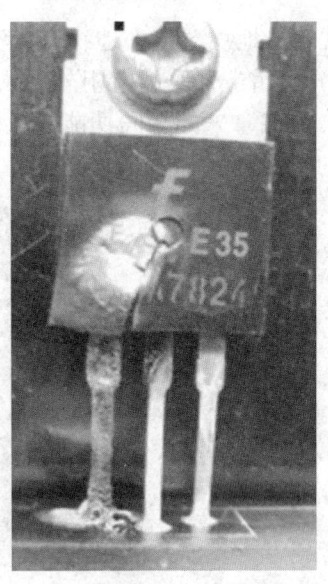

图 8-2 轨道测试盘被雷击损坏　　　　图 8-3 综合采集机电源被雷击损坏

(11) 设置在车站两端进站口（进站信号机旁）的红外设备大面积损坏。

(12) 通信铁柜内部分配线被雷打断，导致打火冒烟现象。

3. 故障测试

(1) 综合地网的接地电阻为 $0.9\,\Omega$。

(2) 测试两级电源防雷箱的防雷元件，其参数均在标准范围内，雷电计数器号码显示为 0。

(3) 测试电源屏 1# 的 C 级防雷（设备自带的盾牌防雷），Ⅰ、Ⅱ 路输入电源的相线纵向防雷（型号为 T385V）的漏电流均大幅增大，原测试记录均为 $0.1\sim1.5\,\mu A$ 左右，现均达到 $18\,\mu A$ 左右。

(4) 测试分线盘防雷柜防雷元件，参数均在标准范围内。

(5) 测试 ZPW-2000A 网络模拟盘防雷（OBO 型防雷元件，ZPW-2000A 电缆均不经过分线盘防雷柜，直接到移频组合架），参数均在标准范围内，其中 X2JGJS 的 OBO-280V 防雷元件参数为 $438\,V/12.4\,\mu A$，漏电流比原记录的 $1.5\,\mu A$ 明显增大，可说明该元件曾经流过较大电流。

(6) 测试站内移频组合架上的 OBO 型防雷元件（该防雷接在分线盘防雷柜之后），11 个区段的受电端防雷元件中有 8 个元件的漏电流比原记录大幅增加。

(7) 测试 TDCS 电源防雷组合箱（内装 T385V 防雷）防雷元件，漏电流都达到 $18\,\mu A$，接近盾牌防雷元件 $20\,\mu A$ 的上限，防雷箱雷电计数器号码为 2。

(8) 测试室外所有道岔表示二极管的浪涌防雷，其中 1#-2 道岔的 MYL1-560V/5kA 元件参数为 $457\,V/50\,\mu A$，放电电压低于标准值的 10%，漏电电流比原记录明显增高，防雷元件不良；3#-1 道岔的 MYL1-560V/5kA 元件参数为 $493\,V/25\,\mu A$，放电电压低于标准值的 10%，漏电流比原记录明显增大，防雷元件不良。

(9) 测试 2-4DG、1-3DG 区段室外隔离盒防雷，参数均在标准范围内。

(10) 电力变压器、电杆安装在信号机械室背面不足 10m 处，电力地线沿电杆垂直下地，测试信号地线对电力地线有交流 1.5V 电压。

（11）被雷击开路的电阻外观均可发现有烧焦点，如图 8-4 所示圈内的点，将其中一个电阻与从 Y 站拿来的相同功能的电阻比较发现，被雷击开路的电阻内部电阻丝线径细如发，而 Y 站的电阻丝线径较粗。

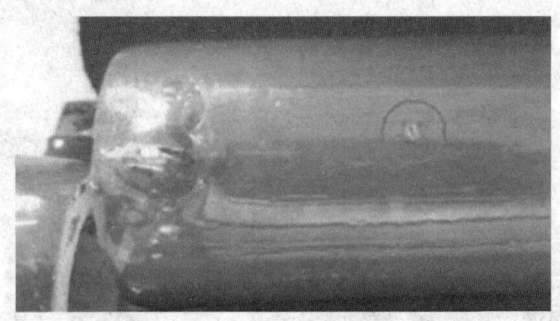

图 8-4　被雷击开路的电阻外观的烧焦点

4. 测试结果

（1）防雷分线柜安装的防雷元件部分选型不正确，如 XDS 报警使用 C385V 防雷元件，选型过高，应使用 C75V 防雷元件；不发码轨道受端使用 C385V 防雷元件，选型过高，应使用 C75V 防雷元件。

（2）道岔阻容盒内 1kΩ 电阻元件的质量欠缺，内部电阻丝太细。

5. 故障分析

1）电源屏模块故障分析

直击雷打在 X 站机械室旁边，机械室旁的外电网感应到雷击电流并通过电源线传导进入机械室设备上，经两级防雷箱泄流，泄流不及的雷电流继续向室内传送，先经 1#屏输入 C 级防雷导通放电，雷电流冲击 C 级防雷使其空气开关跳闸保护，再经 1#屏输出 D 至级防雷，D 级防雷被冲击损坏，进而冲击到电源屏各电力电子模块，最终导致 4 块电源模块损坏。

2）组合架各级保险跳闸及道岔电阻开路故障分析

雷电流侵入各电源屏电源模块后，经模块输出传至组合架，并冲击零层的空气开关使其跳闸。

继电器电源供电模块、接近电码化的电源供电模块设置在 1#屏中，靠近雷电侵入口，受干扰大，因此组合架上的大部分 KZ/KF 电源、发送/接收 24V 电源空气开关被冲击跳闸。

2#屏各模块的输入电源空气开关均设置在最顶层，计算机联锁电源、道岔表示电源模块正好安装在 2#屏的最上层位置，受雷电冲击较厉害，计算机联锁机柜内设置有第Ⅲ级防雷设备，用于保护联锁设备；雷电流侵入各道岔组合表示电路，由于道岔表示电路中的 1kΩ 电阻因内部电阻丝过细，冲击雷电流烧断电阻丝造成电阻开路，使多组道岔的组合侧面表示保险跳闸，最终损坏电源屏模块。

3）X1JG、X2JG 衰耗盒故障分析

X1JG 衰耗盒的 N1、N2 集成块的 9～16 引脚爆裂，该器件用于移频报警、发送盒报警继电器（FBJ）电路，由电路原理图可知，移频报警电路的 +24V 电源经过 YBJ 后首先接入

X1JG 衰耗盒，雷电流由 +24 V 电源侵入，损坏 X1JG 衰耗盒后使零层的发送、接收 24 V 空气开关跳闸。

处理故障时为了应急恢复设备，已将各个衰耗盒互相倒换，各衰耗盒位置混乱，故障恢复后，要点按设备定位标签倒回原位时发现 X2JG 衰耗盒损坏，小轨无输出，造成 X1JG 红光带（而故障应急处理时，X2JG 衰耗盒安装在 X1JG 处无故障反映，是因为 X1JG 处的衰耗盒不需要小轨检查条件）。测试发现，X2JG 接收端模拟网络盘的防雷元件漏电流比原记录明显增大，雷电流从室外电缆传导进入室内，而 ZPW-2000A 设备电缆没有经过防雷分线柜，直接接到移频架上，少了一级雷电防护，因此雷电流经防雷模拟网络盘泄流不尽，继而击坏衰耗器。

4) 2-4DG 区段红光带分析

25 Hz 相敏轨道电路 2-4DG1 二元二位继电器不吸起，原因是 21-503-5 组合内部一根屏蔽线（蓝线）被雷电击断，同时轨道测试盘电路板被严重击坏（如图 8-1 所示），该屏蔽线传输的轨道电压信号径路为：分线盘→组合侧面（外部）→组合侧面（内部）→室内隔离盒→二元二位继电器。雷电流感应到电缆上向室内传输，经分线盘防雷、移频架防雷泄放后（防雷元件的漏电流比原测试记录显著增大），剩余雷电流冲击损坏抗冲击性能较弱的轨道测试盘电子电路板件，而 2-4DG1 的屏蔽线（蓝线）紧贴屏蔽层的地线，雷电流击穿蓝线绝缘外皮经屏蔽层对地泄流，雷电对地泄流的高热烧断配线造成短线故障，进而使区段变红光带。

5) 电源防雷箱分析

雷击故障中，组合架 Z13 架零层 FS24V/10 A、JS24V/5 A，Z22、23、24、31 架零层 KZ/KF（3 A）空气开关跳闸，1#-1、1#-2、3#-1、3#-2、4#-1、4#-2 组合侧面 0.5 A 道岔表示空气开关跳闸。

通过对 TDCS 电源防雷组合箱（T385）防雷元件进行测试，漏电流均达到 18 μA，接近其 20 μA 的上限，防雷箱雷电计数器号码为"2"；检查测试 1#电源屏的 C 级防雷（设备自带的盾牌防雷），Ⅰ、Ⅱ 路输入电源的相线纵向防雷（T385）的漏电流均大幅增大，原测试记录均为 0.1～1.5 μA 左右，现均达到 18 μA 以上。检查测试两级电源防雷箱防雷元件（C 系列防雷箱），参数均在标准范围内，雷电计数器号码显示为"0"。

6. 案例分析

在雷电干扰典型案例中，雷电由室外经过电网变压器传导进入室内，并对室内外设备造成大面积的损害，受损设备主要包含电源电路、电子设备及电缆线路。下面将从以下三个方面进行详细说明和分析。

8.1.2 电源电路的雷电防护案例分析

经分析雷电脉冲频谱可知，雷电 90% 以上的能量都集中在 100 kHz 以下，极易从工频电源系统中耦合进入。据统计了 60%～70% 的雷击事故发生在电源部分。

1. 电源保护电路的要求

（1）良好的过电压钳制能力。在大的瞬变电流期间，被保护的设备两端应接近系统的最大工作电压；能对持续不断或连续的暂态过程起保护作用而不致损坏保护电路本身。

(2) 强大的分流能力。即使保护电路吸收最严重情况下的瞬变过程能量也不会损坏自身。

(3) 快速的过载电压响应。对于冲击的响应时间要求小于1 ns。

(4) 在无浪涌冲击时和冲击发生时，对后续所保护系统的影响可忽略不计。即要求保护电路的并联电阻应该足够大，而串联电阻和并联电容应该足够小，而且在瞬变过程结束后可迅速恢复正常性能。

(5) 优良的性价比。体积小，易于维护和保养。

保护电路最重要的指标是保护电压及浪涌分流能力。保护电压应低于被保护电路中半导体器件的损伤阈值（包括导致永久损伤的电压、电流或功率值），否则被保护电路仍将受到浪涌冲击而损坏。

2. 铁路信号设备电源保护电路的特殊要求

通常情况下，铁路信号电源分2路引入信号楼：一路自闭电源，电压比较稳定；另一路电网电源，由于线长点多，电源电压波动很大。此外，由于区间车站的面积较小，电源线径路长度有限，按照一般建筑物要求设置多部位、多级防雷器，空间上有困难，而现场反映大多数的雷击干扰事故多发生在偏远区域单层砖瓦结构的小站。另外，信号楼机械室一般24小时无人值守，因此要求所有铁路信号设备防雷器的可靠性高于一般建筑物电源防雷器。

铁道行业标准 TB/T 3074—2003《铁道信号设备雷电电磁脉冲防护技术条件》和 TB 10007—1999《铁路信号设计规范》规定，所有与外线或钢轨连接的含电子器件的信号设备，在线路与设备的端口处应当装设专用防雷保安器，也称防雷单元，它是浪涌保护器 SPD 的一种，可以限制瞬态过压及分流浪涌电流，并至少包含1个非线性元件。

根据铁路信号设备电源系统的特点，要求所使用的防雷保安器满足如下特殊要求。

(1) 必须无劣化现象，不会出现无雷自毁。

(2) 雷击损坏时的故障模式为开路模式，即防雷器被雷击时必须立即脱离电源电路，不得将上位的熔丝熔断或使空气开关跳断。

(3) 雷击时有较低的残压。由于防雷保安器最后保护对象是信号设备电源，因此要求最后一级的防护保安器在雷击时残压较低，TB/T 3074—2003 规定，在实验室用 3 kA、8/20 μs 波形测试时残压应小于 500 V。由于空气间隙、气体放电管并联在电源线后，雷击时会产生续流而导致电源短路；而单纯压敏电阻器并联在电源线后，由于电源正向波动时会出现劣化而导致电源短路。因此无人值守的机房和区间信号设备的电源防雷器不得单独使用空气间隙、气体放电管、压敏电阻器等元件。

(4) 电源防雷保安器必须是可插拔结构，防雷器的连接线应尽量短。

一般可对电源从室外进入室内的界面做第Ⅰ级粗防护，泄放大部分雷电流；在机房电源，即电源屏等前做第Ⅱ级粗防护或细防护；最后对用电设备，在 UPS 前做第Ⅲ级细防护。

3. 铁路信号设备电源保护电路的特殊要求分析

1) 气体放电管不能单独使用

放电管用作电源防雷器时，一般都遵循放电管标称直流放电电压为交流工作电压的2.2倍，因此，在雷电压未侵入电源线路时，放电管不工作。一旦雷电过电压侵入电源线，并且超过放电管的冲击放电电压，则放电管被击穿。这时，电源可以提供足够的电流使放电管一直维持不可逆转的低电压状态,使雷电作用完毕后,放电管继续工作,使电源线短路,这就是所谓的续流。续流影响放电管电极间绝缘的恢复,并会产生过热负荷,最终导致放电管损坏,令放电管前端的熔丝熔断或空气开关跳断,中断电源供应。另外,放电管从暂态过电压开始作用于放电管两端的时刻到管子实际放电时刻之间有一个延迟时间,该时间就称为响应时间。响应时间约100ns,而在响应时间之内,雷电大的浪涌电压和电流就可能对后级的设备造成损毁,因此,绝对不允许在电源线两端并联间隙类型的器件。所以,一般不单独使用放电管来保护电子设备,而是与其他设备联合起来使用,以抑制这种时延脉冲。一般在放电管的分路接入非线性电阻器以防止续流,最常见的是将放电管与氧化锌压敏电阻器串联后接入电路。

2) 压敏电阻不能单独使用

由于压敏电阻器是负温度系数器件,即压敏电阻器温度越高,电阻越小,漏电流就越大,使压敏电阻在电压波动时更易于劣化。随着受浪涌作用的次数增加交流漏电流增加。当雷电浪涌冲击次数增加以后,漏电流增加,防雷电浪涌效果下降,因而对后级的设备造成雷击损毁。故压敏电阻不能单独并联在电源入口处使用。

例如,C 局 A 站,由于信号设备电源入口处防雷电器件不完善,只装设了压敏电阻,而没有装放电管,使部分雷击漏电流窜入后级电子设备,造成雷害事故。本例中信号设备电源入口处的防雷设备只安装了压敏电阻,多次浪涌冲击后压敏电阻出现劣化,最终失去保护作用,导致雷击浪涌干扰事故。

放电管和压敏电阻串联起来一起并联接入电源后,电压主要分配在放电管上,压敏电阻上的电压极低(因为放电管电阻为 $10^9\Omega$,而压敏电阻的电阻为 $10^6\Omega$),保证了压敏电阻无漏流。一旦防雷保安器工作,保安器的残压将由压敏电阻的限制电压决定(压敏电阻是限压器件)。这时,放电管的端电压极低(放电管工作时的电阻几乎为零),同时也可阻止续流。如果同时在压敏电阻上并联一个电容,浪涌电压到来时,可以更快地将电压加到气体放电管上,从而缩短导通时间。

4. 电源保护电路防护能力分析

铁运(2006)26 号《铁路信号设备雷电及电磁兼容综合防护实施指导意见》规定,安装在电源线上的 SPD 可承受的感应雷电流峰值为 40 kA(8/20 μs),信号线 SPD 可承受的感应雷电流峰值为 10 kA(8/20 μs)。

一般智能电源屏系统输入防雷装置 C、D 两级防雷(有些机房外面也安装了容量更大的 B 级防雷),至少可承受 20 kA(8/20 μs)电流冲击波 20 次;40 kA(8/20 μs)电流冲击波 1 次。系统的输出防雷装置至少可承受 5 kA(8/20 μS)电流冲击波 10 次。

根据上述 X 站的雷击故障情况,雷击造成智能电源屏 1# 输入 C 级防雷器 QF8(Ⅰ路)、QF9(Ⅱ路)空气开关跳闸,D 级防雷盒指示绿灯熄灭,说明防雷板损坏。雷击造成整个电源屏短时停电后又自动恢复,电源回复后,Ⅰ路电源外电网综合采集器被损坏,采集不到电流。以上情况说明强烈感应雷从外电网侵入,产生强大的浪涌电流智能电源屏 1# 输入 C 级防雷 QF8(Ⅰ路)、QF9(Ⅱ路)空气开关跳闸,同时损坏 D 级防雷的防雷板,并通过互感器感应到Ⅰ路电源外电网综合采集器的微电子设备上,造成电路损毁。

根据相关资料,1 km 远处的闪电、50 kA 的闪电电流可以在 8 m 高的架空导线上产生 10 kV 的感应过电压。3 km 远处的落地雷,可以在一般的架空通信线上产生 1 kV 以上的过电压。本案例中，室外电力变压器、电杆安装在信号机械室背面不足 10 m 处，雷电从外电网侵入，雷击在线路上产生微秒级的几十千伏甚至更高的过电压，远远超过防雷元件的放电通流容量，防雷元件不能完全保护设备安全，进而导致本次严重的雷击事故。

通过测试发现，智能电源屏 1#屏的 C 级防雷（设备自带的盾牌防雷），Ⅰ、Ⅱ路输入电源的相线纵向防雷（型号为 T385V）的漏电流均大幅增大，原测试记录均为 $0.1 \sim 1.5\ \mu A$ 左右，现均达到 $18\ \mu A$ 左右，说明防雷装置出现劣化现象，已经不能保护后续的设备。

为了更好地保护信号电源设备，防雷措施的实施应遵照"系统防雷、分级防雷和概率防雷"的原则，在两路交流电输入侧（信号电源屏前端）需要加上 B 级防雷，如图 8-5 所示。

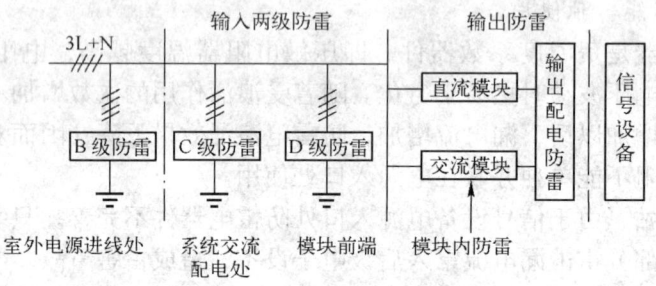

图 8-5　智能电源屏防雷配置示意图

8.1.3　铁路信号电子设备雷电防护案例分析

1. 电子设备对电磁骚扰的耐受能力

一般来说，电子设备或系统具有一定的工作在预定的电磁兼容环境中的能力，即具有电磁兼容能力。一般电子设备对电磁干扰的灵敏性包括如下几个方面。

（1）按照电压、电流和频率，根据信号水平确定的干扰耐受能力。

（2）设备承受信号频率范围以外的干扰频率的耐受能力。

（3）设备承受不同频率的电磁场的耐受能力。

（4）与暂态电压有关的绝缘耐受能力。一般的机电设备、甚至电子设备标称的绝缘耐受电压为 2 kV。

当电磁骚扰达到一定值时，电子设备将会出现暂时性的误动作或功能失调，致使电子设备的性能下降，严重时将发生永久性的损坏。电子设备对电磁干扰存在一定的电压损坏阈值、电流损坏阈值、电场损害阈值、磁场损坏阈值及能量损坏阈值。当干扰电压超过电压阈值时使电子设备的绝缘受损。当一次干扰的能量超过能量损坏阈值时，电子设备将由于发热而烧坏。微电子技术水平越高，电子设备的抗毁能力就越差。一些电子设备的能量损坏阈值见表 8-1。

表 8-1　一些电子设备的能量损坏阈值

器件名称	能量阈值/J	故障形式
低电流继电器	2×10^{-3}	触点熔接
逻辑晶体管门电路	3×10^{-9}	逻辑混乱

续表

器件名称	能量阈值/J	故障形式
J—K 双稳态单片集成电路	4×10^{-10}	电路失常
放大器	4×10^{-21}	干扰信号
隧道二极管 1N3720	5×10^{-4}	烧毁
数据输入门集成电路 MC715	8×10^{-5}	烧毁

2. 雷电对电子设备的危害

雷电对计算机等微电子逻辑设备的危害极大，即使几公里之外的高空雷闪或云对地闪络，都可能导致计算机输出逻辑变化，导致其控制的设备误动作或直接损坏。0.03Gs（1Gs = 10^{-4}T）的磁感应强度可造成计算机误输出，2.4Gs 的磁感应强度即可击穿元器件。计算机一般在小于 1 V/m 的外界电场作用下工作正常，外界电场强度超过 5 V/m 时就不安全了。

计算机、微处理器及其他由大规模 CMOS 集成电路等元器件组成的电子设备普遍存在着浪涌电压耐受能力较弱等缺点。雷电等强电磁干扰是造成电子设备损坏的最主要的原因之一。据统计，美国每年因雷害等电磁干扰而导致的设备损坏的直接损失高达 260 亿美元。1969 年 11 月，美国土星"V—阿波罗 12"载人飞船在起飞后出现雷击事故，阿波罗系列登月火箭共出现 7 次雷击事故。1987 年 3 月 26 日，美国 NASA 的大力神/半人马座火箭升空不久遭到雷击，火箭及携带的卫星都被炸毁。

在我国其他行业，由于雷击而引起的电子系统损坏的事故时有发生。1992 年 6 月，国家气象中心大楼遭受雷击，楼内的大型计算机等设备网络中断，整个系统停止工作 46 小时，气象预报业务受到严重影响；1992 年 9 月 16 日，深圳国际机场因感应雷电过电压导致 25 套通信、雷达、导航设备中 5 套损坏；1994 年夏，湖南省人民银行的计算机毁于雷电事故而造成银行停止营业。

随着铁路技术的发展，铁路信号系统的各种电子设备向高密度集成化、数字化发展。设备的电磁兼容性问题更加突出，特别是雷电电磁脉冲对设备造成的损害越来越大。1997—2006 年的雷灾调查显示，在各类财产损失中，雷电给微电子设备带来的损失最为严重，在 7 大类物体损害中所占得比例高达 34.5%，而损害途径主要是雷电电磁脉冲的入侵和影响。雷电电磁脉冲频谱分布极广，对各种铁路信号机房内的电子信息设备的正常工作会造成严重干扰。如系统死机、信息丢失、误码率增大等危害，甚至直接烧毁设备。

3. 雷电对信号电子设备的干扰分析

雷击损坏设备的根源是雷击过电压，雷电干扰信号电子设备的骚扰途径主要有 4 种：从配电线路引入雷电；从室外信号电缆线路引入雷电；空间雷电电磁骚扰；地反击电压损毁电子设备。

1) 从配电线路引入雷电分析

从上述对于电源电路的雷电防护的分析可知，在本案例中，雷电从外电网侵入，大的冲击浪涌冲击智能电源屏 1#输入 C 级防雷 QF8（Ⅰ路）、QF9（Ⅱ路）空气开关跳闸，虽然智能电源屏电源入口处的防雷器能吸收掉部分雷击浪涌能量，但还有一部分没有被泄放而进入后级电路冲击多处空气开关跳闸，进而损毁多处电子设备，包括计算机联锁和道岔表示/信号机的两台电源模块、外电网综合采集器、区间接收综合采集器、提速道岔电流功率综合采集器、道岔表示电压采集器、开关量采集器等。

2) 从室外信号电缆引入雷电分析

雷击大地时，强大的雷电流沿土壤和各种金属设施泄放。假设埋地电缆上流过的雷电流为 I，由于电缆的耦合阻抗 R_K，电缆中将产生纵向感应电压（芯线与金属屏蔽层之间）和横向电压（电缆中芯线之间）。这些过电压施加在所连的设备上，就很可能损坏设备。

雷击造成埋地电缆上的过电压的计算公式如下。

假设雷电流已知，纵向电压 U 可根据电缆的耦合阻抗 R_K，按欧姆定律计算：

$$U = R_K \cdot I \tag{8-1}$$

式中 R_K 可查表求得。

例如，对于 $\phi 35\,mm$ 的铅外皮电缆，其每米的耦合阻抗的 $0.95\,m\Omega/m$。若埋地电缆长度为 300 m，按照 GB 50057—1994 中对埋地设施雷电流的分配，当电力线有屏蔽层时，$I = 2.5\,kA$（假设雷电等值电流为 150 kA 时），由式（8-1）计算其过电压为：

$$U = 0.95 \times 10^{-3} \times 300 \times 2.5 \times 10^3 = 712\,V$$

同理，对于信号屏蔽电缆，其每米的耦合阻抗为 $0.90\,m\Omega/m$，其过电压为：

$$U = 0.90 \times 10^{-3} \times 300 \times 2.5 \times 10^3 = 675\,V$$

上述电缆的纵向感应电压都已远远超过接口芯片的承受电压（耐压一般小于 100 V），造成接口电路的损坏。

上述案例中，雷电由信号电缆引入，对电子设备造成极大损害。室内 13 架 X1JG 用的衰耗器损坏，衰耗盒内的 N1、N2 集成块 9～16 引脚被雷击爆裂，X2JG 衰耗器损坏，无小轨（XG）电压输出。另外，25-8-9 驱动盒损坏，XLFZJ 不能驱动，对应方向站间自动闭塞不能办理；31-6-10 驱动盒坏，STXJ 不能驱动吸起，S 进站通过信号不能开放。

3) 空间雷电电磁骚扰

上述两条雷害途径是传导性的，而雷击引起的电磁场还沿着空间传播。由雷击产生的强大电磁场会使雷击点附近建筑物内的导体线路感应到过电压，直接作用于设备，使电气设备 PCB 板上的线路和元器件产生感应电压，可能损坏设备。实验数据表明，设备（包括靠近设备的元器件）处在 2.4Gs 的电磁场中会永久性损坏，设备（包括靠近设备的元器件）处在 0.07Gs 的电磁场中会产生误动作。

现计算分析由雷电引起的室内电磁场。

当雷电强度 $I = 150\,kA$（Ⅱ级防雷）的雷闪击中建筑物时，假设此建筑物含有 15 根钢筋（即引下线）混凝土柱，现计算中央柱周围的磁场强度和正方形环上的感应电压。

(1) 中央柱子周围的磁场强度。

根据电磁学原理，当导体柱子流过电流 I 时，其周围的磁场强度 H 分布为：

$$H = \frac{I}{2\pi r} \tag{8-2}$$

式中，r 为场点离柱子的中心距离。

由 BS 6651：1992 标准可知，$I = 2.3\% \times I_{max} = 3.45\,kA$ 距离柱子中心 1 m 处的磁场强度为：

$$H = \frac{3.45\,kA}{2\pi \times 1} = 0.549\,kA/m$$

又
$$B = \mu_0 H \quad (\mu_0 = 4\pi \times 10^{-7}，为空气磁介常数)$$
则
$$B = 6.9 \text{Gs}$$

如果室内计算机放在中央柱周围（此处磁场强度最小），按照美国 R. D. Miee 的试验结果，此计算机有可能遭到毁坏。

（2）中央柱 r 附近环开口金属环的感应电压。

开口处的感应电压为：

$$U = M \frac{\mathrm{d}i}{\mathrm{d}t}(\text{kV}) \tag{8-3}$$

式中，M 为环与柱子间的互感，mH；

$\frac{\mathrm{d}i}{\mathrm{d}t}$ 为雷电流的变化率，kA/μs。

M 的大小取决于环的边长 a、导体柱的截面 S 等，假设 $a=3\text{m}$，$S=50\text{mm}^2$，$r=1\text{m}$，计算得：$M=6\mu\text{H}$。

对于中央柱，$\frac{\mathrm{d}i}{\mathrm{d}t} = \frac{2.3 \times 10^{-2} \times 150\text{kA}}{10\mu\text{s}} = 0.345(\text{kA}/\mu\text{s})$，$U = 6 \times 0.345 = 2.07\text{kV}$

此脉冲电压已超过第3级设备的绝缘耐压（1.5kV），会引起设备损坏。

因此，雷击时处在引下线（明设引下线或建筑物立柱内的钢筋）附近的设备是不安全的。总之，雷电电磁场最终会使设备及线路感应形成的过电压危害到设备的安全运行。

如果信号系统已经按照标准配备了各级防雷，一般情况下，雷电电磁场导致的故障不会直接损毁设备，而是造成系统死机等，重启动后一般都能再次正常运行。本案例中雷电的传导性干扰破坏性强大，雷电通过电磁场对系统造成的损毁不好估计。

4）地反击

雷击造成的地电位上升可按式（8-1）简单测算，不过此时式中 R_K 为冲击接地电阻。对于一般建筑物来说 $R_K = 10\Omega$，对于含有电子设备的建筑物来说，$R_K = 1\Omega$，现取雷电流 $I = 150\text{kA}$，则 $U = 150\text{kV}$，如此高的地电位，将会使与其相邻的建筑物或设备受到损坏，称为地电位反击。

例如，某局 B 站，直击雷将该站的三组道岔表示二极管、计算机联锁主机的两个驱动板等设备击坏，造成雷害事故。

经故障分析，该站未按信号设备雷电电磁脉冲防护的规则，落实综合防雷方案，故当直击雷侵入信号设备时，相关三组道岔的表示二极管、计算机联锁主机的两个驱动板等设备被击坏，造成雷害事故。针对此雷电事故，一是要按照铁道部颁布的铁运（2008）142号《铁路信号维护规则技术标准》的 3.1.15 条规"道岔"表示电路中应采用反向电压不小于 500V、正向电流不小于 300mA 的整流元件，三相交流转辙机表示电路中应采用反向电压不小于 500V、正向电流不小于 1A 的整流元件，严格筛选使用整流元件。二是按该技术标准中信号设备雷电、电磁脉冲防护的需要，采取等电位连接、屏蔽、接地、合理布线，安装防雷元器件（浪涌保护器、防雷变压器等）等方法进行综合防雷。

8.2 电磁干扰典型案例分析

在铁路现场，由于无线电电台的频繁使用、机电设备的开启与停止、电气化铁路牵引电流的增加，使得铁路现场的电磁干扰环境越来越复杂，干扰也越来越大。另一方面，随着控制技术水平的提高，电子设备的应用也越来越多，与传统的继电系统相比较，电子设备的抗干扰能力要低很多，导致现场电磁干扰故障频繁发生。

下面以计算机联锁系统的鼠标干扰和 CRT 显示器干扰两个案例来分析这种电磁干扰的机理，并给出应对措施。

8.2.1 射频电磁干扰对鼠标影响案例分析

1. 电磁干扰对鼠标的影响

在铁路现场，越来越多的车站使用了计算机联锁系统，其微型计算机使用的鼠标是市场上通用的一般鼠标，没有太苛刻的抗电磁干扰技术指标要求，而铁路现场由于存在各种各样的电气和无线通信等设备，其电磁干扰较为严重，所以鼠标的抗电磁干扰能力往往不能满足现场的需求。另外，由于鼠标使用延长线，这样就更容易耦合接收到电磁干扰信号。根据鼠标受到干扰时的情况，当鼠标周围有较强的电磁干扰存在时，尤其是当周围 1.5 m 范围内有对讲机通话时，鼠标发生光标闪烁、抖动、错误点击等故障，这种故障不但影响设备的正常操作，也为安全运行埋下了隐患。

2. 电磁干扰对鼠标影响测试实验

为便于分析上述鼠标受电磁干扰发生光标闪烁、抖动、错误点击等故障的原因，针对电台和鼠标进行了电台辐射测试和鼠标的射频电磁场敏感度场强门限测试。

1）电台辐射测试

经对现场电磁骚扰源的理论分析和实际经验发现，站场常用的无线列调电台（尤其是手持台）对鼠标造成干扰的影响最大。因为当鼠标发生上述故障时，往往都是操作人员使用手持台通话的时刻；手持台设备可能非常接近鼠标，而在距手持台天线较近距离时，电台的发射场强可能非常强。

为了验证上述的分析评估，对现场故障进行复现。首先在实验室进行电台发射场强测试，然后采用标准试验骚扰波形模拟代替电台辐射对鼠标进行辐射抗扰度试验。

为了验证手持台的实际发射场强是否会导致鼠标发生上述故障，随机选择一部常用的列调手持电台，在电磁兼容专业实验室里进行辐射场强测试。

受试手持电台选用现场常用的某品牌型号。试验中使用的测试设备为 AR 公司的 FM5004 场强监视器和 FP5000 场强探头。

试验中，将受试电台与场强探头安装于位于暗室静区中轴线的约 1.70 m 高（模拟成年男子耳部高度）的非金属台架上，二者间的距离从 3 m 递减进行重复测试。电台工作于发射状态，为避免地面反射电波的影响，受试电台与场强探头之间的地面铺设吸波材料。该试验测试布置如图 8-6 所示。

通过改变受测试电台和场强探头的距离得到一组数据，见表 8-2。

图 8-6　手持电台辐射场强测试布置

表 8-2 手持电台的发射场强

距离/m	场强测量值/（V/m）	换算值/（dB μV/m）
3.0	5.09	134.13
2.5	5.54	134.87
2.0	7.13	137.06
1.5	8.27	138.35
1.0	9.80	139.82
0.5	20.30	146.15
0.4	26.00	148.30
0.2	41.00	152.26

测试结果表明，在距手持台天线 20 cm 附近，发射场强能够达到 40 V/m，超出 TB/T 3073—2003 中规定的辐射电磁场抗扰度 10 V/m 的试验严酷等级。

2）鼠标的射频电磁场敏感度场强门限试验

为了便于考察现有的计算机联锁系统的鼠标的抗干扰能力，选取现场使用较多的两种滚轮鼠标进行测试。

采用类似标准的辐射电磁场抗扰度试验布置，运用实时场强监测法进行试验，如图 8-7 所示。发射天线距离地板高度 1 m、距离受试鼠标水平距离 1 m，受试鼠标及场强监测探头置于 0.8 m 高的木制试验桌上。鼠标尾线通过延长电缆接至暗室外的上位机 PC，上位机运行计算机联锁系统的软件程序。试验所施加的骚扰频率为手持电台工作频段内的 457 MHz，波形为 TB/T 3073-2003 所推荐的 1 kHz、80% 正弦调幅波。

试验中，通过逐步加大发射天线的辐射功率，观察上位机软件中鼠标指针的反应。当出现某种故障时，记录此时的实时场强，即为该受试样品的敏感度门限电平。试验中所施加的骚扰分别以垂直极化和水平极化两种形式进行。

图 8-7 辐射电磁场抗扰度试验布置

通过试验得到的两款受试鼠标的敏感度门限见表 8-3。

表 8-3 两款受试鼠标的敏感度门限场强测试结果

受试样品	骚扰频率/MHz	极化方向	门限场强/(V/m)	故障描述
鼠标 1	457	垂直	38.6	按键误动作
鼠标 1	457	水平	56	鼠标移动
鼠标 2	457	垂直	6.6	鼠标移动
鼠标 2	457	水平	17	鼠标移动

上述测试结果表明，对于两个受试样品单体而言，不同品牌的鼠标其抗扰度是不一样的，鼠标 1 在垂直场强达到 38.6 V/m 时出现按键错误动作，鼠标 2 在垂直场强达到 6.6 V/m 时即出现鼠标移动。通过实验复现了现场的故障。

3. 干扰的形成机理分析

试验中发现，鼠标尾线的摆放与水平极化形式下的敏感度门限值存在一定的联系，即在测试面内面对天线横向摆放的尾线长度越长，其敏感度门限值越低，即抗干扰性能越差。这说明尾线在一定程度上起到接收天线的作用，进而引入骚扰并干扰鼠标的电子电路。

但是，从试验数据中也可以看出，两个受试样品在垂直极化形式下的敏感度门限均明显低于水平极化下的门限值，这说明鼠标本身对骚扰的接收也是造成干扰的耦合途径之一。由于受试样品均为塑料外壳，对电磁波不具备屏蔽能力，所以骚扰点电场能够直接辐射到样品内部的电路板和电子元件上并产生干扰。

从频率的角度来分析，机械式鼠标作为一种低速数字设备，其内部电路的典型工作频率不超过数 MHz（USB 接口的机械鼠标内部晶振一般为 6 MHz，某些串口机械鼠标内部无晶振），而信号线的传输速率仅为数千赫兹（串口鼠标的波特率一般为 9 600 bps）。而试验中所施加骚扰信号频率为 457 MHz，远远高于鼠标设备的工作频率，因而不可能是由电路谐振而产生干扰。经分析发现，此故障源于电路元件在高场强辐射条件下的音频检波效应而导致的干扰。即由于电路中半导体元件的非线性特性，使其对调制在 457 MHz 上的 1 kHz 正弦波信号进行检波，当进入电路中的信号达到一定的幅值后，就会使电路产生误动作。现场使用时，由于调频电台的信号带宽为 25 kHz，同理也会对鼠标产生干扰。

4. 改进措施

根据上述分析，结合鼠标的电路结构，提出以下两种解决干扰的措施和方法。经试验验证，这两种方法有效，可为现场解决鼠标干扰问题提供借鉴。

1) 改进鼠标尾线，抑制骚扰的耦合

串口鼠标通过尾线和 DB9 连接器连接到 PC 上位机的 RS-232 串行端口，一般情况下尾线是长 1.5～2 米的非屏蔽多芯电缆（有些产品即便宣称采用屏蔽电缆，其信号线的屏蔽层也仅仅是一层铝箔，屏蔽效能非常有限）。由上述的试验可知，鼠标尾线在一定程度上起到接收天线的作用，并将骚扰的原始波形以传导方式引入鼠标电路。现场试用中，由于操作台和上位机可能距离较远，鼠标尾线还往往通过延长电缆连接到上位机，更易引入骚扰。为此，提出改善鼠标抗干扰性能的措施。它是对此段尾线加以改进，即采用屏蔽电缆替换原非屏蔽电缆，降低其对空间骚扰电磁波的接收能力。特别针对列调电台干扰源，还可以在屏蔽电缆上安装在该频段能够提供较大插入衰耗的铁氧体磁环，以进一步抑制骚扰。其优点是不必改变鼠标的原有电路，仅替换原尾线。但在使用时，屏蔽层只有可靠接地才能够发挥其作用；使用延长电缆时，必须采用屏蔽线，并保证延长电缆的屏蔽层与尾线的屏蔽层贯通连接。

为验证信号线屏蔽层对抗扰度性能的改善情况，在鼠标1样品的尾线外套装一层金属编制网带作为屏蔽层，并可靠接地，按照第3章中描述的方法进行辐射电磁场抗扰度试验，其抗扰度试验结果见表8-4。

表8-4 尾线加屏蔽措施后的抗扰度试验结果

EUT	改装情况	极 化	场强/(V/m)	结 果	故障描述
鼠标1	硬件电路无改装，将鼠标尾线套在编织屏蔽护套中并接地	垂直	10	PASS	/
		垂直	20	PASS	/
		垂直	30	PASS	/
		垂直	40	PASS	/
		垂直	50	PASS	/
		垂直	60	PASS	/
		垂直	70	PASS	/
		水平	10	PASS	/
		水平	20	PASS	/
		水平	30	PASS	/
		水平	40	PASS	/
		水平	50	PASS	/

上述垂直极化的试验场强为70V/m，水平极化的试验场强为50V/m，限于已达到100W射频功放的最大输出功率，更高的试验场强没有进行。试验中受试鼠标均未因受干扰而误操作，这表明改进后鼠标的敏感度门限至少可以达到70V/m（垂直极化）和50V/m（水平极化）的水平，改进效果显著。

2）改进内部电路，提高鼠标抗扰性

为防止鼠标受到干扰时按键误动作及坐标抖动，考虑给鼠标内IC相应开关量输入引脚加装合适的上拉电阻或下拉电阻。以防止悬空的输入引脚处于不确定的逻辑状态。分析上述两种鼠标样品的表明，它们均采用单片式的处理电路，且此类输入引脚均为高电平有效（即按键按下时引脚被接通至高电平，而平时无按键输入时应处于低电平），且都没有外围的下拉电阻。根据正常的推断，IC内这些引脚均应集成了相应的下拉电阻，但均为弱下拉（可能是考虑到节省芯片功耗），所以当骚扰增强至较大的幅度时就不能保证下拉的效果。为此，提出给鼠标IC与按键及X、Y坐标相应的引脚增加适当的下拉电阻，其阻值根据实验而定，并在暗室中进行试验验证。

对受试样品内部电路分别加装下拉电阻，再进行辐射电磁场抗扰度试验，观察鼠标的抗干扰能力的改善状况。加装下拉电阻后的改善结果见表8-5。

试验结果表明，加装下拉电阻能够明显地提高鼠标的抗辐射电磁场干扰能力。从鼠标2样品的试验中也证明，在相应逻辑引脚加装下拉电阻，就能够抑制相应的误操作故障（如按键加装下拉电阻后整个实验过程中均未出现误点击现象）；如果没有加装下拉电阻，则随着场强的提高就会出现相应故障（如X、Y轴未加装，则出现光标抖动和移动的现象）。

表 8-5 加装下拉电阻后的改善结果

EUT	改装情况	极化	场强/（V/m）	结果	故障描述
鼠标 2	仅左右按键加 1 kΩ 下拉电阻	垂直	40	PASS	/
		垂直	50	PASS	/
		垂直	60	PASS	/
		垂直	70	PASS	/
		水平	30	PASS	/
		水平	40	FAIL	鼠标移动
		水平	50	FAIL	鼠标移动
		水平	56.7	FAIL	鼠标移动
鼠标 1	左右键加 1 kΩ 下拉电阻，X、Y 轴加 4.7 kΩ 下拉电阻	垂直	50	PASS	/
		垂直	60	PASS	/
		垂直	70	PASS	/
		垂直	76	PASS	/
		水平	30	PASS	/
		水平	40	PASS	/
		水平	50	PASS	/
		水平	54	PASS	/

8.2.2 工频磁场对 CRT 显示器影响案例分析

1. CRT 显示器受工频磁场和射频干扰案例描述

某站计算机联锁设备的工作环境如图 8-8 所示，距离信号楼 4 m 处有一根电力加强线，用于电力机车供电，距离 10 m 处即是接触网。位于运转室的控制台 CRT 显示器屏幕经常出现严重抖动，致使显示器图像和文字无法辨认，严重影响值班员操作。

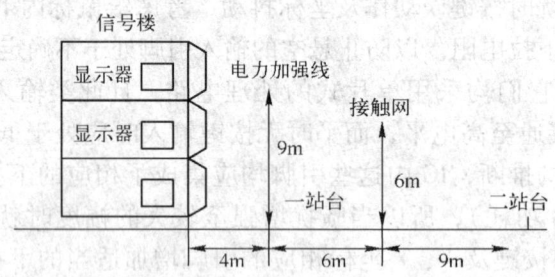

图 8-8 某站计算机联锁设备工作环境示意图

2. CRT 显示器受工频磁场和射频干扰原因分析

1）理论分析

根据 CRT 显示器的工作原理，显示器显像管中的高速电子束在帧偏转线圈和行偏转线圈磁场的共同作用下以扫描形式轰击显示屏，产生图像显示。若显示器周围存在其他外部磁场，则这些外部磁场同样会影响电子束的运行轨迹。现场存在的高频电磁场、显示器电源中的瞬变脉冲等干扰因素可能通过各种途径影响视频信号，使屏幕显示出现同步不稳、滚动、雪花、亮条等现象，但不会出现显示字符和线条的抖动。由于图像每秒 50 帧，所以 50 Hz 的工频磁场应该是产生图像抖动的主要原因。

根据安培定律，电子束在磁场作用下的偏转方向判断可用右手定则：大拇指与其余四指垂直，磁场穿过右手手心，大拇指指向电流方向（电子束运动反方向），则四指所指方向为电子束偏转方向。在实际中，电子束与现场的工频磁场一般存在一定的夹角，这时可以把工频磁场分解为平行电子束运动方向和垂直电子束运动方向两个分量，平行分量不影响电子束的运动，而垂直分量将改变电子束的运动轨迹。所以，当磁场与屏幕垂直时，屏幕正中心点由于电子束方向与磁场水平，不产生抖动，而屏幕上下左右由于存在电子束与磁场的夹角，均会发生抖动，上下的抖动方向相反，左右的抖动方向也相反，而且离屏幕中心点越远，抖动就越严重。

2）CRT 显示器抗干扰度等级

目前车站计算机联锁设备使用的 CRT 显示器多为民用标准。这类显示器即使已经通过电磁兼容测试，获得 CE 标志，但安装在工频磁场较强的工业现场，仍然可能受到干扰。

国标 GB/T 17618—1998《信息技术设备抗扰极限值和测量方法》（等同于国际标准 CIS-PR24（97））规定：对于 CRT 显示器等磁场敏感设备，在按照国标 GB/T 176268《工频磁场抗扰度实验》进行测试时，实验等级应为一级（磁场强度 1 A/m），性能判据应为 A 级，即 CRT 显示器处于磁场强度为 1 A/m（磁感应强度为 12.6 mGs）时，CRT 显示器的正常抖动值不应超过规定的数值：

$$抖动值 < \frac{(字符高度 + 0.3) \times 2.5}{33.3} mm$$

GB/T 17626.8—1998 规定的工频磁场抗扰度实验等级有 5 级，见表 8-6。

表 8-6　工频磁场抗扰度实验等级

实验等级	1	2	3	4	5
磁场强度/（A/m）	1	3	10	30	100

由表 8-6 可知，GB/T 17626.8—1998 对民用的 CRT 显示器的抗扰度要求属于最低等级。而实际测试记录的最大磁感应强度为 138 mGs，CRT 显示器只能满足磁场强度 1 A/m（磁感应强度为 12.6 mGs）要求。

3）实验测试

为了验证工频磁场对 CRT 显示器的干扰影响，得到 CRT 显示器的抗扰度，按照国际标准 GB/T 17626.8—1998《工频磁场抗扰度》的规定进行干扰测试实验。测试用的所有仪器仪表见表 8-7。

表 8-7　测试用的所有仪器仪表

仪器名称	仪器型号	仪器用途	备　注
工频电流发生器	F1000 – 4 – 8 – 9 – 125 A	产生工频磁场	
标准感应线圈	F1000 – 4 – 8/9/10 – 1M	磁场感应线圈	正方形，边长 1 m
磁强感应计	ELF – 60D	测量磁场强度	0.1 mGs ~ 19.99Gs

由工频电流发生器向感应线圈提供工频电流，在感应线圈包围的平面内形成较均匀的磁场，其磁感应强度可用磁感应强度计测量，调节电流发生器的电流输出可改变磁感应强度。将实验的 CRT 显示器放置于线圈中央，改变线圈的方向，可将磁场加于 X、Y、Z 三个方向，观察显示器屏幕的抖动情况。

测试得到屏幕抖动程度与磁场强度的对应关系见表 8-8。从测试实验中可以看出，实验结果与上述的理论分析结论是一致的。

表 8-8 屏幕抖动程度与磁场强度的对应关系

磁场与显示器位置	线圈中的电流/A	磁感应强度/mGs	显示抖动程度	抖动方向
磁场从显示器侧面进入	1.62	30	轻微抖动可以辨认	上下抖动
	8.25	100	严重抖动不易辨认	
	12.8	194	非常严重抖动无法辨认	
磁场从显示器垂直面进入	1.0	13	轻微抖动可以辨认	左右抖动
	5.1	40	严重抖动不易辨认	

然后通过对现场的 CRT 显示器在不同程度抖动时测量其附近的工频磁场强度，得到的现场测试结果见表 8-9。由表 8-9 可以看出，屏幕周围的磁感应强度越大，屏幕抖动越是严重。

表 8-9 屏幕抖动程度与屏幕附件磁场强度的现场测试结果

显示器旁的磁感应强度/mGs	抖动程度
10 左右	轻微抖动
20 左右	较大抖动，尚可辨认
30 左右	严重抖动，不易辨认
60 以上	严重抖动，无法辨认

4）结论分析

根据上述的理论分析、模拟和现场测试实验，可以判定 CRT 显示器附近的工频磁场是产生屏幕抖动的主要的、直接的原因。而导致 CRT 显示器附近的工频磁场增大的原因则是信号楼 4 m 处的电力加强线。具体原因如下。

（1）距离近。电力加强线位于站台上方 9 m，距离信号楼只有 4 m。而最近的接触网距离信号楼有 10 m。

（2）电流大。据调查，该电力加强线由车站变电所直接引向远端接触网，以提高接触网的供电电压，所以，线内电流很大，可能同时提供多次列车的牵引电流，有时尽管车站并没有列车通过，但只要远处区间有列车通过，该线内将仍有较大电流流过，这时，显示器也可能产生抖动。

（3）工频磁场强。通过测试，在该信号楼 2 层（计算机联锁设备机房）窗户处最大工频磁感应强度为 102 mGs，信号楼 3 层（调度室）窗户处的最大工频磁感应强度为 138 mGs，由于电力加强线距离 3 层比 2 层要近，所以，产生的工频磁感应强度更大。

（4）接触网产生的工频磁感应强度小。为了证明由接触网产生的工频磁感应强度远远小于该站的"电力加强线"，在另一信号楼附近没有其他供电线的 D 车站进行测试。D 站距离信号楼最近的接触网位于 15 m 处，在信号楼二楼平台上测量结果是：即使重载货车通过第 1 道时，工频磁感应强度仍小于 5 mGs，而直接在第 1 道接触网下测试时，重载货车通过时产生的工频磁感应强度小于 30 mGs，在该站电力加强线下测得的最大工频磁感应强度达到 180 mGs。因而可以判定接触网不是主要干扰源。

（5）站场周围无其他产生强工频磁场的设备。

3. CRT 显示器受工频磁场和射频干扰解决方案

CRT 显示器的工作原理和其抗扰度的试验表明，CRT 易受到工频磁场和射频干扰的影响，为解决铁路现场存在的问题，根据现场条件，提出了以下 3 种解决方案。

（1）采用抗工频磁场干扰性能强的 CRT 或液晶显示器，其工频磁场抗扰度试验等级应达到 3 级以上。

（2）去除干扰源。结合变电所的整改工程，取消电力加强线，或将该线移到远离信号楼的地方。

（3）信号楼采用屏蔽网或显示器加屏蔽罩，屏蔽效能应达到 20～30 dB。由于低频磁场不易屏蔽，加之不能遮挡屏幕，所以在屏蔽材料、尺寸、开口方向、孔隙安排等方面应做周密考虑。

8.3 电气化铁路传导性干扰典型案例分析

传导性干扰即不平衡牵引电流对轨道电路和机车信号等信号设备影响程度最严重，不平衡电流的大小由钢轨中牵引电流和轨道（包括扼流变压器等器材）的不平衡程度决定。多数轨道区段不平衡系数小于 10%，不平衡电流有稳态和瞬态脉冲两种形式，较大不平衡电流及脉冲电流中的直流分量易造成扼流变压器等铁芯器件的磁饱和，削弱信号传输。对于轨道电路设备，此干扰源的性质近似为电流源，音频信号接收端还应对同频段的谐波成分进行防护。

本节通过分析电气化铁路不平衡牵引电流对机车信号的影响和牵引电流脉冲冲击干扰对 25 Hz 相敏轨道电路的影响两个案例，说明不平衡电流的干扰机理及防护措施。

8.3.1 电气化铁路传导性干扰对机车信号的影响

1. 典型案例

1）不平衡牵引电流的工频干扰案例

电务检测车在某线下行区间 08923 信号点处检测到存在较大 50 Hz 工频干扰，如图 8-9 所示信号曲线①，其最大幅值可达 1 V。

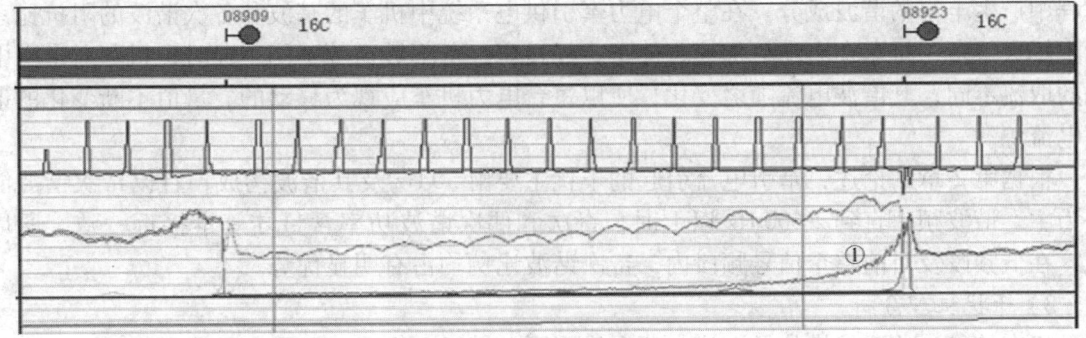

图 8-9 牵引电流干扰实例

2）不平衡电流高次谐波干扰案例

某动车在 ZPW-2000A 制式轨道区间上运行至某无码区段时，车载设备 STM（特殊传输模块）双系开始报告 VLF（低频信息）非有效错误，持续 10 s 后，由于超过 STM 报告故障时间门限值，导致 STM 报告双系故障而触发制动，列车在区间停车。

通过调阅 ATP 和 PC 卡数据分析后发现，该列车在此区段收到时有时无的 45～2000 Hz 干扰信号，导致 STM 接收时轨道电路信息不合理，从而导致 STM 报告两系故障而触发制动导致区间停车，只能采用隔离模式开车。此类事故大大降低行车的效率，同时也造成安全隐患。

2. 不平衡电流对机车信号的干扰机理

1）不平衡牵引电流的形成

我国电气化铁路均采用工频 50 Hz 交流供电，电力机车从接触网受电后，经过机车内变压器降压、整流、平波后驱动牵引电机工作。其供电回路为：牵引变电所→馈电线→接触网→电力机车→钢轨→回流联接→牵引变电所（接地网）。如图 8-10 所示。

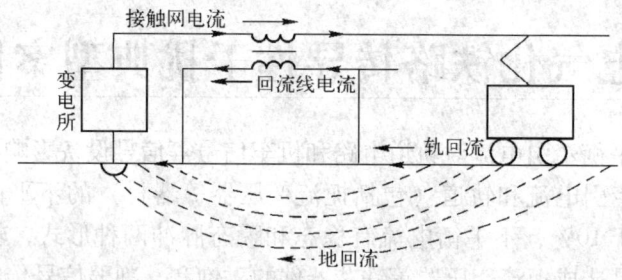

图 8-10 电力机车牵引回流示意图

钢轨和大地是电气化铁道牵引电流的回流通道，在不同的供电方式下，各部分的分配比例不同。传导性干扰对信号系统影响的表现形式是钢轨中的不平衡牵引电流和大地中的杂散电流，而不平衡牵引电流是影响轨道电路等信号设备的主要干扰源。随着铁路的提速和重载列车的开行，牵引回流增大，造成钢轨电位增高，轨—地回流增大，回流产生的干扰越来越严重。

2）不平衡牵引电流的特征分析

电力机车从接触网受电后，经过机车内变压器降压、整流、平波后驱动牵引电机工作，而回流过程中要经过钢轨，与钢轨相连接的设备很多都是非线性的，因此，在电力机车运行过程中产生丰富的谐波成分。在整个电力牵引供电系统中机车的基波和各次谐波的阻抗比系统阻抗大得多，机车在启动、加速、停车、经过弯、上下坡道等不同工况时，机车对牵引电流的取流不同，其谐波电流随之变化，所以每台电力机车应视为移动的、量值不断变化的谐波电流源。

根据第 2 章的论述，牵引电流引起的干扰主要由 50 Hz 及其谐波构成，且以奇次谐波能量为主。谐波频率直到 2 600 Hz 以上时，奇次和偶次谐波功率含量才基本接近一致，所以说，在低频段及目前整个信号频段内，奇次谐波比例均占有明显优势。

3）干扰机理分析

机车信号为获取差模信号电流，两个线圈同名端反向串联。这是一种典型的差分放大器结构，当电流平衡时，两根钢轨中形成的共模电压相互抵消；当存在不平衡电流时，共模干扰可转化为差模干扰，与差模的有效信号电压叠加输出，对机车信号造成干扰。

针对上述的"不平衡牵引电流的工频干扰案例"，通过对该轨道区段地面发送端和接收端的轨面电压进行测试，测得 50 Hz 工频干扰电压 2.6 V 明显高于正常值，所以基本判定干扰是由两条钢轨牵引电流不平衡导致的，而且不平衡系数比较大。进一步对其扼流变压器进行检查，测到其中一侧连接线中电流数值为 0，最后检查发现连接线断线，处理后测试轨面 50 Hz 工频干扰基本消除。

针对上述的"不平衡牵引电流的高次谐波干扰案例"，参照铁道行业标准 TB/T 3073 中的各次谐波比例分布，经分析发现，电力机车在该区段运行时，造成轨道中大的不平衡牵引电流或者出现大的脉冲冲击，从而导致谐波能量增加，牵引电流传导性干扰的能量可能达到甚至超过轨道电路信号强度，使轨道电路的 FSK 信号被干扰淹没。在本该无码的区段，STM 感应到能量接近 FSK 的带内信号，导致判断信息不合理，上报双系故障而停车。带内信号谐波还可能破坏信号的谱结构，引起地面和机车信号接收的错误判决。

3. 不平衡电流干扰防护措施

轨道电路不平衡受综合因素影响较大，从电务人员多年的维修实践来看，仅仅依靠电务来维持轨道电路正常运作是不现实的。根据对现场情况的总结，防护不平衡牵引电流干扰的部分举措如下。

（1）定期检查吸上线等连接线的设置，各部分是否紧固良好，无生锈现象，并取消不正常的连接线。

（2）针对邻线干扰，在满足机车信号入口电流条件下，在《铁路信号维护规则》允许范围内，调节干扰区段发送电平，降低干扰。

（3）检查空扼流变压器引接线连接良好、各部螺丝紧固及生锈现象。对于空扼流变压器不平衡引起的干扰，要测量空扼流变压器两线圈不平衡量是否超出规定范围，若是带空扼流变压器区段受干扰则较易解决，只需处理空扼流变压器即可。

（4）检查桥梁钢结构与线路单根钢轨连接有无接地现象，避免桥梁部位绝缘垫板不良或缺失造成的干扰。在有护轮轨的区域，在护轮轨两端各加装钢轨绝缘一组；超过 200 m 的护轮轨，每根护轮轨间隔 200 m 加装钢轨绝缘一组，并保证绝缘良好。

（5）定期检查测试更换防雷器材，以免其被击穿造成不平衡。

（6）检查与钢轨相连接的线是否埋入土中接地，火花间隙工作状态是否良好。

（7）定期检查测试室内综合防雷地线、安全地线、计算机联锁逻辑地线及区间贯通地线的连接处各部螺丝无松动生锈现象。

（8）按规定定期测试电缆绝缘，检查电缆芯线，消除单芯接地造成的传输通道不平衡干扰。

（9）检查道口箱引接线与箱体间防护绝缘胶皮，保证绝缘良好，防止出现单边接地的问题。

（10）定期检查线路地锚拉杆（撑杆）对地绝缘性能是否良好。用移频表电流挡测量地锚拉杆（撑杆），ZPW – 2000A 4 种载频中任何一种频率电流通过时就要更换绝缘。对于长、大弯道一侧地锚拉杆接地造成的干扰，可加装空扼流变压器，使回流畅通和电流平衡。

8.3.2 不平衡电流脉冲干扰对相敏轨道电路的影响

1. 典型案例

25 Hz 相敏轨道电路空闲区段闪红光带是现场常见、多发故障,也是影响行车安全的主要故障之一。现场测试和室内模拟证明,25 Hz 相敏轨道电路产生误动的根源主要来自不平衡牵引电流脉冲干扰。

例如,某站自电气化开通后,当列车高速通过时发现,列车距进站信号机 300 m 左右时,进站信号机内方第 1 个道岔区段出现空闲红光带,导致进站信号关闭。

25 Hz 轨道电压受稳态干扰的波形如图 8-11 所示,微机监测记录的脉冲干扰波形如图 8-12 所示。

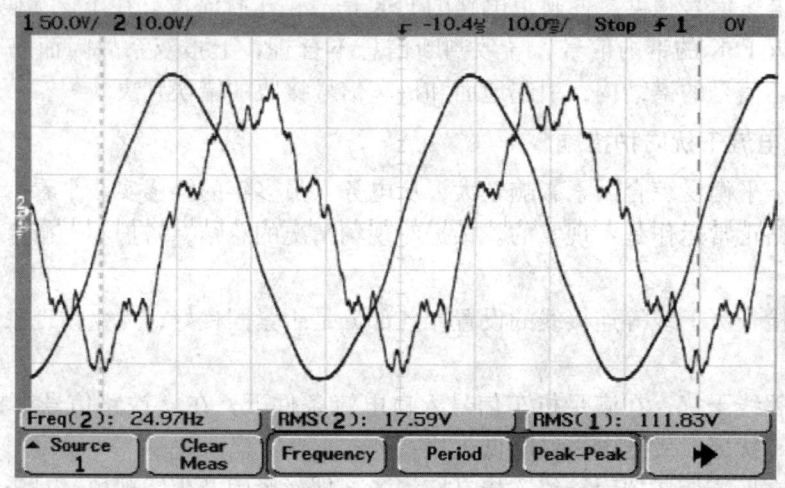

图 8-11　25 Hz 轨道电压受稳态干扰的波形

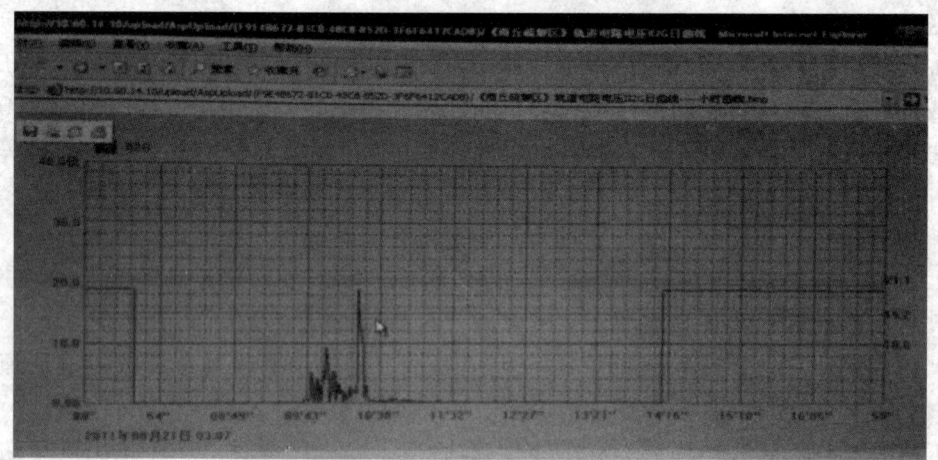

图 8-12　微机监测记录的脉冲干扰波形

用钳型表测试该区段牵引电流的变化情况发现,牵引电流基本上是平衡的,但牵引电流的变化幅度比较大,特别是当列车距进站 300 m 左右时,牵引电流由 3.5 A 跃至 30 A。针对这种情况，在进站信号机外方 300 m 处观察发现，供电部门在该处接触网上设置了分相绝缘器，列车通过时要降弓，靠滑行通过分相绝缘器后再升弓，机车要重新启动，从而造成该区段牵引电流突变。

2. 原因分析

针对上述案例测试分析，当发生较强的瞬态干扰时，25 Hz 相敏轨道电路的轨道侧线圈电压均变低，特别是轨道侧与局部侧的相位差有变化，发生较强瞬态干扰会使相敏轨道继电器轨道侧线圈电压波形变乱，叠加一些时域尖峰，持续时间约 2s。频域分析的结果是：正常工作时，25 Hz 相敏轨道继电器轨道侧与局部侧相差约 72 度，受干扰较大的 2s 内平均相差降为 42 度，幅值降为故障前的 65% 左右。可见，25 Hz 相敏轨道电路参数受较强瞬态干扰的影响，造成相敏轨道继电器落下。

第 5 章已论述了脉冲冲击造成 25 Hz 相敏轨道电路空闲"闪红"故障的主要原因是扼流变压器饱和和接收器中过渡过程。

复习参考题

8-1 分析说明为什么气体放电管和压敏电阻均不能单独用于电源初级防雷？

8-2 试分析计算机联锁操作鼠标受电磁干扰的机理。

8-3 试分析 CRT 显示器受工频磁场干扰的机理。

8-4 分析电气化铁路不平衡牵引电流对轨道电路设备的干扰机理，并说明有哪些有效的防护措施？

8-5 分析脉冲冲击电流对 25 Hz 相敏轨道电路的干扰机理，并说明现场有哪些原因导致其空闲"闪红"故障？

附录 A

模拟试题

A1 模拟试题一

一、填空（20 分）

1. 电磁兼容的三个要素是_____、_____、_____。
2. 抑制电磁干扰的主要措施有_____、_____、_____等。
3. EFTB 中文名称是_____，immunity 的含义是指_____，电磁兼容的英文缩写是_____。
4. 电气化铁道对轨道电路影响最大的干扰是_____，它是_____性的。
5. 对于高频电路，通常采用_____接地。
6. 共模电感对于差模电流呈现_____阻抗。
7. 接大地的方法包括_____接地和_____接地。
8. 信号设备的电磁兼容性试验包括_____试验和_____试验。
9. CCC 认证是指_____认证。
10. 铁道信号电气设备电磁兼容试验的标准号是 TB/T_____，机车车辆电气设备电磁兼容试验的标准号是 TB/T_____。

二、判断下列说法是否正确（对√，错×）（15 分）

1. 电气设备要正常工作，必须要可靠接大地。（   ）
2. 对于信号设备，电气化牵引电流干扰更接近于电流源。（   ）
3. 25 Hz 相敏轨道电路误动作的主要原因是不平衡脉冲电流造成扼流变压器饱和。（   ）
4. 采用时域方法更便于分析移频（FSK）轨道电路信号特征。（   ）
5. 机车电气信号设备和地面设备应遵循同一个电磁兼容标准。（   ）

三、简要回答下列问题（20 分）

1. 牵引电流工频谐波的主要特征是什么？对于 ZPW-2000 轨道电路，哪些谐波在信号的通频带内？
2. 铁路信号电气设备按照端口进行抗扰度试验时，试举例列出一个端口和相应的 2 个试验名称。
3. 浪涌试验的波形特征是什么？主要用来模拟什么干扰？
4. 按照欲屏蔽的骚扰源，屏蔽可分为哪几种？

四、按照要求回答问题（20分）

题四图中两导线间的分布电容为500pF，导线1端存在骚扰源信号 U_S：200 MHz、10 V 的交流信号源，如果 $R_T=100\,\Omega$，试求导线2的感应电压 U_2 为多少？并说明如何减小感应电压。

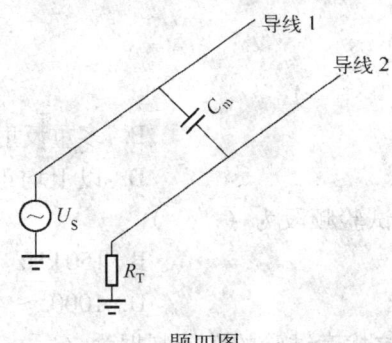

题四图

五、综合应用（25分）

在25 Hz 相敏轨道电路中，针对扼流变压器（BE）进行抗电气化不平衡电流干扰设计。

1. 如在 BE 信号侧采用谐振的方法吸收不平衡电流，给定电容值为 30 μF，试画图设计一个 LC 电路并给出其数值，使得其可吸收工频牵引电流干扰能量。
2. 若希望上述电路可加强 25 Hz 信号，请简述其工作原理。
3. 将该电路并联在扼流变压器的信号侧，使扼流变压器原来的1:3匝数增加到总匝数比为1:30，若电路 50 Hz 串联谐振阻抗为 8 Ω，折算到轨道侧的阻抗是多少？试说明有何抗干扰作用。
4. 简要分析 LC 电路的 Q 值对电路性能的影响。
5. 如需对轨道电路相位进行调整，如何设计适配器电路来实现？

A2 模拟试题二

一、选择题（60分：每题3分）

1. 电源滤波器中的差模电容值为 200 nF，则 5 MHz 时的阻抗约为（　　）Ω。
   A. 0.079　　B. 0.159　　C. 0.318　　D. 以上均不对
2. 我国实施的强制性产品认证的名称缩写是（　　）。
   A. CCC　　B. CE　　C. FCC　　D. VDE
3. 120 dB μV/m 可换算为（　　）。
   A. 120 μV/m　　B. 100 μV/m　　C. 1 V/m　　D. 1 mV/m
4. 变压器一般用来抑制（　　）。
   A. 共模干扰　　B. 差模干扰　　C. 雷电干扰　　D. 以上均错误
5. 根据单点辐射场强的公式 $E=\dfrac{\sqrt{30P}}{r}$，可推断此条件下场的性质为（　　）。
   A. 与距离无关　　　　　　　　B. 近场
   C. 应根据功率确定　　　　　　D. 远场

6. 电容滤波器用作低通滤波器时，正确的说法是（　　）。
   A. 为电路提供一个并联低阻抗
   B. 高频电流将主要流过负载
   C. 电容越大，阻抗越大
   D. 低频电流主要流过电容

7. 电磁场的屏蔽效能包括（　　）。
   A. 反射衰减　　　　　　　　　B. 多重反射衰减
   C. 吸收衰减　　　　　　　　　D. 以上均正确

8. 射频辐射电磁场抗扰度试验频段为（　　）。
   A. DC～150 kHz　　　　　　　B. 150 kHz～80 MHz
   C. 80～1 000 MHz　　　　　　D. 1 000～4 000 MHz

9. TB/T 3073中安全设备抗扰度试验的性能判据为（　　）。
   A. A　　　　B. B　　　　C. C　　　　D. D

10. 从对通信信号的电磁干扰角度看，（　　）供电方式影响最大。
    A. 直接供电　　B. 直供加回流　　C. BT　　　　D. AT

11. 根据稳态牵引电流的时域波形，其频谱特点是（　　）。
    A. 直流成分较大　　　　　　B. 以偶次谐波成分为主
    C. 以奇次谐波成分为主　　　D. 奇次偶次成分基本平衡

12. 无绝缘轨道电路空心电感线圈 SVA 的电感值为 33 μH，忽略其电阻部分，其50 Hz 阻抗约为（　　）Ω。
    A. 1　　　　B. 0.1　　　　C. 0.01　　　　D. 0.001

13. 移频波频谱中载频相对幅度与调频系数 m 的变化趋势是（　　）。
    A. 无直接关系　　　　　　　B. 随 m 增大而减小
    C. 随 m 增大而增大　　　　D. 以上均错误

14. 国内移频的载频选择550 Hz 等的原因是（　　）。
    A. 由于550 Hz 为偶次谐波，干扰小　　B. 由于550 Hz 为奇次谐波，干扰大
    C. 由于550 Hz 频率低，干扰小　　　　D. 有用边频能量可落在干扰较小的频带

15. UM71轨道电路的调制系数最大约为（　　）。
    A. 0.3　　　　B. 1.1　　　　C. 2.1　　　　D. 7.8

16. 设电感 L、电容 C 构成的串联电路的谐振频率为50 Hz，电容取 40 μF，则电感值约为（　　）H。
    A. 0.253 3　　B. 0.337 7　　C. 0.506 6　　D. 0.202 6

17. 造成25 Hz 相敏轨道电路误动（"闪红"现象）的根源是（　　）。
    A. 接触网高压的电场耦合　　　B. 牵引电流的磁场耦合
    C. 电气化铁道电磁辐射　　　　D. 电气化不平衡电流脉冲干扰

18. 脉冲电流的波形中含有直流成分，会造成扼流变压器（　　）。
    A. 更容易饱和　　　　　　　B. 不平衡系数增大
    C. 阻抗增大　　　　　　　　D. 以上均错误

19. 基于电气化干扰源是电流源的性质，对于轨道电路设备而言，正确的方法是采用

( )。

  A. 串联谐振电路与干扰源串联　　　　B. 串联谐振电路与干扰源并联

  C. 并联谐振电路与干扰源串联　　　　D. 并联谐振电路与干扰源并联

20. 变压器初级和次级的匝数比为 $1:n$，设次级阻抗为 Z，按照理想变压器考虑，折算到初级的阻抗应为（　　）。

  A. Z　　　　B. $n \times Z$　　　　C. Z/n　　　　D. Z/n^2

二、简要回答下列问题（40 分：每题 10 分）

1. 写出电磁兼容设计三要素，举一个实例，分别加以说明。

2. 铁路信号地面电气设备在电磁兼容方面应符合哪个铁路标准？如按端口进行抗扰度试验，其各个端口是什么？

3. 简单说明电场、磁场和电磁场屏蔽时材料如何选择及原因。

4. 请画出电气化铁道 UM71 或 ZPW－2000A 无绝缘轨道电路的基本结构图，根据牵引电流对轨道电路造成干扰的机理，从系统的角度出发，简要说明该制式针对电气化干扰的主要抗干扰措施。

参 考 文 献

[1] NORMAN VIOLETTE J L, WHITE R J, MICHAEL F. Electromagnetic Compatibility Handbook. New York: Van Nostrand Reinhold Company Inc., 1987.
[2] 沙斐. 机电一体化系统的电磁兼容技术. 北京: 中国电力出版社, 1999.
[3] 杨世武. 铁路电磁兼容技术. 北京: 中国铁道出版社, 2010.
[4] 张晨, 黄继东. 预测高速铁路电磁辐射的一种有效方法. 中国铁道科学, 2000, 21 (2): 86 – 92.
[5] 费锡康. 无绝缘轨道电路原理及分析. 北京: 中国铁道出版社, 1993.
[6] 范季陶, 张晨. 电气化铁道电磁影响问题的研究. EMC 会议论文集, 2006, 288 – 292.
[7] 铁道部. 铁路信号维护规则. 北京: 中国铁道出版社, 2008.
[8] TB/T 3028—2002 扼流变压器技术条件. 北京: 中国铁道出版社, 2002.
[9] TB/T 3034—2002 机车车辆电气设备电磁兼容性试验及其限值. 北京: 中国铁道出版社, 2002.
[10] TB/T 3073—2003 铁道信号电气设备电磁兼容性试验及其限值. 北京: 中国铁道出版社, 2003.
[11] 张婧晶, 张家新. 客运专线综合接地系统的仿真与研究. 电气化铁道, 2007, (6): 24-27.
[12] 铁道部. CTCS – 3 级列控系统 GSM – R 网络需求规范. 科技运 [2008] 168 号.
[13] 汤蕴璆, 史乃. 电机学. 3 版. 北京: 机械工业出版社, 2008.
[14] Tim Williams. 电磁兼容设计与测试. 4 版. 北京: 电子工业出版社, 2008.
[15] 大秦线信号系统抗干扰研究报告. 北京全路通信信号研究设计院, 2006.
[16] 安海君, 李建清, 吴保英. 25 Hz 相敏轨道电路. 北京: 中国铁道出版社, 2001.
[17] 杨世武, 费锡康, 吴运熙, 等. 25 Hz 轨道电路抗电气化脉冲干扰的研究. 铁道学报, 1999, 21 (2): 58 – 62.
[18] 何国伟. 软件可靠性. 北京: 国防工业出版社, 1998.
[19] 西安铁路局. 3V 化 25 Hz 相敏轨道电路培训资料. 2008.
[20] 广州铁路（集团）公司电务处. 广深四线并行区间贯通地线、横向连接设置安全性研究研究及试验测试报告. 2009.
[21] 陈穷. 电磁兼容性工程设计手册. 北京: 国防工业出版社, 1993.
[22] 铁道部. 铁路信号设备雷电击电磁兼容综合防护实施指导意见. 2006.
[23] 铁道部. 客运专线综合接地系统设计原则. 2009.
[24] 谭秀炳. 交流电气化铁道牵引供电系统. 成都: 西南交通大学出版社, 2006.
[25] 杨世武, 费锡康, 吴运熙, 等. 站内音频轨道电路阻抗匹配装置: 中国, 200710098775.7. 2007.
[26] ITU – T K.54 (2004/12) Conducted immunity test method and level at fundamental power frequencies.
[27] ITU – T K.68 (2006/2) Management of electromagnetic interference on telecommunication systems due to power systems and operators' responsibilities.
[28] 欧洲标准 EN 50121: 铁路应用 – 电磁兼容性. 2006.
[29] 欧洲标准 EN 50343: 铁路应用 – 机车车辆 – 电缆布线规则. 2003.
[30] GB 50057—2010 建筑物防雷设计规范.
[31] GB/T 17626 电磁兼容 试验和测量技术.
[32] MONTROSE M I. 电磁兼容的测试方法与技术. 游佰强, 周建华, 译. 北京: 机械工业出版社, 2008.

[33] 米切尔·麦迪圭安．电磁干扰排查及故障解决的电磁兼容技术．刘萍，魏东兴，臧瑞华，译．北京：机械工业出版社，2003．
[34] 虞尉民．铁路的电磁兼容通用要求．安全与电磁兼容：2007，（4）：22-24．
[35] 荒木庸夫．电磁干扰和防止措施．宋永林，译．北京：中国计量出版社．1985．
[36] PAUL C. Introduction to Electromagnetic Compatibility. USA：John Wiley & Sons Inc.，1993．
[37] JOHNSON J H，GRAHAM M．High-Speed Digital Design. USA：PTRP Prentice Hall Inc.，1993．
[38] MARDIGUIAN. Interference Control in Computers and Microprocessor：Based Equipment. USA：Don White Consultants Inc.，1987．
[39] 于万聚．高速电气化铁路接触网．成都：西安交通大学出版社，2002．
[40] 付茂金，邱传睿．铁路信号电源设备雷电防护中相关问题的研究．铁道通信信号，2006，42（8）：1-4．
[41] 钱振宇．电气、电子产品的电磁兼容技术及设计实例．北京：电子工业出版社，2008．
[42] 刘鹏程，邱扬．电磁兼容原理及技术．北京：高等教育出版社，1993．
[43] 雷振烈．电子设备的防干扰设计．天津：天津科学技术出版社，1985．
[44] 机电一体化技术手册编委会．机电一体化技术手册．北京：机械工业出版社，1994．
[45] 三浦宏文．机电一体化实用技术手册．北京：科学出版社，2001．
[46] 何金良．电磁兼容概论．北京：科学出版社，2010．
[47] 邹澎，周晓萍．电磁兼容原理、技术和应用．北京：清华大学出版社，2007．